人類行為與社會環境

發展與生命歷程的觀點

Anissa Taun Rogers　著

張紉、劉嘉雯、李靜玲　譯

Human Behavior in the Social Environment:

Perspectives on Development and the Life Course

Fourth Edition

Anissa Taun Rogers

目錄

本書的參考文獻可於心理出版社網站下載使用

https://reurl.cc/pDnXyb

解壓縮密碼：9789861918815

關於作者

Anissa Taun Rogers 博士，社工碩士、文學碩士、註冊社工，是俄勒岡州波特蘭市波特蘭大學社會工作教授，擔任社會工作系所主任和性別與婦女研究輔修的聯席主任。她教授社會工作課程以及關於身體、性別、人類性行為、國際社會工作以及苦楚和死亡的課程。她還與她的狗 Sookie 一起成為註冊的寵物治療團隊，主要為老年人和臨終關懷患者工作。

在投入社會工作之前，Rogers 博士學習心理學，並獲得了學士和碩士學位。Rogers 博士在獲得社會工作碩士和博士學位後，開始從事學士班社會工作教育和臨床實務。除了教學，她主要的臨床和研究興趣是性別、性、老年學、心理健康和臨終關懷。

關於譯者

張紉（第三、六、七、十二、十三章）

美國猶他大學社會工作研究所博士

目前為國立臺北大學社會工作學系兼任副教授

劉嘉雯（第八、九、十、十一章）

加拿大約克大學社會工作碩士（MSW, York University）

國立臺灣大學社會學系社會工作組畢業

從事影像與文字工作多年

目前任職於非營利組織

李靜玲（第一、二、四、五章）

國立臺灣大學社會工作學系博士

英國倫敦政經學院公共政策與行政學系碩士

目前為銘傳大學公共事務系專案助理教授

序言

第四版的主要變更

與《人類行為與社會環境》的前三版一樣（編按：本書為原文第四版），第四版為學生提供了與人類行為和社會環境相關議題的概述，理解這些議題對於實務工作非常重要。這些已經更新的訊息，能為學生提供有關社會工作實務中重要主題的最新和相關訊息，並擴展到幫助學生了解他們在該領域將面臨的問題的複雜性，包括貧困、多樣性和優勢如何影響人類發展和行為。

其他重要和相關的議題、理論和治療方式都已增加並納入章節，以幫助學生了解基礎理論和實證的知識如何塑造當代知識和社會工作的方法，並讓學生了解關於在該領域開展工作所需的最新訊息。例如，增加了更多更新的研究和內容，以探索生命各階段的問題如何影響不同的人群，並在整個過程中增加了許多以證據為基礎的議題研究結果。本書增加了幾個新的理論和觀點，例如批判實踐理論和以人為中心的參與者導向模型。內容也已更新，以反映包括《精神疾病診斷準則手冊》；創傷後壓力症候群；祖父母教養；教養方法；愛滋病毒、愛滋病和性傳染病；針對不同人口群的照顧問題；貧困和壓力對大腦的影響；改變對死亡、焦慮、思覺失調症、智力和障礙的看法；不同人口群，包括跨性別者在內的健康差異；並擴展了關於特權、種族主義和微侵略、微冒犯的定義和觀點在內許多領域的變化。最後增加了新的最後一章，探討了社會工作的未來以及該專業將面臨的一些新興問題。

在 www.routledgesw.com/hbse 這個網站中，你將找到豐富的資源，幫助你為學生創建一個動態的、體驗式的社會工作學習內容。該網站包含與每一章中關鍵概念相關的配套閱讀書籍文章，以及鼓勵進一步思考和討論的問題；還有五個互動的虛構案例伴隨著練習，使書中涵蓋的概念、閱讀和課堂討論變得更真實；另有一套考試題庫（包括客觀測驗和開放式題目）及 PowerPoint 簡報；註釋會連結到文章、視訊影片和各種網站等豐富資料庫，以及一個線上論壇，邀請所有使用該系列書籍的教師分享想法，以改善教學和學習。

第四版也包含有快速指引，目的是協助從事實務工作的學生。它們出現在書中以及本書的網站上。它們可以列印出來並隨身攜帶以供參考。

你可能會發現一套很有用的教學大綱範例，示範本書可以如何運用在不同的課程結構。主要的課程大綱呈現了在課程中一起運用本書及網站來教學，可以符合美國社會工作教育協會（Council on Social Work Education, CSWE）2015 年制定的「社工教育政策及認證準則」（Educational Policy and Accreditation Standards, EPAS）。

互動式案例為學生提供了他們將在工作中面臨複雜情境的豐富而詳盡的例子，以及將理論和概念應用於實際情況的其他機會。其他案例為學生提供了將概念應用於中介和宏觀層面情況的機會，並讓他們更了解個人問題如何與更大、更宏觀的問題相互關聯和受影響。

本書和配套網站的組織方式及內容能使社會工作學士和碩士班的學生可以運用從學習素材中獲得的知識。具體而言，這些知識可以應用於綜融和專科實務工作。本書可使用在連續兩學期的課程或是一學期的課程，網站上的綜合補充和資源使本書文本特別適合線上遠距學習和混合課程。

例如，關於自閉症光譜的線上補充章節可用來幫助學生更了解這種疾病，引發關於自閉症的原因和治療的深入討論，並幫助學生了解它可能影響他們實務工作的方式。增加特定議題的閱讀文獻（和伴隨的討論問題），能為特定的主題提供更多的廣度和深度，讓學生和教師選擇更徹底的探索哪些主題，並為社會工作者急欲找答案的社會問題，提供與之相關的探索多樣性及複雜性的機會。這些閱讀素材還可用來幫助學生對他們特別感興趣的領域進行更多自主學習，以及進一步探索超過課程中通常涵蓋的素材範圍。

本書的章節安排

本書章節編排首先是提供學生有關本書內容的概述，和關於人類狀況的理論觀點的簡要討論，以及有關人類發展的基本知識。第一章到第五章向學生介紹理論思維及其在社會工作中的重要性，以及理論如何幫助他們整理組織對案主的思考和在實務工作中會出現的問題。第六章至第十二章向學生介紹與他們實務工作中經常會碰到的發展階段相關的重要發展、社會和文化問題。這些章節介紹了從懷孕到老年的發展知識，並鼓勵學生考慮生理、心理、社會和文化層面的發展如何影響個人、家庭、社區和社會制度。探索個人與環境之間發生的各種動態互動，將有助於學生從理論和實務的角度理解這些相互作用。此外，第六章至第十二章提供了相關理論模式和治療方式的討論，其基礎是第一章至第五章所介紹的理論觀點，這些理論觀點通常用來更好的理解和處理不同發展階段的人們所面臨的具體問題和任務。第十三章探討了廣泛的、當代的和未來的問題，這些問題將給社會工作者及其案主帶來挑戰和機會，如氣候變遷、人口變化，以及健康和經濟差異。

以下段落簡要介紹本書所包含的每個章節，並且重點介紹更新的內容。

第一章

〈人類行為與社會工作專業〉詳細討論了為什麼思考在社會環境中的人類行為，對社會工作教育和專業如此重要。它將幫助學生了解為什麼要求他們學習在其他課程中已經學過的所有理論，以及所有其他看起來好像與他們專業無關的訊息。第一章的目標是要回答學生的問題，例如，這些理論知識要如何整合在一起，以及為什麼它們與我和案主工作有關？它還可以幫助學生了解這些知識基礎如何符合美國社會工作教育協會的教育政策。最後，第一章將為本書的其餘部分設定脈絡，幫助學生思考如何處理訊息。

接下來的四章協助學生回顧社會工作者經常使用的理論概念，以幫助他們理解人類行為與社會環境之間的相互作用。

第二章

〈概念化問題和處遇方式的視角：人在環境中〉提出了廣泛的、全面的理論模式（例如生理心理社會取向、系統理論和優勢觀點）往往在綜融實務中會經常使用。這些理論雖然經常借鑑於其他學科，但很適合社會工作，因為它們說明了問題概念化以及社工專業所獨有的處遇的結構。第二章旨在為學生提供一個基礎，以便在下面的章節中討論更具體的理論。

第三章

〈概念化問題和處遇方式的視角：生理心理社會面向〉概述了心理學和相關領域的理論。這些理論幫助學生思考我們是如何及為什麼成為現在的樣子。學生將會學習與身體、情緒及認知發展相關的理論，以及思考我們如何在個人和社會環境脈絡中學習的方法。學生還將學習大腦、遺傳學、神經生物學過程和內分泌系統如何塑造和影響行為。

第四章

〈概念化問題和處遇方式的視角：社會文化面向〉學習社會如何運作，以及個人如何受到各種社會制度的秩序和目的的影響。本章討論的每一種理論在試圖解釋社會的方式上都有著獨特的「傾向性的陳述」，反過來說，這也影響了社會工作者解釋個人問題的方式。了解第四章所涵蓋的理論，將使學生有機會思考更大的社會系統以及其結構如何影響專業所做的工作。本章增加了關於理論和相關議題的其他素材，以擴展學生在這些領域的思考。

第五章

〈概念化問題和處遇方式的視角：社會改變面向〉繼續討論人類生活和問題的更廣泛背景脈絡。它探討了我們生活所在的社會脈絡理論，以及我們可以透過哪些方式改變，使我們生活得更好的理論。第五章探討了影響個人的社會不公正問題，但這些問題往往植根於更大的社會脈絡。這些理論幫助學生思考個人問題如何經常與社會和政治問題交織在一起，為什麼解決這些問題往往需要採取社會行動來改變個人層面的生活。

接下來的章節討論生命的每個特定階段。

第六章

〈孕前和產前議題〉提供有關胎兒發展的知識，以及案主在懷孕期間和出生後可能出現的一些問題。例如，學生將探討出生體重過低、計畫內和非計畫懷孕，以及胎兒發育的危害因素等主題。還會探討家庭和環境議題，例如獲得醫療保健、工作場所政策，和影響計畫生育的國際性議題，重點關注在產前檢測和其他相關醫療保健情況所帶來的一些倫理兩難困境。學生將能學到有關各種主題的最新研究和關於墮胎的討論。

第七章

〈嬰兒期和幼兒期的發展〉使學生學習兒童早期的身體、心理和情緒發展，以及在這一發展階段可能影響案主及其家庭的一些問題。它討論了與這個生命階段相關的依附關係理論觀點，以及有關自閉症、育兒、兒童虐待、兒童保育和影響兒童和家庭的政策等領域之最新研究。

第八章

〈兒童中期的發展〉使學生接觸這個年齡階段兒童的發展過程，並提供有關個人、家庭和社會議題的相關訊息。有關智力和智力測驗、學習障礙、父母教養、同志者育兒、離婚和再婚，以及媒體的影響等領域，相關的辯論和最新訊息都包括在內。本章還向學生介紹了遊戲理論。

第九章

〈青少年時期的發展〉包括這個生命階段的發展考慮，以及案主在這個年齡可能要處理的各種問題。本章討論了飲食失調、自尊、懷孕、性別認同發展、物質濫用和自殺等問題，以及包括了性教育、暴力、異性戀霸權和恐同症等問題。本章也向學生介紹道德和性別認同發展的理論，這些理論是與他們和這個年齡階段一起工作的案主有關。

第十章

〈成年前期的發展〉包括成人期間持續的身體和認知發展，以及人生此階段可能面臨的問題，例如精神疾病、身心障礙和靈性問題。本章包含了關於靈性發展的理論和關於靈性的擴展性討論。還討論了家庭暴力、性別歧視、性騷擾和相關的社會政策。

第十一章

〈成年中期的發展〉隨著年齡的增長探索了持續的發展，並深入探討可能發生的一些身體和認知變化，以及這些變化可能引發的問題。也探討了移民、更年期和男性更年期、保健和慢性疾病，以及婚姻和愛情等主題。關於健康不平等的段落強調了一些少數群體在慢性疾病方面面臨的問題。本章也討論了退休和退休的理論，以及圍繞年齡歧視的問題。

第十二章

〈成年晚期（老年期）的發展〉討論了老年人的發展問題，以及隨著年齡增長而發生的持續性身體和認知變化。在本章中，學生將了解各種老化理論以及如何運用在與老年案主的工作上。本章也討論靈性、憂鬱、性行為、悲傷和失落，以及同性戀長者的問題。其他議題還包括祖父母教養、看護、生活情況、臨終關懷，以及影響老年人的社會政策問題。

第十三章

〈前瞻：社工專業的挑戰與未來〉探討影響或將影響社會工作者及其案主的新趨勢和議題。本章幫助學生思考當前和進一步的挑戰，這些挑戰將改變案主面臨的問題型態以及專業解決這些問題的方式。本章還探討了在這些趨勢之後將創造的機會。本章討論的議題包括氣候變化、健康和經濟差距的擴大、人口變化、技術進步、全球暴力，以及對社會問題的文化觀念的轉變。

互動式案例

網站 www.routledgesw.com/cases 提供五個獨特、深入、互動、虛構的案例，包括動態角色和現實生活情境，學生可以從任何電腦輕鬆上網。它們提供任何其他書籍還未使用的「做中學」模式。學生將獲得與他們從其他社會工作訓練過程中所得到的經驗不同的優勢。每個互動式案例都使用書籍的文本、圖像和視訊影片來幫助學生了解多面向社會工作實務中的參與、評量、處遇、評估和結案。「我的筆記本」（My Notebook）功能允許學生記錄和保存筆記，輸入對任務的書面答覆，並透過電子郵件與同學和教師分享他們的工作。這些互動式案例允許你整合閱讀和課堂討論：

Sanchez 家庭：系統、優勢和壓力源。這個拉丁裔大家庭中的 10 個人擁有眾多優勢，但面臨著各種各樣的挑戰。學生將有機會體驗社會工作處遇的各個階段，解決倫理困境，並確定解決多樣議題的策略。

Riverton：社區難題。Riverton 是一個中西部的小城市，社會工作者生活和工作都在城市裡。社會工作者確定了她所住的社區面臨一個挑戰的議題。學生和教師可以共同發展策略，以便與社會工作者所住社區的公民進行交流，評量和處遇。

Carla Washburn：失去、老齡化和社會支持。學生將認識一位非洲裔美國女性長者 Carla Washburn，她發現自己在失去孫子之後獨自生活，並仍處在因最近的一次事故而導致的疼痛中。這個案例的複雜度比 Sanchez 家庭低，但學生仍然可以應用他們日益增長的老年學知識，並練習具文化能力的實務技巧。

RAINN：國家性侵害及亂倫服務網絡（Rape Abuse and Incest National Network, RAINN）。RAINN 的線上熱線服務會將通報者與當地的性侵害危機中心和醫院以及其他服務聯繫起來。此外，性侵害危機電話熱線對沒有服務的社區，也提供擴展性服務方面，扮演重要角色及發揮了重要功能。學生將學習如何以及為何發展這項國家熱線服務；他們也將評估質化及量化數據，以評量該計畫如何更好地達成目標。

Hudson 市：一個受災害影響的城市社區。剛受到颶風黛安破壞的 Hudson 市，颶風是四級颶風，風速為每小時 140 英里。學生將扮演也住在同一社區中的社會工作者角色，他們的任務是找到解決各種案主系統所面臨各種問題的可行解決方案。學生將學習災難的因應措施，以及如何立即關注許多案主。

本書透過包含要求學生上網和使用案例的練習，充分利用互動元素作為獨特的學習機會。為了最大限度地提高學習體驗，你可以在課程開始之前要求學生先啟動電腦按鈕探索每個案例。學生愈熟悉訊息的呈現方式和每個個案個別文件的所在檔案夾位置、案例研究工具，以及案例每個階段中所包含的問題和任務，他們就能愈好地將書籍內文與線上實務練習整合在一起。

總結

如果當作單獨的問題提出時，所有上述發展主題對學生來說似乎都是壓垮性的議題，特別是當他們意識到在與案主工作時，必須隨時掌握所有知識。然而，所有這些主題以及所討論的其他主題在本書都會置放在一個架構中，這個架構將幫助學生思考他們的案主在生命的不同階段可能面臨的問題類型。學生還將學習如何將他們對這些領域的知識，組織成一個對他們「有意義」的理論脈絡，這將有助於他們管理支配看似無窮無盡的訊息流。最終，學生將愈來愈熟練的將概念應用於案主的問題。同時，可以享受學習這些知識的過程。

有效能的社會工作者意味著能夠理解人類行為的複雜性，我們生活的社會和文化，以及它們之間的相互作用。作為一名有效能的社會工作者，也意味著在心理學、社會學和人類生物學等各個學科中擁有紮實的基礎。這代表擁有全面的教育，並能夠將這些知識應用於學生在其專業中所面臨到的無數案主問題和情況中。本書在幫助學生了解這領域的複雜性，並幫助他們獲得實踐社會工作所需的知識和批判性思考的技巧能力。

致謝

我感謝所有從我職業生涯開始就認識的社會工作學生，他們所提出的問題、思考和見解，以及促使我思考成為一名社會工作者的意義，他們是本書的靈感來源。我要感謝 Tara Benavente 和 Patricia Stein，他們是波特蘭大學社會工作研究所的研究生，他們花了很多時間和精力來幫助我修改本書。同樣，社會工作研究所的行政助理 Rayne Funk 對本書的製作幫了很大的忙。沒有她，我大部分的工作都是不可能完成的。我還要衷心感謝波特蘭大學我的前同事 Joseph Gallegos 博士的全力支持和指導。此外，我也要感謝藝術與科學學院院長 Michael Andrews 的支持。

非常感謝 Samantha Barbaro 和 Elsa Peterson 所付出的時間、精力和見解，以及他們的編輯和寫作幫助。這個出版計畫的協調者 Alice Lieberman 以及這套系列書籍的其他作者們 Rosemary Chapin、Marla Berg-Weger、Jerry Finn 和 Judy Krysik 都是靈感和動力的重要來源。在撰寫本書的過程中，我非常感謝他們的回饋和見解。我感謝 Routledge 出版社的編輯和工作人員，他們幫助我以有意義的方式逐步完成本書，還有本書的下列評論者，他們的投入都非常寶貴：

Patricia O’Brien（伊利諾大學芝加哥分校）
Pamela Saulsberry（路易斯安那大學門羅分校）
Belinda Bruster（佛羅里達海灣沿岸大學）
Martha Sheridan（加勞德特大學）
Hazel Arthur（利普斯科姆大學）
Sandra Naeger（聖路易斯大學）
Teri Kennedy（亞利桑那州立大學）
Barbara Palantone（東新墨西哥大學）
Danilea Werner（奧本大學）
Bill Loewen（蘇福爾斯大學）

Valerie Borum（伊利諾大學芝加哥分校）
Luanne Hirsch（蘇爾羅斯州立大學）
Johanna Thomas（阿肯薩斯大學小岩城分校）
Gail Horton（佛羅里達亞特蘭大大學）
Peg Whalen（會德豐學院）
Jessica Whilen（聖路易華盛頓大學）
Deborah Ketcham（佛蒙特州社區學院）
Sean Place（南卡羅萊納大學）
Laurie Lawson（密西西比學院）
Guillermo Ernest Gonzales（波士頓大學）
Debra Norris（南達可達大學）
Cynthia Hudley（加州大學聖塔芭芭拉分校）
Jean Toner（中央密西根大學）
Leslie Hasche（丹佛大學）
Guangqing Chi（密西西比州立大學）
Deborah Louis（西肯德基大學）
Anna Escamilla（聖愛德華大學）

最後，我要感謝 Tammy Rogers 堅定不移的展示對我的工作的熱情和鼓勵，感謝我的家人 Jim Koch、Olivia 和 Grady，感謝他們對我的努力的支持、耐心和寬容。

譯者序

這本書的譯者有三人，我，劉嘉雯與李靜玲。本來應該三人一起寫序，各抒已見融合為一，但是兩位小朋友多年來敬我為長輩，委我全權代表本譯書為序。

執教以來，「人類行為與社會環境」此科目幾乎與我生涯劃上等號，歷年所用的教科書，自己覺得篇幅側重心理層面的發展，對於社會工作觀點的論述，書本內容多像蛋糕上的奶油薄薄一層著墨甚淺。雖然也時不時會想想，該如何讓社會工作學生跳脫「發展心理學」觀點來學習「人類行為與社會環境」，但是在公私俗事沉浮中，也就悠呼的過了人生。

社會工作在臺灣的專業發展過程中，專業理論或實踐層次的實務做法採借其他專業知識時的應用範圍，以及如何從中長出自己社工專業樣貌，這些省思都超越我論述能力。我能做的，僅是在自己教學場域中，教導學生具備社會脈絡框架的視野來解讀個人層次的行為與互動。因此，當心理出版社林副總敬堯來信邀請我翻譯這本《人類行為與社會環境：發展與生命歷程的觀點》時，我瀏覽後認為本書著重從社會脈絡層面引導社工學習者，觀看在此系統下的人類行為，趨近我心目中想像的社會工作專業下的「人類行為與社會環境」，所以邀了兩位晚輩一起翻譯此書。以下略述我認為此書有用之處。

一、本書多以社會系統觀點說明人類行為的發展歷程

書中介紹生理、心理發展的理論內容簡要、篇幅也較少，剛開始也挑戰我教學多年固著僵化的認知，老覺得為何 Piaget、Erikson 等人類發展理論說明甚淺。隨著譯稿漸多豁然理解，社會工作需要更多從社會結構來解析各種影響人類行為發展的視角，才能駕馭系統理論於社工日常的實務工作，也不會拘泥於個人層次的解決策略，而能採取環境與人適切相合的做法來實踐社工專業。

二、書中每章案例一以貫之搭配理論解析

每章都附有一個虛擬案例（其實故事也挺貼近社工工作的現實），在書中節次介紹相關理論、知識、概念時，均更細緻的運用來分析該案例，這方法讓讀者可以透過案例故事逐一拆解解說得以讀懂抽象的理論。以抽象理論來說明抽象的人類行為，常常讓修習「人類行為與社會環境」這門課的年輕數位原生代「沙嘸」（抓不到頭緒），雖然這種靜態、平面、缺乏互動的書面案例仍無法實質回應數位原生代的學習需求，但是至少在理解概念及建立觀點的學習過程中，提供親近性的學習做法。此外，每章末附有該章重點摘要，以及配合學習智庫網站提供的個案學習重點和符合 critical thinking 特性的討論問題，供學生練習。這些附帶的學習要點或個案練習，個人認為有助於臺灣學生打破制式對錯二元化思考的習性。

三、本書附設的學習智庫網站超豐富

使用本書教學的教師，可以上網註冊原出版社架設的本書學習智庫（網址：http://routledgesw.com//teachers/aboutTheSeries/bookOverview/hbse4th），其中隨附許多輔助教學的資源，例如：課程大綱（學士班、碩士班）、各章進階閱讀文獻、測驗題庫、各章教學參考網站網址、教學小幫手、每章授課講義 powerpoint 檔案、每章摘要。這些資源還細心依據各章逐一臚列，讓教學者配合章節可以創造多元變化的教法。另外網站內附設的五個個案案例，每個案例除了情節詳細說明外，以互動方式從建立關係、情境評量、處遇計畫到成效評估，逐步引導提供充分的資源、工具，讓教學者可以依照教學需求提供學生練習階段性或整體性的個案評量及處遇。這種教學智庫內的豐厚資源及教學輔助工具，讓我除了佩服國外學者對於一門科目專業之厚實底蘊外，也讚嘆書商配合提供專業教學輔助資源來促進讀者使用傳統書籍的用心。

總之，感謝心理出版社林副總敬堯、高執行編輯碧嶸以及其他書籍編務同仁的默默支持及幫忙，還有兩位年輕晚輩譯者嘉雯、靜玲，一起完成這件略顯

單調重複的譯著工作。期待使用本書的教學者、學習者或讀者，能從中完整的理解學會原著者 Anissa Taun Rogers 教授在社會工作專業上的真髓。

張紉　謹序
國立臺北大學社會工作學系
2019 年 5 月 6 日

第一章

人類行為與社會工作專業

Janice 是一個 25 歲單身的退伍軍人，剛結束阿富汗的服役；她想要工作，但由於所在城鎮的經濟蕭條、缺乏工作技能，以及她本身的健康問題，使她無法順利找到工作，在經濟上面臨困境。健康方面，她患有嚴重的偏頭痛和創傷後壓力症候群的症狀，並且有睡眠和注意力集中等障礙。失業、健康問題，以及服役的經驗都對她帶來壓力和影響，但她仍希望能夠找到出路、改善生活。

Janice 的故事揭示了人類問題的複雜性。當你仔細檢視她的情況，大概能指認出幾項主要的議題：健康問題、潛在的心理健康問題、與其年齡相關的發展問題、方案政策（例如退伍軍人管理單位提供給退伍軍人的服務）、自我實現的文化期待、獲得可負擔的住房和就業機會的相關政策。

在社會工作中，你將發現服務對象的問題鮮少是直接而單一，無論服務機構的類型和服務對象，你會了解人們的問題是多面向的，並在不同的層次上相互影響。因為人們所處的環境複雜，社會工作者必須對於人類行為在社會環境中的脈絡，尋求一個堅實的、有理論基礎的理解。

定義「人類行為在社會環境中」

「人類行為在社會環境中」的單一定義是不存在的。然而，社會工作專業同意了解個人如何與其他人及其環境互動，以及了解個人如何受這些互動影響的重要性。

負責認證大學和研究所社會工作學位的社會工作教育協會，要求必須培養學生應用人類行為與社會環境的學科知識，以下是社會工作教育協會（CSWE, 2008, p. 6）闡述其政策：

> 社會工作者應有深入的了解：關於整個生命過程中的人類行為、人們居住的社會系統範疇、社會系統中促進或抑制人們維持或實現健康與福祉的方式。社會工作者應用理論與知識以了解生物、社會、文化、心理和精神上的發展。

社會工作者在協助案主時使用這些知識（從初評到介入後評估），此為專業的核心價值體系；因此，社會工作者必須有批判和實踐知識的能力（CSWE, 2008）。社會工作學門所培育的學生必須學習了解關於個人行為與較大社會環境之間的相互關係。

圖表 1.1 解釋了人類行為在社會環境中的概念。每一個圓圈代表社會工作者可能需要關注的實踐層次，此方式呈現人們生活和環境的不同區域如何相交，而交叉的區域經常是社會工作者聚焦評估與介入處遇的領域。

然而，根據機構或服務人口群的不同，社會工作者有時會將焦點從重疊區域轉移到與特定圈子或領域的議題。例如，一名社會工作者受雇以負責對於兒童進行心理健康評估，因此她主要聚焦於個人層面，尤其是每一個孩童的心理

圖表 1.1

社會環境中人類行為的概念化

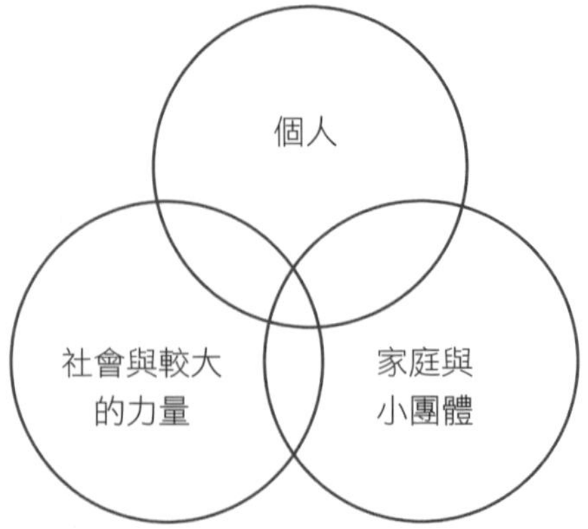

健康問題。然而，她可能仍須考慮家庭和小團體的領域以及社會領域等較大的力量。例如，她可能涉及兒童的家庭、同儕、學校、經濟地位、文化背景等相關的議題。再者，她亦可能需要思考除了心理健康以外的個人層次議題，例如兒童的社會應對技巧和身體健康等。當你逐步閱覽本章以及本書後，這些複雜的概念將會逐漸清晰。

學習人類行為在社會環境中能幫助你在與案主、機構和社區工作時，將知識運用在有意義且具連貫性的脈絡中；它會挑戰你使用你現有的人類行為與社會環境的知識，和不斷融入新觀點與看法；它將提供你更多複雜的方法來思考評估與處遇，這也將同時幫助你成為一個更有創造性和更有效率的社會工作者。

了解知識和理論如何建構社會工作

社會工作作為一個專業，傾向於吸納與應用基於優勢、充權和社會正義原則的知識，同時，也須結合不一定符合這些原則的各種不同學科；在此一脈絡下，**知識**係廣泛指稱來自不同學科之理論、實證研究和實踐經驗的訊息。

由於案主所帶入的問題來自於其個人生活的複雜性以及問題的多元性，社會工作者必須擁有不同領域的廣泛知識基礎，包括政治學、生物學、心理學、社會學和經濟學等，必須了解這些不同領域如何互動和相互影響，而影響個人、家庭和社區的福祉，換句話說，社會工作者必須要能夠全面的、有創造性的思考，運用和掘取現有的知識，「把它們放在一起」加以評估，以干預案主的問題。

再者，因為社會工作涉及社會正義以及人的尊嚴與價值，在價值之外，社會工作者尚須了解如何將優勢基礎和充權的概念納入其工作中；這也是為什麼有強大的人文科學基礎教育是很有幫助的，你對於各領域的知識了解愈多，如歷史、政府和哲學等，你對於案主問題的概念化和干預措施發展的基礎就愈好。

如果你對於案主正面臨的特定問題，有多一些的基本知識或最新研究，那麼你將能更有效的幫助案主；其他時候，你可以就你的知識向案主提供不同的觀點，不論是技術的或是哲學面向的，都能給案主一個新的思考方向。這些情況都立基於你能熟習關於人類行為的不同理論。

要知道運用廣泛知識庫的好處，讓我們從思考以各個學科為主的從業人員，他們將如何處理 Janice 的情況：

- 醫師可能只關心識別並緩解 Janice 的身體症狀。
- 心理學家可能只關注 Janice 的個人和心理層面，包括她的創傷後壓力症候群（post traumatic stress disorder, PTSD）症狀、憂鬱情況的發展，或其他精神疾病的潛力、情緒和認知發展、面對自尊和自我效能的議題，以及適應公民生活的能力，在確認這些問題之後，心理學家將專注於這些功能性的改善。
- 經濟學家或政治學家則可能關注於就業前景、社區的經濟狀況以及 Janice 享用之社會支持服務的成本；經濟層面的干預將包括改善社區就業狀況的活動，和設法減少 Janice 倚靠退伍軍人服務和其他服務的時間以降低成本。
- 社會學家可能有興趣的是研究導致退伍軍人失業和其他問題的更大社會和文化動力，干預措施可能包括協助 Janice 適應文化對於就業的期待，或工作以改變社會對於貧困者和退伍軍人的態度。

雖然這些觀點都是重要的，但僅單獨考慮這些觀點，對於理解 Janice 的問題的全貌和複雜性、所提干預措施的有效性，作用是微小的。

理論的作用

有鑑於社會工作與人文議題深厚的關係，以及專業厚植於慈善社會中，「理論」和「經驗知識」聽起來可能過於科學，並不合用；然而，社會工作者在與案主工作時亟需理論來協助將訊息來源集中聚焦在一個有意義的角度。他們需要了解不同領域的基本理論、理論如何運用於問題，和理論的侷限如何影響對於問題的解釋，以及他們需要來自根據於研究的知識來支持這些理論。

理論是一組想法或概念，當被組合式思考，有助於解釋某種現象並使人們能夠預測行為和其他事件。理論不同於其他類型的知識，因其能被以特定的議題或主題進行組織；如果理論發展完善，將能提供一個藍圖，用以測試行為和其他現象的假設、預期特定事件，和驗證某些問題的假設和知識。

缺乏理論，關於人類行為與社會議題的知識會是混沌的，將無法在相關事實和資訊之間建立聯繫，形成有助於提升對於人類行為與社會議題的知識解方，各種理論能夠幫助社會工作者組織訊息和了解問題。

理論可以提供社會工作者處理問題所需之背景脈絡，使之能較有信心的發展干預措施。當然，某些理論比其他理論更為有效，作為一個訓練有成的社會工作者，將知道如何評估理論的優勢和侷限，以及如何負責任的運用它們。

將這些術語：**理論**、**模式**、**方法**和**觀點**放在心上是重要的，它們經常被互換使用，如同理論，這些術語指稱能夠幫助社會工作者組織訊息的想法、結構和概念，它們亦提供具象化和思考問題的方法。然而，不同於理論，它們缺乏一些可供對假設和結構進行驗證的必要元素。這些要素將在本章後段討論。

理論透鏡　由於社會工作涉及人類行為的許多面向，因此從業者借鑑各種各樣的理論，包括來自於自己的和其他學科的，因此，你將發現根據人類行為的面向來思考理論的類別將是很有幫助的。例如，理論是否解釋人格的發展或經濟的發展？是否解釋種族主義的原因或是強迫行為的原因？

你可以看到本書第二章至第五章係按類別或「理論透鏡」（theoretical lesens）來組織，以幫助聚焦於人類行為的各個面向；第二章討論社會工作中廣泛使用的組織理論，第三、四、五章著重於人類經驗中三個更具體面向的理論，每套理論提供一個不同的理論透視以檢視問題。

這只是社會工作者可能接觸的許多組織理論的其中一種方式，另一種方式可將理論歸納為處理個人、家庭，或更大的社會議題或問題的組合，或者理論可以被依據特定領域或處理問題再分為子類別。例如，某些理論解釋人格發展，而其他理論則處理社會發展，一些理論解釋社會改變如何發生，另一些則說明為何社會功能失調無法被改變。當閱讀後續幾章時，請記得人類行為的理論是可以被以不同的方式組織的，端視你的目的和觀點。

理論的互動　如圖表 1.2 所示，有時候不同理論框架的概念會重疊，理論能夠解釋不同領域的問題。例如，說明兒童與其照顧者彼此如何建立附屬的理論，亦可能用於解釋個人在關係中與他人的互動：他們是如何看待這樣的互動，以及關係中附屬的情形；附屬與互動也可被用來解釋廣泛家庭系統的動力。社會工作者對學習過程的理解可被視為理解家庭系統如何影響個別成員的發展，同樣的，藉由處理社會正義的理論可能改善對於家庭系統的理解（例如獲得資源以改善家庭支持），這將間接影響家庭中發生的附屬、互動和學習關係之性質和品質。當然，這只是一個例子，理論可被結合用來幫助解釋各種發生在個

圖表 1.2

社會工作中的理論互動

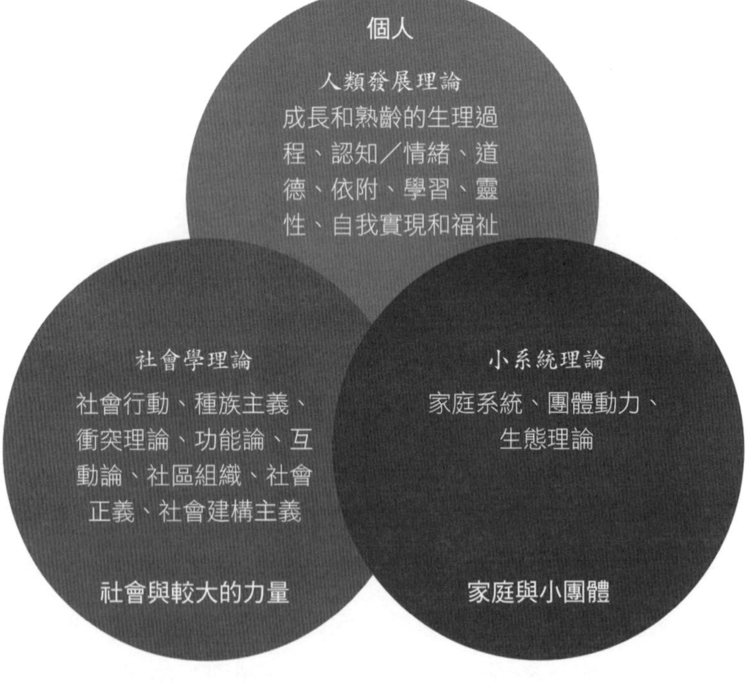

資料來源：改編自 Bertalanffy, 1972; Brandell, 1997; Goldenberg & Goldenberg, 2004.

人、家庭和社會層級的問題。

作為理論可能重疊的另一個例子，社會工作者與Janice合作時可能需要援引各種不同的理論，不僅是解釋個人發展和功能運作，也需要能解釋社會問題和變遷的理論，由於Janice的失業問題不僅肇因於身體健康、戰爭的經驗，還有更大的社會力，如經濟等，因此社會工作者需要從這些領域中納入理論概念，方能詮釋不同層次的問題對於Janice的影響，和發展適當緩解這些問題的干預措施。

對許多社會工作者來說，全然使用知識來服務案主是可行的，而且具有說服力，但仍須注意，許多已建立的學科和知名的理論其概念多為廣泛的，而採取的方法為好好學習這些理論，並根據你工作的機構和處理問題的方式拓展其他理論的知識；要論述理論的知識，社會工作者也須從其經驗、教育和其他訊息資源中獲取很多關於待解問題的知識（例如事實、統計數據和新的研究發現），因此，在社會工作中問題概念化和介入方法皆是動態過程的一部分。社會工作者的思維必須具有彈性，因為與案主合作，可能需要有許多不同的方法以因應問題解決，當你接下來在各章中閱讀理論時，請思考這些理論可能運用在社會工作的各種不同面向，你可能提出更好、對你更有意義，或更能幫助你實踐運用的方式去分類或概念化這些理論。

實證知識與實務知識的辯論

在社會工作學科中有許多途徑能獲得知識並發展理論，且多年來持續爭論哪些方法是最好的。一種方法是經由實務知識或實踐的智慧，這是經由經驗和非正式的觀察而獲得的知識，透過生活的經驗有助於我們獲得這種知識。我們如何建構現實和對事物的看法往往基於我們所擁有的經驗類型，這些經驗使我們覺得我們「知道」事情。從歷史上來看，社會工作根植於慈善和志願服務，因此社會工作者（或其前輩）幾乎多是依靠經驗和實務知識。

晚近社會工作實務變得更加合理化和科學化，強調實證知識或基於可觀察事實的知識（Fischer, 1981）。隨著醫療領域出現疾病模式，其他如心理學、社會學、經濟學等也開始使用更科學的方式來精進知識和理論。同樣的，以科學為基礎的知識成為社會工作的新標準，意即在發展研究和介入的過程中，使用客觀的方法來測試假設。

科學的方法使得實務工作者能以一定程度的可靠性和準確性的方式，運用其知識處理案主的問題，亦使社會工作理論家得以修改現有理論並發展新的理論以更準確的解釋問題，促使社會工作者使用更多科學方法的運動係受到實證運用的驅使，或社會工作者本身對於其干預措施是否有效的責任感。

儘管趨勢是朝向以科學為基礎的知識，但考量人類行為的複雜性，在社會工作專業中能夠也必須仰賴實務和理論為基礎的知識，仍有相當多的爭論（Osmond & O'Connor, 2006; Parton, 2000; Sheppard, 1998）。在連續體的一端是社會工作者針對案主的問題必須有某種指導性的概念化，這能夠協助支持介入方式的實證檢驗，能夠引導理論化概念和想法的修正，最終產生更好、更有效的介入措施（Simon & Thyer, 1994）。

在另一端則是傳統以實務為基礎的論述。然而，反對它的一個論點是認為它往往是軼事的、模糊的，不總是能運用在新的狀況。此外，雖然實務的知識能夠以理論為基礎，但它經常無法進行控制試驗，去驗證在特定的實踐脈絡之外對於案主是有效與可靠的。

然而，以實務為基礎的知識確定是有價值的，在實務工作者的工作生涯中，他們可能與數以千計的人一同工作，從而獲得對於各種議題和問題的豐厚理解；而且，以實務為基礎的知識能夠引發對於各種問題的討論、疑問和好奇，進而導致科學的探索，方能產生以科學為基礎的知識和理論的發展。

另一條仰賴實務知識的途徑是社會工作是根基於「未知」，雖然「知道」是與以科學為基礎的知識和實務驗證相一致（例如，經驗證，我們知道某種處遇方法對於特定問題是最有效的），但與案主工作是基於「未知」，可謂人的問題和行為本質上是不可預知的、人們生活環境是複雜且多樣的。再者，與案主的互動是動態且不斷改變的，持續塑造未來的互動以及治療的關係，因此，社會工作者必須對於不可預測保持開放，並且對於案主和各項議題的知識有所知曉並適當運用。例如，我們不可能因既有的知識而預先知道個別案主的結果（Blom, 2009）。

從這個角度來看，社會工作者在其工作中必須保持一定程度的未知，甚至需要去反思他們認為自己知道的和願意將之放在一旁。所謂未知的實踐，並非要我們忘記所有我們已知的和放棄運用理論模型或實務檢驗；相反的，這表示雖然知識能夠幫助指引我們工作，但應在有需要時使用，未知的實踐使我們在與他人工作時，能夠採取全面性和不排除任何可能性的評估。如果堅持基於自身知識作為預判情況的方法，我們的工作就有可能變得常規化，並錯過人類生活和行為的豐富性和多樣性，即使各項決定皆具邏輯性，但卻可能起始於錯誤的判斷。這種觀點的支持者認為，好的社會工作實踐必須維持知與未知的平衡，挑戰我們認知的基於科學的僵化假設，並為我們的工作帶來新的可能性（Blom, 2009; Håkansson, 1982; Morén, 1994）。

你將看到此種方法與本書所涵蓋的其他運用於社會工作實務的理論有相似之處，例如 Carl Rogers 在其以人為中心的治療中「以客戶為本」的概念；女權主義理論中的原則挑戰既有知識和倡導不同方式的知識；以及在訪談技巧中要求不預設立場、避免做出假設、擺脫偏誤和成見。

知識與理論的品質

更進一步思考，社會工作專業領域方面關於哪一類的知識適合用於實務尚有更多的辯論，究竟是否應該運用實務或經驗的知識，即使其有效性無法被驗證，或者，還是應該倚賴專家，即使他們說的話似乎不符合案主的問題呢？

每個人，不只是社會工作者，皆面臨著自己知識的有效性議題。例如，你怎麼知道你可以依靠所獲得的消息？誰才是專家？你是否認為名人、運動員和媒體是專家？你的文化背景會如何影響事實和想法？你的價值和信念偏好會如何影響你探索和詮釋知識？

社會工作者也須面對關於知識和理論品質的問題，有些研究者認為社會工作課堂上所教授的，以及社會工作領域借用的理論，對於社會工作實務來說是過時的且無效的，他們指出這些理論的許多結構與概念並沒有（或無法）由實證研究得到支持，他們指出許多理論的發展存在著各種限制，使得運用在來自不同情況的人們時，會有偏誤或不適當的情形。例如，Freud 的性心理發展理論和 Piaget 的認知發展理論（cognitive development theory），皆是在特定的時空和文化脈絡下發展的；最好的是，將這些理論進行額外測試，了解能如何幫助用於解釋現今案主所遭遇的問題，背景脈絡皆不同於理論被開發和建構時的典型歐洲中心。

還有社會工作價值觀的問題，難以衡量和觀察。在工作中運用知識時價值觀的角色為何？如果某些知識被運用於實務中具有潛在的偏見或可能遭遇其他知識，這樣與案主工作是否仍符合道德標準？所有這些問題都會影響到社會工作的有效性，以及政策和資金的支持。

當從無數理論中究竟是學習其一或是多種理論（甚至是各種理論）在社會工作實務和持續辯論時，你將何去何從？一個方法是開始對應這些議題，思考能夠採取何種技能來掌握何種知識是有效的，並理解有用理論的特徵，包括有助於理論發展良好實證研究設計，幫助你能面對職業生涯裡洪流般的大量知識。

有許多方法能夠判斷知識的準確性和適用性，特別是基於理論和實證的知識。關於「好的」或實踐上有效知識有許多概念，在快速指引 1 中點列了一些評估理論知識的基本準則，這些準則在許多學科中是被廣泛接受的，當解釋某些現象時，用來確認理論的品質、實用性和適用性（Homans, 1967; Lenski, 1988; Popper, 1959）。一個理論符合這些標準時，意味著所提供的訊息使你能夠合理的預測和解釋行為，並幫助你為案主發展適當且有效的干預措施。

你應該也意識到人們在展開理論研究及發展社會和其他議題的理論知識時，會做出各式各樣的判斷，偏見、謬誤、錯誤詮釋的存在都會影響研究品質及其成果。因此，當你評估研究時，你需要清楚釐清哪些變項是被操縱和控制，以及哪些是未被考慮的，你還須能辨認研究者的偏誤、價值觀、方法和動機是如何影響研究結果的，一些人為錯誤可能影響研究的發展、實施、解釋和應用於人們情境。這裡列舉一些比較常見的錯誤：

快速指引 1　理論的評估標準

當判斷一個理論的有用性時，可思考以下的標準：

- 是否有功能？它是否清楚的解釋概念是如何互相關聯以及它試圖解釋的現象？
- 是否夠強大？它是否能夠藉由實證觀察對行為做出特定的預測？
- 是簡約的嗎？理論的概念是否能夠清晰、簡單和以直接的語詞來解釋很多關於現象的內容？
- 是否可證偽的？它可以透過實證觀察的測試和駁斥嗎？
- 它是否具有實際意義？它是否告知你與案主的工作，和你已經知道的各種現象有關？
- 理論的哲學基礎是什麼？它是否符合並能夠提倡社會工作的價值與道德規範？

資料來源：改編自 Bertalanffy, 1972; Brandell, 1997; Goldenberg & Goldenberg, 2004.

- 有問題的觀察：人類的記憶可能不完善和對經歷事件經驗不可靠，再者我們傾向於尋找證據以支持我們對於某些現象的假設，並忽視與我們想法相矛盾的證據。
- 過度概括：我們傾向於假設我們所經驗的能夠適用於其他人和情境。
- 偏見和價值判斷：我們經常將自己的價值觀、傾向、期望和經驗強加於事件，並賦予意義。
- 缺乏詢問：我們停止問問題，因為我們認為已經了解或充分理解它。

這些陷阱的任何一個都可能導致錯誤知識的發展，反過來也可能影響對於案主問題的準確評估和處遇方式。例如，許多女性主義學者和其他致力於少數民族研究的學者認為，從歷史上看，在社會及其他科學中的大量實證和理論知識是聚焦於對白人男性的關注上，然而，來自這些研究的知識和理論發展則往往應用於少數群體（例如婦女、少數民族、性別弱勢等），然而並沒有將他們與白人男性的生物、文化、經濟和其他差異納入考慮，這可能使此一知識在不同群體的適用無效（Reinharz, 1992; Solomon, 1976），許多關於人類行為的經典理論和實證研究都因為這種陷阱而遭受批評。

當評估實證研究是否適當用於支持或否定一個理論或者適當於實踐，可藉由幾個問題來自問，快速指引 2 提供了一些準則。牢記這些準則，並在透過閱讀報紙、網路、機構或政府報告，甚至學術期刊獲得資訊時，加以深度思考，這對於在實務中做出適當決策將有幫助，關於人類行為和社會議題的複雜性，使得這樣的仔細審視過程至關重要。

當思考 Janice 個案中如何有效使用相關資訊，社會工作者可能會思考是否有可用於適切處理 Janice 問題的理論或其他知識。例如，關於創傷後壓力症候群的一些理論和相關知識可能偏向適用於男性士兵，或者關於失業的理論和知識可能著重於個人責任，而忽視社會結構的問題；實務經驗可能扮演重要角色，如果社會工作者在精神疾病方面有良好的訓練，他可能會更關注於 Janice 的身體和心理方面的議題，而非自身能控制之外的問題，例如經濟不景氣，這反而增加了她的困擾。

快速指引 2　研究的評估標準

研究評估時可以考慮一些標準：

- 訊息有多新？如果不是新的，是否仍然有效？是否有一個好理由沒有更新？
- 誰是目標受眾？該研究是針對特定利益集團的目的來進行嗎？研究結果是否有偏向滿足特定團體的需求？
- 誰是作者？作者的專業知識和所屬單位是什麼？
- 是否列出原來訊息的來源？你能找到作者引用的原始作品嗎？你是否有其他來源可以查看事實或陳述或做進一步研究？
- 訊息是否經過同儕審閱？是否有其他專家在該場域查閱這些訊息？
- 訊息是否有偏見？語言是否有偏見、偏向或配合特定目的？
- 訊息的目的是什麼？是通知、教導、娛樂、啟發、銷售或說服？

理論的折衷主義

社會工作自然是吸納多學科的知識。例如，兒童和家庭的社會工作可能借用心理學理論以處理發展和行為變化的面向。社區的社會工作可能仰賴社會學理論以解決團體動力和社會變遷的議題；行政的社會工作則需借用經濟學或組織理論。

然而，有些社會工作者堅持使用一個特定的理論。例如，一些社會工作者會描述自己是行為主義者、精神分析學者或是家庭系統理論者，這些理論的偏好可能受到社會工作者接受培訓時的政治和哲學氣氛（Saltman & Greene, 1993），以及他們的工作脈絡所影響，社會工作者傾向使用某些理論，也影響著他們如何概念化案主的問題，以及如何評估和選擇何種干預的方式。

社會工作者如果是使用單一理論的「純粹理論者」，抑或是借用許多理論的概念和結構的折衷實踐者，何者較為有效，始終存在著辯論。考量社會工作者所處理問題的範圍，多重理論確實派得上用場。

單一理論論據　堅持單一特定理論者，認為學生無法在學習時，同時深入了解多個潛在有用的理論，並加以適當運用在實務中（Simon & Thyer, 1994）；為了要徹底理解理論的本質，且有效適當的運用，社會工作者在與案主工作時，應該僅學習和堅持一個特定理論。例如，社會工作者使用行為理論來評估兒童行為問題，必須深入探究行為主義的基本準則（包含其歷史、開發者、如何應用、結構與限制）。

單一理論的支持者也認為為了有效性，理論必須被完整使用，否則如果僅單獨使用其中一部分，它們可能變得無效。例如，當與孩子工作到一半時，僅使用一種行為技巧，而不要使用行為理論的其他相關技巧。如果單獨使用某些技巧，但使用者並沒有充分了解行為理論的基本假設，那麼部分使用理論就是不適當的。

此項論點的其他論述如下（Payne, 1997）：

- 社會工作者在其職涯前期所接受的培訓以及過去在學校所學，皆形塑其思考與實踐的方式，因此，他們不太可能熟悉一連串新的理論進而整合進其實務應用當中。

- 關於如何選擇某一理論概念而不選擇另一個，缺乏指引或規則，使用不同的理論並非取決於隨意或是非系統性。
- 當使用多重理論或技巧時，社會工作者不太可能獲得所需的指導和監督，因此在實務中仰賴多重技術是有風險的。
- 人類行為的根本哲學往往基於不同理論，試圖整合這些概念可能導致實務運用的脫節或是矛盾。

折衷主義的論據 認為社會工作不應該堅持「一個理論適用所有」策略，是另一種觀點。折衷主義的支持者認為由於社會工作涉及處理人的不同層次的問題，彈性和全面化的需要是工作的核心。如果社會工作者試圖以單一理論處理所有類型的人群和問題，則無法避免無效的情形，有些人甚至認為堅持只用一個視角，可以迫使案主，將其獨特的特徵強壓入一般人狀況的統一模具中。

再者，由於不確定性是社會科學中所不變的，特別與人類行為和社會議題相關者，倚賴單一理論去解釋所有問題，將使得社會工作者錯過事情的全貌，更甚者，他們還可能誤解問題，採取不適當的處遇方式，都可能對於案主造成更大的傷害；採取折衷、彈性和全面的方式，使社會工作者能夠以有創造性的、豐富資源的方式，為案主的多樣問題找到解方。事實上，一些社會工作者認為質疑、模糊和不確定性是這個專業的特點，因此，社會工作者應該配備一個廣泛的理論知識「工具箱」，方能有效與案主合作。

此一論述支持案主應該從社會工作者的所有理論知識中獲益的概念，而且由於每一個理論都有其限制，因此社會工作者需要廣泛的資源以因應與案主工作的需要。在許多機構都有這樣的社會工作流程，包括收案（案主初次訪談和訊息蒐集）、關係建立、預評估、規劃、處遇、評估和後續關注等都是常見的，僅依賴一種特定的理論方向可能無法符合社會工作者在各種工作關係中所面臨的特殊情況或不同地方的不同需求（Payne, 1997）。

最近的一項研究進一步探討單一理論與折衷主義的爭論，研究者探究何種社會工作者的理論偏見可能出現在實務運用中（Saltman, 2002），研究者調查了 175 名在美國與加拿大服務猶太家庭和兒童機構的社會工作者，她透過問卷和個案紀錄探索工作者的理論取向和處遇措施，受訪者回應他們不一定選擇理論基礎與其理論偏向相同的處遇措施，例如多數（87.5%）受訪者回報他們傾向心理社會理論，然而他們卻在個案中運用在家庭系統的處遇方式。根據研究者的說法，這可能是受訪者會使用最「適合」處理案主問題的理論，而迫使問題必須符合受訪者偏好的理論；換句話說，受訪者可能倚靠實務知識、實證知識，或兩者，而不是他們個人的偏好知識，用以決定在處遇過程中需使用哪一個理論方法。

雖然這樣的研究結果不能告訴我們，所有的社會工作者是否會以相同的方式回應案主的情況，但確實有助理解社會工作者在服務案主時經常仰賴多重理論；此結果也說明了其他力量，例如案主、機構、政治氛圍和民意等，也可能影響社會工作者與案主工作時所選擇使用的理論。例如，由於最近的實證研究支持在處理該問題上的有效性，一個社會工作者可能會針對特定問題使用特定的理論，同樣的，某個機構或是資金來源可能只有支付使用某種或某套特定理論的治療費用；在這些情況下，社會工作者可能面臨外在的壓力，必須選擇一種理論而非其他的，或者使用多重理論的某些架構，無論其個人的方向或偏好如何。

不論從哪個角度來思考這個辯論，很明顯的，身為一個有效率的社會工作者，你的工作知識必須至少掌握幾個能夠解釋人類發展與行為理論，缺乏這種知識，你將無法決定如何使用理論，不論是要採取單一理論方法或是折衷的方式。然而，你將發現自己的教育和工作環境將某種程度的決定理論如何在實務中運用。例如，某些針對有行為問題的兒童治療方案，其處遇方式僅使用行為理論，而某些私人執業之社會工作者可能只使用 Freud 精神分析；要具有適應能力以及服務案主的責任心，你必須了解多重理論以及如何在適當的環境下使用它們。

理論與知識在社會工作實務中的應用

有許多社會工作實務的方法，可以幫助指導社會工作者如何在與人工作和系統中有效解決問題，無論採用什麼方法，社會工作者需要有一個良好的知識基礎，知道如何評估知識和理論的效率與有效性，以及了解知識和理論能夠如何潛在的影響助人的過程（不論是積極面或是消極面）；社會工作者的知識基礎和理論取向往往影響著社會工作者如何與案主工作、評估如何聚焦問題、發展問題的介入方式，以及終止和評估過程。

讓我們來以 Janice 的案例來探討兩個不同的社會工作者如何展開工作：

- 一個社會工作者聚焦於評估資源和能力如何幫助Janice應對所處的情況，他可能協助Janice發展一項計畫，以更有效使用資源和能力以減輕其壓力程度、解決她的健康、心理健康和工作相關的問題。例如，他指出Janice是有動力尋求幫助的（保持與他會面），並且在作為軍隊成員的一員時，展現高度的實力、勇氣和韌性。社會工作者會幫助Janice將這些技能轉化為尋求健康、心理健康照顧和工作訓練的任務上，社會工作者也會引入這個角度的知識、研究和方法（優勢觀點，請見第二章）。
- 另一位社會工作者聚焦於評估Janice面臨的身體上問題：失眠、頭痛和創傷後壓力症候群的症狀，以確認這些如何影響她在追求就業和履行其他責任時的能力。社會工作者可能採取的介入方法著重在協助Janice獲得所需要的醫療照護，從這個視角將能協助Janice解決她的其他問題（疾病模式，請見第三章）。

兩位社會工作者皆是以協助Janice充權和支持她邁向誠信、尊嚴和自我價值為目標，和她共同工作。

再看另一個例子。這案例以展現如何結合多重知識基礎和理論觀點以服務案主，在一個服務有發展障礙和精神疾病成人的機構中，工作人員有許多不同的方法去理解並與案主工作。一個工作人員從源自家庭的問題開始與案主工作，她偏好使用Freud的精神分析理論並以此為基礎理論為案主服務；另一個工作者使用系統理論和生態方法作為他與案主工作的重要指引，並認為案主學習理解和適應社會系統的規則、作用和界線，並據此互動是非常重要的；亦有另一個工作者偏好採用行為方法，以幫助案主透過形塑和獎勵學習新的技能。這三個工作人員也都受到以優勢為基礎的方法引導，他們都會評估客戶的優勢，和運用現有支持，來發展介入方式，聚焦在如何為案主充權，而不僅是關注問題。

當你瀏覽本書、閱讀不同理論和觀點，以及不同議題的研究時，請注意那些與你有共鳴的理論，何者解釋人類行為對你來說較有意義？當你與人們或系統工作時，是否較常運用某一特定方法？會使用什麼樣的證據來支持你的觀點？意識到自己的偏好和觀察人類行為的方式是至關重要的，因為它們會影響你如何工作。

維護社會工作價值

社會工作專業是特別的，在許多面向上是不同於其他的助人專業，例如心理學。其中一個關鍵區別在於社會工作專業基礎所包含的核心價值，這個概念在前面的段落中雖有提過，但在此要更進一步的說明。無論知識的基礎或理論的觀點如何運用，社會工作專業致力於面臨處理個人和社會問題時，能夠提升服務的價值、完整性、競爭力、社會正義、人際關係的重要性和人們的尊嚴和價值。在《倫理守則》（*Code of Ethics*）中的指引皆以這些價值觀為基礎，並指導社會工作者如何落實〔美國全國社會工作者協會 National Association of Social Workers（NASW），1996 年通過，2008 年修訂〕。

因為這些特別的價值，社會工作者特別關注和確保與人們和系統工作的處遇措施和方法在文化上是適當的，每一個個人和系統的功能皆來自於其文化的脈絡，並受到其獨特文化特徵的影響，這些有助於確認個人或系統的情形，以及問題和解方能夠如何處置，因此，社會工作者提升對於文化面向上的認識，將有助於了解個人和系統的環境脈絡，進而有助於理解問題和提出適當解方。

社會工作者也更聚焦於所有人和系統自然擁有的優勢，在社會工作中，當與人們和系統工作時，僅是關注問題是不夠的，此外，社會工作價值要求應該認識到人們和系統的本質上是具有韌性的，他們用能夠持續下去的技巧和能力，雖然問題可能存在。社會工作者積極尋求、促進和支持自然的優勢，原本就存在於人們與系統當中的，加以充權，使之成長茁壯。

每當社會工作者將知識或理論納入工作中時，他們必須小心確保社會工作的核心價值和倫理思想能夠體現。在本書中，核心價值和道德指引（圖表 1.3），分別討論其涉及的不同概念。

學習人類行為和社會工作實務

你能看到在人類行為與社會環境方面擁有廣大的知識基礎，在社會工作實務應用上是多麼有用，社會工作者永遠不可能了解人類生活的全部面向。幸運的是，社會工作的課程為應用人類行為知識提供一個基礎，並建立與工作的幾個面向具體相關的新知識。這本書也是為了這樣的目標。

其他社會工作課程與人類行為知識的關聯

所有社會工作課程的整體目標是協助你發展出提供最佳實務、評估文化能力和道德實踐的根基能力，這個知識基礎很大程度的仰賴「人類行為」，也是

圖表 1.3

基於核心價值觀的社會工作道德原則

核心社會工作價值觀	社會工作道德原則
服務	幫助有需要的人並解決社會狀況和問題
社會正義	挑戰社會正義
人的尊嚴和價值	尊重人的固有尊嚴和價值
人際關係的重要性	認識到人際關係的核心重要性
誠信	用可信賴的方式行事
能力	在能力範圍內實踐，並發展和提高專業知能

這本書的主題，以下是一些你將參與的課程，並說明它們如何與人類行為的研究相關：

- **政策課程**使你能夠發展、解釋、分析和應用社會政策，從而影響個人、家庭和社區的福祉。你必須了解政策與人類行為的互動關係，以及運用社會政策的何種視角來看待案主的問題。
- **研究課程**是社會工作教育的重要面向，因為它們教導你如何評估實踐和如何將研究納入實務以獲得更有效的結果，研究技巧是建立理論的關鍵並確保建立理論的方法和結果是有效的。再者，社會工作者必須隨時了解與其實務應用相關各種領域的研究，例如，關於某種疾病或方案的新數據或研究不斷產生，社會工作者必須能夠評估這些研究以確保這是健全的，並了解這些資訊能夠如何運用在實務上。
- **實務課程**很大程度的仰賴理論的指引，落實在實務面上如運用實證方法服務案主，依照不同的學習程度（大學或研究所），你將學習到一般性理論或是專門理論以幫助指導你為案主、機構和社區進行評估、計畫、處遇服務。一般來說，這些課程會與你的實務經驗和討論課程搭配，以提供運用人類行為和各種理論方法的機會，整合知識和實務經驗。

除了這些核心課程外，社會工作學程還必須要納入特定內容的課程。這些領域涉及多樣性、風險中的人群、價值觀以及倫理道德，都是人類行為和社會環境的重要組成，當你思考人類發展和社會問題時，你會遭遇到道德議題、多樣性如何影響人們及其周圍問題、人們如何因個人和社會問題而被邊緣化等。

建構人類行為研究——本書的編排

本書旨在協助你思考理論和其他知識與人類發展及社會問題的關聯性，以及如何影響人們，依序為首先討論理論，以作為基礎，使你能建立關於人類發展的具體知識。本章為思考相關知識和如何應用於社會工作實務，請牢記關於人類行為在社會環境中應被如何評估和應用的辯論。

第二章至第五章介紹許多實務中常用的理論和概念，經常被用來作為干預措施的基礎。這些章節的討論回顧了許多廣泛使用的理論，並說明這些理論使用的一些限制，一旦深入理解這些理論基礎，將能更容易閱讀本書的其他部分。

第六章到第十二章帶領你穿越生命週期經歷人類共同發展的過程，隨著發展的程度，各個章節介紹在各種生活階段所發生和呈現的特定議題，以及討論有助於解釋這些議題的理論。為了協助概念化在實務脈絡下的議題，它們被歸類為不同的層次——個人、家庭和小團體，以及社會和大團體，這些章節也將提升對於理論、研究和實務資訊的理解，目標是學習批判性思考，在理論和實務知識中發展自己的觀點。

結論

了解人類行為在環境中的脈絡，是發展好的社會工作的關鍵環節。要成為一個成效好的社會工作者，必須要有廣泛的知識基礎，其中包含人類行為的理論、基本人類發展，和在不同生活階段如何影響人的社會議題等。

在社會工作學科方面，關於需要何種知識才能成為有效的實務工作者，始終存在著辯論，而大多數的社會工作者都會同意，社會工作者必須要有評估知識品質和是否適當在實務中使用的能力。

身為社會工作者，你必須了解自己的價值觀、經驗和訓練，如何影響你對人們和社會問題的看法，這些對於社會議題感知的偏見和偏好，會影響你所從事的工作，以及如何解釋和使用相關資訊，有堅實且廣泛的知識基礎和一貫的詢問並評估知識，以及服務案主的動機，將確信你會成為一個有效用的社會工作者。

本章重點

- 人類行為在社會環境中是社會工作課程的核心領域，包括人類發展的內涵和解釋行為，與社會動態之間相互作用的各種理論。
- 與其他學科相比，社會工作需要在政治、生物學、心理學、社會學和經濟學等許多不同領域，擁有廣泛的知識基礎，再者，社會工作者需要了解這些不同學科的面向如何影響個人、家庭和社區的福祉。

- 知識可以被驗證或實踐的，它包含許多來源，例如經驗、傳統和權威。
- 理論應該允許你以盡可能清晰和直接的方式來合理的預測和解釋行為，它們應該透過經驗觀察來驗證，並且應該具有實務意義。
- 邏輯思維中存在許多陷阱，包括觀察、過度概括、偏見和價值判斷，以及缺乏深究的問題。
- 判斷知識有效性的要素，包括訊息價值、目標受眾、作者的專業和所屬組織、原始來源的可用性和其他相關訊息、其他專家對訊息有效性的一致同意，以及轉發訊息的目的。
- 社會工作者與案主合作時是否該遵循一種理論，或是他們應該採用多種理論、加以組成的折衷方法，存在著爭論。
- 社會工作專業在堅持核心價值和基於普遍大眾的尊嚴及人的價值方面，是獨一無二的。
- 社會工作核心課程中，政策課程、研究課程和實務課程提供了知識的基礎，可以為人類行為在社會環境中提供概念。

本章練習活動

1. Sanchez 家庭互動案例，請參閱 www.routledgesw.com/cases 網站。徹底整理 Sanchez 家庭所涉及的主要議題，以回答下列問題：
   a. 什麼是你認為這個家庭所面臨的三個最關鍵問題？簡單說明你的選擇。
   b. 你所擁有的知識會以何種方式影響你的選擇？例如，你的文化是否影響你對某些問題的思考方式，從而影響你對它們的重視程度？
   c. 理論在哪些方面可以幫助你概念化家庭的情況？
2. Riverton 互動案例，請參閱 www.routledgesw.com/cases 網站。查看案例中呈現的情況和議題，請回答下列問題：
   a. 你認為這個社區面臨的三個急迫的問題是什麼？

b. 你認為你可以如何使用理論來幫助你概念化這案例中的情況？

3. Riverton 和 Sanchez 家庭互動案例，請參閱 www.routledgesw.com/cases 網站。在案主系統面對這兩種不同的、複雜的情況時，你會用什麼方式來處理和介入這些問題？
4. RAINN 互動案例，請參閱 www.routledgesw.com/cases 網站。請查看案例，並回答下列問題：
   a. 如何將多個觀點，本章稱為折衷主義，幫助 RAINN 滿足 Sarah 和 Alan 的需求？
   b. Sarah 和 Alan 的性侵經驗對人類發展過程、家庭關係和社會力的影響為何？
5. Hudson 市互動案例，請參閱 www.routledgesw.com/cases 網站。徹底了解案例中包含的主要議題，並回答下列問題：
   a. 這個社區所面臨的一些最重要議題是什麼？
   b. 知識（包括理論）可以從哪些方面來幫助你組織和思考這些問題的方式，和如何與他們工作？

第二章

概念化問題和處遇方式的視角：人在環境中

Juan，16 歲拉丁裔，父母在他出生前自墨西哥移民到美國，最近他在學校遭遇一些狀況，他的成績在過去兩年持續下降，出席率經常很差，上課時常睡著或是覺得無聊，並經常與其他學生打架，他沒有朋友，但和幾位老師相處得不錯。過去幾年，他的家庭生活也是不安定的，他父親被製造工廠解僱，且一直沒有找到新的工作，他母親在一年前被診斷患有癌症，然而因其父親失去工作，家人連帶失去了醫療照顧和其他福利，他的母親一直無法接受適當的治療，自母親確診後，他父親酒喝得更兇，喝醉時，會對 Juan 暴力相向。

Juan 盡可能不待在家裡，大部分在附近鄰里或教堂度過時間，他與教會的牧師關係不錯，而且喜歡在課餘時間進行志願服務，Juan 因為學業問題而被轉介給學校社會工作者。

即使在這簡短的描述中，你應該可以看出，Juan的生活中發生了很多事情。如果你進一步探索他的情況，你可能會發現更多的資訊，並有助於他：應該從何開始呢？你應該如何概念化 Juan 所處的情境，以決定運用何種方法來解決問題？這就是理論可以應用的一種情況，本章將探索一些社會工作中最常用的理論和觀點。第一章討論多聚焦於理解什麼是理論，而接下來的幾章，將介紹理論和各種模型、方法和觀點，以幫助社會工作者概念化和處理案主的問題。

本章所討論的理論和觀點，採用一個綜合的方式來描述人類行為和問題如何與環境交互作用——是社會工作者通常指稱的人在情境中的方法。這個方法從問題發生的環境脈絡來檢視案主的問題，是社會工作實務的基石（Gordon, 1969; Richmond, 1920），這些理論和觀點往往是採廣泛而動態化的方式概念化助人工作。

人在情境中的理論和觀點也傾向聚焦於案主所在的系統，那是案主生活的關聯面向，應納入整體考量；換種方式思考，你的身體和發展的生理過程應被認為是一個系統，身體由不同部分組成，並發揮作用；家庭與社區也是系統，他們有其成員經由關係分享和角色扮演而對該系統做出貢獻。同樣的，工作職場、學校、教會也可作為系統，每一個皆由個人、互動過程和關係所組成以保持組織運行，也同時反過來貢獻參與其中的個人。

本章介紹的理論和觀點將闡述案主生活中不同的系統如何獨立和交互運行，以及如何影響案主的福祉，快速指引 3 整理了本章討論的所有理論和觀點，以供回顧和比較。

微觀、中介和宏觀層次的概念化

社會工作教育和文獻在描述人們遭遇問題的不同層次時，經常使用微觀、中介和宏觀這樣的語詞，微觀－中介－宏觀的方法幫助社會工作者不僅僅聚焦個人，更將人們視為有生活、關係和環境相互影響作用的積極行動者，因此，微觀－中介－宏觀的方法體現了人在情境中的概念。

儘管它沒有提供有助於預測行為的可測試結構，但它確實提供了一個可以視覺化的框架，而這有助於組織案主的大量訊息，並思考人們生活和環境的各個面向如何交互作用：

- 微觀層面考量個人的各個層面，包括生物的、心理的、發展的、精神的、情感的、認知的、休閒的、財務的面向對於個人的個性和功能之影響，對一個人的福祉都是至關重要的。這個層次亦包括年齡、性別、收入、種族背景等因素。
- 中介層面則由個人所處的直接環境中的元素構成，家庭、朋友、同事、

快速指引 3　人在環境中的視角：理論、方法與觀點

	微觀－中介－宏觀	生理心理社會	系統	生態	優勢
類型	方法	方法	理論	理論	觀點
焦點	個人與環境	個人與直接的環境	個人與環境視為各種系統的一部分	個人與環境	個人與環境
假設	人們在他們的環境中是活躍的	某些重點放在人們積極參與其直接環境	系統是互動的	人們在環境的機制中是活躍的	人們在變動的過程中是活躍的代表
優點	• 解決問題全面方法 • 有助於評估案主問題 • 思考人與環境之間的動態互動 • 在個人和環境層面尋找問題的原因	• 部分聚焦於生物面向的行為和問題 • 有助於指導評估和處遇過程	• 解決問題全面方法 • 易於在實踐中應用概念 • 考量系統之間的動態交互作用	• 解決問題全面方法 • 易於在實踐中應用概念 • 考慮人與環境之間的動態互動	• 積極、充權的方式與案主合作 • 易於在實踐中應用概念
限制	• 太廣泛而無法簡單預測行為 • 難以定義和實證測試 • 沒有一致的概念可以應用於案主的情況	• 過於關注直接環境 • 難以結構性驗證和預測行為 • 太以問題為導向	• 太廣泛而無法簡單預測行為 • 難以結構性驗證和預測行為 • 沒有充分聚焦在行為和問題的生物學方面 • 太以問題為導向	• 太廣泛而無法簡單預測行為 • 難以結構性驗證和預測行為 • 沒有充分聚焦在行為和問題的生物學方面	• 過於關注個人責任和自主權 • 難以結構性驗證和預測行為 • 在某些機構的使用過於當前導向

鄰居、工作環境、教會活動、地方資源和服務，以及交通運輸等都落在中介層面。

- 宏觀層面包括影響個人的更大社會力量，例如政府政策、歧視、壓迫、社會政策、經濟條件、社會價值和甚至歷史事件。

圖表 2.1 說明了這一個方法和各層次組成的不同面向。

當社會工作者在為案主進行評估和發展處遇方式時，會思考三個層次上與案主特定問題和情況相關的許多面向；再者，微觀－中介－宏觀的方法可以被用來探索不同層次中過去所發生的問題如何影響案主，和如何影響案主目前的功能，社會工作者經常將這一個概念作為一個突破點，探討案主的行為和環境其他各個面向。

在許多方面，此一方法與本章所提及的其他方法和理論相類似，也如你所見，它們在社會工作實務中經常交換使用；事實上，本書的第六章至第十二章將根據微觀－中介－宏觀的方法來組織討論的議題。

圖表 2.1

微觀、中介和宏觀層次：組織案主系統的方法

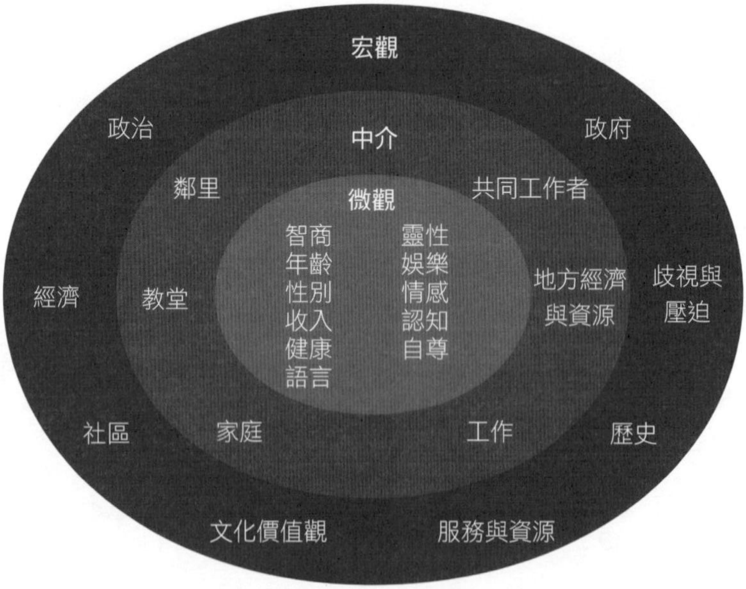

應用微觀－中介－宏觀層面的概念化

讓我們來看看微觀－中介－宏觀的概念如何應用在 Juan 的情況。

身為一個社會工作者，在 Juan 的情況中你在三個層次上可能分別注意到：

- 微觀：你將探討 Juan 個人或微觀系統的各個面向，例如他的信仰、衝動控制、學校參與、種族認同、心理健康和認知與情感發展。
- 中介：在中介層次，你會考慮小團體和直接環境對於 Juan 功能性發展的影響，例如家庭動力、與老師同儕的關係、與教會的連結，和鄰里社區的資源。
- 宏觀：你將評估較大的社會環境組成部分如何影響 Juan 的情況，你可能會注意到學校政策、歧視議題、文化因素等可能妨礙 Juan 及其家人適應社區的努力，和缺乏資源的連結如健康照顧和就業機會等。

根據這些評估，你會辨別出影響 Juan 行為的主要問題，爾後設計處遇方式來解決這些問題。

基於三個層面的分析工作足以辨認出個人所處的情況，針對某一層次的處遇措施應會影響 Juan 其他層面的功能，例如，你會發現經由健康檢查知道 Juan 有一些健康問題需要解決，理論上，改善 Juan 的健康將提高他在學校的表現，進而會在改善他對於學校和課業競爭的感受。具體來說，伴隨他的健康和學業表現的改善，他可能會感覺較有動力和自信，這會給予他更多的信心與同儕互動；這些改善也可能幫助他更有效的應付他在家所面對的問題。如果 Juan 在他的生活中能有一部分是讓他感覺到成功的，他將比較不會因為父親的暴力問題和母親的生病問題而怪罪自己。實際上，他面對學校和同儕的能力感將成為一個緩解其他不易控制的問題的緩衝。

同樣的，你可能藉由中介或宏觀層次以幫助家庭獲取資源，例如失業和健康福利及資源如醫療補助或拉丁社區的健康服務。當家庭情況改善，成員間的關係也可能有所改善，例如，Juan 的父親可能更有動力來控制他的飲酒和暴力行為，進一步也將對 Juan 的身心健康福祉有正面影響；你也可能注意到社區的因素，例如對於少數族裔的敵對態度或歧視政策等，可能對 Juan 及其家人有不良的影響，你將致力於改善較大的環境及其對 Juan 福祉的影響，改善這些領域，可能有助於 Juan 改善學業的表現，和他可能對於與同儕的互動感到更有信心，提升這些感受，最終可能幫助他解決他在學校和在家的問題，因為微觀－中介－宏觀的各層級是相互關聯的，當處遇發生在某一層級的某個特定領域時會產生波動效應。

如何在實務中使用這個概念化的另一個例子是在醫療領域，一個社工被指派到服務一個被診斷出患有糖尿病的美洲原住民女性，這名女性不僅需要改變飲食習慣，而且服用某些特定藥物（醫師關注的部分），也要處理其他的議題才能成功控制她的糖尿病：

- **微觀**：社會工作者應探索這個案主的外在環境壓力因子，她的家族病史，能夠成功改變她的日常作息以改善健康的方法，以及她對於照顧和生活型態改變的承受力。
- **中介**：社會工作者需要考量這位女性的家庭對於健康、疾病和健康照顧者的態度，健康照顧提供者的態度和對於少數族裔團體的潛在偏見，家庭如何取得可負擔的新鮮食材和如何料理，婦女如何取得安全、可負擔、易達性的運動方式。當處方要求低鹽飲食搭配大量的纖維和新鮮農產品時，該家庭如處於低固定收入、一小時車程內唯一的雜貨店是只銷售高鈉食品的便利商店，那即是不適當的。
- **宏觀**：可能有助於或阻礙該女性進行飲食控制的更廣泛因子，也許包括文化中對食物、健康和福祉的態度，社區、健康和財務資源，看制度性的歧視所導致的健康差距和取得照顧的不平等差距。例如其家庭對於教會、學校、政府和健康照顧體系的歧視行為有強烈的世代回憶，由於這個緣故，女性將更願意諮詢一個替代醫生，例如巫師或治療師，認為他們的醫療照顧意見比醫生或社會工作者更可信賴。

微觀－中介－宏觀層面概念化的批判

顯然，這微觀－中介－宏觀的方法使社會工作者能夠獲得案主大量的訊息，實際上，這也是這個方法的幾個批評之一：

- 社會工作者對於與案主相關事情的探索可以是無窮盡的，而蒐集太多資訊可能反而癱瘓了案主與社會工作者，具體說明，社會工作者和案主可能難以確認和定義問題處理的優先順序，以使案主的目標得以實現。事實上，社會工作者應該是希望幫助案主體認到問題並非無法解決，如果微觀－中介－宏觀的方法使用不當，案主（及其社會工作者）會有它們面臨太多問題的感覺，導致在服務工作開展前就感到失敗。
- 許多社會工作者可能沒有充分時間全面性探索影響案主的議題，這是確實的情況，尤其是當社會工作者希望獲得這些議題更深入的歷史資訊時。
- 如稍早的討論，由於微觀－中介－宏觀的方法並不是一個理論，它無法被實證，每一個層面上哪些概念的想法應該被評估，應該依社會工作者而異，因此基於此種方式的干預措施可能有很大的不同。
- 這個方法並沒有一組一致的結構，以應用於案主的情況，這意味著也確實沒有有效或可信的方法來衡量用於案主後的效果。

然而，當思考關於案主生活的複雜性時，微觀－中介－宏觀的方法是有效的，能幫助社會工作者多方考量可能影響案主的各種因素，特別是在社會文化層面。基此，這個方法傾向於聚焦和「責怪」案主，而非在案主身處的環境中尋找問題的成因。雖然社會工作者可能評估個別的問題，但往往只會考量這些問題和其他層面的問題，他們並不認為個人是問題的「原因」，因此他們經常將介入目標設定在較大的社會力，例如無法給予案主支持的政府機關。

生理心理社會的方法

包括社會工作在內的幾個學科，採用生理心理社會的途徑（biopsychosocial approach）將人類行為加以概念化，這將人類行為分成涉及個人的生理、心理和社會功能的幾個組成部分。與微觀－中介－宏觀的模型不同，在這些領域功能的層次皆在個人層級上進行評估，意即，被評估的範圍皆與案主或個人現在的問題有關，這種模式的生理和心理的面向本質上是個人的。然而，有些人可能將社會領域解釋的影響非常廣泛，也傾向於不侷限定義為僅影響個人，但事實上，它通常限於直接的社會環境，特別是朋友、家庭和工作場所。

這些是社會工作者在每個層面可能考量的一些範圍：

- **生理層面**：案主的飲食、健康（包括過去與現在）、運動模式、性功能、藥物和物質使用，以及家族健康和遺傳史，事實上，任何一個因子都可能與案主生理功能和影響案主的福祉。
- **心理層面**：案主的自尊心、應對能力、精神健康（包括過去與現在）、個性特徵、精神疾病家族史、心理發展，和認知及情感發展。
- **社會層面**：案主的工作穩定性，參與社會和休閒活動，和家人、朋友同事的關係。

事實上，生理心理社會途徑的所有層面皆被包含在前面討論過的微觀－中介－宏觀模型的微觀和中介層級中，這也是為什麼後者模型被認為比生理心理社會模式要更全面的原因之一。

許多社會服務機構使用生理心理社會模型來評估案主的問題，特別是在收案的過程中，政府的方案、醫院和健康照顧診所、社區精神衛生照顧機構和非營利組織在蒐集案主資訊和發展處遇方法時，也常仰賴這個方法；即使當社會工作者和其他的實務工作者在工作中使用其他觀點，生理心理社會途徑經常仍是他們機構的基礎之一，有些社會工作者只使用這些訊息來開展與案主的工作，而另一些則可能將其用來作為評估和處遇的全面方法的一部分。

應用生理心理社會的方法

比起微觀－中介－宏觀的方法，儘管其範圍看似有限，然而生理心理社會的觀點可以多種方式納入社會工作實務之中。再一次，讓我們看看如何以此角度來看待 Juan 的情況。

Juan的問題包括上課缺席、成績下降、白天嗜睡、對學校的活動缺乏興趣，以及與同儕打鬥，他似乎與他父母的關係也有些問題，這對於他的身體、情緒和財務上有直接或間接的影響，他的父親酗酒、暴力和失業與母親生病都對 Juan 整體的運作功能造成潛在的影響。

以下是對於Juan所處情況的一些議題分析，依層面解析：

- 生理層面：你可以注意 Juan 的身體健康和功能，可以檢視他的營養和一般的健康習慣，與同儕相比評估他整體的身體發展，並將他轉介給醫生進行身體檢查。可能是營養不良、缺乏睡眠或荷爾蒙失衡所造成 Juan 的一些侵略性和注意力不足的症狀。你可能也會想評估 Juan 是否有足夠的運動或正在使用藥物或其他物質等，因為這些議題可能會加劇他的問題。
- 心理層面：你可能評估 Juan 的情感和認知的發展，可以轉介他給關注智力的心理學家，以測試他是否有學習障礙或相關問題導致他學業表現低落，可以評估各種情感和心理領域，以確認他在學業和同儕相處的問題是否是這些領域的運作問題所引起的。例如，你會尋找可能全面影響他生活的憂鬱症跡象，或評估導致他的侵略性行為的衝動控制因素。
- 社會層面：你會聚焦於家庭議題和動態，Juan同儕關係的品質，和他與師長、牧師等其他人的互動和關係。

此外，你可以仰賴某些專注處理發展過程理論的資訊，以評估 Juan 的心理發展水準，在本章後續討論許多這樣的理論，根據這些評估的結果，你可以針對 Juan 的問題訂出優先順序並選擇處遇方式。

生理心理社會方法的批判

雖然生理心理社會的相關資訊在與案主工作過程中是重要的，但對採此方式概念化問題，仍是有一些批評：

- 有些社會工作者認為如僅使用這個方法，其本身是太狹隘的，也就是說當從這三個領域來概念化案主的功能，是不足以了解和呈現案主生活的複雜性，以及與更大的社會力互動的情形，例如社會工作者可能面臨忽視了經濟、政治和文化的影響，以及種族和歧視問題的風險。當缺乏一些相關資訊時，社會工作者承擔著只有進行部分處遇的風險，這其中可能包括其他問題，如果沒有適當處理，可能造成破壞服務案主的效益。

- 生理心理社會的方法太問題導向，而缺乏充分關注個人的優勢，它傾向將人的問題定義為「限制」甚至是失敗。
- 對於生理心理社會觀點的相關批評，是認為它過於集中在遭遇問題的個人，將個人視為有問題，且需為這些問題負責，因此個人也必須負責修復。
- 對於個人的處遇是過於短視的，而且可能因為忽視更大的社會議題，而延宕個人的問題，甚至使得這些問題更難處理。例如，一個人在遭遇尋找工作的挫折後開始喝酒，特別是在經濟匱乏的時候，如果處遇措施只針對喝酒行為，可能會是無效的，或是短效的，而且社會工作者將錯失瞄準問題和對症下藥的機會，解決缺乏就業和經濟不景氣的問題。雖然社會工作者無法做到這麼多，但是也許能立即的協助找到工作或是獲得就業訓練或失業救濟，都會間接減輕其不良的飲酒行為；社會工作者也可能在政治或其他方面參與，協助改善經濟或為社區帶來更多的就業機會。
- 在社會工作學科中也有這樣的辯論，關於社會工作者是否對於人類行為的生理面向有足夠的知識，就能有效的各種問題，並將其他的處遇措施納入工作中。有一群研究者（Johnson et al., 1990）認為社會工作者需要較多以生理學為基礎的行為知識和訓練，方能有效的與其他健康照護專業的實務工作者一同合作，以因應工作中面臨各種人群的挑戰，例如老年人和精神病患者。因為這些群體中的許多人正在經歷生理的問題或疾病，例如精神分裂症、藥物濫用和阿茲海默症，社會工作者需要充分了解生理疾病發展進程，方能有助於症狀和疾病處置。

另一方面，生理心理社會的方法能夠幫助社會工作者關注可能影響案主生活的生理面向議題，使用這方法能鼓勵社會工作者吸納並應用其生物學知識於服務案主的工作中。

藉由使用生理心理社會的方法，社會工作者也能獲得大量關於案主的資訊，面向涉及生理、心理和社會功能是建構案主健康和福祉的重要關鍵基礎，對這些方面的了解將影響社會工作者處理案主情況的方式。

系統理論

雖然系統理論廣泛受到許多學科的影響，尤其是社會學，不過由於其在社會工作中的實用性以及在人類行為方面的綜合方法，本章仍對其進行討論。系統理論在社會工作中被廣泛使用，作為了解人們在環境中互動的一種方式，也經常使用於家庭社會工作中。

1949 年生物學家 Ludwig von Bertalanffy 首次使用「一般系統理論」一詞（Bertalanffy, 1972）。然而，許多其他學科的科學家，例如物理、數學、心理學和工程等，也都在探索系統內相互作用的概念想法。

1960 年代，在從精神病學焦點轉移到包含更多環境因素的轉變中，社會工作者對系統理論的興趣益發擴大。系統理論適應這更新穎、更廣泛的焦點，社會工作者傾向於倚賴這些學者的影響力，包括 Talcott Parsons、Kurt Lewin、Urie Bronfenbrenner 和 Ludwig von Bertalanffy。家族治療中系統理論的使用也受到這些學者的影響，然而社會工作者和其他家族治療師則仰賴其他理論家（見 Bateson, 1972; Hoffman, 1981; Jackson, 1957; S. Minuchin, 1974）。

系統理論將人類行為視為人與其社會系統之間積極互動的結果，這「系統」的概念，就是這個理論的核心。回想一下，系統係由相互依賴的部分所組成，當組合時，即為一個有組織的整體（Goldenberg & Goldenberg, 2004; P. Minuchin, 1985），為了描述這個過程，以圖表 2.2 來說明系統理論使用了幾個關鍵概念。

系統可以包含任何正式或非正式的人員組織或組織的組合，包括夫婦、家庭、學校、社區、政府和社會服務機構，所有這些系統都是由較小的、相互依

圖表 2.2 系統理論的關鍵概念	• 邊界：定義系統內部關係，並賦予系統他們身分認同的行為模式。 • 差異化：系統從簡單存在邁向更複雜功能的轉變，同時仍保持其獨有的特徵。 • 熵：一個系統朝向混亂和死亡的改變。負熵則是一個系統邁向增長和發展的運動。 • 趨同性：經由許多不同的路徑和軌道，實現系統中相同的結局或結果的趨勢。 • 回饋：一種輸入的形式，告知系統關於其表現。回饋可以是正向或負向，這告訴系統它在功能上正確或錯誤的做了什麼。 • 動態平衡：系統必須朝向和保持穩定與平衡的趨勢。 • 輸入／輸出：輸入是從其他系統要進入系統的訊息、溝通或資源；輸出是系統收到這訊息、溝通或資源後發生的情況。 • 多元定局：系統中類似的環境或情況可能導致不同的結局或結果的可能性。 • 互惠性：系統中一部分發生變化以影響系統其他部分的必要性。 • 角色：系統內個人所期望的社會或文化認可的行為模式。 • 次系統：較大系統中的次級、較小系統。 • 綜效：系統為維持自身而創造的能量。 • 系統：一組相互依賴而組成的一個整體。 資料來源：改編自 Bertalanffy, 1972; Brandell, 1997; Goldenberg & Goldenberg, 2004.

賴的部分組成，以貢獻整個系統。例如，學校由一群行政人員、老師和學生所組成，每個部分對於學校系統的整體運作功能有所貢獻，每個部分也可被認為是一個*次系統*，行政人員在學校中組成一個較小、有組織的系統，而他們通常以其自身方式運行在較大的系統中，教師和學生也是如此。

每一個次系統，相對於系統，都存在著*界線*，以定義其角色、規則和認同，這些界線使系統或次系統外的人員能夠知道如何開放或關閉，以與其互動、溝通和掌握關係等。教師次系統的邊界，使學生了解如何以及何時能夠尋求老師的協助，或者在學校系統設置下什麼樣的事情或個人事務可以對老師有期望；再者，老師的界線也必須讓學生知曉。根據他們如何看待老師的角色，學生就能快速學習他們自己的角色。例如，學生學習什麼時候是被允許在課堂上說話、面對老師的行為表現，以及在學術方面應有什麼期望。

系統也總是努力維持其功能運作的現狀，無論其功能是正面或是負面的，也就是說，系統依其日常運行，系統的成員通常會知道什麼是可以預期的，以及如何保持正常運作，成員承擔個別的**角色**，例如教師或學生，以確保系統順利運行，有時候一個次系統或系統中的成員做了些不同的事，而擾亂了現狀，根據**動態平衡**的概念，系統中的其他人將調整他們的行為或試圖影響偏離的成員，以將系統恢復到原來的功能狀態。綜效或能量，皆是系統所創造出用以維持動態平衡過程中的要素。

舉一個家庭系統的例子，當家庭中一個成員有酗酒問題，如果這個問題已經存在了很多年，家庭中每一個成員可能都學會因應不同情況，以免破壞現狀；也就是說，每一個成員都擅長適應和接收環境中語言或或非語言的提示，而相應改變他的行為，以確保家庭的穩定。現在，假設有酗酒問題的成員決定尋求幫助，即便這個決定是正面的，但系統仍會因為有成員改變他的行動而有所不安，其他家庭成員將需要適應這新的行為，以及尋找其他方法與彼此互動，有些家庭成員可能需要相互溝通，或是改變其自身的飲酒行為以支持正在接受幫助的成員。進行這樣的調整往往具有挑戰性，尤其是如果系統長期採取某種特定方式運行，一旦家庭成員學習並習慣了新的互動方式，他們就可以建立一個新的、較好的動態平衡，這是一個互惠的例子，系統中的一部分改變會影響系統中的其他部分。

系統是不斷的接收到其外在表現的相關訊息；**輸入**，係指稱能量、訊息、溝通或資源，來自系統本身的外部。例如，學校接收到來自家長、學生和社區的教育目標和標準的輸入訊息，根據輸入的本質，學校發展課程與方案以服務學生，這些後續的行動是學校的**輸出**形式；也就是說，輸出是指系統對於輸入的反應方式，一個特殊的輸入形式是**回饋**，是告知系統關於其表現。學校可能自相同的管道獲得其方案和政策的正面回饋，從而使學校認為他們的功能運作正常；相反地，學校從特定面向獲得負面的回饋，可能導致學校針對方案進行徹底的有效性評估，或改變對於家長或學生似乎起不了作用的政策或受到不公對待的其他學生。

隨著時間的推移，系統傾向於變得愈來愈複雜，系統內部的相互關係持續發展和變化，角色和規則相應著這些改變而更複雜，次系統、界線和動態平衡都隨之變化。這種邁向更大複雜性的趨勢稱為**分化**，是系統生命一個自然的部分，例如，家庭中的孩童年紀漸長，和獲取經驗，變得像一個個人，因此家庭內的關係有了改變，如同家庭系統本身的功能。

相同的，系統有趨向混亂或熵的趨勢，例如在學校有教師離開、行政人員換手、方案終止和資金枯竭等；然而，學校也可能改善而組織得更好，可以招募更好的老師、發展完善的方案和確保穩定的收入來源等。這些朝向成長和發展的改變被稱為**負熵**。

當思考系統和構成系統的各個部分時，殊途同歸的概念是很重要的；也就是說，系統和系統的某部分可以採取許多不同的路徑，但最終會達到相同的結果；換句話說，許多不同的情形或情況可能發生在系統中而改變它，但相同的結果仍可能因系統而發生。另一相關的概念是**結果分歧**，在系統中可能遭遇相同情況或類似情形，但卻產生非常不同的結果。

圖像化家庭系統

當從系統觀點對家庭進行評估和工作時，將家庭組成視覺化是非常有用的，這可以幫助你整理出家庭的結構並追蹤複雜的議題，有許多種工具能夠幫助你，在此討論其中兩個。

家系圖　家系圖提供一個家庭系統的視覺呈現——與家譜類似，但更為複雜。它們為家庭和社會工作者提供一個視覺指引，同時了解家庭的結構和家庭系統中各種動力如何運作。這些「圖形符號」使用符號來表示關鍵事件、特徵、關係、健康和心理健康議題，以及可能持續存在的溝通模式。以下是家系圖中經常描繪訊息的類別：

- 每一個家庭成員的人口資訊：性別、出生、死亡、結婚和離婚日期；重要的健康和心理健康議題如藥物或酒精的使用，和遺傳疾病如囊性纖維化。
- 家庭成員間的關係和溝通。

- 家庭成員間的界線類型。
- 家庭系統中可能存在的次系統。

家系圖使家庭和社會工作者能夠了解某些議題可能會影響家庭成員中的個人、代間的關係，和家庭系統的整體，也使家庭和社會工作者辨別家庭系統中可用來幫助解決問題的優勢所在。

引用一個使用家系圖的例子：Tina Faye Hampton 的親權由於多年的藥物濫用而被政府終止了，這個決定使得 Tina 的兩個女兒 Lily Todd 和 Daisy Todd 必須另訂收養計畫。為了建立收養過程的兒童個案資料，Tina說明她的家族史的相關問題，她說明了她的母系家庭有三代物質濫用和臨床憂鬱症，也說明她的家庭有早年死亡的紀錄，她的母親和外婆都在二十多歲就因闌尾破裂而過世；社會工作者意識到 Tina 最近因藥物濫用住院治療時，已經割除其闌尾。看到這樣的報告，社會工作者應提示未來的養父母，兩個小女孩的闌尾問題風險很高。家系圖建立一個生物家庭的圖像，可以給孩子了解他們的生物和社會歷史。圖表 2.3 是 Tina 的家系圖樣，請注意中斷的線表示破碎或有問題的關係。

生態圖　生態圖類似於家系圖，但超越家系圖以視覺呈現家庭成員如何受到更廣泛的生態環境脈絡的影響，以及他們的反應：

- 在生態圖的中心，納入基本家系圖的訊息。
- 使用與家系圖類似的符號，在生態圖中將家庭與各社會環境的關係加以識別，包括學校、教會、醫療診所、延伸家庭、工作與經濟活動、政治和法律機構，以及媒體曝光。
- 生態圖也可以圖示家庭與外部系統的能量流動。生態圖能夠強調與外部系統的強連結、弱連結或具有壓力的連結，還可以呈現家庭的支持系統和壓力來源。在評估家庭的資源時，生態圖非常有用，可以發現隱藏的優勢和確認需要服務的地方。

例如，一個家庭面對父親近日的帕金森診斷，社會工作者協助確認家庭可觸及的許多支持性資源，以及家庭所在的生態系統所面臨的障礙和壓力，以利

圖表 2.3

家系圖案例：Tina Faye Hampton，以供 Lily 和 Daisy Todd 之用

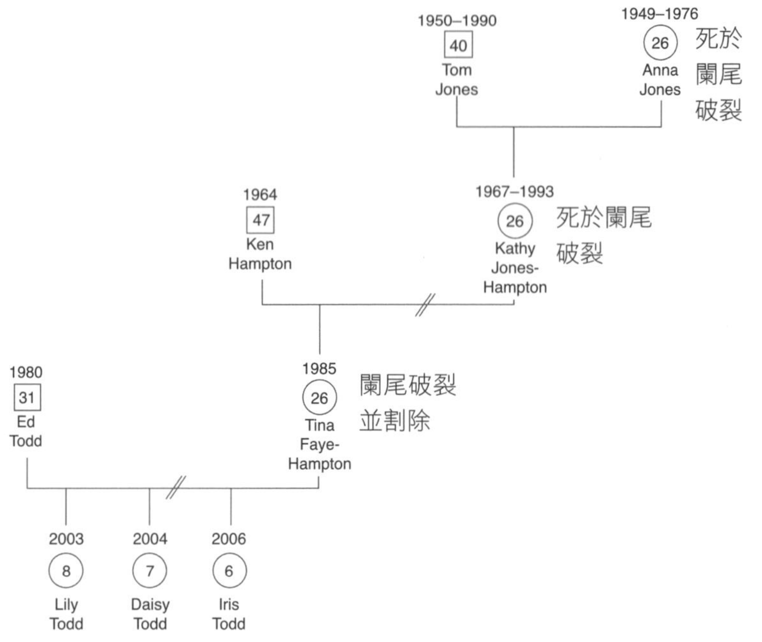

對於家庭提供照顧和支持。藉由生態圖的使用，可以辨認出教會對於家庭是外部的正向支持系統，然而由於成本和溝通議題，使得與醫療界的關係是薄弱且具有壓力的。一旦以生態圖的視覺形象方式呈現，家庭和社會工作者即辨識出應採用增加教會的支持、發展新的資金來源計畫和改善與父親醫生的溝通等方式。

在 Tina Hampton 和她女兒的案例中，生態圖可以圖表 2.4 來表現，如你所見，女孩們之間最強的連結是彼此和教育系統，這應該是對於他們進入收養系統時，能對於其生活提供一些穩定性。收養父母肯定想知道 Daisy 的學習障礙，並且也許能夠和老師一同努力幫助 Daisy 減少上學的挫折感；Tina 的連結多是脆弱或是有壓力的（主要是壓力），這顯示她在建立正向關係方面需要大量的幫助，根據生態圖來看，對她最好的選擇，應該是加入教會並獲得她的高中畢業文憑。

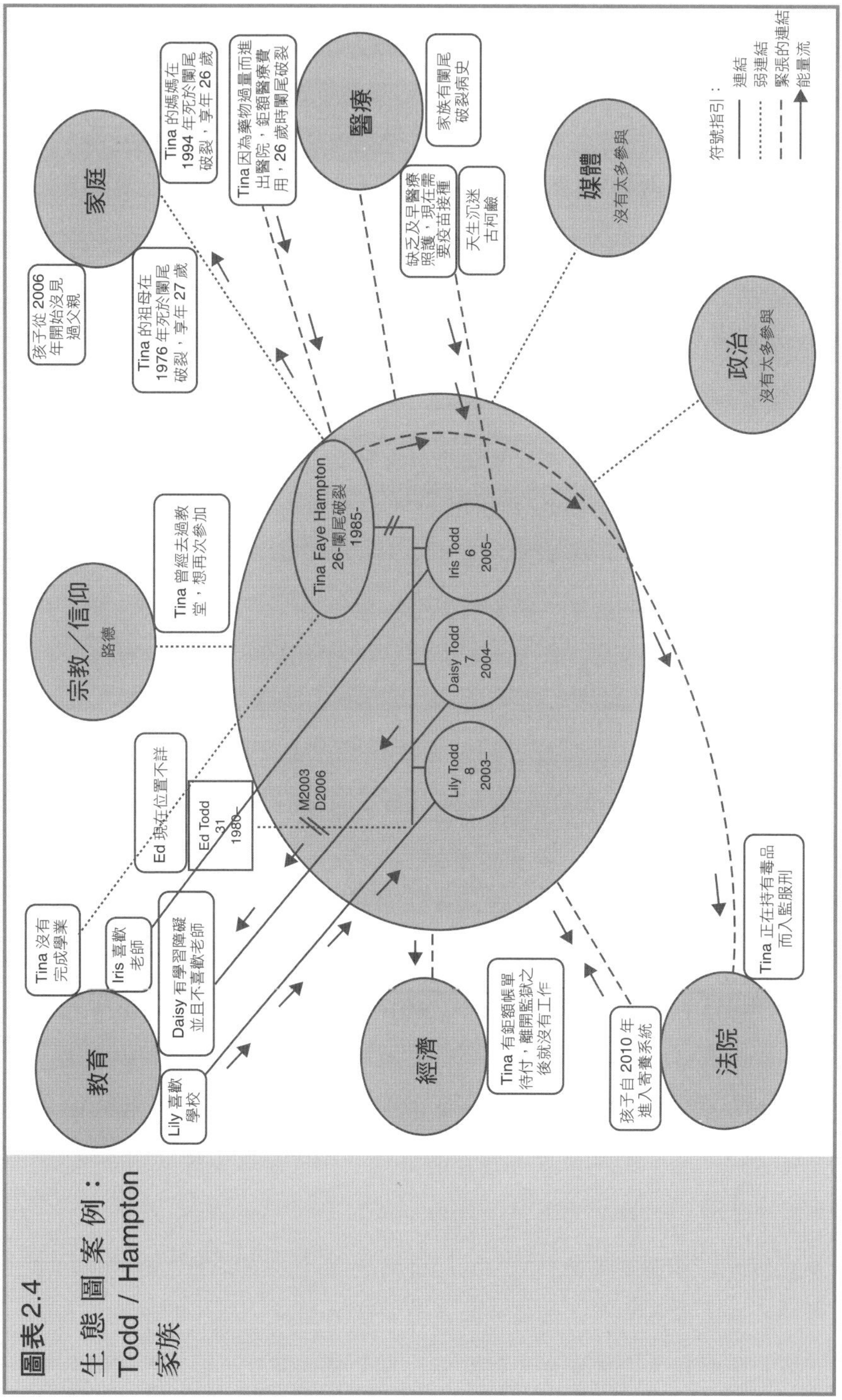

圖表 2.4
生態圖案例：Todd / Hampton 家族

應用系統理論

想像一下，你是學校社會工作者，採用系統理論來理解Juan的情況。首先，你會要定義 Juan 所在的系統，你可以看他的家庭系統、學校系統和教堂系統，在這些系統中，Juan 又將屬於不同的次系統，有不同的角色、關係、界線，並接收不同形式的輸入和回饋。礙於篇幅，讓我們聚焦於 Juan 的家庭系統，因為他在家裡似乎遭遇許多問題，這將會影響他其他的生活面向。

家庭次系統和邊界 Juan的家庭系統中包含他與他的父母親，家中主要的次系統由他的父母組成，雖然 Juan 與其中一位家長可能也在一個次系統中，你需要評估家庭系統的邊界以及系統內每個人和父母次系統的邊界。在家庭系統部分，你會想要知道家庭對於外部協助、支持和回饋的開放程度、家庭對於其自身事務的私密程度，以及這個家庭對於與其他系統互動的態度是僵化或是靈活的，你可以分辨這個家庭的邊界是否有足夠彈性能允許與外界互動，又是否夠穩固能給予家庭一個認同感。

此外，你需要考量是否有文化差異，某些差異造成的特定邊界不一定適用於美國文化，但卻非常適用於 Juan 父母親的文化背景脈絡之中。例如，Juan的父母親可能會堅持家庭的問題必須要在家庭中解決，在某些西班牙或拉丁裔文化中，家庭問題被視為是私人問題，因此，將私人問題帶給陌生人，如社會工作者，並不適當。再者，與Juan家庭有互動的系統，在其政策和實務中可能存在著歧視，而影響著其家庭獲得的回饋和資源類型。相反的，在美國主流文化中，許多家庭認為當遭遇問題時，尋求外部協助是適當的。如果你未能思考這類的問題，你可能會誤認為 Juan 的家庭是不願意開放或拒絕面對他們的問題。

如前所述，你必須要評估 Juan 父母的夫妻次系統界線，例如，Juan 的父親可能有些邊界問題，如同他的暴力和酗酒問題，當他喝醉時，不僅無法維持其父親和丈夫的角色，在其個人空間領域部分也出現狀況，包含身體和情感面向。

這樣模糊的邊界將可能影響Juan：他父親的行為似乎是不一致的，但Juan缺乏一個適當行為的良好榜樣，他還可能學習到使用暴力是解決個人問題的適當方式。

你也會想知道 Juan 的母親是如何回應她的病情，這可能牽涉到她斷絕與家庭和朋友的聯繫，選擇由自己處理自己的疾病，而且 Juan 可能獨自扛起照顧母親的責任，如此一來可能超過他在精神面和情緒面可以負擔的量。

看著 Juan 的個人界線，你可以發現他似乎脫離了他的同儕，並且當他遭遇問題時經常採用暴力方式回應，然而，Juan也與他的某些老師、牧師和社會工作者能保持正向積極的界線；再者，你需要探索 Juan 和他父母的互動模式，確定他與父母之間的界線，以青少年男孩和父母來說是否適當，在此同時，你還是需要將 Juan 的親子關係放在他父母的特殊文化脈絡來考量。

角色和平衡　除了探索邊界議題，你尚需評估每個家庭成員所扮演的角色，如同在 Juan 的年紀，你可能期待他正在發展屬於青少年男孩的正常發展性任務，同樣的，你可能也會期待他的父母能夠履行適當的角色和責任，雖然這可能與一般北美社會的期望略有不同。

在Juan的情況下，評估角色尤其重要，因為家庭中發生了很多事情，例如 Juan 可能因為父親的酗酒和母親的病情而承擔了父母的角色，這種打擊家庭系統的動態平衡也可能會擾亂個人的角色和責任，由於家庭的穩定性受到很大的衝擊，你可以選擇是否就此開始處遇，幫助家庭根據現狀找到方法以達到新的穩定水準。

輸入與輸出　Juan的家庭除了他老師的負面回饋以外，似乎沒有收到太多的輸入，由於他父親的失業和母親的病情，使家庭的收入大幅下降，以及家庭似乎也沒有太多的情感或其他財源支持。

這個家庭也似乎沒有收到太多的正向回饋，事實上，他們肯定收到很多關於其功能的負面回饋，這可能會削弱他們家庭的自我效能感，再者，這種回饋可能是基於對拉丁文化所普遍存在的偏見或刻板印象的觀點。從積極面向來看，Juan 在教會的互動可被視為接受輸入，而輸出則是 Juan 的志願者工作，然而，你可能想要幫助 Juan 和他的家庭找到方法以接受更多正面的輸入和回饋，進而使其家庭有積極正向的成果。

熵　在目前的情況下，Juan 的家庭似乎正在走向熵，Juan 在學校的表現不斷變得更糟，而且與多數人的互動也似乎很差。此外，他父親的酗酒和母親的病情也使得家庭走向枯竭和死亡。

也看不出來家庭中有任何人正在努力實現成長、發展或差異化，相反的，現階段的情況，所有的家庭成員似乎都「陷入」了他們的個人發展，這可能是當你介入家庭生活的某個領域時，熵會自動反轉，導致負熵。

殊途同歸和多元結局（equifinality and multifinality）　即使 Juan 的家庭情況有所改善（他的母親健康、父親受雇、家庭擁有所需資源，和環境是協助正向發展），Juan 在學校和其他問題方面可能仍是掙扎的，這是一個殊途同歸的例子，不同的家庭生活可能不會改變 Juan 在學術和其他問題上的困境。

相反的，即使依 Juan 目前的家庭情況，他仍可將自己沉浸在體育、學術和社區工作之中，他可能因有較高的學業或課外活動成就，而獲得名聲，這則是多元結局的例子，相同的系統可能造成 Juan 在每個環境中有不同的表現。

批判系統理論

與微觀－中介－宏觀理論一樣，系統理論在與案主合作時，使用上可能有些笨拙。這個理論的其他批評，說明如下：

- 辨識案主生活中的各個系統，進而評估這些系統彼此的互動，以及對於案主功能的影響並不是容易的任務。系統理論通常更適合用於家庭或其他可識別的系統，如組織或工作場所，在這些情況下，應用此一理論能夠較為直接。

- 與迄今為止討論過的其他方法一樣，系統的廣泛焦點和抽象概念會使理論難以說明或驗證，尤其是試圖預測行為時；然而，許多社會工作者和其他專業人士成功的運用理論，在客戶多樣的情況下仍能支持其有效性與可靠性。
- 一些社會工作者也認為這個理論太過問題導向，忽略了案主生活中的正向功能。
- 理論中關注家庭和其他系統，導致社會工作者較不關注可能導致案主問題的個人生理面向的議題，因此，這方面的資訊將在評估和處遇中被忽略。
- 由於這個理論傾向於關注案主及其系統的當前運作功能，社會工作者可能會忽視與現在問題息息相關的過去功能議題方面之重要訊息。

在此同時，系統理論對於案主問題廣泛的關注，並且將人們視為活躍的、是生活在動態環境中的組成分子，這個理論中使用的概念在於解釋行為和問題時是有效的，並且是長遠的能夠幫助案主。例如，邊界以及內在平衡的概念是可以容易被用來評估和處遇，特別是與家庭或組織工作時，然而，這些概念難以向案主解釋。

愈來愈多的文獻探討系統理論在社會工作中的概念和用途，這個研究提供社會工作者一個實證的基礎，他們希望能將此一理論應用到與案主的工作上，並在處遇方面能更具有效性。

生態理論

最初是由心理學家 Urie Bronfenbrenner（1979）所發展的，生態理論認為人類的發展係藉由個人面向、環境面向，以及雙方交互作用而來。生態理論認為人們積極的參與其環境和自身發展（相對於部分發展理論認為人們是被動的，他們在發展中並沒有扮演積極角色），而且發展和環境都是不斷在變動著。人們生來就有積極和消極的傾向，這都同樣受到自然和養成的影響，那麼，發展會受到個人行動、所處環境以及兩個交互作用的影響。

生態理論的基本原則是，人們感知其環境和經驗的方式對於福祉有顯著影響，具體來說，人們對於發生在他們身上的事件的意義，以及他們在何種環境脈絡下詮釋這個事件，對於這個事件究竟是如何影響他們的福祉有著重大影響。例如，兩個人生活在相同的社區，對於經濟衰退導致他們失去工作可能有不同的反應，一個人可能視失業為危機，因為將導致他無法支付帳單和支持他的家庭，這樣的預期可能使他感到絕望與沮喪，也意味著他可能需要心理健康的支持以應對這樣的情況，和找尋新工作的動機；相反的，另一個人可能覺得自己的失業是個機會，能夠回到學校或發展新技能，進而可能找到更有樂趣或有商機的工作，對於生活中被迫採取新方向，她可能感到鬆一口氣或甚至是解放。

顯然，這樣的例子是過分簡化了失業的狀況以及人們對於失業的反應，然而，這凸顯了人們對於其環境看法的重要性，也是屬於生態理論的一個關鍵原則，實際上，這個概念可說是社會工作的中心，相關討論也將貫穿本書：無論社會工作者如何看待問題，在他們假設推定某些情況有問題產生時，都需要先探索案主究竟是如何看待他們所處的情況。

生態理論的組織與微觀－中介－宏觀理論的概念化非常相近，圖表 2.5 說明了該理論所描述的四個環境層次：

- **微視系統**：在生態理論中，它包括個人在直接環境中的所有角色和關係，這個層次包含家庭、學校、工作和鄰里等物理場域，這些是人們每天彼此面對面接觸的地方。
- **中介系統**：這個層次聚焦於人們居住的兩個或多個環境機制之間的相互作用，換句話說，中介系統包含一組的微視系統。例如，一個人的工作和家庭生活是存在著彼此影響的動力，當一個人將工作中的緊張情緒帶回家中就是一個例證。
- **外在系統**：那些所有導致事情發生而影響人們的社會環境構成了外在系統（例如，孩子的學校、父母的工作場所、鄰里社區中心），雖然個人

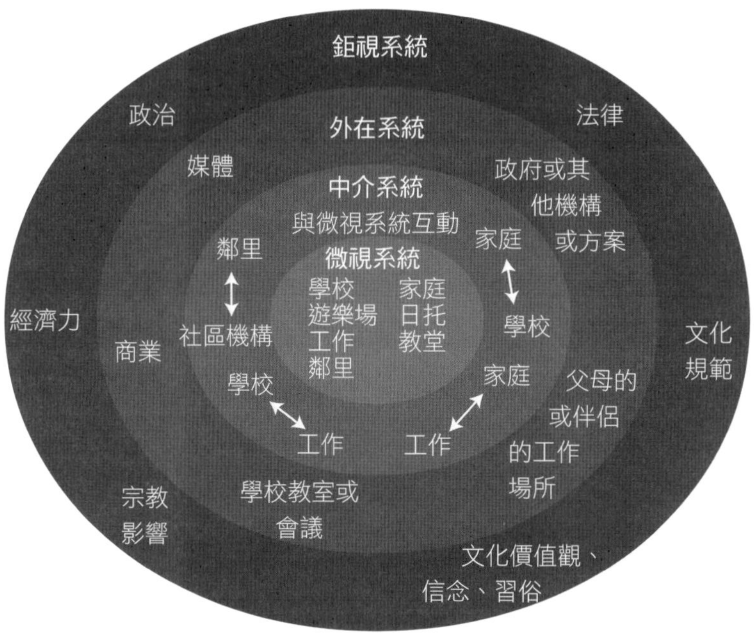

資料來源：改編自 Bronfenbrenner, 1979.

圖表 2.5

生態理論：各層級的因子及其交互作用的例子

資料來源：Scott Vandehey.

照片 2-A

一個常見的中介系統交互作用是在家庭和工作領域之間

不一定是該機制中的積極參與者，但其中發生的事情將直接或間接影響個人；例如社區學校做出學校關閉的政策決定，雖然社區的居民並沒有參與政策決定，但他們的小孩和家庭都將受到學校關閉的影響，有些家庭可能決定搬到另外一個學區，或接送小孩到遠方學校就讀，即使沒有小孩的居民也會經歷到決策對社區造成改變的影響。

- **鉅視系統**：這部分涵蓋了各式包含較大的文化因素機制，可能影響個人環境之其他層面的，以及如何影響個人的發展，這包含法律、政治哲學和文化信仰等面向。社會反對同性婚姻的態度、法律的禁止，進而造成福利歧視（例如同性伴侶的健康照顧），皆是鉅視系統中議題如何運作和影響個人的例證。

如同微觀－中介－宏觀方法一樣，生態理論包含幾個層次，其中涵蓋人類環境中具有重要發展意義的因子；而儘管有一個額外的層次，生態理論看待這些層次則與微觀－中介－宏觀方法仍有些不同，在每個層次中其環境的面向是略有不同的，生態理論也更強調人們生活環境物理機制，和兩個或更多機制間的彼此互動，進而影響人們和其經驗。在圖表 2.5 中的箭頭表示著不同層次之間的交互動力。

除了根據不同的系統或層次概念化個人，以及他們所處的環境之外，生態理論還採用幾種結構來協助描述系統或層次間的互動產生，和對於這些交互作用如何做出反應；在生態理論中使用的一些術語與系統理論中的相類似，但其他一些特定於生態理論的術語則羅列於圖表 2.6。

圖表 2.6 生態理論的重點概念	
	• 適應：個人面對環境的調整能力。 • 應對：個人處理負面事件和情況的方式。 • 能量：人們與環境的積極參與，能量可以採輸出或輸入的形式。 • 相互依賴：人們彼此之間以及與環境之間相互回饋、依賴的關係。 • 社會環境：包含人類的條件、環境和人類互動。 • 交易：人們與環境之間發生的溝通、互動或交流，這些可以是正面或負面的溝通或交流。 資料來源：改編自 Brandell, 1997; Bronfenbrenner, 1979.

根據生態理論，所有人與他人都存在著*交易*，或者正向和負向的交流。例如，當一個人因為做好工作而獲得好評或金錢時，即是一個正向的交易，當孩童因為不願分享玩具而受到責罵時，可能會發生負面交易。

由於人們積極的參與其環境，他們以輸入和輸出的形式來接受和消耗*能量*，回想一下，關於*輸入*和*輸出*這兩個術語，也在本章先前的系統理論中討論過；根據生態理論，另一個思考輸入和輸出的方式，是考量個人生活中各方面可被加入或移除的訊息、交流或資源。教育、健康或福利服務即是輸入的例子，花時間或金錢用以照顧家庭成員，或輸入鄰里社區的更新方案即是輸出的證明。請注意，即使輸出意味著能量的消耗，但也可將其運用於有益的活動上，這亦可以被視為一種輸入。就這層意義上，輸入和輸出是具有動態關係的。

生態理論還告訴我們，為了維持健康和福祉，人們必須要能夠*適應*環境的改變。適應是一個重要的議題，因為根據生態理論，人們及其所處的環境總是在變化；社會工作者的關鍵角色就是協助人們適應其環境中發生的變化，並使環境情況能對應個人不斷變化的需求。例如，個人必須適應如搬家、結婚、工作升遷等事件，相同的，環境議題如住房、交通和社會政策等，也須因應滿足社會中個人成員的需求。

社會工作者也關心人們如何應對各種情況，類似於適應，*應對*是處理人們生活中所發生的負面事件，例如人們有不同的方式去因應死亡、壓力或危機，應對方式可能增加或減損人們的運作能力。

最後，生態理論也關注人們與他人和所處環境的*相互依賴性*，在他們的*社會環境*脈絡下，人們彼此間有一種相互依賴以成長和發展的關係；同樣的，人們與他們所處的環境也有著動態的關係，反之亦然，每個平衡的維持都仰賴著彼此的生活和成長，當一方失去平衡，將導致另一方也失去。在此許多概念與系統理論中所使用的相近，這些相似之處將在本章後面詳細討論。

應用生態理論

現在讓我們用生態理論的角度來看 Juan 的情況，在微視系統方面，從所有 Juan 的互動機制和他所扮演的角色中，你可以評估他的發展階段屬於青少年期，評估的領域可能包括他的身體、情感和認知發展；物理環境：包含他家、學校、教堂和鄰里；他的互動對象：包含他的家人、老師、同儕、社會工作者（你）以及牧師；還有他的角色：是兒子、學生、朋友和教區居民；你可能還想進一步了解 Juan 對於他對自己角色的認知以及與各個機制的互動。

在 Juan 的中介系統中，你可能會考量他所處環境中的兩個或多個系統如何交互作用而影響他的發展，以及 Juan 是如何在這些機制中與人和情境互動。例如，你可以關注他家與學校生活之間，以及他家和教會生活之間的相互影響，你也可以注意 Juan 的鄰里社區如何影響他所參與的各個生活機制。

Juan的外在系統包括的面向有：他父親工作的製造工廠、他母親接受照護的醫師和健康照顧系統、他父親會去喝酒的酒吧或其他地方（如果他父親是離家去喝酒），和可能提供Juan支持的社區機構。你可能評估Juan所處環境中直接或間接影響他發展的各種因素。

在鉅視系統方面，則涉及地方、國家和國際經濟壓力等議題，學校政策根據教育方針，對於家庭、青少年和少數族裔的社會態度，西班牙裔或拉丁裔文化的原則及其與主流文化的交流，社會期望加諸於個人角色、規範和期望，和其他因素如法律、社會政策等，皆可能影響個人的生活。

除了評估 Juan 所遭遇的問題程度之外，你仍須評估 Juan 處理問題的方式，以及如何與他人和環境互動，進而影響他的發展和功能。在這個進行過程中，你會評估 Juan 經由與他人和環境的交流互動中，如何影響他的福祉，他適應和應對問題以及新環境的情形，他生活中的能量是如何被消耗和補充，以及他與其他人和環境是如何相互依賴，進而支持或阻礙他的福祉。

綜合上述資訊，你必須做出初步決定，關於在 Juan 的環境中哪些因素對於其發展和功能是有最大影響的，這些因素將成為改善 Juan 的情況而發展的處遇計畫的服務切入點，由於這個理論的互動本質，如同微觀－中介－宏觀理論一般，可能在你介入 Juan 的某一或某幾個層面環境時，該干預會產生連鎖反應，也就是說，某個介入點將影響 Juan 所在環境的其他面向，進而改變他的處境。

批判生態理論

誠如你看到在微觀－中介－宏觀觀點中的討論一般，以生態理論來覺察探討案主問題是艱巨的，也有一些其他對於理論的批評：

- 在每個層次都可能有無數個區域，這似乎是很難克服的，即使是同樣採生態理論服務同一個案主的兩個不同實務工作者，也可能選擇關注兩個完全不同的領域，這使得理論似乎缺乏信度和效度。
- 理論包含範圍廣大，這使得理論不容易進行實證以及預測行為，這個弱點尤其顯現於當社會工作者認為在某層次除了現有訊息，尚需蒐集歷史訊息時。
- 生態理論在案主的生理學部分的關注和重視較為缺乏，然而，社會工作者可以選擇將生物學相關的資訊納入評估和處遇之中，例如社會工作者可以要求案主的醫生提供相關的健康狀態、各種檢查結果，以及案主的用藥情形等。

然而，生態理論也是有著引人注目的優勢，首先，它是全面的，它超越了心理層面、試圖關注案主生活所在的更大環境，這理論對於人性採取平衡的方法（它思考著個人與環境的交互作用），因此，它較不採用「責備」來看待這些仰賴個人或環境運作的問題，相反的，問題的解方則可以從這兩個領域來尋求。同時，生態理論企圖關注系統內部和系統之間所發生的交互作用，這凸顯了案主生活中存在的複雜且重要的動態。

最後，構成生態理論的結構，尤其是應對和適應，對於社會工作者來說是相對容易能夠用來理解案主情況，同時也讓案主了解，這都有助於助人工作的推展，並且可能可以針對許多結構的定義進行標準化，這意味著他們可以經由社會工作實務中實證價值的方式進行應用和評估。

生態系統模式：結合生態和系統理論

本章已指出生態和系統理論中部分概念和想法的相似之處，由於此二理論在系統和個人與其環境的互動方面有著相似的觀點，許多學者和實務工作者將之結合並創造一個更全面的方式來服務案主（Beckett & Johnson, 1995），特別是下列方面：

- 兩個理論都關注人與環境的互動和相互依存關係。
- 兩者都將這些互動和關係視為是動態的、持續變化的過程。
- 兩者都聚焦於系統，以及這些系統如何維持自身運作、影響其他系統和協同工作以運作整個系統。

分別看待，則每個理論都提供著一個全面的方式來看待環境中的人們，每個方法也提供些微不同的方式加以思考系統如何相互影響，以及人們如何適應不斷變化的周遭環境；綜合觀之，這些理論則是建立在彼此之上、相互依賴，以更全面的解釋各種過程如何影響個人的功能。例如，系統理論聚焦於人們的角色，認為這有助於為系統帶來秩序，生態理論則採取較廣闊的視野，關注人們在不同的機制環境中扮演的角色，以及這些環境的各面向如何相互作用影響人們的功能。系統理論提供系統如何維持動態平衡的看法；生態理論貢獻人們如何適應環境、應對問題的想法，這些則是維持環境穩定的方法。

然而，請記住，有些批評認為將兩種理論的概念結合起來將會破壞各自理論的適用性和有效性。回顧第 1 章，純理論家或單一理論擁護者將會質疑這兩種理論的結合使用，認為雖然它們具有相似的特徵，但在定義和方法上略有不同，其他人則認為，將理論結合起來的效用，遠超過理論的適用性和有效性。

優勢觀點

另一種在社會工作中廣泛使用的方法是優勢觀點。優勢觀點是基於假設所有人們都有成長、變化和適應的能力（Weick, Rapp, Sullivan, & Kisthardt, 1989），所有人不管他們情況或問題如何嚴重，都具有技能、能力和優勢，換句話說，人們不僅僅只有他們的問題，在社會工作中使用優勢觀點，意味著也須檢視案主的技能、目標、天賦、能力和資源，以及他們環境中的優勢和資源，然後將這些優勢納入評估和處遇的過程當中。

此外，優勢觀點聲稱人們是他們的情況和問題的專家，這意味著他們自然有能力為這些問題發展解決方案。過去人們通常能夠倖存於困擾和成功之中，因此他們可以從中了解解決問題的方法，哪些有效而哪些無法起作用。

優勢觀點的一個重要信條就是人們具有足夠的資源和彈性，當案主尋求社會工作者幫助時，也應該使用這些特點。不僅如此，社會工作者所意識到壓迫、歧視和其他超越個人權力的力量也都能夠對於處理案主問題有所貢獻。因此，社會工作者必須評估案主的能力，同時評估環境中潛在的障礙，即便是最有資源的案主可能也無法掌握（Early & GlenMaye, 2000; Saleebey, 1992）。

在優勢觀點中要求社會工作者與案主在改變的過程中成為合作者，社會工作者從「案主的所在」開始，仰賴案主對情況的解釋、信賴案主準確的陳述自己的需求，以及期望如何做出改變和實現目標。社會工作者的工作是在改變的過程中確認案主發揮其優勢的機會，並幫助案主學習新的技能以支持實現他們的目標，當案主有可能無法改變的情況時，社會工作者也需要提供關於更大環境的教育，這個教育過程被視為是*充權*：社會工作者正在向案主提供可以增添其技能組合的訊息（Early & GlenMaye, 2000; Saleebey, 1992）。

從優勢觀點出發與案主工作時，社會工作者並不會聚焦於標記問題或確認原因，相反的，他們花時間評估案主的優勢和資源以期能改變他們的情況，對於優勢的關注是一種充權案主和將注意力從妨礙進步的障礙上轉移的方式，這並不表示社會工作者忽視案主的問題，相反的，他們視這些問題是改變的催化劑，案主有問題的事時意味著他有機會能夠學習做一些不同的事，或使用有助於達成設定目標的技能（Early & GlenMaye, 2000; Saleebey, 1992）。

這種著重於遠離問題的想法是優勢觀點的核心，部分社會工作者認為典型社會工作評估和處遇都過度偏重在案主的問題，關注於問題會導致助人過程的幾個假設（Weick et al., 1989）：

- 案主無助和無法解決問題。
- 社會工作者是專家，因為只有具備適當專業知識的專業人員才能解決案主的問題。
- 找到問題的確切原因，方能有特定的解決方法，聚焦個人（他「有」問題）而不是導致問題的社會環境議題。

優勢觀點引導社會工作者和案主遠離問題，關注於案主的專業知識以了解他的情況，這樣的關注能使案主使用其技能時更有效的處理問題，進而改善處理其他問題的能力。

社會工作者經常將辨識案主的優勢作為初步評估的一部分，許多社會服務機構在個案紀錄中有這樣的欄位，社會工作者可以列出案主的優勢，然而使用優勢觀點則不僅僅是表列出優勢（Early & GlenMaye, 2000）。更進一步，社會工作者在與案主合作時始終關注案主的優勢和技能，並協助案主調整資源以實現目標，社會工作者必須在助人過程中，從頭到尾都使用這些優勢，主要的重點在於使案主能夠使用自己的資源進行改變，而社會工作者的工作則是幫助案主重新定義負面情況，以找到前進所需要的技能和資源。

應用優勢觀點

身為 Juan 的社會工作者，你會如何運用優勢觀點？開始的第一步是要辨認他的優勢、技能和資源，Juan似乎有許多資源，包括他與幾位老師和牧師的正向互動關係，背景資訊顯示 Juan 在學校和鄰里社區中與一些學生也有正向的互動關係，都是可以進一步了解的資源；再者，Juan與他母親和其他家庭成員也可能有著良好的關係，但關於這些關係可能需要再蒐集更多的資訊。你可以幫助 Juan 關係的正向積極部分，應用於其他較無法運作的關係上。

Juan似乎有幾個興趣和能力，包括他從事的志願服務工作和他參與的教會，你可以從這些興趣開始著手，並以此為本，進一步找到其他 Juan 感興趣的活動。例如，你可能想了解 Juan 是否喜歡體育、藝術、音樂或寫作，參與更多 Juan 喜歡的活動有助於增強他的自信心，這也能夠改善他在學術領域的表現。

關於學業表現，在過去幾年中，Juan的成績和出席率都被記錄為每況愈下，這些紀錄更早些年的情況是如何？可能在他家庭狀況惡化之前，Juan 的學業表現方面是好的。

你也可以探究在情況惡化之前，Juan 的同儕關係和父母關係，例如 Juan 是否總是有行為暴力的問題？如果 Juan 在他父母問題發生前是表現良好的，你就只需要善用他過去的成功經驗來協助他找到應對現在情況的方法。例如，你可以從在學校建立自己的技能開始，因此，Juan可以投入於他的成績、行為和關係，然後利用這些技能以改善家庭關係。

你還可以教導 Juan 和他的家庭關於社區中對他的父親失業和母親健康照顧需求的相關資源，著重在於教育而非家庭在尋找工作和健康照顧方面的「能力缺乏」，盡量把焦點放在個人「問題」上，而促使家庭努力發展技能，使他們有能力能夠解決現在和未來的問題。相同的，不要讓Juan成為處遇計畫的中心（這可能使他感到受壓迫），你可以考量他的優勢和技能，作為處遇的出發點，藉由這樣的方法，你可能幫助 Juan 感受到被充權也覺得對於改善事情更有希望，經由這樣的過程，你將能一致的辨認家庭既有的技能和優勢，並將其作為進一步發展技能和解決問題的基礎。

批判優勢觀點

優勢觀點確實也伴隨著批評，包含下列：

- 一個主要的議題是，此觀點的原則是以個人責任和個人自主的價值所連結起來的，忽略了階級、種族和其他對於個人福祉有影響的不平等來源，以及政府有責任應處理對於個人有影響的社會問題。

- 對於個人的關注，也被批評為提升自尊就能促進個人福祉和解決社會問題。
- 僅僅關注優勢，可能破壞近期實務驗證包含個別問題之生理和相關議題的影響合理性，例如以神經學為基礎的心理健康問題（Taylor, 2006）。
- 優勢觀點假設人們可以掘取社區和其他資源的本質上是好的，但忽視社區和其他組織也有其壓迫性、組織的議程等，這也再次將個人的問題歸咎到可能與歧視和不平等的社會與經濟結構有關（Gray, 2011; Jordan, 2008; Kristjansson, 2007）。
- 許多機構可能不會只使用此一方法，由於政府的規定和財源議題，許多機構仰賴著也必須蒐集關於案主的大量背景資訊；再者，許多機構是採用問題為中心的觀點運作，這自然會要求社會工作者必須要深入了解案主所處環境的問題。社工可以結合優勢觀點的元素，作為其他理論和視角的根基，但這可能無法充分的使用優勢觀點。
- 儘管優勢觀點看似直接且其概念清楚簡單，但不同的社會工作者可能對於優勢的定義大不相同，因此，定義和測量此觀點的概念可能是困難的，將使實務的驗證上也遭遇困難，話雖如此，某些實務驗證確實顯現基於優勢觀點處遇策略的有效性，也指出測試此觀點的可行性（例如 Vanderplasschen, Wolf, Rapp, & Broekaert, 2007）。
- 由於目前以問題為中心的模式普及，想要使用優勢觀點的社會工作者可能不會被其他的專業者認真對待，且這些社會工作者所採取的方法可能也不若其他方法被公認為有效果；儘管如此，隨著實務驗證增加了優勢觀點的有效性，這些態度和看法可能會發生改變。

優勢觀點的一個明顯的好處是這是用於概念化案主議題的一個非常正向的框架，利用案主的優勢工作可以同時充權案主和社會工作者，這與《倫理守則》中闡述人的尊嚴和價值是相互一致的（美國全國社會工作者協會，1996 年通過，2008 年修訂）。更進一步說，優勢觀點使得社會工作者藉由聚焦他們的優勢以支持案主的尊嚴和價值，隨著案主的優勢發揮，他們解決問題的能力得以提升，最終可以帶來更深層次的尊嚴和自我價值感。

另一個優勢觀點的好處是將焦點從案主的問題移開，進而消除了案主對於問題的唯一責任；再者，由於社會工作者不再花時間去辨認問題和尋找因果，他可以花更多時間去識別哪些是案主已經有能解決問題的資源；最後一點與優勢觀點的「現實取向」有關，除了為辨認案主可用來解決問題的技能之外，花很少的時間去蒐集案主的歷史，著重於關注如何能與案主合作解決問題，而非大量的歷史紀錄和訊息蒐集。

最後，優勢觀點的概念構成相當簡單，能夠容易應用於與案主的服務中。

結論

雖然社會工作者仰賴許多理論，但本章討論的理論和觀點是以人在環境中的視角，可以被視為是從案主所處環境中概念化其問題的基礎。社會工作者經常使用這些理論和觀點作為指導概念，同時也結合其他領域的知識，以強化他們對於案主情況的了解。使用這些全面的理論和觀點，有助於確保社會工作者能夠考量案主所處情況的不同面向，而非只是案主直接面對的特定環境。

本章提出的理論和觀點觸及社會工作的本質，也就是說，它們有助於將案主視為是會與環境互動的動態、活躍的生命體，雖然這些理論和觀點有其侷限性，但他們有助於確保社會工作者能夠廣泛的思考可能影響案主問題和福祉的各種因素，這些思考面向包含歧視和壓迫問題長期存在的因素，這些需由社工專業處理的關鍵議題，實際上，這些理論和觀點在與案主工作時的基礎，也可以適時增添其他理論、模型、方法、觀點和支持的知識。

本章所討論的所有理論和方法都是相似的，因為它們都是自個人到環境以探索案主生活中的複雜元素，雖然有些人比其他人更有包容力和影響力，但它們都提供一個模板，讓社會工作者可以開始評估和處遇其案主。瀏覽快速指引 3 以回顧和比較本章討論的理論特點。

本章重點

- 社會工作傾向於使用綜合方法來概念化案主的問題，通常被稱為人在情境中視角：案主問題被放在發生的環境脈絡下檢視。
- 微觀－中介－宏觀方法提供了一種有用的方式來組織與案主有關的大量訊息，並思考個人生活可能與他人互動的各個面向，並非只聚焦於個人，微觀－中介－宏觀方法將人們視為是與他們互動的個人、直接社會、較大社會系統的一部分。
- 生物心理社會方法被幾個助人專業所使用，且從多面向視角來概念化案主問題是有用的，它傾向從個人主義視角來看案主的情況，也就是說，它評估案主的生理、心理和直接社會環境來辨認問題以及需要處遇的範圍。
- 系統理論描述人與其社會系統之間的積極互動，它被用於社會工作，作為全面了解環境如人們互動的一種方式，在嘗試了解家庭動力和互動時，它也可被用來與家庭一起工作。
- 家系圖提供家庭的視覺地圖或呈現，以幫助社會工作者及其案主了解家庭的結構和家庭中的動力如何發揮作用，生態圖是社會工作者可用來幫助家庭了解其更廣泛的生態環境會如何影響他們福祉的工具。
- 生態學理論將人類環境中對發展很重要的因素分為四個不同的層次，該理論強調人們生活的物理環境，以及兩個或多個機制如何交互作用以影響人們及其經驗。
- 許多學者和實踐者將生態理論和系統理論相結合，以創建一種更全面的方式來與案主一同工作，然而，有些批評者認為結合不只一種理論的概念會破壞每種理論本身的適用性和有效性。
- 優勢觀點對於人們本身的概念化遠超於他們的問題，它基於這樣的假設：人們具有成長、改變、適應的能力，且人們有改善狀況的技能、能力和優勢。優勢觀點的一個重要原則就是人們具有足夠的資源和韌性，應該在處遇過程中使用這些特徵。

本章練習活動

1. Carla Washburn *互動案例*，請參閱 www.routledgesw.com/cases 網站。研究本案例所呈現的情形，在了解 Carla Washburn 的情況後，應用生理心理社會方法的概念加以評估，以下是指導你分析的問題：
   a. 哪些生理相關議題是你想要注意的？
   b. 哪些心理相關議題是你想要關注的？
   c. 哪些社會相關議題是你想要了解的？
   d. 針對三個領域的評估將如何有助於你對Carla的處遇措施？以哪種方式？
   e. 對於 Carla 的情況，使用這個方法有什麼限制？
2. RAINN *互動案例*，請參閱www.routledgesw.com/cases網站。使用案例中提供的訊息來回答下列問題：
   a. 社會工作者應該用哪些生理議題來評估 Sarah？
   b. 社會工作者應該用哪些心理議題來評估 Sarah？
   c. Alan 的心理和生理議題如何重疊？
   d. 辨認至少兩項影響 Sarah 的社會議題、和兩項影響 Alan 的社會議題，他們兩位都經歷過性侵害，但他們遭遇的社會議題是相同或是不同？請說明。
3. Sanchez *家庭互動案例*，請參閱 www.routledgesw.com/cases 網站。在與該家庭熟識之後，應用系統理論的概念來評估他們的情況，參考圖表 2.2 來回顧理論中的概念，以下是指導你分析的問題：
   a. 這個家庭的次系統是什麼？
   b. 次系統和整個家庭之間的界線是什麼？
   c. 家庭以什麼方式維持其動態平衡？
   d. 每個家庭成員扮演什麼角色？你會覺得這些年齡與關係適當嗎？
   e. 家庭接收到什麼輸入和回饋（正面和負面）？家庭的輸出是什麼？
   f. 家庭是否正走向分化、熵或負熵？為什麼或為什麼不？
   g. 基於你的評估，是否存在可能與該家庭的福祉和功能有關的面向？你想在什麼切入點開始進行干預？

h. 使用系統理論進行評估和介入這個家庭有哪些優勢和限制？

4. **批判性思維**，想像一下如果你是Juan的社會工作者，你想要建立一個家系圖和生態圖來形象化他的情況。

a. 使用本章的插圖來繪製家系圖和生態圖，且不要補充任何訊息。

b. 列出你想從 Juan 獲得的訊息以完成家系圖和生態圖。

c. 根據你所擁有的訊息，你是否能夠得出有關如何幫助他解決問題的任何結論？請根據本章的任何理論進行解釋和闡述。

5. Hudson **市互動案例**，請參閱www.routledgesw.com/cases網站。回顧社區所面臨的問題，然後回答下列問題：

a. 如何將微觀－中介－宏觀層級的概念化應用於此案例，以幫助你更能理解社區所面臨的議題？

b. 你可以經由哪些方式應用生態圖以指引你與社區的合作？

c. 生理心理社會概念化或生態理論如何能幫助解釋環境議題是如何影響公民在個人層次的福祉？

d. 這個社區有哪些潛在優勢，以及如何在社區工作中使用它們？

第三章

概念化問題和處遇方式的視角：生理心理社會面向

Carlos是61歲的古巴裔移民，他在15歲時全家移民到美國。他與太太結婚20年，太太5年前過世，之後他就再也沒有其他感情關係。兩年前，他意識到自己經常記不住顧客的姓名及訂單後，從銷售工作退休。沒多久，他就被診斷罹患了阿茲海默症。

他有三個小孩，均已長大成人且都住在距離他160公里外的地方。他想念他的子女，但因為距離及孩子們忙碌的生活，也無法經常與孫子們見面。他還有兩位手足，但是他們都在十年前就搬回古巴老家，所以也無法常常見面。Carlos自己形容與子女及手足的關係是緊密的，因為無法常相聚，所以他覺得孤單。他懷念古巴人緊密的家庭關係。他在教會也有好友，也還有鄰居是好朋友，但是他擔心隨著疾病症狀惡化到需要住進安養機構後，會失去這些關係的連結。

當他想到終將移住安養機構時，情緒很低落，因為覺得失去獨立能力以及他自己一直引以為傲的聰明。同時他也擔心如果要久住機構，該如何支付高額的費用。因為一直憂慮，讓他開始質疑生命的意義何在。他不知道此生努力所為何來，尤其在他知道自己最後會步入什麼樣的疾病末期階段，更覺得自己為家庭的付出都是白費。Carlos在他接受照顧的醫療院所中被轉介給社工。

Carlos的故事，雖然看起來很直接，但由於可能影響他福祉的許多因素，很快就會變得複雜。表面上看來，Carlos的許多問題似乎都是心理上的。實際上，許多社會工作者會先探索似乎是導致這些問題的心理，甚至生理方面的議題。

第二章討論了社會工作者如何使用生理心理社會概念來解決個案的問題。在本章中，我們將探討社會工作者經常用來解釋個案問題的特定生理心理社會的理論和模式。本章會摘述所討論的理論、模式和觀點，並在快速指引4中比較它們的各種特性。

疾病模式

疾病模式根源於影響行為與發展的生理過程。它關心個人疾病及失功能，這也形成其以問題為導向的聚焦處。此模式清楚界定「疾病」與人的功能的關係，以及行為與問題的關係。因此根據此模式，若處遇能針對失功能的行為或生理過程，則問題就可以被「治癒」。

疾病模式在健康照顧及許多助人專業領域中，包括社工領域，滿普遍受歡迎。社工在很多領域進行評量與處遇時，也常常需要評估生理狀況。雖然許多社工與案主工作時，會運用其他理論或取向，但是案主生理功能或生理過程也常與他們的問題息息相關。

同時社工常需要與健康照顧專業領域合作提供服務，因此社工必須了解疾病模式，以便評量案主、提供處遇，並與其他專業工作者溝通案主的生理相關議題。

在這本書之後的章節中，你將會更加了解，疾病模式不但可以提供評量及處遇的訊息，而且能擴增理論解釋案主問題的有效性。

醫療模式

醫療模式可能是社工及其他助人專業領域用來概念化問題及處遇方式最基本的模式之一。此模式源自Freud對於人的心理問題的看法，以及源自醫學上

快速指引 4 生理心理社會視角：理論、模式與觀點

	醫療模式	認知發展	性心理發展	心理社會發展	學習理論*	人本
類型	模式	理論	理論	理論	理論	觀點
焦點	個人	個人	個人	個人以及有限聚焦在環境	C/O：個人 SLT：個人與環境	個人與環境
假設	人在自身的發展中是被動的。	人在自身的發展中是被動的。	人在自身的發展中是被動的。	人在其發展過程中採取主動的角色	C/O：人在學習時是被動的。 SLT：人在學習時採取主動的角色。	人在其發展過程中採取主動的角色。
優點	• 強調問題的生理因素，這點在評估時，常被忽略。 • 生理性問題及其處遇可以實證測試。 • 與案主工作時，專業者可以使用共通性的診斷準則說明。 • 能指出問題讓案主有治癒的希望。	• 理論內容可實證，並可用來預測行為。 • 理論內容與認知發展的生理層面知識一致。 • 服務案主時很實用。 • 可預測每個發展階段的行為。	• 將性議題成為公開可討論的課題。 • 許多理論內容，例如防衛機制，被廣泛運用在實務中。 • 實務上，可協助想要探索性心理發展的案主。 • 可預測每個發展階段的行為。	• 理論部分重點放在個人與環境的互動。 • 理論解釋了跨及人生各階段的發展。 • 將有些被認為失功能的發展危機或奮鬥掙扎，視為正常化發展。 • 可實務操作。 • 可以預測每個發展階段的行為。	• 概念有用，且在實務工作中容易運用。 • 理論可實證測試，並且可用來預測行為。 • 若教導案主或讓他們理解行為改變背後的信念，社會學習理論及部分學習理論能充權案主。 • 社會學習理論強調人在學習過程的主動性。	• 以正向充權取向與案主一起工作。 • 處遇以案主為焦點，由案主引導過程。 • 強調優勢甚於問題。 • 基於此觀點的某些特定處遇，可以以系統化方式來運用，也可以進行實證測試。

快速指引 4　生理心理社會視角：理論、模式與觀點（續）

	醫療模式	認知發展	性心理發展	心理社會發展	學習理論*	人本
限制	• 診斷訊息會保留在個人健康紀錄中，因此要謹守運用此理論的倫理原則。 • 評估心理疾患時，診斷準則未必適用於不同案主。 • 用症狀來簡化案主的問題，可能讓他們覺得無力改變。 • 對於影響案主問題的環境因素，沒有著墨太多。	• 認知發展的理論內容止於青少年階段。 • 理論是以不具代表性的小樣本推論而來。 • 無法解釋認知發展的個別差異。 • 缺乏社會文化對認知發展的影響因素考量。	• 運用在某些案主身上可能不夠實際。 • 理論內容無法進行實證測試。 • 沒有考慮環境對於發展的影響。 • 理論是以不具代表性的樣本發展而來。 • 部分理論內容，例如陽具嫉妒，被認為是性別歧視且過時的概念。	• 無法解釋發展的個別差異。 • 理論內容難以實證測試。 • 對少數族群團體可能缺乏相關性。	• C/O 理論弱化人在學習過程的角色。 • C/O 並未強調環境對於學習及行為的影響。	• 概念模糊難以定義，可能造成每個人的定義都不同。 • 內容難以實證測試或預測行為。

*C=古典制約；O=操作制約；SLT=社會學習理論

進一步解釋生理過程。事實上Freud性心理發展的理論深深影響許多助人專業者看待問題的觀點。在過去仰賴慈善及道德責任提供服務的社工，也從這個模式開始發展其「科學化」的專業論述。

醫療模式讓醫生成為診斷並治療受疾病所苦的人的專家，也讓社工使用新的語言來思考問題。例如，醫療模式將人轉變為「病患」（patients），意即這些人深受「疾病」（disease）困擾或有「失調」（disorder）情況。〔目前社工已經使用案主（client）、顧客（consumer）或參與者（participant）取代「病患」一詞，將案主與社工關係去醫療化。〕

醫療模式強調：

- 疾病可透過一組症狀來界定。
- 症狀可以透過邏輯性科學化的檢驗而得到緩和。

因此問題與疾病被視為是病患的一部分：這個人的某些狀況造成他的問題，找到病因就可以治癒。

也因此有一個基於醫療模式的診斷工具應運而生，且廣為社工及醫護專業者使用，稱為《精神疾病診斷準則手冊》（*Diagnostic and Statistical Manual of Mental Disorders*, DSM），目前為第五版（DSM-5）（American Psychiatric Association, 2013）。這本手冊描述了各類心理健康問題的症狀、病因、流行率及其他層面，「快速指引5」說明 DSM-5 的目次內容。除了 DSM-5，許多臨床醫護工作者也會使用世界衛生組織（World Health Organization, WHO）編製的《國際疾病分類第十版》（*International Classification of Diseases, Tenth Revision, Clinical Modification*, ICD-10-CM）（World Health Organization, 2011）。

病患必須要符合 DSM-5 某類疾患所列出的幾項準則，才能診斷為罹患該心理疾病。大部分保險公司及社福機構也要求案主需要以這兩個工具來診斷其疾病，同時這些診斷準則也成為如何提供處遇的依據。

DSM 從第四版修正為第五版時，其實是有爭議的，具體的修正都彰顯心理疾患在建構及研究上一直存在的激烈爭議，以及這些改變如何影響受服務的案主（顧客）。例如自閉症、憂鬱症、躁鬱症以及注意力不足／過動症（ADHD）等疾患的診斷準則，都做了適度的修改。有專家認為這樣的修正會

快速指引 5 DSM-5 評量

第一篇：DSM-5 **精神疾病診斷準則手冊的基礎概論**（DSM-5 Basics）：基本介紹，列出從第四版修訂為第五版時的重編及診斷準則的改變項目、手冊使用方法，以及在法律使用之提醒聲明。

第二篇：診斷準則及編碼（Diagnostic Criteria and Codes）：將精神疾病區分主類型，每種類型之下包含次類型、診斷準則，及另外說明影響該類疾病的社會心理及脈絡因素。精神疾病主要類型如下：

- 神經發展障礙症（neurodevelopmental disorders）
- 思覺失調類群和其他精神病症（schizophrenia spectrum and other psychotic disorders）
- 雙相情緒及其相關障礙症（bipolar and related disorders）
- 憂鬱症（depressive disorders）
- 焦慮症（anxiety disorders）
- 強迫症及相關障礙症（obsessive-compulsive and related disorders）
- 創傷及壓力相關障礙症（trauma-and stressor-related disorders）
- 解離症（dissociative disorders）
- 身體症狀及相關障礙症（somatic symptom and related disorders）
- 餵食及飲食障礙症（feeding and eating disorders）
- 排泄障礙症（elimination disorders）
- 睡醒障礙症（sleep-wake disorders）
- 性功能障礙（sexual dysfunctions）
- 性別不安（gender dysphoria）
- 侵擾行為、衝動控制及行為規範障礙症（disruptive, impulse-control, and conduct disorders）
- 物質相關及成癮障礙症（substance-related and addictive disorders）
- 認知類障礙症（neurocognitive disorders）
- 人格障礙症（personality disorders）
- 性偏好症（paraphilic disorders）
- 其他精神疾病（other mental disorders）
- 醫藥引發的動作障礙症及其他醫藥副作用（medication-induced movement disorders and other adverse effects of medication）
- 可能是臨床關注焦點的其他情況（other conditions that may be a focus of clinical attention）

第三篇：測量方法與模型（Emerging Measure and Models）：包含評量方法、文化背景與會談、人格障礙症的 DSM-5 替代性模式及有待進一步研究的病況。

資料來源：改編自 American Psychiatric Association, 2013.

使許多原本符合該疾患的兒童或成人不符合準則，而無法接受治療；也有人宣稱這樣的改變是深受藥商影響，使藥商有利可圖；也有人認為某些準則將一個人「正常」的哀傷、壓力或生活事件變成病理化，以致於需要借重藥物來治療（Frances, 2013）。這些源自 DSM-5 及醫療模式而來的議題，會持續在本章討論。

人類生理結構

醫學研究已經說明生理結構及過程對於人的健康福祉、疾患及疾病的重要性，社工也需要腦及神經學以及基因過程的基礎知識，以便能協助案主更了解這些因素與他們疾病的關係。

例如，一位剛成立家庭的案主，如果是某種遺傳疾病的帶原者，必須要了解遺傳給子女的機率有多高。這樣的資訊有助於案主做生養子女的決定，以及若孩子被遺傳到之後的可能後果預作規劃。社工也可以協助案主了解荷爾蒙如何影響疾病，並可以透過飲食或醫藥來控制症狀。社工也能評估生理過程是否會影響心理健康，例如，甲狀腺激素失調會造成體重增加以及憂鬱症狀。社工若能了解這些機轉，則可以建議案主去做完整的醫學生理檢查，確認是否受生理因素影響。社工經常是跨領域健康照顧團隊的一員，具備這些知識，能有效進行團隊的溝通及合作。

接下來將學習大腦、神經元、神經傳遞物質、荷爾蒙及基因的基本結構，以及它們在人體的角色及功能。在往後的章節，也會陸續學習這些不同結構及過程在人類不同發展階段如何產生影響，以及這些生理結構與過程及環境的互動，如何影響人的成長與發展。

大腦及神經系統　神經系統是人體內一個複雜的電化學溝通系統。中樞神經系統包含大腦及脊髓，周邊神經系統則連結大腦、脊髓和人體其他部分。在細胞層次，神經系統透過神經細胞、化學物質及電脈衝的複雜互動傳送訊息。

透過先進科技，目前人類可以過去做不到的方式研究及了解大腦。目前可以透過大腦影像技術，例如正子電腦斷層掃描（positron emission tomography scans，簡稱 PET scans）、功能性磁振造影（functional magnetic resonance imaging, fMRI）、穿顱磁刺激術（transcranial magnetic stimulation, TMS），評估大腦中能量流動以及心理歷程，這些分析有助於了解大腦在人類情緒以及失功能行為的角色。同時也有助於了解人類與其他人和環境互動時的主觀經驗（Lepage & Theoret, 2010）。

大腦組織化的結構反映了進化發展歷程。大腦基底是由最原始的結構如腦幹組成，腦幹控制了睡眠、體溫及心跳率。丘腦（thalamus）位於腦幹的頂端，作為感覺訊息的中繼站，它負責整理分類訊息，然後傳送至大腦不同部位來解讀，同時也似乎與睡眠和清醒歷程有關（Hirata & Castro-Alamancos, 2010）。

大腦結構的其他部分，可參照圖表 3.1，是從進化觀點而來的最新結構，形成大腦的外層構造。以下是主要結構：

- 大腦皮層（cerebral cortex）：大腦主要的外層結構，負責複雜的心理功能，如規劃、思考。
- 新皮層（neocortex）：最外層，占了 80%的大腦皮層。新皮層發展被認為協助人類彼此了解意圖、感受及想法（Adolphs, 2009）。

圖表 3.1

大腦主要結構

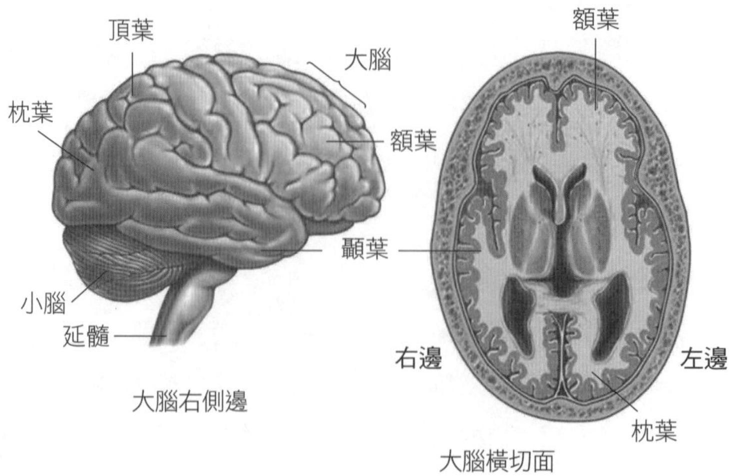

資料來源：© Visuals Unlimited/Corbis.

- 右半球及左半球（right hemisphere and left hemisphere）：腦皮層分成兩大半球，每一半球又包含四葉。右半球負責處理情緒、非口語溝通以及觸摸和按壓的感覺；左半球則協助處理語言及精細動作等事宜。
- 布洛卡區及威尼克區（Broca's area and Wernicke's area）：這兩個區域位於左半球，協助控制及了解語言。
- 胼胝體（corpus callosum）：最大束神經軸突（axons），連結兩大腦半球以及兩半球之間訊息的中繼站（Gazzaniga, 2010）。
- 枕葉（occipital lobes）：位於大腦皮層後面的兩個區域，負責處理如色彩、形狀及動作等訊息。如果枕葉受傷，會導致一個人部分視覺的損傷或失明（Swisher et al., 2010）。
- 顳葉（temporal lobes）：位於大腦皮層兩邊，負責聽力、語言及記憶。如果顳葉受傷，會導致長期記憶損傷問題（Lambon Ralph, Ehsan, Baker, & Rogers, 2012）。
- 額葉（frontal lobes）：位於大腦皮層前方大區域，負責人格、智力及隨意肌的控制。若額葉受損，可能造成人格改變。過去有個案例，1848 年，有一位 25 歲的年輕人 Phineas Gage，在一場工廠爆炸中被一支鐵桿從左臉穿入貫穿至頭頂而出。事故前，他被形容是一位冷靜、態度良好、受眾人喜愛的人。事故後，他被形容為具攻擊性、不可信賴、動輒發火的人。
- 前額皮質（prefrontal cortex）：是額葉的一部分，負責規劃、推理及自我控制（Rahnev, Lau, & de Lange, 2011）。
- 頂葉（parietal lobes）：位於頭的頂部，負責注意力、空間位置及控制動作（Arcizet, Mirpour, & Bisley, 2011）。
- 邊緣系統（limbic system）：位於腦幹及大腦皮層中間，有兩個重要結構。一個是杏仁核（amygdala），協助認知與分辨與人類生存相關的事情，例如求偶、求食及社會競爭對抗。另一個為海馬迴（hippocampus），協助決定哪些訊息要儲存到記憶區，以及回想哪些訊息（Wang & Morris, 2010）。

研究會有助於了解這些大腦結構、相對應的功能，以及對人類行為、心理健康問題如壓力、創傷及憂鬱等方面所扮演的角色。

近來有研究著重創傷性腦傷（traumatic brain injuries, TBI），因為愈來愈多人關注運動員或軍人因為腦震盪造成的長期影響。多數創傷性腦傷是源於腦內受傷，例如腦震盪（上例提到 Phineas Gage 屬於腦外傷）。腦內傷的理由常是跌倒、強烈外在力（例如爆炸、槍戰）及機車車禍（National Institutes of Health, 2012）。運動傷害則是另一種常見的腦傷主因，職業運動員如足球員、摔角手經常受到傷害。目前更關心年輕運動員，因為創傷性腦傷在美國經常是造成他們死亡及身心障礙的主因。國家傷害預防及控制中心（The National Center for Injury Prevention and Control, 2010）估計全美約有 530 萬人（2%美國人口），因為創傷性腦傷而生活在身障狀態中。這個議題之後會再討論。

神經元（neurons）　腦學的研究者已經發現大腦功能大部分仰賴神經元。神經元是處理訊息的細胞，人類大腦中約有一千億個神經元。大部分神經元在生命早期已經發展出來，但是它們的形狀、大小及連結性是持續改變，且深受環境因素影響，例如來自父母教養的刺激，或是暴露在酒精或其他物質下。

圖表 3.2 是一個神經元的結構。如圖所示，神經元包括下列結構：

圖表 3.2

神經元的結構

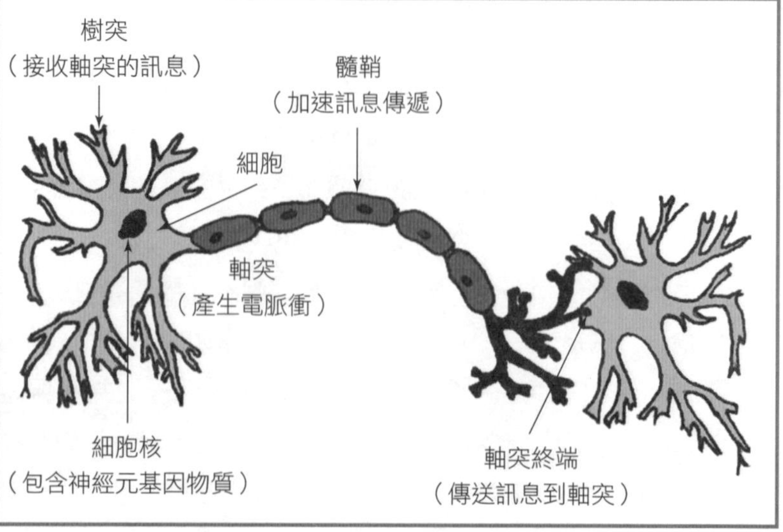

資料來源：Lichtman, Livet, & Sanes, 2008.

照片 3-A

腦虹技術（Brainbow）
一種彩色影像可以展示神經元如何互動，若想進一步了解，請至 http://cbs.fas.harvard.edu/science/connectome-project/brainbow。
這張腦虹圖是將腦組織用不同的色彩染色以照亮神經元之間大規模的連結。這些顏色允許追蹤每一個神經元如何連結至其他的神經元。以便能更了解大腦及神經系統的電路。

- 細胞核（nucleus）細胞。
- 樹突（dendrites）：允許神經元接收其他神經元的訊息輸入。
- 軸突（axon）：將細胞核細胞的訊息送到其他神經元。
- 髓鞘（myelin sheath）：覆蓋軸突的一層脂肪，促進神經脈衝讓神經元彼此可溝通。髓鞘若受損，會導致許多問題。例如，多發性硬化症（multiple sclerosis）就是當髓鞘硬化而被疤痕組織取代所造成的疾病（Haines, Inglese, & Casaccia, 2011）。

神經元對於腦的可塑性扮演重要角色，腦的可塑性是指改變及適應能力。兒童的腦具有最大的可塑性，但是隨著長大發展，腦仍可從受損中復原。復原的情況則需要看神經元受損的程度（Huang & Chang, 2009）。如果神經元並未被破壞，則可預期有三種修復狀況：

- 側索生芽（collateral sprouting）：軸突的健康神經元會比鄰到受損的地方而長出新的分支。
- 功能代換（substitution of function）：腦受損區域被其他腦中健康的區域取代。

- 神經生成（neurogenesis）：新的神經元生成，在哺乳動物（例如老鼠）身上可以看到神經生成。在人類身上曾有文獻指出在海馬迴體中產生新的神經元（Hagg, 2009）。

當今科學持續性認識理解神經網絡的複雜性，包括了解神經元發展、互相連結的方法，以及被環境影響的方式（Hashimoto-Torii, Kawasawa, Kuhn, & Rakic, 2011）。

神經傳遞物質 曾經一度混淆大腦研究者的問題之一是來自一個神經元軸突的電脈衝如何傳遞到另一個神經元的樹突。答案就是神經傳遞物質，它們是一種可以激活神經系統電脈衝的化學物質。圖表 3.3 以圖示說明神經元彼此互相溝

圖表 3.3

神經元之間突觸的結構

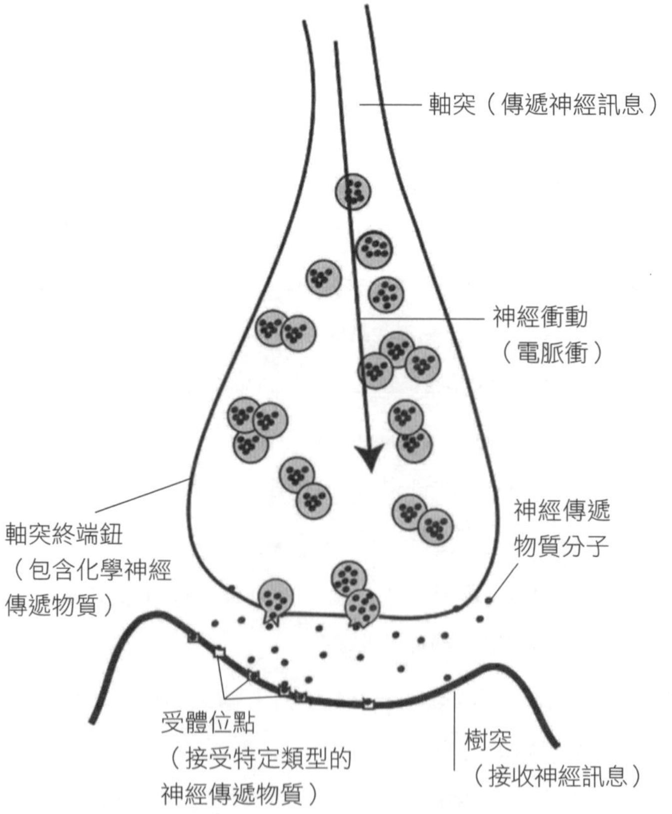

通的複雜機制特寫圖：

- 突觸（synapse）或突觸間隙：由於神經元彼此之間沒有連結，不會直接相互接觸，它們必須使用化學物質在神經元之間的空間傳遞訊息，這空間被稱為突觸。這些間隙主要位於一個神經元的軸突和另一個神經元的樹突之間。
- 終端鈕（terminal buttons）：神經元的電脈衝會在軸突末端的終端鈕中轉換成化學信號，該信號可以通過突觸與另一個神經元溝通。終端鈕是含有神經傳遞物質的小囊。當電脈衝沿著神經元的軸突傳播時，它會觸發神經傳遞物質的釋放，神經傳遞物質便進入突觸間隙。
- 受體位點（receptor sites）。接受訊息的神經元的樹突具有多種受體位點，每個受體位點容納特定的神經傳遞物質。如果受體和神經傳遞物質之間可以契合，則接受訊息的神經元將會接受該信號。

一旦完成神經電脈衝的傳遞，一些不適合受體位點的神經傳遞物質分子被重新吸收到軸突中。這個過程稱為再攝取（reuptake）。然後這些神經傳遞物質分子可用於下一次神經電脈衝。

如你所見，神經傳遞物質在促進神經元之間的溝通方面發揮著至關重要的作用。有些神經傳遞物質是刺激神經元傳導，而另一些神經傳遞物質則會抑制神經元傳導，也有些神經傳遞物質則具備兩種功能。通常，神經元只分泌一種類型的神經傳遞物質，但兩個神經元之間的突觸可以同時包含來自不同神經元的幾種不同的神經傳遞物質，這些物質試圖與附近的神經元進行溝通。圖表 3.4 列出了對人類行為影響最大的神經傳遞物質的主要類別。

理解神經過程是很重要的，因為神經傳遞物質和傳送及接收訊息的過程涉及某些行為和精神健康的障礙，例如創傷後壓力症候群和依附關係障礙的問題。許多精神藥物和其他療法目的在改變這種神經傳導的過程。我們將在後面的章節中討論一些例子。

內分泌系統（endocrine system）　內分泌系統是由一組與神經系統協同工作的腺體組成。這些腺體透過稱為荷爾蒙激素的化學物質釋放到血液中，來調節我

圖表 3.4

關鍵神經傳遞物質及其對行為的影響

神經傳遞物質	角色	如何作用的範例
乙醯膽鹼	刺激神經元傳導，涉入肌肉運動、學習和記憶過程。	由肉毒桿菌製成的肉毒桿菌除皺素會破壞乙醯膽鹼，導致臉部皺紋的肌肉癱瘓。阿茲海默症患者缺乏乙醯膽鹼。
多巴胺	控制自主動作，影響睡眠、情緒、學習和注意力。	多巴胺受體的激活可引起興奮、警覺和情緒升高。多巴胺含量太少被認為與帕金森症有關。
腦內啡	刺激神經元傳導並抑制神經系統活動。	腦內啡的增加有助於減輕疼痛並增加愉悅感。
胺基丁酸	抑制神經傳導。	胺基丁酸過低與恐懼、焦慮和憂鬱有關。
麩胺酸鹽	刺激神經元傳導，涉入學習和記憶。	麩胺酸鹽過多會導致偏頭痛和癲癇發作。它被認為與焦慮、恐懼症、憂鬱症、思覺失調症、阿茲海默症和帕金森氏症有關。
正腎上腺素	抑制中樞神經系統神經元的傳導，刺激在心臟、肌肉、腸道和泌尿生殖道中的神經元傳導，控制警覺性。	正腎上腺素過少會導致情緒低落，太多會導致激動。
催產素	與愛及關係連結有關。	分娩時，陰道會增加催產素，促進母嬰的關係連結、乳汁分泌和母乳哺育。催產素在性高潮期間也會增加，促進情緒依戀。
血清素	管理睡眠、情緒、注意力和學習。	血清素過少會導致情緒低落。

資料來源：改編自 Adlard et al., 2010; H. D. Anderson et al., 2012; Bertram et al., 2010; Eriksen, Jorgensen, & Gether, 2010; Kuan, 2009; Möhler, 2012; Penner et al., 2010; Plaitakis, Latsoudis, & Spanaki, 2011; Rajkumar & Mahesh, 2010; Riaza Bermudo-Soriano et al., 2012; Tarhan et al., 2011; Tarkan, 2011; Tokita, Yamaji, & Hashimoto, 2012.

們體內的不同器官和功能。我們體內的細胞含有不同激素的受體，類似於神經元含有不同神經傳遞物質受體以接受不同的神經傳遞物質的方式。

圖表 3.5 列出了內分泌腺及其在體內的位置和功能。

圖表 3.5

內分泌腺及其功能

內分泌腺（及所在位置）	釋放的荷爾蒙或激素	功能和功能障礙
腎上腺（兩個腎上方）	腎上腺素，副腎上腺素	調節情緒、能量水準和壓力反應。慢性壓力會造成激素持續釋放，導致免疫系統受損。
卵巢（女性子宮兩側骨盆）	動情素、雌激素	控管女性的性發育和生殖。更年期雌激素的減少可導致骨質疏鬆症和性功能障礙。
胰腺（在胃的下方）	胰島素	控制葡萄糖（血糖），調節新陳代謝和體重。胰島素調節會導致糖尿病和肥胖的問題。
腦下垂體（在下視丘下面）	腦下垂體前葉：腎上腺皮質激素（刺激腎上腺產生激素）、卵巢濾泡激素（確保卵巢和睪丸的功能）、生長激素（促進健康生長，骨骼和肌肉質量，脂肪分布）、黃體成長激素（確保卵巢和睪丸的功能）、催乳激素（刺激母乳產生）、促甲狀腺激素（刺激甲狀腺產生激素）。	被稱為主控腺體，因為它控制生長並調節其他腺體。下視丘向腦下垂體前葉發出信號，釋放激素或抑制激素分泌。腦下垂體後葉直接從下視丘接受激素並釋放它們。腦下垂體若有腫瘤或其他問題會破壞其釋放激素的能力，例如釋放過多或不足的特定激素。

圖表 3.5

內分泌腺及其功能（續）

內分泌腺（及所在位置）	釋放的荷爾蒙或激素	功能和功能障礙
	腦下垂體後葉：抗利尿激素（促使腎臟增加水分吸收）、催產素（刺激產生母乳和分娩時的子宮收縮）。	
睾丸（在男性陰囊）	睪酮素	控管性發育和生殖。過低的睾酮素被認為與心血管疾病、性功能障礙和糖尿病有關。

資料來源：改編自 Davidovici, Orion, & Wolf, 2008; Lee, 2010; Lewiecki, 2009; Simon, 2011; Skipworth et al., 2011; Yassin, Akhras, El-Sakka, & Saad, 2011.

遺傳基因學　我們的基因構成會影響我們身體的所有過程，因此也會對行為、健康和疾病產生影響。在我們每個細胞的細胞核內有 23 對染色體。這 23 對中的一對包含性染色體，是確定我們是男性（XY）還是女性（XX）的染色體。在每對染色體中，一個來自卵子，一個來自精子。染色體含有去氧核糖核酸（DNA），它攜帶我們的遺傳基因訊息。

當來自卵子和精子的染色體配對時，特定特性的基因也會配對。基因是由 DNA 片段組成的遺傳訊息單元，它們會指導和調節蛋白質或胺基酸的產生，這是我們所有身體功能的基礎。基因會彼此合作，使用不同的激素，並與環境一起塑造形成我們長成什麼樣的人。這些相互作用的例子將在以後的章節中討論。

一對染色體中的基因可以是顯性的（dominant）或隱性的（recessive），這是造成有特定親生父母家庭中的孩子彼此之間會有差異的原因。如果一對染色體由兩個顯性基因或兩個隱性基因組成，則稱為**同基因型組合**（homozygous）。如果一對染色體由顯性基因和隱性基因組成，則稱其為**異型對偶基因**

（heterozygous）。在異型對偶基因配對中，顯性基因優於隱性基因，超過隱性基因的表現。如果在同基因型組合中存在兩個隱性基因，則只會表現出隱性基因的特性。

例如，具有棕色眼睛、捲髮、遠視和舌頭捲曲能力等特徵的人具有帶著這些特徵的顯性基因（這些特徵中的另一個基因是顯性或隱性，都沒有關係）。隱性基因則是帶有藍眼睛、直髮、近視和雀斑等特徵，因此具有這些特徵的人必須擁有兩個隱性基因才能表現出這些特徵。

重要的是要記住，基因對我們特性表達的方式是複雜的。我們從頭髮顏色、智力能力到罹患某些疾病所具有的所有特徵，通常是多個基因相互作用的結果（有時還有與環境的相互作用）。

我們受遺傳而所攜帶的基因（都在我們的染色體中），被稱為基因型（genotype）。這些基因表現的方式（實際上是可觀察的，例如藍眼睛）被稱為表型（phenotype）。圖表 3.6、3.7 和 3.8 顯示了三種遺傳疾病的 Punnett 方格或基因配對圖。這三種遺傳疾病都是透過顯性基因和隱性基因的不同組合而遺傳到的：

- 顯性單一基因疾病：亨廷頓舞蹈症（Huntington's disease）。圖表 3.6 中的第一個例子是亨廷頓氏症，它造成大腦神經細胞病變，導致動作問題、情緒障礙和癡呆。在該病例中，雙親中的一個帶有一個顯性基因和一個隱性基因（基因型），因此產生亨廷頓舞蹈症（表型）。有 50%機率的孩子也會有亨廷頓舞蹈症的基因型（Hh），他們會發展顯現疾病症狀（表型），因為它是在顯性基因上攜帶的，他們也會將它遺傳給他們的孩子。另外 50%的孩子沒有亨廷頓氏症的基因型（他們是 hh）或表型，也不會再遺傳給他們孩子。
- 隱性單一基因疾病：囊狀纖維化（cystic fibrosis）。圖表 3.7 是圖示囊狀纖維化疾病的龐尼特氏方格（Punnett square），此疾病導致肺和消化道中的黏液積聚。在這個病例中，父母雙方都是囊性纖維化隱性基因的帶原者（他們都是基因型），但他們不會表現出這種疾病（表型）。他們的後代中，四分之一（25%）機率的孩子（CC）不會成為這種疾病

圖表3.6

顯性單一基因疾病：亨廷頓舞蹈症

H =亨廷頓舞蹈症的顯性基因
h =隱性基因，不攜帶亨廷頓氏症

帶有亨廷頓舞蹈症基因的父或母	不帶有亨廷頓舞蹈症基因的父或母	
	h	h
H	Hh	Hh
h	hh	hh

圖表3.7

隱性單一基因疾病：囊狀纖維化

c =囊狀纖維化的隱性基因
C =顯性基因，可預防囊狀纖維化

帶有囊狀纖維化基因的父或母	帶有囊狀纖維化基因的父或母	
	C	c
C	CC	Cc
c	cC	cc

圖表 3.8

X 染色體關聯的單基因疾病：血友病

p = 血友病的隱性基因
n = 不攜帶血友病的顯性基因

母親是血友病基因的帶原者	父親是血友病基因的帶原者 X_n	Y
X_p	X_pX_n	X_pY
X_n	X_nX_n	X_nY

的帶原者，不會發展這種疾病，也不會將其再遺傳給下一代。一半（50%）機率的孩子是這種疾病的帶原者（Cc），但由於它是一種隱性疾病，所以會受到顯性基因的保護，他們不會發病，但他們會遺傳給下一代的孩子。另外四分之一（25%）機率的兒童（cc）會罹患這種疾病，因為它是在隱性基因上攜帶的，並且它們沒有顯性基因來保護它們免於表現出來，他們也會把這個基因遺傳給他們下一代的孩子。

- X 染色體關聯的單基因疾病：血友病（hemophilia）。在這個例子中，產生血液凝固問題的血友病是與 X 性染色體上攜帶的單個基因有關。如圖表 3.8 所示，擁有 XX 性染色體的母親是血友病（基因型）的帶原者，圖中由一個隱性 X_p 基因代表。但她沒有表現出這種疾病（表型），因為她受到一種不攜帶疾病的顯性 X_n 基因的保護。具有 XY 性染色體的父親不是該疾病的攜帶者（基因型），並且沒有該疾病（表型）。因此會有四分之一（25%）機率他們的孩子（X_nX_n）是女性，且不是這種疾病的帶原者，不會發展這種疾病，也不會遺傳給下一代。四分之一

（25%）機率是女性（X_pX_n），卻是血友病的帶原者，但她們不會發病，因為她們受到第二條 X 染色體的保護，不過她們有可能將它遺傳給她們的孩子。還有四分之一（25%）機率的孩子是男性（X_nY），他們不是這種疾病的帶原者，不會發病，也不會將它遺傳給孩子。最後有25%機率的孩子是攜帶血友病基因的男性，由於他們沒有另外的X染色體來潛在的保護他們，他們將發展疾病並會將其遺傳給他們的孩子。

這些例子顯示了基因型和表型如何發揮作用，以及某些基因的遺傳如何導致或保護我們免受疾病侵害。

應用醫療模式

作為 Carlos 的社會工作者，如果你使用的是醫學模式，你將專注於影響 Carlos 的問題和影響他福祉的生理和疾病問題。由於 Carlos 的年齡和他被診斷出罹患阿茲海默症，你需要集中精力研究這些因素將會如何造成他的問題，以及如何預防隨著 Carlos 年齡增加和疾病的進展而進一步發展出來的問題。

如果要做完整的工作，你需要花一些時間詢問 Carlos 他的症狀以及影響其功能的其他問題。你可以一開始先使用 DSM-5 中的診斷標準評估 Carlos 的症狀：

- 由於 Carlos 已被診斷患有阿茲海默症，因此這一事實很可能成為一個值得關注的領域。
- 你可以向 Carlos 的醫生索取醫療訊息，以確定他的其他健康問題是否會使阿茲海默症複雜化，反之亦然。你也可以要求其他專業工作者提供訊息，例如精神科醫生，他們過去可能已經治療過Carlos。這些附加訊息將為他的問題提供了一個過去發展史的視角，以及有助於告知當前的診斷。
- 你可能會注意到一些社會心理和環境問題，例如 Carlos 的主要支持團體、社會環境，以及隨著疾病的進展，可能還有住房等問題。

- 你可能需要確定Carlos的問題干擾了他日常功能的運作到多大程度。

在進行評估後，你將根據 Carlos 的診斷進行處遇計畫。處遇很可能主要集中在他的阿茲海默症和與之相關的問題上。Carlos可能想考慮嘗試針對大腦中各種神經傳遞物質的新藥物，以試圖減緩阿茲海默症症狀的發展。

除了與阿茲海默症有關的問題之外，你可以選擇檢查 Carlos 的身體健康狀況，以確定他是否有與其年齡或一般健康狀況相關的任何問題，例如糖尿病、心臟病或高血壓。例如，他可以被轉診給醫生檢查睪酮素水準和藥物副作用，這些可能會導致或加劇他的症狀。確保他盡可能的保持健康，可以幫助預防或減少阿茲海默症可能導致的一些併發症。此外，改善或保持 Carlos 的身體健康可以在他老化過程中，提升他的整體健康和功能。

醫療模式的評論

醫療模式的侷限性在於醫療訊息不易使用，以及其著重的焦點較為狹隘：

- 由於廣泛的使用 DSM-5 的診斷標準，並且通常診斷會成為案主永久醫療紀錄的一部分，因此需要嚴謹看待該手冊的使用。在臨床情境中使用該手冊之前，專業人員需要受過完整的訓練，以及在受督導下使用該手冊，以確保可以適當使用且符合倫理原則。
- 儘管這些疾病的診斷標準通常根據研究而來，但仍存在很大的推測和錯誤空間。請記住，診斷過程不是一門精確的科學，診斷可能隨不同臨床醫生或專業人員而不同，因此造成缺乏信度。
- 除了容易出錯外，支持 DSM-5 診斷標準的研究也受到批評。雖然該研究有實證基礎，但它仍然存在著與無法控制和解釋可能影響精神疾病症狀所有相關的生理心理社會因素的弱點。即使對某些精神障礙的生物病因學知識愈來愈豐富，但是這些疾病受環境和其他因素影響的程度仍然無法精確的掌握。這也就是為什麼在這個領域進行實證研究如此困難的原因，它遠比研究純粹的生理過程更為困難，因為純粹研究比較容易辨識和控制變項。無論支持 DSM-5 診斷標準的研究有多麼完善，在某些情況下，診斷的有效性、可靠性和適用性總會存在某些疑問的可能性。

- 如果案主知道了對他們的診斷病名，該疾患的症狀或障礙可能會成為一種自我實現的預言。也就是說，案主可能會相信，因為他們已被標籤為罹患某種疾患，他們無法控制症狀或「被治好」。也因為這樣的理由，DSM-5 和醫療模式通常都被批評為除了將案主簡化成一系列症狀外，沒有其他，這種過程忽視了案主環境中的更大問題，且弱化了案主解決自身問題的能力（Katz, 1983）。具體而言，一些專業人士認為，這種醫療取向的做法可能會給案主一個不嘗試解決他們自己問題的藉口。
- 醫療模式傾向於聚焦於個人。這一焦點將問題視為來自個人內心，從而很大限度的縮減人的環境可能導致或加劇問題的方式。這個取向通常會將心理社會和環境問題的相關訊息僅限於案主的直接環境，而且通常不是評估和處遇的首要考慮因素。
- 醫療模式關注案主的問題，忽視他們的優勢和資源。這種以問題為中心的取向可能會讓案主感到沮喪，特別是那些具有多重問題的案主，感覺到這些問題似乎勢不可擋且不可能解決。

儘管有這些批評，但醫療模式確實仍具有一定的優勢。一個主要的優勢是它強調可能導致問題的生理過程。此領域數十年的研究和進步的醫學知識說明了許多可能干擾日常生活疾病的病因。每一天，我們都會更多的了解大腦和神經系統如何在我們的健康和行為中發揮不可或缺的作用，因此將這些知識融入我們的實務工作是一種符合倫理原則、稱職的實務工作的重要部分。透過飲食、藥物和行為改變可以控制許多症狀，並且可以治癒甚至預防許多疾病。此外，通常影響生理疾病及過程相關的變項因素是少數的，這意味著我們比較容易控制和測試這些變項，也更容易發展可以預測處遇結果的理論和假設。

醫療模式的另一個優勢是，使用診斷標準，無論是以 DSM-5 的形式還是一組構成身體疾病的症狀，都可以為跨學科的臨床專業工作者提供描述問題的共同語言。這種對於基本知識一致化的優勢，提升了源自不同專業的處遇措施相互補充的可能性。

最後，一些深受身體或精神健康問題困擾的案主可能會因接受診斷而感到解脫。為問題命名可以幫某些人確認這些問題存在的事實，並提供可治療的希望。

認知發展理論

有一些理論是關注認知（或心理歷程）的發展，以及這些發展如何影響行為。下一節將介紹一個眾所周知的解釋認知發展的方法，以及與案主工作時可以應用的方法。第六章到第十二章將會介紹更具體有關認知發展的訊息，因為它涉及整個生命週期的不同階段和成長過程。

Piaget 的認知發展理論

瑞士心理學家 Jean Piaget 在 1950 年代提出了至今最廣為人知的認知發展理論之一。Piaget的理論描述了人們如何發展他們從出生到青少年時期思考、學習和處理訊息的能力。Piaget提出，人們在既定和共通的發展階段會積極發展他們的認知技能，這些階段每個人可能發展的狀況會有些不同。

從出生到青少年晚期的認知發展特點是認知能力會漸趨複雜及增加靈活性。發展始於兒童使用基本反射活動來滿足需求，然後逐步發展成為能夠抽象思考並能驗證多種變項之間的多方面關係的成人。根據Piaget的說法，年齡介於 16 歲或 17 歲之間的年輕人應該已經具備了在成人世界中運作所需的技能（Piaget & Inhelder, 1969）。

Piaget的理論包括數個次階段，每個次階段都包含該階段的關鍵概念或認知技能。雖然本書此處沒有介紹所有的次階段，但我們接下來要看看每個階段會發生的主要發展任務（Piaget, 1952）。

在感覺動作期階段（sensorimotor stage）（出生到 2 歲），主要任務是形成**物體恆存**概念。這是當孩子們知道即使物體和事件超出他們的感官範圍時，這些物體和事件仍然存在（例如，當媽媽離開房間時，她並沒有消失）。孩子們一開始透過像尋找乳頭及吸吮等直接反射動作來協調他們的行為，然後他們開始學到可以透過執行某些動作來獲得愉快的結果，例如在飢餓或想要被擁抱時哭泣，就會有人來撫慰他們。此外，孩子當務之急的發展工作就是從自我朝向探索外面世界。最終，孩子們學會組合和協調動作，且能夠操縱物體以獲得新奇的結果。到這個階段結束時，孩子們已經學會了原始的象徵性能力，使他們能夠在腦中保存初步的物體詞彙及基本圖像。

在前運思期階段（preoperational stage）（2 歲至 7 歲），兒童的認知能力仍然存在許多侷限性。這一階段的一個主要特徵是**自我中心主義**（egocentrism），它意味著兒童在思考物體或事件時仍無法想到他人的觀點。兒童也傾向於表現出**泛靈論**（animism）的特徵，相信所有無生命的物體都是活的，具有栩栩如生的特質。他們還會顯示出一種心性趨勢，就是一次只能關注一個物體的一個層面。在這個階段的兒童也缺乏**物體保留**的概念，這意味著他們無法理解一個物體即使其特性發生變化，例如保存的形狀或方法改變，其質量也會保持不變的道理。例如，如果孩子看到一杯果汁後，將果汁倒入不同形狀的容器中，她會認為果汁的量會不一樣。最後，兒童也不具有逆轉性概念，就是無法以相反的順序來思考事件。例如，一個孩子可能會理解約翰是他的堂兄，但是反過來，他並不理解他自己是約翰的堂弟。

然而與此同時，在前運思期階段的兒童會經歷很大的發展。在這個發展階段的兩個主要能力是分類和排序性的能力。分類意味著兒童可以根據兩個物體的差異和獨特屬性區分出兩個物件對象，例如，在這個階段結束時，兒童應該能夠根據顏色和形狀將積木分類，以放入不同的組別。兒童也應該能夠根據物體的大小、重量或長度來區分物體，這被稱為**排列性**，例如孩子可以按照從最小到最大或從最輕到最重的順序來安排擺放鵝卵石。

在具體運思期階段（concrete operations stage）（7 歲至 11 歲），兒童會發展出前一階段所缺乏的認知技能。兒童開始可以從別人的角度來理解事件，並更能意識體會到變項之間更複雜的關係。此外，他們掌握了與分類、保留和排序性相關的所有技能。最後，他們學會有效的使用符號來代表現實世界中的物體和事件。這項技能可以讓兒童在某些活動，例如數學和使用語言時，表現得更好。

最後，在正式運思期階段（formal operations stage）（11 歲至 16 歲），兒童學會使用假設的演繹推理。他們可以處理抽象思維，同時考慮一個物件或事件的多方面面向，可以提出對於某些變項若被改變時可能會發生何種事情的假設，並能夠分析物件或事件的屬性以得出有關其性質或行為的結論。也是在這個階段，兒童開始發展出運用邏輯的能力，並能有系統的解決問題，從而找到可行的解決方案。

為了促使認知的發展，我們需要組織新的訊息並使其融入我們現有的知識。我們還必須能夠讓我們的思維適應新的訊息和想法。因此，Piaget理論的核心是下列這三個概念：

- 基模（schema）是我們對世界的內在想法和表達。它們源於我們努力有系統的處理和儲存訊息，以了解我們周圍所發生的事情。Piaget認為，人們會以兩種方式來處理這些訊息：適應和同化。
- 適應（accommodation）是我們改變我們對於某事物的基模的時候，因為我們得到有關該事物的新訊息，不符合我們之前已經存在對於該事物的看法。換句話說，有時候我們必須改變我們對某事物的看法，因為我們學到了一些與我們對於該事物最初的想法相違背或是不同的新訊息。
- 同化（assimilation）：當我們引入適合我們現有模式的新訊息時，就是同化的過程。在這種情況下，我們將新訊息合併或整合到我們已經知道的事物中，而不改變我們的基模（Piaget, 1952）。

應用 Piaget 理論

身為 Carlos 的社會工作者，你可能只能以有限的方式使用 Piaget 的理論來幫助理解他所處的情況。這是對Piaget理論的批評之一：這個理論並不能解釋持續發展到成年期的問題。相比之下，許多心理學家和其他專業人士認為，發展應該是持續進展到老年階段。但是，你可以嘗試確定Carlos是否成功的達到正式運思期階段，以及從那之後的發展如何影響了他。你可以評估他的認知程度是否受到阿茲海默症的影響，並提出處遇措施，以便在疾病持續進展時，能最大限度的保持其認知功能。

但是，對於你來說，了解 Carlos 在老年階段以及罹患阿茲海默症階段時的基模，可能會更有幫助。他對於老化的想法和態度如何？他是否將阿茲海默症、孤立和孤獨解釋為是老化過程的「正常」現象？或許Carlos對於老化與疾病的基模可能無法幫助他很好的應對即將會經歷到的不可避免的變化。

改變 Carlos 基模的一種方法是研究他如何適應和同化有關老化和疾病的訊息。例如，讓我們假設 Carlos 有一個對於老化的基模，就是他認為老化是包括痛苦、失能和孤立的特性，因為他可能只認識具有這些特性的老年人，因此這些觀察結果被同化進入（融入）他現有的關於老化的基模中，從而增強了他對於老年人的負面觀點。你的目標之一可能是讓他改變他的基模，讓他可以改變成有其他對於老化現象的可能想法。要做到這一點，你需要向 Carlos 展示不同的老化過程，或許可以讓他認識其他很活躍、快樂和功能良好的老年人。根據Piaget的說法，這樣的經歷會是一種適應過程的例子：Carlos可能會改變他關於老化的基模（看法），以納入新的想法，這樣也可能會改善他對自己老化過程可能結果的態度。

評論 Piaget 的理論

我們雖然已經知道 Piaget 理論的一個主要侷限，但此理論還有其他侷限性：

- Piaget 的發展過程模式到青春期基本上就停止了。
- Piaget的理論是根據對自己孩子的觀察發展了他的觀點。因此，一些批評者認為他的方法讓他的理論產生偏誤，而且沒有提供足夠大的樣本，以便能將其研究結果推論類化到其他孩子。
- 他的理論傾向於關注「正常」的發展或是「平均」的發展，因此對於個人發展變異性沒有太多解釋空間，但是有變異的個人發展也可能是「正常的」。

- 階段性的發展趨勢往往低估了發展過程中發生的變化：每個人是否真的按照精確的順序和固定的時間框架來遵循這些階段？許多批評者認為，發展是一種非常個人化的歷程，以致於無法整齊俐落的契合到每個階段。
- Piaget對影響認知發展的社會文化因素的關注不夠。他的理論並沒有對人格、環境刺激、社會互動、文化脈絡和其他相關因素如何促進或減弱認知的發展，提供太多解釋，儘管他後來曾試圖將這些觀點納入他的理論中（Piaget, 1972）。
- 根據對Piaget理論的研究結果顯示，他可能低估了兒童的能力，使人們相信兒童可能比Piaget所認為的更早就開始發展認知的技能。例如，有一些研究人員認為，如果你改變測試認知能力技巧的方法，那麼測試結果顯示，兒童能夠比Piaget所提出的階段，更早的理解和執行各種技能（Baillargeon, 1987）。
- 研究顯示Piaget認為在青春期發展的正式運思期階段所掌握的技能，在其他任何特定時間都不容易預測到或是普遍的發生。但是相反的，好像有一些個別的經驗，顯示許多在正式運思期所發生的個別差異會受到神經變化的影響（Kuhn, 2008）。

從積極面來看，Piaget理論為兒童認知發展提供了相對完善和有用的指導原則。實際上，許多理論的概念與現有關於生物發育，例如神經元生長和突觸連結等各方面的知識是一致的。舉例而言，我們現在知道兒童需要很長時間以便能完全發展完成神經元的連接，以執行某些心理歷程的活動，這與Piaget關於認知能力的發展如何發生的許多想法相對應。這一事實可以幫助解釋幼兒分離焦慮的發生，此現象與兒童尚未發展物體保留的觀點非常吻合。如果幼兒生理發展還沒有能力在他們的腦海中或心理上記錄下心理圖像，那麼當他的母親離開房間時，幼兒怎麼可能不受到驚嚇？幼兒需要時間來發展神經通路和心理能力，使他們能夠保留這些心理圖像。由於有大量研究證據顯示，青少年時期仍會持續發生大量的認知發展，因此我們相信在正式運思期階段，仍有許多認知技巧持續的發展出來（Kuhn & Pease, 2006）。

最後，Piaget理論中的許多結構都是可測試的。因此，該理論自首次提出以來就一直受到研究的重複驗證和修正。

心理動力學理論

本節討論兩種人格發展理論，這些理論本質上是心理動力學的觀點，並且對社會工作和其他助人專業具有影響力。Sigmund Freud 和他有關性心理發展的觀點是眾所周知的，就如同 Erik Erikson 的心理社會發展理論也是如此。儘管這些理論中的某些觀點，特別是 Freud 的觀點，被認為是過時的或有爭議的，但源自於這些理論的概念，對社會工作實務工作的許多方面仍然有幫助。

Freud 的性心理發展理論

Freud 是一名醫生，也是發展出精神分析理論的領導者。這理論的哲學理念強調了無意識和早期經驗在塑造人格方面的重要性。他的性心理發展階段理論是基於精神分析傳統，它描述了三個被認為是人格塑造的關鍵概念或心理結構：

- 本我（id）：是我們無意識狀態的一個元素，構成我們的基本需求和驅力，例如性、口渴和飢餓等。快樂原則控管了本我，以確保需求可以被滿足。當需求不滿足時，本我會產生壓力，一直到需求或驅力被滿足為止。例如，許多嬰兒行為如吸吮和哭泣都是由本我所驅動的，這些行為有助於嬰兒滿足對食物的需求。
- 自我（ego）：心理狀態的理性方面。當孩子獲得經驗時，他們的自我會發展，這有助於控制自我。因此，孩子學會理性的決定如何以社會可接受的方式滿足本我的需要。現實原則管控了自我，透過確保行動都是根據可能的後果評估後才做決定。本我及自我都沒有什麼道德性，他們也不關心什麼是對或錯，他們只關注所需要的東西（在本我主導的情況下）或什麼是合理的（在自我主導的情況下）。

- 超我（superego）：就是一個人的良心。它是基於社會的道德和價值觀，Freud 相信這些道德和價值觀在孩子三歲至五歲之間被納入其人格的超我結構中。超我告訴人們什麼是對什麼是錯。因此，如果本我想要某些東西是超我不會同意的，則超我會產生焦慮或內疚，迫使自我去壓制內在的驅力。然後，自我會找到一種方法來滿足符合超我（或所謂的社會價值觀）的需要。從這個意義上說，自我是本我和超我之間的中介調節機制，確保兩者都不會占有主導一個人行為的地位（Freud, 1920a）。

除了上述這些概念之外，Freud 還描繪了人格發展的五個階段，圖表 3.9 摘要了這五個階段。Freud 認為，在每個階段，一個人必須解決衝突才能順利進入下一階段，也就是說，一個人面對想要滿足需求與實際能做的之間的壓力，或是尋求快樂與因追求快樂而產生的道德衝突之間的壓力，都必須要處理這些衝突。如果一個人沒有去處理這些情況，就可能會固著在特定階段，導致其發展會停止或不完整。

一個固著的人要就需要解決衝突，不然就需要建立防衛機制來處理衝突。

圖表 3.9

Freud 性心理發展階段

口腔期階段（oral stage）（出生至 18 個月）
快樂來源集中在口腔的活動，包括餵食、吸吮、咀嚼和咬東西。孩子專注於接收和取得。

肛門期階段（anal stage）（18 個月至 3 歲）
快樂集中在肛門活動，例如如廁後。孩子專注於給予和保留。

性器期階段（phallic stage）（3 歲至 6 歲）
快樂集中在生殖器和自我操縱上。在這個階段，孩子們經歷了戀母情結（Oedipus complex）和戀父情結（Electra complex），因而導致閹割焦慮。

潛伏期階段（latency stage）（6 歲至青春期）
性本能是沒有被喚起或激起的，孩子這時候專注於遊戲、學習和社交。

兩性期階段（genital stage）（青春期之後）
快樂集中於愛情、工作和成熟的性關係。

資料來源：改編自 Freud, 1920a.

防衛機制是一種無意識的企圖想要隱藏、壓抑或以其他方式控制衝突。圖表 3.10 中描述了一些常見的防衛機制。防衛機制有許多形式，有些形式比其他形式更豐富和更複雜。例如，昇華被認為是一種比投射或否認發展的層次更高且具建設性的防衛機制，因為它允許一個人透過建設性和社會接受的活動來面對，而不是以逃避的方式來滿足需求。心理分析的一個目標是將衝突帶到一個人的意識層面，打破想要維繫或延續它的防衛機制，並幫助人解決將他固著在某個特定階段的衝突（Freud, 1909, 1914, 1920b; Rickman, 1957）。

圖表 3.10 **心理動力理論常見的防衛機制**	• 否認（denial）：以忽視或拒絕承認的方式來逃避不愉快的現實，可能是一種最簡單、最原始的防衛機制。 • 認同攻擊者（identification with the aggressor）：將自己比擬成其他擁有更大權力、力量或重要性的人或制度的屬性來增加自己的價值感。 • 理性化（intellectualization）：透過理性或使用邏輯方式來創造情感距離。 • 投射（projection）：個人無意識的將自己的錯誤、缺點，不希望有的特質或不為社會認可的慾望歸咎於他人（例如，一個有懶惰傾向的人批評別人的懶惰）。 • 反向作用（reaction formation）：發展一種相反的行為或態度來壓抑其個人沒有意識到的危險或不愉快的衝動和慾望（例如，當一個人想要抑制住自己同性戀情緒時，卻表現出對同性戀的憎惡）。 • 退化作用（regression）：個人行為退回到早期發展階段較不成熟的行為（例如，脾氣暴躁），這些行為可以暫時滿足慾望或需求而消除焦慮。 • 潛抑作用（repression）：無意識的過程，指個體將不容於超我的慾念、具威脅性、令人痛苦的想法與感覺、慾望排除在意識之外。那些被壓抑的內容可以透過做夢、笑話或語誤表現出來。 • 昇華（sublimation）：將不為社會所接受的動機、慾望加以改變，以較高境界且正向、符合社會標準的方式表現出來（例如，踢足球以滿足攻擊性的衝動），可能是最進步的防衛機制。 • 退縮（withdrawal）：退回到孤獨中以避免痛苦的情緒和狀況。 資料來源：改編自 Freud, 1909, 1914, 1920a.

為了舉例說明衝突和防衛機制是如何運作的，讓我們以性器期階段來說明，Freud 認為男孩和女孩在此階段必須要處理戀母情結和女性戀母態度。Freud 將**戀母情結**描述為男孩愛上母親的兩難或衝突心態。在此階段，由於想要得到母親的關注，男孩對他們的父親產生了敵意。男孩又擔心他們的父親會發現他們對母親的吸引力，導致男孩產生閹割焦慮，就是擔心他們的父親會去除他們的生殖器。為了成功解決這種衝突，男孩必須要壓抑對母親的性感覺，以反向作用的防衛機制發展出對父親有正向積極的情感，最終並透過接受他們父親的行為來認同他們的父親。從本質上講，這就是男孩學習成為男人並承擔特定性別角色的方式。

根據Freud的說法，女性相對於戀母情結的心態，稱為**女性戀母態度**，這個名詞後來由他的同輩 Carl Jung（1961）重新命名為**戀父情結**。女孩對父親的愛也會導致閹割焦慮，但這種焦慮與男孩所經歷的焦慮不同。具體來說，這種焦慮會讓女孩意識到她們沒有陰莖，因此她們得出的結論是，她們的母親在女孩襁褓時期就閹割了她們的陰莖。因此，由於她們「缺乏」陰莖，女孩感覺自己不如男孩，這是女孩在以後生活中順從以及承擔其他性別角色的基礎。就像男孩的過程一樣，Freud 認為女孩必須解決她們對母親的敵意，否則就有可能失去母親的愛。這使得女孩能將對母親的認同內化到自己內心，並能夠順利進入下一階段的發展階段。與男孩一樣，女孩也使用防衛機制成功的解決衝突，使她們能夠進入潛伏期，而不會被固著在性器期階段（Freud, 1955, 1961）。

許多贊同Freud思想的理論家們後來紛紛開始建立形成他們自己的發展理論。大多數新佛洛伊德學派的學者認為Freud太過於強調性驅力，所以他們構建的理論雖然融合了許多Freud的思想，但卻擺脫了性焦點。一些著名的新佛洛伊德學派學者是 Carl Jung、Alfred Adler、Karen Horney，Erich Fromm 和 Harry Stack Sullivan。

應用 Freud 理論

如果你想將Freud的理論應用到Carlos的案例中，你可能需要花費很多時間！精神分析可能需要數年時間。即使先把時間的問題放在一邊，你還需要深入研究 Carlos 的過去，驗證他與父母的關係以及他的性心理發展過程。你可能會找到他某些固著的領域，然後你可能還要幫忙他解決他過去在不同階段可能遇到的衝突。

找到可與 Carlos 一起工作的領域方法之一是探索他的防衛機制，例如否認，以確定他是否將煩惱隔絕在他的意識之外來避免面對問題。例如，他可能否認因為要面對失落（例如，他的妻子的死亡和喪失家庭關係）而來的痛苦現實，以及即將要面對的未來狀況（例如，他失去健康、獨立性和社交網絡）。防衛機制可能會阻礙他對悲傷等情感層面的自由表達。透過讓他表達自己的感受，Carlos或許能夠接受他的處境並找到有效的方法來處理它。Carlos的文化背景可能對於一個男人表達自己的感受是不能接受的，這就可能會導致他以否認來應對自己的情況。也許他的超我，由文化的價值觀、規範和許多其他文化要素所塑造出來的超我，成功的壓抑了他本我需要表達對自己情況的悲傷需求。

如果在 Carlos 的文化中，表達對自己情況的感受是不可接受的，那麼更好的方法可能是協助他找到更有效的方法來滿足他的需求，例如透過昇華。你可以協助 Carlos 找到更多符合其文化相關的方式來表達他的感受，例如透過藝術、音樂或寫作。從本質上來說，你可以協助 Carlos 以一種更建設性的防衛機制，取代可能破壞他福祉的防衛機制。因為你不知道他的認知能力還要多久會減弱，試圖完全讓 Carlos 不使用防衛機制可能是沒有幫助的。相反的，更謹慎的方法是找到可以擴大化他福祉的防衛機制，運用來協助他的方法。

除了幫助 Carlos 除去或使用他的防衛機制之外，你還可以與他一起探討他的防衛機制在最開始時是如何以及為何構建的。例如，也許是在性器期階段，比起透過「反向作用」的防衛機制來解決戀母情結，Carlos反而使用了「否認」來面對他對父母的感受。因此，當他發展至後來階段並進入成年期時，會造成他在浪漫和親密關係中使用否認來保護自己免受不想要的情感困擾。

你將不得不花費大量時間探索 Carlos 過去和現在的問題，以便得出關於他的問題如何與防衛機制或固著發展有關的一些結論。考慮到Carlos疾病的實際狀況，在認知上，他可能無法一起回顧與探索這樣的歷程，並且由於他的疾病進展的速度未知，因此他也可能沒有足夠的時間去做這樣的事。如果你專注於有問題的防衛機制，並試圖從該機制開始進行處遇工作，可能會更成功。

Freud 理論的評論

儘管我們在日常生活中經常頻繁使用 Freud 術語（「她就是在否認」或「他固著在新手機上」），但這個理論經常被批評為不切實際：

- 它經常不適用於案主的情況。有時看起來是將日常生活的問題延伸至與性心理的發展有關係。
- 精神分析可能需要花費大量時間，但在預算限制下，這種處遇做法對於許多社會服務機構來說並不實際。
- 這一理論的結構幾乎難以定義、測量和測試，這使得許多堅持可量化並要能證明有成效結果的機構更不會使用這個理論。
- 與醫學模式一樣，它僅關注個體，忽視外部力量對案主問題的影響，例如經濟、歧視或有問題的社會政策。因此，根據這一理論所提出的處遇，有可能會與案主所面對的許多環境障礙的問題無關。
- Freud 的觀點是根據他患者的經歷所發展的，那些病患幾乎都是在維多利亞時代尋求治療的富有白人女性，那時代性壓抑是正常的社會規範。將他的理論運用在當代來自不同社會文化背景和經歷的不同族群，可能會有侷限性和有問題的。

- Freud 的理論中發生在性器期階段的戀母情結和閹割焦慮的觀點，被認為是以男性為中心且有性別歧視，因而被批評。具體而言，一些批評者認為，這一理論過於強調男性生殖器的重要性，以及假設女性對它們的嫉妒。

從積極的方面來看，Freud 因為將性問題提升到心理思維的層次，而得到應有的信譽。如果案主願意探索關係和性心理發展過程，那麼應用這個理論到案主問題，可能會是理想的。

Freud 的許多概念至今仍被廣泛使用，因為許多社會工作者在臨床實務上常常會提到案主使用拒絕、投射和壓抑等防衛機制。例如，本書後面所討論的恐怖管理理論（Greenberg, Pyszczynski, & Solomon, 1986）解釋了我們如何使用防衛機制來處理死亡的想法。處理防衛機制可能很有用（例如，可專注在案主會否認各種問題，或面對痛苦的情況常會退縮），這種類型的工作不一定需要很多時間。因此，許多機構可能願意將這些處遇措施納入與案主的工作中。

Erikson 的心理社會發展理論

Erikson 的心理社會發展理論融合了 Freud 理論的許多基本原理，但是它更強調社會，相對於性，對於發展的影響。Erikson 的理論提出，一個人的發展會持續歷經心理社會發展的八個階段的進展，這八個階段是擴及整個生命週期。圖表 3.11 描述了這些階段。

Erikson（1950）認為，人們會以一致的方式貫穿每個階段，處理發展任務和解決每個階段獨有的危機。發展任務是健康、正常的活動，有助於促進成長。在每個階段中，有些時期人們非常容易學習適合該年齡的任務，這些任務有助於他們適應並掌握他們的環境。*危機*是一種心理努力的狀態，用來適應社會環境。這些是在每個階段都可以預測到的「正常」壓力源，以協助人們發展（相對於罕見的、非常特殊的事件或創傷，是不可預期的）。每個階段的目標都是透過培養促進成長的正向品質來解決危機，並支持對自我和環境的探索。

如果人們在每個階段成功的協商任務和危機，他們就會獲得並處理新訊

圖表 3.11

Erikson 的心理社會發展階段

第一階段：信任與不信任（出生至 18 個月）
在這個階段，孩子們學會信任他人，特別是他們的照顧者。嬰兒知道他們可以信任他們的照顧者會給他們食物、住所和愛，並滿足他們的需要。嬰兒的需求如果無法被滿足，嬰兒就會學會不信任他人。

第二階段：自主與羞愧和懷疑（18 個月至 3 歲）
孩子們學習獨立的做一些事情，例如吃飯和穿衣。透過完成各種任務，孩子們獲得了自信心。如果不鼓勵孩子的獨立性，或者他們因獨立行事而受到懲罰，他們就會產生一種自我懷疑的感覺。

第三階段：主動發起與罪惡感（3 歲至 6 歲）
孩子們在他們身處的環境中很主動活躍。他們需要主動學習、探索和操縱周圍環境。被鼓勵這樣做的兒童將能夠培養出技巧與能力，讓他們能夠追求未來的目標和興趣。無法得到鼓勵的兒童將缺乏信心，無法對自己有興趣的事情採取行動，也不會主動塑造自己的生活。

第四階段：勤勉與自卑（6 歲至 12 歲）
兒童需要有生產力及擁有成功經驗。這時期孩子們忙著玩耍和學習，因此要給他們機會掌握各種任務。能夠找到成功途徑的孩子將學會勤奮。那些經歷過多次失敗的孩子將會產生自卑感，妨礙他們未來成功的機會。

第五階段：認同與認同混淆（青少年期）
青少年在此階段探索自己的身分並培養他們的自我認同感。他們嘗試未來的角色，並將這些角色融入他們的自我意識中。難以將自己的角色融入自己認同的青少年，會對自己是誰感到困惑。

第六階段：親密與孤立（年輕的成年人）
年輕人正在尋求親密和親近的關係。他們在不犧牲自己身分認同的情況下，與重要他人互相學習付出和接納。如果他們無法建立親密關係，他們進入成年期就有可能會覺得孤立。

第七階段：生產力充沛與停滯（成年人）
成年人在此階段投入他們的工作、家庭、社區和下一代。他們開始重新從自己的生活轉為關心周圍人的福祉。無法做到這一點的成年人不會將過去著重自己的狀態往前走，因此只能專心於自己。他們會變得停滯不前，無法為別人變得更有生產力。

第八階段：自我統整與絕望（老年人）
年齡較大的人開始回顧他們的一生並盤點他們的成功。對於自己過去所完成的事感到滿意的人有一種幸福和平安的感覺。那些不滿意自己成就的人會產生絕望感，他們會為失去的機會而哀悼。

資料來源：改編自 Erikson, 1950.

息，幫助他們控制情緒狀態和環境。即使某個階段的特定任務和危機沒有學到或解決，仍然可以進到下一階段，只是可能會遇到上個階段尚未經驗或解決的危機。根據 Erikson 的說法，我們可以在沒有完全解決早期發展階段危機的情況下達到我們生命的終點。

Erikson 的理論關注的是個人與社會環境之間的持續互動。Erikson 是根據表觀遺傳學原理發展出他的理論，該理論指出人們有一個生物藍圖，決定了他們如何成長和達到成熟。雖然人們的成長和發展受到這種生物學藍圖的指導，但社會力量和期望也會影響成長和發展，並有助於確定人們適應和調適環境的程度。

應用 Erikson 的理論

有幾種方法可以將 Erikson 的理論應用在 Carlos 的情境。你可以先探討 Carlos 目前所處階段所面臨的任務，根據他的年齡，發展任務是自我統整與絕望。根據 Erikson 的理論，Carlos 將回顧他的生活，確認他是否已經完成了他想要的一切。事實上，從很多方面來看，Carlos 似乎都已經完成了。對 Carlos 來說，質疑他過去所完成的事的價值以及他的生命歷程是一項正常的發展任務。Carlos 不僅可以反思他與妻子、孩子和朋友的關係品質，而且他也可以審視他曾在工作上所做的貢獻。他也許正在思考阿茲海默症的進展將如何影響他未來的關係和對社會的貢獻。

你可能希望幫助 Carlos 探索其他領域，例如他對自己文化的認同、對社區的投入，以及他對自己成長和發展的看法。你還可以幫助他表達他對自己和他人關係的看法會如何隨著他健康狀況的惡化而改變。

Carlos 必須要應對的危機是與他對這些問題的思考有關。具體來說，如果 Carlos 認為他的工作、人際關係和個人發展都是浪費人生，那麼他可能會感到絕望。不論他目前面臨的挑戰，協助他獲得自我統整感可能是你工作的目標之一。例如，你或許可以鼓勵他思考他生命中的成功，並確定這些成功是如何做到的。你也可以協助他找到目前因應疾病和不斷變化的環境的積極方法，這樣做可能會減輕 Carlos 的一些壓力，因為他的健康狀況不斷惡化，而且他面對的未來前景也不明朗。

如果 Carlos 在疾病進展時所採取的措施能讓他確保得到舒適的住處和協助，他可能會覺得他對自己的環境仍有一定的掌握程度，這可以帶來一種統整的感覺。同樣的，他可能也想找到方法解決他生命中因為失去關係而來的悲傷，或者如果他認為這是一個問題，他可以探索如何重新與他的文化根源聯繫起來。如果 Carlos 能成功做到這些，他將能避免感到絕望，並能夠以新的希望感面對他的疾病和其他問題。

其他可能性是 Carlos 有一些尚未解決的衝突，或者他沒有成功完成早期階段的某些發展任務。例如，他可能覺得在前一階段（生產力充沛與停滯）沒有為孩子的幸福做出足夠的貢獻，或者他不是他社區的重要組成份子。因此，他有可能會歷經一種停滯而不是具備生產力的感覺。你還可以探索這些領域，以找出 Carlos 當前發展任務的障礙，這些障礙可能阻礙他的成長，使他的疾病和衰老更加麻煩。

將 Erikson 的理論與 Piaget 的理論相結合

通常，某些特定情況需要應用多種理論。在繼續討論之前，讓我們來看看這種情況。在職業訓練和個案管理中心的社會工作者可能會發現，Erikson 和 Piaget 的理論對幫助案主尋找新工作時非常有用。

在中心，一名社會工作者正在與 35 歲的 Tim 一起工作，他最近剛從服役了 17 年的軍隊退役，並完成了他在阿富汗的第二次任務之後回到了家鄉。Tim 在高中畢業後的第二天就加入了軍隊，現在卻無法決定他在退役後「他的人生要做什麼」。除了找不到穩定的工作之外，他還表示他有一系列不成功的人際關係問題。他似乎也無法專注於他行為的「因果關係」下的後果，他承認他的單位指揮官讓他接受了一些紀律處分。

在進行評估之後，社會工作者可能會得出結論，根據 Piaget 的說法，Tim 似乎沒有完全發展出正式運思期應有的認知思考技能。在與 Tim 一起工作時，社會工作者可以將求職和培訓的工作分為一步步較小的步驟，這些步驟著重在特定的、具體的結果，而不是假設的思維或抽象的規劃。

此外，Tim 可能永遠無法成功地完成 Erikson 第五階段認同與認同混淆的發展任務。雖然他確實選擇了軍隊的職業生涯，但 Tim 可能從未做過有意識的選擇，也未探索他自己的認同選擇。在不了解自己的自我意識情況下，Tim 很可能還無法承諾建立一段認真的親密關係，或完全致力於任何可能威脅到他自己自我意識的事物。

使用 Erikson 和 Piaget 的理論知識，可以協助這位社會工作者從 Tim 目前的狀態開始與他一起工作。這會比怪責他沒有在該有的發展階段成功完成發展任務是一個更好的方法。此外，這種方法更有可能支持 Tim 在他持續認知和社會發展過程中，增加他在實現目標時能獲得成功的可能性，並使他有動力去學習、成長和前進。

Erikson 理論的評論

這一理論與本章討論的許多其他理論有著共同的侷限性：

- Erikson 著重發展階段的論述可能會有侷限性。因為在發展中存在很多個別差異，所以試圖根據年齡將人置放在某個特定階段可能會產生問題。
- 該理論的結構非常抽象，因此難以測量和驗證。例如，工作者和案主可能對諸如「統整性」或「自卑」等結構有不同的解釋，使得對這些概念的共同定義變得困難。
- 對於在不同年齡階段所應該發生的發展過程，社會的規範和期望總是在變化。你可以從對婚姻和生兒育女這類傳統活動的觀念中看到這樣的例子，這兩件事似乎符合 Erikson 的親密與孤立階段，以及生產力充沛與停滯的階段。但是由於經濟條件、科技進步、婦女就業機會的擴展以及對婚姻態度的改變，許多年輕人可能會將這些活動延遲到更晚時期。此外，不同的民族和文化群體對於發展里程碑的重要性和時機的看法，可能會與 Erikson 不同。同樣的，人們可能會找到其他與傳統不一樣的方法來完成親密關係建立或生產力充沛的活動。

- 這一理論可能會與某些種族和其他少數群體無關。它沒有考慮到男女同性戀青年的發展任務是否有可能與一般青年不同，或者人們是如何發展其民族的認同。

儘管如此，Erikson 對於理解人類的發展過程做出了很大貢獻，因為他比其他許多早期理論家更重視人類行為的社會動態。此外，與 Piaget 和 Freud 等其他理論家不同，Erikson 對於發展的描述一直說明到老年期，這有助於實務工作者與各個年齡層的案主一起工作。

Erikson 的理論還為社會工作者和其他專業人士在與案主工作時，提供了有用的發展指南。透過協助人們理解他們生活中的一些掙扎搏鬥，其實是發展過程中「正常」的部分，就可以促使人們對某些行為的寬容和耐心。例如，如果父母理解孩子發脾氣是其發展自主，以及測試父母教養的極限與界線的正常表現，那麼父母就可能會更有耐心及意願與孩子一起處理他們發脾氣的行為。從本質上而言，這一理論認為在發展和成長過程中，一些看似有問題的行為和壓力因素，其實是必要的發展過程。

它還強調了人們復原力本質和他們適應社會環境的能力。雖然這一理論強調個人發展而不是社會環境對發展的影響，但它仍然考慮到兩者之間的相互作用，並承認這種相互作用對人類發展的重要性。事實上，研究者愈來愈意識到我們的環境對我們的生理性發展有多大影響——這也是 Erikson 和神經行為學家所說的表觀遺傳原理。最近的研究驗證了個人的經驗會影響大腦和神經迴路的發展和形塑的觀念，這些都會影響我們的行為（Hammock & Levitt, 2006）。

行為和學習理論

我們至今已經討論了許多與發展相關的理論，接下來我們將注意力轉移到與學習相關的幾個概念，這些概念也已經被納入許多社會工作的處遇策略中。這些理論中的概念描述了人們如何學習和改變他們的行為。

「純粹的」行為主義者認為，人格發展是透過學習和形塑行為而發生的。

社會工作者往往不會採取純粹的行為主義立場來看人格發展，但許多與行為主義和學習相關的概念很適合運用在涉及行為改變的處遇。

我們在這裡看三種行為和學習理論：古典制約理論、操作制約理論及社會學習理論。由於行為和學習理論中的許多原則是相似的，因此下面會在「學習理論」的標題下討論它們的應用、優點和缺點。

古典制約理論

Ivan Pavlov（1927）是討論古典制約相關理論時最常提及的理論家，其重點是人們如何對環境中的刺激做出反應。在他經典的實驗中，Pavlov 指出，狗在看到食物時自然會分泌唾液。Pavlov 因此將食物標記為非制約性的刺激物，並將唾液標記為非制約性的反應，因為狗會「自然的」學習了這種行為，也就是說，狗在看到食物時不需要任何訓練或條件，就可以分泌唾液。

當 Pavlov 隨後將食物與另一種刺激物搭配時（這個實驗狀況是，當食物呈現時，他會同時發出一種音樂音調），他就能夠在音調聲音出現時訓練狗分泌唾液。因此，音調會變成為制約刺激，對應音調而來的流涎就成為制約反應。因此，Pavlov 得出結論，只需以另類刺激替代食物，就可以透過訓練引發狗自然的流涎反應。

John B. Watson（1925）將 Pavlov 的實驗運用到人類。他對一個名叫 Albert 的小男孩進行了一項實驗，讓他對白老鼠感到害怕。在實驗之前，Albert 沒有表現出對白老鼠（非制約刺激）的恐懼（非制約反應）。然後當 Albert 與一隻白老鼠玩的時候，Watson 創造了一個巨大的噪音（制約刺激）來驚嚇 Albert（制約反應）。過了一會兒，Albert 把巨響的聲音和白老鼠連結在一起，當 Watson 向 Albert 展示老鼠時，Albert 就變得驚嚇起來。因此，Albert 對白老鼠的恐懼受到了制約。雖然這種類型的實驗現在被認為是不道德的（誰知道這個實驗會對 Albert 造成什麼樣的心理後果！），但這是一個行為如何學習而來的有力案例。

操作制約理論

建立在古典制約的概念上，B. F. Skinner（1938）發展了操作制約的概念。在操作制約的概念中，是行為的結果會導致行為的改變（行為增加或減少）。因此，如果孩子用蠟筆在牆上塗鴉（行為）並受到懲罰（後果），孩子在牆上塗鴉的行為就會減少。相反的，如果行為得到獎勵，行為將會增加。Skinner認為，透過這種互動可以塑造行為。

增強是操作制約的主要組成部分，是指在某種行為發生之後馬上產生的結果，可以增加該行為的強度。增強可以是正向的，也可以是負向的：

- 正增強：添加正向的東西以增強行為。例如，在孩子清理房間後，她可能會受到表揚或觀看她最喜歡的電影。這些正向的後果會強化清潔行為。
- 負增強：消除負面因素以增強行為。負增強的一個例子是當你進入汽車並聽到蜂鳴器時。那個蜂鳴器很煩人，讓它停下來的唯一方法是繫好安全帶。一旦你這樣做，嗡嗡聲就會停止。每次繫上安全帶時，煩人的蜂鳴器會停止或消除。因此想要增加的行為（繫上安全帶）是被關閉蜂鳴器噪音（負增強）所強化。

要記住的重要一點是，正增強和負增強都會增加行為，它們只是以不同的方式來做——透過增加某些東西（正增強）或帶走某種東西（負增強）。

讓我們看一下正增強和負增強如何協同運作。一位母親帶著兒子去雜貨店。當他們在購物時，孩子開始哭，因為他想要巧克力。起初，母親拒絕給他糖果，當他們在商店裡走動時，孩子繼續尖叫。最後，母親因為尖叫而變得非常惱怒，受不了之下給了孩子巧克力以讓他安靜下來。在這種情況下，孩子的哭泣行為和母親給他巧克力的行為都得到了加強。母親的行為是被負增強了，因為只要她給了他巧克力，孩子的尖叫就會停止。孩子哭泣的行為會得到正增強，因為他學會了只要他哭泣，媽媽就會給他巧克力。

操作制約的另一個部分是懲罰：

- 懲罰：透過增加負面的東西或移除正面的東西來減弱或減少行為的頻

率。懲罰的一個例子是，當一個孩子行為不乖時，她的母親告訴她，她必須在沒有玩具的安靜房間裡待個 15 分鐘。讓孩子處於這種狀況時就是移除正向的東西：孩子失去了與他人在一起的刺激，也失去了玩具。希望移除這些正向的東西將減少孩子不乖行為的頻率。在另一種情況下，母親可能會責罵孩子行為不乖，這是增加一些負面或不愉快的東西（在這種情況下是責罵），以減少不當行為的頻率。

懲罰與負增強完全不同。懲罰目的在削弱或減少行為，負增強目的則是在增加行為。

社會學習理論

與古典和操作制約相關的理論是社會學習理論或社會認知理論。Albert Bandura（1977）是主要提出社會學習理論的學者，他認為人們是主動學習者。他的理論支持其他學習理論學者所提出的觀點，但能夠更進一步說明，人們在學習中使用了認知和社會互動。人們不會單純的自動回應刺激。相反的，他們能夠思考學習中的過程，並且能主動與周圍環境互動，這通常就會產生學習。具體而言，人們會考慮其行為的後果，並根據這些行動的結果決定是否採取行動。

社會學習理論表明，人們能夠產生替代學習，或透過觀察他人來學習。這種類型的學習稱為模仿。也就是說，我們可以透過觀察別人如何做事然後模仿這些行為來學習該行為。此外，我們經常會看別人做的事情，再看看他們的行為會帶來什麼後果。如果我們發現某人因某一特定行為而受到懲罰，我們就不太可能會做出那種行為。相反的，如果我們觀察到某人因某種行為而獲得獎勵，我們就更有可能模仿該行為以期望獲得相同的獎勵。因此，根據社會學習理論，人們實際上並不需要從自己的行為來學習。相反的，人們可以透過他人的成功或失敗來學習（Bandura, 1965）。

Bandura 界定學習的一個重要層面是自我效能，他將這個概念定義為人們能夠成功完成任務的期望。根據社會學習理論，成功經驗對於建立自我效能感是必要的。當人們具有高自我效能時，他們更有可能在學校、工作和生活的其他方面表現良好，這有助於建立和加強他們的能力感（Bandura, 1997）。從本質上來說，自我效能的發展和維持是一種週期性的過程：人們擁有的成功經驗愈多，他們尋求其他機會就愈有可能獲得成功的結果，這有助於更進一步建立自我效能感。

應用學習理論

在 Carlos 的案例中，你可以使用社會學習理論的概念，或者結合古典與操作制約的概念，以幫助他處理當前的情況。例如，Carlos 對住進安養照顧中心有些擔心害怕。每當他看到一個安養中心，他就會變得焦慮，無法進去該中心。為了幫助他克服這種焦慮，你可以使用系統減敏感法，這種方法是建立在正增強和自我效能的概念之上。你可以先與 Carlos 談談安養照顧中心的情況，同時教他放鬆技巧。然後，你可以向 Carlos 展示安養中心的設施照片，然後開車帶他過去或散步走過去，最後幫助他願意住進一個安養中心。這個方法是讓 Carlos 逐漸接觸這些設施，同時幫助他平息焦慮。同時，Carlos 將能為自己的成功感到驕傲而獲得內在的回報，這將加強他接受安養照顧中心的行為。經由這些做法，他應該能夠毫無恐懼或焦慮的住進安養照顧中心。

你也可以運用模仿的概念，將 Carlos 介紹給雖然患有阿茲海默症，但能正面應對這些症狀的其他病人。Carlos 可能能夠學習新的因應和運作方式。這種自我坦露也可能有助於減少 Carlos 對罹患這種疾病的一些恐懼。

你也可以運用 Carlos 過去的成功經驗和高程度的功能來深入了解他的自我效能感。Carlos 過去表現得很好：他在工作上取得了成功，也擁有親密的關係，而且他已經展現過他可以應對逆境。可能需要提醒 Carlos 他過去的成功，以幫助他將這種自我效能轉移到面對他目前的狀況和未來的挑戰。

你可能還會發現，與 Carlos 一起探索學習是如何塑造他對某些行為

照片 3-B

模仿是孩子學習行為的重要方式

資料來源：C Squared Studios/Getty Images.

的看法，例如親密、獨立和表達情感，可能會有幫助。因為這些議題似乎與他目前的情況相關（而且這些議題未來也很可能會有相關），你可能想要探討一些可能對他有益的行為，例如表達感情是否曾受到懲罰，或者是否沒有被增強。例如，由於性別角色的刻板印象或文化背景，Carlos 可能因哭泣或談論感情而受到懲罰。或者，他可能會因為表現過男性化行為，例如壓抑情感，而得到正向的增強。你可以透過削弱對他的福祉有害的行為幫助 Carlos。例如，你可以幫助他「重新學習」表達感情是可接受的，對於他所有努力重新學習公開討論他的恐懼、遺憾或與他的情況相關的其他感受，都給予正向增強。

學習理論的評論

社會工作者發現學習理論中的許多概念對於案主廣泛範圍的問題都是有效的。然而，有人批評：

- 古典和操作制約理論背後的一些原則將人們視為被動的代理人，他們只是坐在那邊等著事情「發生」在他們身上。這些理論無法說明人天生的認知過程，那些認知過程可能有激勵個人行為的功能。然而，有人認為這些學習理論其實有承認主動認知過程對個體的影響，只是影響程度多少而已，這樣的論點仍然有一些爭論（Jensen & Burgess, 1997; Swann, 2009）。此外，社會學習理論意識到人們可以洞察自己的行為，最終並可以根據這些洞察的見解積極改變行為。
- 古典和操作制約理論不考慮環境影響人們決策和行為的方式。相反的，社會學習理論會考慮到人與環境之間的相互作用。雖然社會學習理論融合了一些基本的學習概念，但它以影響人們學習和行為的更複雜過程來增強這些概念。

學習理論之所以可以持續相關的一個原因是它們的概念很容易定義、測量和評估。因此，它們可以應用於處遇，並且可以實證性驗證其成效。其中許多處遇措施也可以快速應用，使得這個理論在要求對案主提供短期服務的場域中受到歡迎。此外，這些理論中所融入有關學習的概念可以充權案主。理論提供了一種直接改變行為的方法，在社會工作者的一些指導下，有助於將控制權交到案主手中。具體而言，社會工作者可以協助案主了解如何改變不想要的行為，這可以類化到案主希望改變行為的其他情境。

人本主義和存在主義的觀點

許多其他生理心理社會理論可能會影響你與案主的工作關係。我們在本章討論的最後一種類型是人本主義和存在主義理論，它們涉及人們的世界觀或人們對生活和行為存在的意義。這些理論有很強的哲學基礎，並與禪宗、印度教和伊斯蘭教等東方信仰緊密相關（Payne, 1997）。雖然社會工作者對於靈性層面的定義可能與有組織的宗教團體定義不相同，但是存在主義和人本主義的觀點卻斷言人們是有能力發展他們的靈性自我。

存在主義關注生命的意義和人們對生存的看法。它教導人們可以控制自己的生活。人們是具有認知能力的生物體，能夠有批判性的思考他們是誰以及他們想成為誰。然而，社會也會透過「販賣」成功和快樂的形象及刻板印象，來影響這些思維過程。雖然人們經常理解有刻板印象的存在，但他們傾向於允許由這些圖像來決定他們如何看待自己以及他們如何看待幸福和福祉。因此，存在主義說明了人類生活的動機，有時可能是痛苦和無回報。由於人與環境之間的關係是動態的，因此存在主義認為預測人類行為是困難的。這理論認為人們不斷成長並做出可以改變他們生活的選擇，而這些選擇又受到人們生活的社會周圍環境的影響（Payne, 1997）。

就像存在主義一樣，人本主義的觀點也關注人們對生活和存在的看法。這種觀點強調了人們在塑造自己經歷中的角色。從本質上講，它假定每個人都有追求健康和創造性成長的潛力。人格發展沒有預先確定的模式，相反的，人們對生活的主觀看法有助於塑造他們的個性和經驗。這些經歷，伴隨圍繞著它們的感受、價值觀和知覺，是塑造發展的重要因素。人本主義觀點根植於人們在生活中是積極主動的信念，人們有能力推理，做出選擇，形成經驗，控制自己的命運（Payne, 1997）。人類是足智多謀、有目的的、獨立的個體，他們有動力去實現愛、成長、成功和接納。

這兩種觀點在基本原則和對人類發展與行為的觀點方面非常相似。在社會工作中，它們是被歸納在同一類的人本模式。為了更好的闡明它們對人類發展的看法，我們將審視基於這些觀點所發展出來的具體治療處遇措施。

以人為本的治療和交流分析

最著名的人本理論家之一是 Carl Rogers。Rogers 是以案主為中心或以人為本的治療而聞名，這種治療基於一個人的自我概念。Rogers 認為人是自身經歷以及本身如何看待這些體驗的產物。他的理論認為人們對自我實現有一種自然的傾向：我們努力發展成為我們理想中的自我或我們想成為的人。我們會達到自我實現，當：

- 我們的自我概念與我們的經驗一致時。
- 我們體驗到他人正向尊重時。
- 我們有正向的自我尊重時（我們重視自己）。

同樣，缺乏幸福感是由於我們的自我概念和經驗之間的不一致。Rogers提出，當一個人否認或扭曲他或她自己的經歷並且無法處理不一致時，會發生心理失調。從這個角度來看，與案主進行社會工作的關鍵是建立溫暖、尊重、同理、真誠和積極關懷的工作關係。根據Rogers的觀點，這些因素必須先存在，才能產生改變（1951）。

其他屬於人本主義範疇的理論家是提出完形治療法的 Fritz Perls 和創立交流分析的 Eric Berne。完形治療法是基於心理動力學理論。它假定人們會帶著影響其行為與關係的「未完成的事情」（例如，未解決的感受或與他人的衝突）經歷一生。人們很自然的會試圖避免碰觸這些未完成的事情，因為他們錯誤的認為經歷它會帶來災難。當人們避免了與未完成的事情相關的強烈感受時，他們會不了解最基本的自我部分，也無法充分體驗生命。完形治療法的目的在協助人們處理這些未完成的事情，並完全「擁有」自我。人們努力理解自己的過去和隱藏的自我，同時鼓勵他們活在當下（Perls, Hefferline, & Goodman, 1973）。

交流分析也是基於心理動力學理論，它同意這樣一種觀念，即兒童時期建立的適應不良行為模式常常會妨礙往後生活中的福祉。然而，與心理動力學理論不同，交流分析認為，人們是主動負責的個體，有能力解決問題。該理論認為，在嬰兒期時，人們需要肢體接觸。隨著人們年齡的增長，他們透過與他人的會話及口語接觸來滿足這種需求。交流分析著重在治療人們與他人的交流，尤其是阻礙了正向行為和發展的交流所產生的問題。該療法使用不同類型的分析來與案主一起工作以促進他們的福祉。該療法中所使用的一種技術是**結構分析**。它會檢視人們的自我狀態，或者是構成人格的結構。這些自我狀態與結構被認為是與人們的行為模式有關。結構分析檢視兩個或更多人之間的自我狀態的相互作用。另一種技術，*遊戲分析*，則是檢視兩個或更多人之間的互動及行為的特定模式（Berne, 1961）。

以人為本和以參與者為導向的服務模式

基於人本主義和優勢觀點以及社會工作價值中的自我決定論，所發展的是*以人為本及參與者為導向*的服務模式。這些服務模式源於 1990 年代興盛的自決權、身障權利和獨立生活運動。有時被稱為自我導向或消費者導向的服務，這些模式的目標是協助所有年齡和能力水準的人盡可能保持獨立，並確定哪些服務最適合他們的需求。這些模式將參與者視為專家，並努力讓消費者在所有服務決策中擁有控制權（The National Center for Participant-Directed Services, 2013）。

在過去的幾十年中，以人為本和參與者導向的服務模式已被納入許多計畫中，例如醫療補助計畫和長期照顧計畫，以及為患有各種健康和心理健康需求的人群，如阿茲海默症和身體障礙者提供服務。例如，接受由此服務模式指導的醫療補助計畫協助的人可以自己招募、僱用、培訓、監督和解僱照顧人員，並且可以自己決定如何花費從醫療補助計畫獲得的補助。醫療補助計畫的工作者提供支持、培訓、協助和監督，以幫助消費者做出決策和管理他們的服務，並作為消費者和計畫之間的聯絡人。這種服務模式的另一個例子是透過高齡化和障礙服務計畫所提供的選擇性諮詢。這些計畫的輔導員協助消費者及其家庭成員和重要他人發展長期照顧服務計畫，並支持符合消費者需求、價值觀、偏好和優勢的計畫。

根據對這些類型服務模式進行的成效研究表示，它們提供了一種符合成本效益的替代方案，可替代其他傳統照護模式，例如長期照顧機構或是以機構為基礎的服務，甚至在是服務具有嚴重認知障礙的消費者，例如阿茲海默症病人時也是如此。此外，研究也顯示消費者希望對照顧決策和服務輸送有選擇及控制權利，這些服務模式為消費者帶來了很高的生活和服務滿意度（Polivka, 2000; Polivka & Salmon, 2001）。當然也有對這些服務模式的一些批評，包括擔心會有詐欺、濫用及安全方面的問題，提供給照顧者的津貼標準會無法持續，消費者不太願意使用服務，以及服務提供者會抵制改變現有服務提供的模式（Polivka & Salmon, 2001; The National Center for Participant-Directed Services, 2013）。

運用人本主義和存在主義觀點

根據人本主義和存在主義觀點中廣博的哲學觀，你可以使用多種取向與 Carlos 一起工作。然而，最基本的方法是最好先了解 Carlos 如何看待他自己的情況。你可以了解他對世界和生命意義的主觀看法如何影響他的經歷。雖然有必要認可 Carlos 有能力塑造他未來的經驗並控制自己的命運，但你必須要記住，上述的那些考慮可能不適用於Carlos，因為他的身體健康問題已經超過他所能控制。當然你仍然可以幫助 Carlos 找到發生在他身上這些事情的意義，或者至少幫助他面對身體的狀況，仍能達到某種平和感。

如果運用以人為本的治療，你將努力與 Carlos 建立一個工作情境，可以促進溫暖、同理、真誠和正向關注。然後，你將與他一起探討他對自我的概念以及對於理想自我的看法。你的目標是確保 Carlos 在自我概念和他的經驗之間保持一致，鑑於他的診斷和即將失去的獨立性，他的自我概念與經驗之間的一致性或許會是一個問題。Carlos 可能會否認他的情況，這意味著他可能會扭曲自己的經歷而變成一種不一致的狀態。他的診斷也可能會與他對理想自我的看法相衝突。

採用以人為本，以參與者為導向的方法，你可以專注於 Carlos 的獨特性，努力了解他對世界的看法，並提供支持他需求的社會環境。這將包括支持他的人格，保持他的自主性，在他的環境中創造一種正常感，尊重他生命中的尊嚴和意義感，充權他能引導自己的照顧計畫，以及培養積極的互動和溝通。

人本主義和存在主義觀點的評論

評論者提出了在社會工作中使用人本主義和存在主義觀點的一些擔憂：

- 主要限制之一是這些理論取向並非基於連貫的人格理論。相反的，這些理論提出含糊不清的想法和概念，難以定義。因此導致要評估這些方法是否能有效的與案主一起創造變革是有困難的。
- 根據社會工作者的理念，這些理論概念的運用可能會因人而異。

這些理論的支持者確認理論是正向且以優勢為基礎的（相對於以問題為基礎的理論），並且可以協助賦予案主權力。有一些社會工作者喜歡這些方法，因為這些理論將案主放置在工作關係的中心，允許案主引導服務的過程。實際上，Rogers 理論中的概念，例如尊重、同理心和正向關懷，被視為是專業工作關係中的關鍵組成部分，無論要使用何種理論來引導服務過程。此外，實證研究顯示，使用這些技能所產生正向的案主成效，比使用其他任何特定理論更有效（Gurman, 1977; Orlinsky & Howard, 1986; Patterson, 1984）。這些取向還允許社會工作者探索更大的社會環境如何影響案主的認同與自我概念。例如，多年的歧視、壓迫和貶低一個人的文化會對自我概念的發展，以及對實現自我實現的關注和能力產生重大影響。

最後，可以應用某些取向（例如交流分析）以系統化的方式與案主一起工作。許多機構已經發展了使用這些概念作為指導原則的治療方案。例如，社會工作者可以在他們的處遇中使用結構或遊戲分析。社會工作者也可以接受交流分析的培訓，這有助於確保在不同的機構以及不同案主之間，能準確一致的運用這些治療取向。

結論

本章討論的理論、模式和觀點傾向於關注個人以及各種問題和過程如何影響個人層面的發展和行為。要回顧這些理論的主要特性，請回顧參閱快速指引 4。儘管本章討論的一些理論和方法也考慮了環境的影響，但這些影響往往侷限於個人的直接環境中。許多社會工作者認為這些類型的考慮因素仍然很有限，因此在評估和處遇時，還是必須考慮那些超過案主所能控制之外更大的環境因素。

儘管如此，本章提出的理論觀點仍然影響著整個社會工作，它們為臨床社會工作實務做出了巨大貢獻。社會工作者需要理解這些理論、模式和觀點的基本原則，以便能與其他助人專業人員進行交流和合作。

正如第一章所討論的，這些理論和取向可以與其他理論和方法結合使用，以解讀更大的社會力影響，從而更全面的了解案主問題。此外，本章所討論的理論和模式的原則，特別是基於疾病的模式中使用的一些結構，可用於知曉案主問題所呈現的人在情境中的概念化。請記住，隨著科技進步和社會工作者愈來愈需要及時了解生理學知識，所以以疾病為根據和其他微視理論和模式是社會工作者知識基礎的重要一部分。

本章重點

- 用來概念化案主問題和考慮處遇的視角之一是生理心理社會觀點。社會工作者在這個層面中可以使用數種模式、理論和觀點，包括醫療模式、認知發展理論、心理動力學理論、學習理論和人本觀點。
- 醫療模式是一種基於疾病的模式，專注於問題的症狀，可由專家來治癒。在應用此模式時，社會工作者可以先使用 DSM-5 來評估案主的問題。
- 社會工作者需要對大腦結構、大腦如何運作以及神經過程有基本的了解，因為它們對行為有很強的影響。
- 有許多神經傳遞物質、激素和遺傳過程會影響人類的發展和行為，它們也是許多心理健康和其他問題的根源。
- Piaget 的認知發展理論包括四個主要階段，描述從出生到 16 歲左右的認知發展，年齡愈大，認知會發展成更加複雜、靈活，能夠抽象推理。
- Freud 的性心理發展理論，基於本我、自我和超我的概念，是由解釋人格發展的五個階段組成。人們有可能在任何階段固著下來，而且會使用防衛機制來抑制每個階段可能發生的衝突。

- Erikson 的心理社會發展理論包括描述整個生命週期發展的八個階段。他建議人們在每個階段面臨危機時，必須要解決這些危機，否則他們會將未解決的危機帶入下一階段，影響下個階段的發展和面對新危機的能力。
- 學習理論關注人們如何回應環境中的刺激。有一些理論，例如古典制約，將人視為被動學習者，而其他理論，例如社會學習理論，則認為人們是主動積極參與他們的環境，這意味著他們積極參與學習。
- 人本主義和存在主義觀點是關注人們如何看待生命和意義，強調人們具有做決定和塑造自己經驗的能力，這甚至比以人為本和參與者導向的服務模式更為真實。雖然批評者認為這些觀點中的概念含糊不清，成效難以評估，但是以人為本的治療和交流分析是社會工作中兩個常用的概念。

本章練習活動

1. Sanchez 家庭互動案例，請參閱 www.routledgesw.com/cases 網站。回顧 Sanchez 家庭每個成員面臨的問題。選擇一個或兩個你想要運用在此練習的家庭成員。你還需要選擇本章討論的三種不同的理論觀點來應用於家庭成員的問題。當你選擇了案主和理論觀點時，請回答以下問題：
   a. 簡要描述對於你所選擇的家庭成員，你看到的問題。
   b. 描述你如何透過你選擇的每個理論的視角來解釋家庭成員及其問題。請確保你能夠詳盡的掌握說明理論的本質。
   c. 簡要討論你如何根據每個理論制定出相對應的處遇措施。
   d. 討論不同理論的觀點如何解釋家庭成員、問題和處遇措施之間的不同。
   e. 討論與家庭成員一起工作時，運用不同理論觀點的優勢和侷限性。
   f. 基於你到目前為止的討論，你會採取哪種方式與家庭成員一起工作，為什麼？

2. Riverton *互動案例*，請參閱 www.routledgesw.com/cases 網站。檢視本案例中描述的情況以及該社區面臨的問題。根據你對情況的評估，你是否可以使用本章討論的任何理論來幫助你概念化該社區所面臨的問題，並協助指導你的處遇措施？為什麼或者為什麼不？要具體並舉例說明你的想法。
3. RAINN *互動案例*，請參閱 www.routledgesw.com/cases 網站。參考案例，回答下列問題：
   a. 社會學習理論如何適用在 Alan 的案例？哪些鉅視層面的系統影響了 Alan 對他創傷的反應？
   b. 你如何運用 Erikson 的理論來解釋 Sarah 的行為？Piaget 的理論如何以不同的方式解釋 Sarah 的行為？
   c. 如果你只將醫療模式作為理論視角，那麼你與 Sarah 和 Alan 的互動方式，會與你將行為、學習和認知理論融入你的視角去了解人類行為時的互動方式有何不同？
4. Hudson 市*互動案例*，請參閱 www.routledgesw.com/cases 網站。回顧社區面臨的問題並回答以下問題：
   a. 如果你使用醫療模式與該社區的居民一起工作，你的工作重點可能會是哪些方面，或是哪些問題會是工作重點？
   b. 如果你正與住在這個社區中的一個三歲兒童一起工作，你使用 Erikson 的理論作為工作的概念指引，你可能會關注哪些發展問題？同時有哪些更大的環境和其他事件會影響這個發展？
   c. 人本主義取向可以如何運用在這個社區的居民身上？

第四章

概念化問題和處遇方式的視角：社會文化面向

Smith 家族剛剛收養了 Aisha，她是一名十歲的非裔美國女孩，已經生活在寄養照顧體系中三年，Aisha 在母親被判竊盜罪之後，被安置在寄養機構中，她的父親從她兩歲起就沒有聯繫，而她的其他家庭成員也無法照顧她，在被寄養之前，她和母親及兩個手足生活在貧困當中。儘管面對這些困難，Aisha 似乎在她的環境中蓬勃發展，和她母親也能夠為她的家人提供必需品，在母親被捕後，她被安排在一個非裔美國人的家庭，一直良好的適應學校、同儕和新家庭。

Aisha 的新收養家庭是虔誠的羅馬天主教徒、上流階層的高加索人和另外三個比 Aisha 年長的孩子，在過去幾週裡，Aisha 在適應新家庭方面遭遇了麻煩，在學校她不說話或吃飯，碰到了問題。Aisha 告訴寄養機構的社會工作者她想念她的寄養家庭和教會（她的家庭是浸信會）、朋友以及鄰里社區，她覺得她與新的家庭和學校不適合，她不確定自己要如何適應新的環境。

Aisha 的情況對社會工作者來說涉及許多道德、實務和哲學的問題，其中部分議題與 Aisha 作為新家庭成員的適應和福祉有關，其他則涉及收養家庭的調整。由於他們試圖容納新成員，還有一些問題則聚焦於機構的效用，例如家庭、宗教、收養和寄養照顧等，以及這些機構如何支持或破壞個人的運作，和整體的文化多樣性及種族間差異。為尋找這些廣泛的哲學問題，社會工作者經常需轉向社會學、女性主義和文化理論，以概念化更大的社會議題。

如同第二章和第三章一樣，本章將討論的理論和觀點都在快速指引 6 中呈現，以供比較和回顧。

社會學理論

社會學學科聚焦在社會行為和群體的研究，社會學家發展理論以解釋社會力量如何大規模的影響人們。例如，社會學理論可能解釋失業如何影響一個社區，或為何會有一大群人跟隨一個派別的宗教領袖到承諾自殺的地步。

大多數的社會學理論反映著社會學的想像力，這是 C. Wright Mills（1959）創造用來描述個人和更廣泛社會之間關係的用語，根據 Mills 的說法，這種意識使得我們對於我們的個人生活和影響我們的廣大社會力量的連結有更好的認識，社會學想像力的一個重要組成部分是需要從客觀的角度來看待外部的社會力，而非僅是從我們自己的文化偏見角度來看。

根據前幾章討論的主題，你可以想見社會學與社會工作有多麼契合，我們回顧許多理論、模型和觀點都根植於社會工作者需要了解個人所處的環境脈絡的概念下。本章的第一部分討論社會學中的一些基本理論，以及它們如何應用在社會工作實務之中。

衝突理論

社會學的第一個理論取向之一是衝突理論，此一方法是從兩個或多個群體的衝突或緊張的角度來看待社會行為，該理論提供一個框架用以系統分析社會中的上層和下層團體之間的衝突（Turner, 1998）。

Karl Marx 和衝突理論　衝突理論可以追溯到 Karl Marx 的著作，他認為階級之間的鬥爭或衝突是資本主義的必然特徵（Marx, 1987; Marx & Engels, 1977）。Marx 認為社會中的各種群體或社會階層都在不斷的爭奪資源和權力（他主要

快速指引 6　社會文化視角：理論、模式與觀點

	衝突理論	功能論	符號互動／社會建構主義	女性主義	文化主義
類型	理論	理論	理論	理論	觀點
焦點	社會群體	社會群體	社會與個人	社會與個人	社會與個人
假設	群體間的張力塑造了社會結構。	社會的面向或功能共同維護穩定。	人與系統互動的方式，以及人們對這些互動的意義，塑造了個人經歷和社會。	個人和社會力的相互作用而影響發展、壓迫和歧視，以及體制結構和運作。	個人經歷有助於結構體驗和塑造社會。
優點	• 在以社區為基礎的實踐中，可用於概念化處遇措施。 • 幫助社會工作者了解案主問題的複雜性。 • 重點討論如何濫用權力來製造不平等和剝奪案主權利。	• 為案主提供看問題的另一個視角。 • 了解社會機構的明顯和潛在功能，可以幫助社會工作者擬定介入措施。 • 理論原則與系統和生態理論的思想非常吻合。	• 提供評估問題的有用方法。 • 關注案主對其經驗的意義可以充權。 • 評估方法與人文觀點相吻合，可與其他理論相結合。 • 原則在後現代研究中很有用。	• 重點關注平等和主流結構在造成和延續案主問題方面的角色。 • 原則有助於引導後現代研究。 • 提高關注議題可有多種觀點的意識。	• 提供敘明、組織和理解案主生活文化元素的方法。 • 幫助社會工作者在實踐中更具文化能力。

快速指引 6　社會文化視角：理論、模式與觀點（續）

	衝突理論	功能論	符號互動／社會建構主義	女性主義	文化主義
優點		• 專注於改變系統內的功能障礙可能是一種給案主充權的方法。			
限制	• 焦點僅限於宏觀層面。 • 基於衝突的介入措施可能難以施行。 • 可能難以定義和進行實證測試。	• 很少關注系統間交互作用的複雜性。 • 不解決不公平的問題，結果將會反應在系統表面或潛在的功能上。 • 不易使用於發展處遇措施。 • 可能難以定義和進行實證測試。	• 沒有提供明確的做法來處遇案主。 • 太聚焦微視。 • 缺乏一個堅實、一致的理論基礎來檢驗關係。 • 可能難以定義和進行實證測試。 • 難以預測行為。	• 聚焦於女性，以致於犧牲其他少數群體為代價。 • 可能難以定義和進行實證測試。 • 無法預測行為。	• 沒有單一、連貫的文化理論。 • 概念可能難以定義、應用和實證測試。 • 無法預測行為。

從經濟學的角度看待資源），且這些群體仍然彼此兩極分化。隨著資源變得愈來愈稀缺、分配愈來愈不平均（上層階級日益增加的積累），衝突也就增加了；此外，當下層群體意識到他們被不公平的對待時，他們也更有可能質疑和反對維持現狀；最後，隨著群體日益兩極化，衝突變得更加激烈，最終導致現狀的改變（Marx, 1994; Turner, 1998）。

重要的是，Marx 認為衝突不一定是暴力，而是可以採取商業或政治談判的方式、宗教或哲學意識型態，或個人態度與信仰的鬥爭形式（Lefebvre, 1968; Marx, 1973; Mills, 1994; Sayer, 1989; Turner, 1998）。例如，衝突可以表現在兩個宗教團體之間的不同意見，或兩個政黨之間的資源競爭方面。

Marx 以來的衝突理論 Marx 的觀點引發了大量的思考和辯論，許多社會學家，包括 Max Weber、Georg Simmel、W. E. B. Du Bois，和各種女性主義思想家皆進一步的發展和修改 Marx 的觀點，他們致力於促進社會學研究和以衝突為基礎的理論。

- Max Weber：一位經濟學家，他是 Marx 思想的最大批評者之一（1958, 1968）。Weber 同意 Marx 的觀點，認為群體之間衝突的產生可以導致結構的改變和更公平的資源分配，然而，Weber 認為 Marx 理論過分關注於社會衝突發生的必然性，Weber 也指出團體中需要一個領導者來刺激衝突，這些領導者必須要能在下層群體中煽動怨恨和憤怒；Weber 也不同意 Marx 關於群體間絕對兩極化的觀點，群體在階級、政治、哲學等方面都有很大的差異（Turner, 1998; Weber, 1957, 1994）。因此，Weber 認為群體可以藉由階級、地位和政黨來定義，而不是如 Marx 所假設的僅有社會階級，他進一步認為特定團體的成員身分或身分證明並無法自動的保證權力。
- Georg Simmel：他的思想的許多面向都與 Marx 和 Weber 相類似。Simmel 整體來說同意 Weber 關於社會衝突的起源，具體來說，他同意隨著群體成員的情感參與和團結程度的增加，暴力程度也會增加，他進一步指出衝突有助於集中權力、在團體間建立明確的界線，和限制群體成員之間的越軌行為。Simmel 也提出衝突如果不是太強烈或暴力，衝突可能對社會有益，如果可以制定基本原則，衝突也可以鼓勵聯盟的建立和群體間的討論（Turner, 1998）。

- W. E. B. Du Bois：他主要關注種族和民族間的不平等（1911, 1970），認為社會學家應該追求科學知識以幫助消除社會中的偏見和成見，為了追求這個目標，他支持各個質疑維持現狀的社會團體和組織，例如他在1909年幫助建立全國有色人種促進協會（National Association for the Advancement of Colored People, NAACP）。Du Bois 推動對於衝突及對少數群體的影響進行更集中的研究，這有助於增加在種族和社會不平等方面的社會學知識，其中受益者多為非裔美國人社區。

許多其他理論家已經發展出融入衝突理論的思想，此外，在 1960 年代至 1970 年代的各種運動和事件（婦女和公民權運動以及針對如越戰和政府醜聞議題的示威、抗議、暴動等），增加了對於衝突理論的支持。在過去幾年間，階級已經成為許多美國人日漸增加的衝突和關注來源，Pew Research Center 在 2012 年發現，66%的大眾認為我們正在經歷貧窮與富裕的嚴重衝突，此一數據在 2009 年僅為 47%（Pew Research Center, 2012）。此種富人與中產階級和貧民之間日益增加的分歧，以及大多數美國人的經濟和其他機會日益減少的感受，促使全國有數千人「占據」各個公共場所，如華爾街和政府大樓。

社會學家將衝突理論逐步擴展，不僅包括社會衝突，還包括在社會和個人生活中許多不同面向的鬥爭，這些後來的理論研究了在既定的秩序和資源分配下是哪些群體受益或受害，他們聚焦於誰擁有權力和如何使用這些權力來維持不平等，這些觀點探討了性別、種族、宗教和文化團體之間的衝突，和發生在社會機構中如媒體、家庭和政府等的衝突。此外，這些方法研究權力和資源在群體間如何能更公平的分配，使每個人受益，而不僅僅是少數人（Dahrendorf, 1958）；有些人認為，衝突理論鼓勵社會學家從社會中享有較少特權和影響力的人的觀點來審視議題。

應用衝突理論

本節提供一些關於衝突理論如何應用於某些共同機構組織，例如家庭和健康照顧等的例子，這些例子以現代的觀點來看待衝突理論和一些相關的社會議題，我們還會思考衝突理論與一般社會工作的相關性，特別是Aisha的情況。

家庭　衝突觀點將家庭視為是既反映又延續大社會中權力和資源分配不均的制度，換句話說，家庭是財富、權力、貧窮、特權和不平等從一代傳到另一代的方式，進而導致經濟上的不公平。例如，兒童繼承父母的貧窮或是特權，孩童生長在富裕、受教育、社會關係良好的家庭，即可以享受優質住房、教育、健康照顧和獲得機會，這些孩童由於遺傳資源，在長大的過程中是屬於優勢的。相反的，孩童出生於貧困和父母未受教育的家庭，可能面臨債務、有限的經驗和機會，以及較差的教育、健康照顧等，這些都會阻礙他們在生活中獲取成功的能力。

家庭除了經濟和相關機會之外，也會將其他的特質傳給子女。家庭的社會階層和經濟地位影響著孩童的社會化方式，影響孩童的觀點、價值、信仰、態度和行為，孩童帶著這些價值與觀點進入他們的成年生活，也將轉而影響他們投票、制定政策和相信社會應該分配資源等的行為模式。

再者，根據衝突理論，家庭賦予男性權力和支配地位，反面也證實女人和孩童延續著較低的地位，這樣不平等的權力分配影響著女性和孩童在直系家庭以外的場域中她們的行動和表達，例如教育、經濟、兒童照顧、工作場所政策、健康照顧、生育選擇和移動自由等。例如，女性相較於男性更有可能在結婚後，由於男性接受升遷或有兒童或老年人需照顧時，離開或轉換工作崗位；女性也較有可能因為婚後而延遲她們的教育或職業目標。此外，家庭暴力仍然是一個嚴重問題，雖然女權運動有幫助女性和孩童獲得較廣泛的權利，但男性仍被視為是家庭的主導者。

健康照顧　衝突理論如何應用於社會學議題的另一個例子是健康照顧。從衝突理論的觀點來看，醫藥和醫療專業人員在美國社會占有很大的地位，醫療機構有能力為患病者定義健康或疾病以及可接受的治療方式，這個權力使得醫療機構在許多領域方面能掌握一定程度的社會控制，去界定和強化許多社會價值，而不僅僅是在醫療衛生健康照顧方面。

社會學家創造了一個社會醫療化的名詞來形容健康專業的影響，隨著過去幾十年來的醫療專業知識發展，醫療專業已經掌握了影響知識、態度、意見和社會政策的能力。例如，醫生和其他醫療專業人員的建議日益影響和形塑關於老年、肥胖、性行為和成癮等議題的公共輿論和政策。衝突理論認為醫療機構的權力日增，反映著一般大眾認為醫療專業人員擁有特殊知能和專業知識，使他們具有評估健康相關議題的獨特資格。結果，醫療專業在應該對大眾公開監督的政策和程序方面取得了不需接受查核的權限，例如分娩、兒童照顧、藥物費用和國家健康照顧等面向。

社會醫療化的一個突出案例是分娩，以前這是女性助產士的領域，在 20 世紀初期，生產被轉為交給一個以男性為多數的醫學專業，這是強加給女性一個很大程度非自然的分娩習慣，醫生以助產士的做法「不科學」的觀點來破壞她們的可信賴度，助產士花了將近一個世紀才開始重新獲得她們的生育和生產實務的影響（Schoen, 2000），這個結果增加了助產士、家庭生產和分娩中心的使用，作為醫院內產科病房的替代方案，如此有助於恢復婦女在產程上的控制和減少生產醫療化（Parry, 2008）。相同的，自從 1960 年代至 1970 年代，婦女（和醫生）重新發現了餵養母乳的好處，在前一世代，專家們則是推薦取代母乳的科學設計配方。

衝突理論和社會工作　由於衝突理論非常契合社會工作的基本價值和道德規範，包括充權和社會正義，社會工作者的適用途徑多，例如，與家庭暴力受害者一同工作的社會工作者，可以採用衝突理論來概念化男性與女性之間存在的權力差異，和父權制度社會中支持和維護這樣不平等的方式；反過來，這種概念化可以幫助社會工作者理解那些阻礙或避免婦女離開自己情境的障礙，其中許多障礙都鑲嵌在社會價值觀的結構中，這使得對婦女來說離開是非常困難的。例如，兒童照顧的費用、婦女努力賺取的工資以支持她們自己和家庭，以及法院系統對於家庭暴力案件的緩慢和無效率，都構成對婦女成功離開暴力情境的障礙。此外，一些社會工作者可以選擇藉由更大的社會層次，例如通過政策和對抗現有價值體系等來對抗或改變家庭暴力，這些政策和價值體系影響著當前社會中男女不平等角色思維存在。

在衛生照顧方面，社會工作者可以使用衝突理論來更好的理解醫療機構如何影響案主，如果醫療機構有能力影響人們的生活，就如衝突理論所呈現的，社會工作者需要接受關於醫療專業如何組織這些能力，以確定政策和服務，進而影響案主的教育。此外，社會工作者經常處遇那些與醫療機構價值相違背的案主，例如，如果案主的信念決定她想要尋求替代性療法或是拒絕所有醫學治療，那該怎麼辦？衝突理論可以幫助社會工作者去理解醫院如何施加可能與病患個人價值觀或信仰相衝突的壓力，社會工作者必須充當醫院和案主之間的調解者，以確保案主權利不會受到醫院政策和任務的破壞。

另一個例子是美國的醫療健康照顧機構，包括私有的個案管理照顧、攀升的醫療照顧成本和持續發展的技術，都形成了一個雙層的醫療保健系統，一層是富人和有薪就業人員，可以負擔私人健康保險或享有就業福利，另一層則是窮人、失業和就業條件不佳者，這些被迫離開系統和缺乏有品質健康照顧的第二層人員，2010 年的平價醫療法案即是期望能夠幫助他們。然而，此一立法存在相當大的社會和司法衝突，即使在簽署成為法律後幾年仍是如此，例如，截至 2015 年美國 50 州當中有 22 州仍拒絕頒布擴充醫療補助，這還是法律中規定用以照顧低收入公民的聯邦醫療保健法（White House, 2015）。因此，即使法案在立法挑戰中倖存，可能仍需要一段時間才能夠實施法案中的所有條款。

醫療健康照顧系統發生衝突的另一個現象，是許多合格的醫生放棄了他們的社區基層實務，而追求更安全、更有利可圖的位置，使得許多窮人（特別是鄉村地區的）缺乏照顧，這個現象也正在全世界發生。在美國，嬰兒死亡率高於許多國家，即反映著獲得醫療健康照護的機會不平等（World Bank, 2012），在 2012 年有其他 42 個國家的嬰兒死亡率是低於美國的（World Bank, 2012）。

衝突理論提供了一個觀察這些問題的角度，這些視角可以被用來作為設計處遇措施的跳板，其能導致系統的變革。事實上，通常社會工作者關注可能與主流醫療模式相衝突的道德、文化和其他議題，也有助於啟動可以使案主受益的改變。

實際上，衝突理論也為社會工作者提供一個視角，以更好理解為什麼任何社會運動的開端並獲得動力，衝突理論也給社會工作者協助低收入家庭倡導社會經濟平等和機會指出一條路。衝突理論建議社會工作者只要讓社會大眾意識到窮人和富人之間存在「非常強烈的衝突」，群體之間的強烈緊張關係就很有可能迫使改革，這個迫使改革雖可能阻礙每個人為了創造更公平的機會的努力，也有可能導致積極的改變，使社會中的大多數人受益。社會工作者可以借用這些想法，幫忙塑造衝突的結果，和促進支持整個社會福祉的積極改變。

Aisha 案例和衝突理論 讓我們看看如何從衝突理論的觀點來看待 Aisha 的早年生活。作為社會工作者，首先你可能傾向於專注在迫使Aisha陷入當前狀況的一些廣泛議題，這可以幫助你專注於某一適合處遇的特別面向。

一個可以開始著手的地方是看看Aisha原生家庭生活的貧困情形，你可能會質疑為什麼Aisha的媽媽無法獲得安全的就業以支持其家庭，根據衝突理論，你可能會論述不公平的資源分配和機會獲取導致了Aisha家庭的貧困。此外，這個不公平是由社會價值和現狀在維持著，使得像 Aisha 這樣的家庭處於貧困。

對於Aisha的母親來說，工作場所的歧視相較於其他不公平可能是更為深層的障礙，其他不公平因素如提供就業技能的有品質教育的機會不平等、缺乏足以生活的工資（非裔美國人和婦女也可能導致低工資）、缺乏與可能提供機會的人建立「網絡」、缺乏獲得資源如兒童和健康照顧，讓她騰出工作時間，且無法獲得可靠又價格合理的交通方式去工作。

你還可以以類似的方式評估Aisha的背景其他領域，例如教育、寄養機構和司法犯罪等機構的政策，他們似乎對於Aisha及其家庭存在著剝奪權利的影響。

批判衝突理論

雖然你可能找到許多從衝突理論的觀點來評估Aisha的情況，但它有侷限性：

- 衝突理論主要的侷限在於它只傾向將自己放在概念化問題的宏觀層面，基於這個理論去發展介入措施（特別是在個人實踐的範圍），是有問題的。
- 在制定了基於衝突理論的處遇措施後，接續的發展也存在問題，不平等議題通常是牢固的制度化和鑲嵌在社會價值的結構當中，當然這種說法並不表示你不應該聚焦在給案主帶來問題的社會議題上，或在一個廣大的層次上試圖解決這些議題，然而，某些社會工作者並無法在這個層次上發展處遇措施，這問題確實存在。
- 衝突理論通常不會幫助社會工作者辨識處理案主制度問題的時間和成本效益策略，雖然這些發展可以隨時間推移，由於許多機構，包含寄養照顧機構，必須聚焦於有效的處遇措施，不幸的是他們通常也沒有辦法奢侈的花時間思考社會變革的問題。

社會工作者專注於社區或組織為基礎的介入方法，特別是社區行動和改變，都會發現像衝突理論的觀點很有用，他們可以在微視層面告知完成的工作，衝突觀點也使得社會工作者和案主分析有助於改善案主情況的社會問題。

衝突理論對於理解不同層次的社會工作和案主潛在問題根源很有幫助，它可以幫助你掌握團體內部和團體彼此複雜與多變的關係，以及其中被使用和誤用以創造更多不平等的權力；最後，聚焦個人和團體如何因為不公平的權力分配而被剝奪公民權，這與專業的價值觀和道德是相一致的，這提醒我們，問題的根源往往不在面對問題的人手上。

批判實踐理論

批判實踐理論是社會工作理論中一個思想類似於衝突理論者，它借鑑了幾種不同的理論觀點，包括馬克思主義、女性主義、後現代主義、批判理論、反壓迫理論和失能社會模型。批判實踐理論在 1930 年代到 1970 年代間從社會工作的激進觀點產生，採取社會變革的社會工作觀以及其實踐。

批判實踐理論（critical practice theory）認為社會問題是肇因於壓迫的社會結構和主導群體所產生與維持的文化和道德，採取這種理論觀點的社會工作之目標在於幫助案主克服現有社會秩序的限制和壓迫，進而提供案主協助，尤其是那些被邊緣化者，要找到他們並使他們發聲以創造社會變革。

根據批判實踐理論，社會工作者可以被視為對於壓迫性社會秩序的貢獻，因為他們經常在社會結構中工作，具有相當的權力、控制和影響案主的生活，然而，由於社會工作者是被鑲嵌在這些結構中，他們也可以改變和破壞使案主無能為力的壓迫性和歧視性制度；此外，傳統社會工作實踐，例如那些仰賴心理學理論或社會問題的個人解釋，理所當然的認為社會秩序的強大影響經常導致個人問題，即使是對於問題看法較為全面的，例如生態理論、擁護應對和適應的概念，建議人們應該適應社會秩序而非對抗和改變；因此，傳統社會工作實踐傾向於怪罪受害者、私人化問題（例如在實務上強調案主的保密性），和甚至加強剝奪人們權利的剝削結構。

在批判實踐理論中使用的實踐術語包括**實踐**（praxis），由 Paulo Freire 和其他人使用的術語（Freire, 1972; Held, 1980; McKerrow, 1989），是透過案主的不公正經驗對社會如何運作有更好的理解，並強化個人的能力以追求社會改變。從這個意義上說，案主必須針對他們當前的現狀增加知識，然後根據他們的環境採取行動，進一步反思他們的情況並創造更多的改變。**意識覺醒**（conscientization），一個由 Paulo Freire 所創造的術語（Freire, 1972），是一種幫助提高人們對於社會結構壓迫的意識，並強化案主的能力去批判性思考關於結構是如何導致不公平。最後，**對話實踐**（dialogic practice）則涉及經由與案主平等關係來交換社會結構的觀點。

應用批判實踐理論

如何以批判實踐理論來看待 Aisha 的情況呢？與衝突理論的應用類

似，你可以研究壓迫性的社會結構，這些結構導致了Aisha原生家庭在教育、就業、交通、健康和兒童照顧，以及其他領域的歧視，並導致了貧窮和家庭的崩解，從這個角度，向Aisha解釋這些年在寄養機構和與母親分開並不是她的錯，就非常重要，這並非由於個人的失敗或是軟弱，焦點將放在造成她情況的宏觀原因。

此外，你可能會以平等原則的關係與Aisha工作，討論她的經驗、她對於目前收養家庭的看法，和她對於希望如何改變的想法，特別是因為Aisha在她目前的情形下表達了不愉快，所以探索她對於正在發生的事情的看法，和她與不同社會結構互動後的感想，是非常重要的。這個對話可以幫助Aisha從社會結構如何促成個人問題中發展批判性思考的技能，以及她如何控制自己未來的生活和改變。

你可能希望關注Aisha的某些面向，包括討論結構的系統和功能是不同的（例如寄養系統），和在她的問題中他們可能扮演的角色、以及她生母的角色，此時，你和Aisha可以討論她在這個系統中能如何運作以找到更好的結果，值得向Aisha解釋的是，儘管這些系統無法立即改變，但努力為她找到更好的選擇，並且在體系中倡議自己的位置，這是開始改變讓她和其他許多人受壓迫的系統的好方法。

批評批判實踐理論

批判實踐理論和衝突理論有許多相同的弱點，此理論的侷限性包括：

- 傳統社會工作實踐通常被視為是幫助遭受壓迫性結構影響人們的一個工具，因此，社會服務機構的目標設定是針對個人問題，以幫助緩解個人的痛苦，而非聚焦於需要相當長時間才可能達成的較大規模的社會改變，這個觀點認為優先考量人們的直接需求是較為道德且及時的。
- 在傳統社會服務機構工作的社會工作者往往受到政策和法律的束縛，這些皆要求處遇方法的使用必須要聚焦於個人問題，而不是批評實踐理論所支持的社會改變。

- 許多個人問題，例如健康和心理健康問題，主要肇因於生理因素，或至少會結合部分的生理和環境因素，僅靠批判實踐理論本身並不能適當的處遇這些類型的問題，然而社會工作者仍可以使用批判實踐理論來對案主的情況有更好的了解，例如歧視性做法對於獲得健康照顧系統和治療是會造成障礙的。

功能論

社會學的另一個原始理論是功能論，與衝突理論和批判實踐理論相反，功能論企圖解釋社會的各個面向、功能如何共同維持穩定，具體而言，功能論是關注在價值觀、規範、制度和組織，如何為整體社會做出好的貢獻。如同第二章所討論的系統和生態理論一樣，功能論方法將社會視為一個由各項部位共同運作的生物整體，所有系統共存並彼此依賴，他們共同努力工作以確保整體功能運作順暢，對於社會的功能和貢獻的各個面向將保持並從一代傳遞給下一代，相反的，功能失調的系統將被完全改變或拋棄。

Emile Durkheim Emile Durkheim（1933, 1938）是社會學領域的先驅，經由他的生理研究過程並將其應用於社會系統，對於功能論有許多貢獻，他還提倡必須要在社會脈絡之下考量行為的觀點，他的結論是社會必須被視為一個功能性的整體，個別部分並無法被分開單獨檢視，他認為各個部分是有助於形成整體的功能、目的或角色作用，透過他的分析和概念，影響了其他正在發展功能論的社會學家。

Durkheim 的觀察之一是：為了社會的運作良好並保持動態平衡，它必須滿足其成員和機構的各種需求（例如社會的、身體的、情感的和經濟的）（Turner, 1998），Durkheim 對於工業化如何影響人們特別感興趣，尤其是工人，日益需要面對專業的勞動力、與僱用的機構疏離，以及伴隨這一個過程的其他變化。

Durkheim 深信當社會發生巨大如工業化的變革，人們會失去他們生活的意義和活動的方向，他創造了脫序（anomie）這個術語來描述這個過程，認為最終如果脫序無法被控制，整個社會就會失去目的感，並且導致無法控制個人的行為（Durkheim, 1933, 1938）。

Robert K. Merton　功能論認為社會的各種功能應共同合作，以確保整體社會的福祉，這些功能可以用不同的方式來表現，其中一些比其他的較容易觀察和明瞭，理論家 Merton（1968）是第一個在社會科學中闡述這些關鍵概念的人：

- 顯性功能是那些目的容易識別的。例如，許多學生會同意課程成績是對於他們課堂表現的回饋，並提供反應學生能力的報告給外部者（例如父母、雇主、研究所），如此一來，給予成績的目的似乎就顯而易見。
- 隱性功能則是那些目的不一定如表面上的功能。再一次使用成績的例子，雖然成績確實提供給學生回饋，但它們也能執行一些較不明顯的功能，例如，它們可以勸阻學生、它們可以扭曲學生的真實能力、它們可以在沒有公平或統一標準的情況下被任意給予、它們也可以用來歧視學生，換句話說，不論有意與否，隱性功能可以促進或破壞制度或社會某面向，僅單憑經歷它們個人的觀點。
- 反功能是社會中那些對於較大系統的福祉沒有貢獻的部分，反功能實際上可能會增加系統的不穩定性和混亂，有時候還會導致系統的崩潰。例如，多數人認為犯罪是反功能的，犯罪行為如詐欺、竊盜、縱火和謀殺等都會擾亂受這些行為影響的個人生活秩序，也可能給社區和社會造成混亂，根據犯罪行為，可能肇因於身體、財務、情感和心理的不穩定，有時候犯罪行為可能導致系統的全面瓦解，例如，一個人因為詐欺失去所有金錢而自殺，或是由於一樁謀殺在社區中引發騷動。

Talcott Parsons　Talcott Parsons 是另一位著名的功能論理論家，受到 Weber 和 Durkheim 的影響，在 20 世紀中 Parsons（1951, 1994）支持了功能論背後的主要思想，並協助塑造了這個領域，他同意 Durkheim 認為社會是其各個部分的總和，如果一個特定的部位沒有為社會運作做出貢獻，那麼它就會「消亡」或變得過時，Parsons 經由功能論的視角對於社會提出了深入且學術的分析，這個分析有助於強調較大社會系統及其對於個人行為的影響。

應用功能論

與衝突理論一樣，功能論可以應用於許多社會領域，本節提供幾個具體範例說明功能論如何應用於處理問題和議題，並探討功能論與社會工作的相關性。

教育與語言 功能論觀點尋找文化因素促進社會動態平衡的方式，例如，教育機構如何為社會穩定做出貢獻？

- 教育藉由向兒童傳授知識為社會做出貢獻，學校教導孩童許多技能，從閱讀和寫作去了解複雜的數學方程式，這是教育的顯性功能。
- 學校根據孩童就讀的學校，向孩童傳授社會地位（例如資金充裕或不足、私立或公立、聚焦於學術或實務），學生反映了學校教導的類型、品質和聲譽，這也是教育的顯性功能。
- 學校也提供許多隱性功能，他們有意或無意的傳遞社會規範、價值、信念和哲學觀，並且「訓練」孩童去控制他們的行為及服從權威。

功能論也可以應用在語言方面，語言的顯性功能包括將期待、慾望、需求和想法從一個人傳遞給另一個人，我們需要語言去溝通，並確保事情進行的順利，語言的隱性功能則包括強化社會地位、角色、傳播和延續價值及信念，甚至鼓勵社會變革，例如，語言的各方面像是詞彙的細微差別、非語言的溝通和方言的使用，都可能是強化社會階層、孤立或鞏固群體，和煽動憤怒或鼓舞群體成員。

功能論和社會工作 社會工作者採用功能論觀點者能研究各種社會制度如何幫助案主維持生活秩序。例如身為一名學校社工，你可能會聚焦於社會如何經由教育和社會化孩童而受益於學校系統，你可能希望致力於改善這些功能並使孩童們都受益，你可能還看到一些隱性功能的價值（例如提供社會控制），在某些情況下，你可能會鼓勵老師和家長支持教育這個面向。

當然，支持功能論的社會工作者，與不願意「買單」教育等各種機構功能的社會工作者之間可能會產生衝突。例如，你如何處遇選擇在家教育孩子的父母？家庭教育是否會破壞既有教育體系的功能？另一個例子，當父母或社區不同意學校的課程時，你應該怎麼做？這些問題對於試圖以功能論視角來看待案主問題的社會工作者提出了挑戰。

Aisha 的案例和功能論　你如何以功能論角度來看待 Aisha 的問題？實際上有許多角度可以分析這樣的情況，從這個觀點，你應該想要確保 Aisha 在收養家庭中位置的功能，要達到這一個目標則可能涉及評估 Aisha 系統中哪裡出現反功能。

一個可以開始著手的地方是查看 Aisha 參與的寄養和收養系統，你可能會將這些系統看作為原生家庭破碎兒童提供穩定生活的一種方式，它們可以代替家庭提供基本需求、愛、社交等等，你可能想試圖理解在母親被捕並進入寄養體系之前，Aisha 的家人給予她多大程度的需求滿足。另一個調查領域可能為識別 Aisha 的寄養家庭無法滿足她的這些需求。

Aisha 被白人家庭收養可以幾個不同的方式來看待。一方面，這個家庭能夠滿足 Aisha 的需求，這是功能性的；另一方面，這個家庭可能無法提供她的其他需求，例如種族和文化群體的歸屬感，而且，由於這個家庭實踐羅馬天主教，它將藉由有組織的宗教提供顯性功能（例如傳播道德、信念和意識型態），但這個特定教派的隱性功能可能與 Aisha 的浸信會所提供的功能不同，你會思考這樣的特定教會將會為她提供什麼樣類型的榜樣，以及她在這個環境中可能對自己和所獨有的部分有何看法，因為 Aisha 在白人家庭安置以來，在學校和家中表現不理想，這樣的安排可能是反功能的，也就是說，這樣的安置並無法有效的發揮 Aisha 所需的家庭功能；解決方法之一是幫助家人進行調整以利更符合 Aisha 的需求。另一種解決方法則是將 Aisha 從該家庭移出並放入一個更適合的位置。

有鑑於此，安置到非裔美國人家庭似乎是滿足 Aisha 發展需求的最有效方式，這個家庭不僅能夠滿足她的基本需求，還可以幫助她將自己融入特定的種族和文化環境，根據這樣的功能論分析，你可以建議 Aisha 應該回到非裔美國人的寄養或收養家庭。

批判功能論

從我們目前所使用功能論所檢視的例子來看，你可能看到在實踐中根據該理論的一些明顯優勢和侷限性，以下一些限制：

- 一個主要的限制是功能論看待系統間的互動是封閉的，也就是說，它並不思考系統之間複雜的互動，這可能會產生大量的衝突。
- 功能論並沒有解決系統內可能存在的不公平問題，這是一個重要的倫理考量，它將社會功能視為相當溫和且是單一面向：只需要幫助系統運行順利，然而可能對個人和團體造成的問題是無法解決的。例如，雖然根據功能論 Aisha 的需求似乎被滿足了，但她在新位置上表現並不好，是什麼導致帶給 Aisha 壓力的潛在問題？如果 Aisha 被安置在一個非裔美國人的家庭，但她仍有問題怎麼辦？這些問題應該由誰來解釋，功能論並不一定必須解釋這些議題。
- 如同衝突理論，功能論並不適合用來為案主發展處遇措施。例如，儘管你可以找到方法使 Aisha 的現狀更具功能性，然而這樣的處遇方式並不一定是文化上最適當的。事實上，任何不能讓 Aisha 回到親生母親的措施，可能都不是具功能性的方法。

從正向方面來說，使用功能論來向案主解釋議題可能是為案主提供一種思考問題的不同方式，並提供社會機構為何如此運作的見解，如果案主與社會工作者理解社會制度的顯性功能和隱性功能，他們可以共同努力消除那些導致案主問題和廣泛的社會不公平及剝奪權利的面向，聚焦於改變系統內的反功能，可以是充權案主的一種方法，總而言之，功能論與系統理論和生態理論非常吻合，因此當與案主共同工作時，可以聯合使用這些方法。

符號互動論與社會建構主義

符號互動論指的是人與系統互動和溝通交流的獨特方式，以及互動和交流的本質和特徵。一個重要的原則是我們都對於在互動發生的環境脈絡中與他人交流賦予意義，因此，即使我們中間有些人可能在同一個地方和時間經歷過互動，我們可能對於這樣的互動有非常不同的解釋，端視我們所賦予的意義。符號互動論主張我們不僅僅是訊息的被動接收者，相反的，我們根據我們的文化、認知、經驗等等過濾和解釋訊息，也因我們如何解釋這些訊息給予回應（Blumer, 1969）。

符號互動論有三個主要前提：

- 我們對於世界所採取的行動是根據我們對於經驗所賦予的意義。
- 我們加諸於經驗的意義源自於我們與他人的互動。
- 這些意涵是受到我們對於互動的解釋的影響。

因此，我們的經驗和互動，以及對於經驗和互動的詮釋構成了一個持續的、動態的過程，人們為其經驗創造意義以及社會的本質就是與彼此互動，從而塑造社會的發展與結構（Blumer, 1969）。

符號互動論與社會建構主義相類似，宣稱我們根據自己的經驗建構現實。社會建構主義主張沒有一個單一的現實，而是多個現實，因為我們每個人都以不同的方式感知我們周圍的世界，我們活躍於我們的世界，我們如何看待我們的互動係反應著我們的文化、歷史、語言和經驗，以及這些事物如何影響我們對世界的詮釋，因此，社會建構主義關注於我們如何建構自己的現實過程，換句話說，這個觀點並不是太在意互動的結果，而是著重於人們在互動過程中發生的事情，作為行動者的人們以及他們如何理解互動，以形成他們的個人現實。

一旦群體的現實被大多數人接受，它就會獲得塑造一連串信仰、政策、行為和社會其他面向的能力，這個現實成為做事情的「正確」方式，這個過程的一個例子涉及父權體制，和它所支持的女性角色的規範、信仰和價值，在父權社會中，男性擁有大多數的權力、金錢以做出決策。例如，他們可以決定在音樂錄影帶中描述哪種類型的故事和影像，許多音樂錄影帶將女性描繪為性對象，男性為了自己的樂趣而操控女性，這些形象使得性別角色刻板印象一直延續，即使女性克服障礙並控制了製播音樂錄影帶所需的金錢和力量，她們也往往會延續父權體制下的性別刻板觀念，仍將女性視為性對象。

社會建構主義這個術語在社會工作中可能被使用的比**符號互動論**多，儘管如此，它們仍然支持相同觀點，在後續章節的討論中，我們將交替使用這兩個術語，然而，**社會建構主義**更適當的反映了社會工作者支持的多樣性概念，並且與近期討論的後現代理論和實踐相吻合，它還為解構提供了基礎——分析一個團體如何建構現實且成為公認的事實，闡述且加強群體在社會價值、信念和制度的權力，文獻經常告誡社會工作者「解構」社會制度和案主思維中的普遍現實，只為了發起變革。

社會建構主義也提供社會工作者一個框架，在框架中可將人視為活躍生命體在充滿有意義事物的世界中彼此互動著，這些事物（物體、人們、行為、動畫或無生命符號等等）幫助社會中的成員找到共同點，這些事物將人們聯繫在一起、幫助他們理解社會，也幫助社會運作更順暢。了解人們如何理解他們的世界，有助於社會工作者能更深的理解社會的法律、規範、價值和社會制度是如何發展和維持的（Schaefer, 2001）。

這些方法類似於第三章討論的人本和存在方法，因為它們關注案主和對其情境的解釋，案主是他們所處情況的專家，必須明瞭他們如何看待他們的問題，此一信念與社會工作價值觀和道德觀相一致。

George Herbert Mead 互動論觀點的創始人之一 Mead 對於這個觀點的貢獻是關注自我，他認為自我是社會中的積極參與者，端賴自我以維持形塑經驗的過程，而不僅是一個被動採取行動的結構，正如我們在Freud和其他人的理論中看到的那樣（例如，自身作為自我）。

因為人們是活躍的，他們可以對自己和對他人採取行動，這也影響他們對待世界的方式。例如，人們可以使用內省來幫助指導他們的行為、做出決策並賦予外部世界意義，換句話說，人們並不是簡單回應他們的環境，相反的，他們「自己」是不斷改變，當他們遭遇新的經驗，並將之賦予意義（Blumer, 1969; Mead, 1934, 1956）。

Mead 確認了兩種類型的互動：

- 非符號互動：人們如何直接回應他人的行動。例如，我們在與他人互動時回應聲音、語言和手勢等提示。

- 符號互動：我們解釋他人行為的方式。例如，我們可能將另一個人的語調解釋為威脅或諷刺，這取決於互動時發生的背景，以及我們賦予它的意義，同樣的，我們可以將指點的手勢視為是訊息性或是挑戰性。

符號互動和非符號互動在一個持續發展意義和現實的過程中，扮演部分的角色（Blumer, 1969; Mead, 1934, 1956）。

Charles Horton Cooley　鏡中自我的概念由 Cooley（1902）創造，與符號互動論和社會建構主義的背後概念密切相關，所謂鏡中自我指的是我們透過與他人互動來了解我們是誰，我們透過我們的社會互動以及其他人如何看待和感知我們的印象來發展自我意識，因此我們如何看待自己係源自於別人對於我們的看法——這些不一定是基於事實或是現實。

發展自我認同的過程，通常包括三個階段：

1. 我們了解自己如何向周圍的人展示自己。
2. 然後，我們理解其他人如何根據這個呈現來評估我們。
3. 我們基於這些評估來發展對於自己的感受。

例如，一個小孩可能會認為她是一個好姊姊，因為她幫助餵養她的小弟，但是也許她的父母對於她的「幫忙」是有負面反應的，例如他們評論她是如何妨礙、帶來麻煩的，因此，她形成了一種自我認知——她不是一個好姊姊。然而，如果她無意中聽到她父母告訴別人，她確實對於照顧弟弟很有幫助，那麼這個自我認知可能會改變。

Erving Goffman　發展互動主義觀點的另一個主要角色，支持一種稱為戲劇理論的互動主義方法，它將日常生活比作戲院和舞台上的劇碼，根據這種方法，我們經由生活表現和投射圖像來表現我們希望別人看到的，我們有規則、儀式和道具，並且我們創造布置以確保我們的互動投射出對我們來說重要的形象。

所有這些東西協助定義我們的環境，和保證行為是可以預測的，以及社會秩序是被維持著，沒有它們，我們可能不知道在特殊情境下，應如何與他人做出回應或互動（Goffman, 1959）。

應用符號互動論

與前段關於衝突理論、功能論的應用一樣，本節將討論符號互動論的應用，以及與社會工作實務的相關性。

人體穿孔　在過去幾十年，西方社會普遍認為穿孔和刺青是異常的（在某些情況和團體，目前仍是），因此，在多數的情況下，很少見到人有鼻環或刺青，如果在一家昂貴、菁英的餐廳看到有人有刺青，他可能會被視為違反社會規範和被要求離開，或至少，人們會盯著他看，然而，如果同一個人是在海軍船艦上看到，他可能被認為是適應在海軍服役的主流文化。

這種情況說明了我們對於某特定事件的解釋，其發生的背景脈絡和我們賦予的意義，都影響了我們對於事物是否適當的看法，隨著時間的推移，愈來愈多的人在身上不同的部位有刺青或穿孔，我們接觸到愈來愈多這樣的做法，進而也接受它，我們對於這些行為的解釋產生了變化，因為我們看到除了水手以外的人也參與其中。

符號互動論和社會建構主義幫助我們看到這些實務轉變背後的意義，我們與這些經歷行為改變的人的經驗和互動，和行為改變的背景脈絡，這是一個持續的過程，在大社會中不斷形塑規範、意義和對於行為的接受程度。

Aisha 的案例和符號互動論　你能從什麼觀點來看 Aisha 的案子？你可能會聚焦 Aisha 如何認知她自己的情況，和她的日常經驗如何幫助她去建構自己的事實，她的現實可能包括與生母還有原生家庭的關係，以及她的寄養家庭和收養家庭、她在浸信會和天主教會的經驗，還有她對於新學校和同儕的看法，你可能會特別注意 Aisha 對於這些元素所賦予的意義，以及這些意義如何導致她的問題。

儘管符號互動論並沒有指引你發展處遇措施，但從這個角度來評估 Aisha 的情況，將能給你一些線索，了解 Aisha 認為她的問題出在哪裡，這種洞察力將會提供你開始著手處遇之處。

批判符號互動論

應用符號互動論在 Aisha 的情境中，建議首先應該列出理論的侷限性：

- 這個觀點可以幫助你評估和檢視案主的情形，但是它不能提供明確的處遇措施。
- 符號互動論是聚焦微觀，強調個人經驗，相反的，衝突和功能論傾向關注宏觀，且強調影響人們較廣泛的社會因素，因此，互動論關注焦點可能無法考量影響案主的較大社會力量，具體來說，它忽視了多數群體成員所建構的事實的力量，這種批判與社會工作高度相關，因為任何忽視大社會現實的處遇措施都可能是無效的。
- 互動論觀點缺乏一個堅實、一致的理論基礎可用來檢驗關係，換句話說，組成這個方法的結構可能是模糊的，難以在不同的脈絡下加以定義、應用和測量。

然而，許多社會工作者和其他專業人士使用互動論背後的哲學來引導研究方法，並對研究領域的參與者充權。事實上，社會工作研究者愈來愈多採用解構主義方法來建構研究、探索觀點，也就是說，他們企圖更能理解這些會影響分析和研究應用的參與者世界觀，研究過程包括藉由探索研究者的觀點和以不同視角來重新建構現實，以解構主流的現實與觀點，因此，符號互動論將注意力集中在個人主義思維上，這個在嘗試超越大多數思維模式時非常有用。

另一個符號互動論的主要優勢是提供一個檢驗案主問題的充權方式，更具體說，它充權案主可以引導工作關係（相較於社會工作者引導過程），且它聚焦在案主對於經驗賦予的意義，和提供有效的看法與觀點。使用符號互動論的社會工作者可能會認為案主能使力比施力於案主要有用，因此，它也是與案主工作的一個道德的方法。

此外，這種評估方法十分契合與案主工作的人文觀點，並且可以容易的與其他實踐的理論相結合。

女性主義理論

女性主義理論有助於分析社會進程，它們可以應用於不同層次的社會評估，包括心理發展、壓迫和歧視，以及制度結構和功能。

顧名思義，女性主義理論是根基於女性主義的概念，可以被定義為倡導男女之間的社會、經濟和政治平等，許多社會工作者將這個定義進一步應用於所有少數群體，在所有領域倡導平等權利，女性主義理論為探討關於各種人與社會的不平等、壓迫和剝奪等議題提供一條途徑。

事實上，沒有一個單一女性主義理論或是創始者（實際上，女性主義在某些觀點上可能存在很大差異），女性主義思想是受到許多不同學科和理論家的影響。在 18 世紀啟蒙時代，Mary Wollstonecraft、Judith Sargent Murray 和 Abigail Adams 等女性扮演著關鍵性角色，推動女性與男性平等，這對當時來說是激進的觀念；其後，其他包括 Sarah Grimké、Margaret Fuller、Harriet Taylor Mill 和 Simone de Beauvoir 等女性為分析社會的不平等做出貢獻，並提出更現代女性主義思潮觀點的基礎；Simone de Beauvoir 的著作《第二性》（*The Second Sex*）（1949）闡述了與符號互動論之理論觀點十分近似的理論觀點，但反映一種截然不同的尖銳女性觀點。例如，她斷言「自我」的概念都是由男性所書寫和舉例說明的，歷史是由男性所主導，進而創造多數現實（Donovan, 1994）；另一個例子，你將會在第九章看到 Carol Gilligan 回應由 Lawrence Kohlberg 建構的道德發展的男性導向理論，而建構出同樣有效的自己的道德發展理論；女性主義發展的背後有著豐富的歷史，女性主義思潮鼓勵了許多影響社會工作的思路和理論。

女性主義的分支

女性主義思想存在著幾個分支，以下描述三個觀點，主要在對於平等和社會改變的看法有所不同，也對於社會工作有不同的影響方式。

- 自由女性主義是第一個支持平等權利和女性平等對待的思想。自由女性主義在 18 世紀發展起來，當時 Mary Wollstonecraft 等女性要求將平等和自決等啟蒙原則應用於所有的女性和男性，與發展過程一致，當代自由女性主義者相信男女之間的生理差異並不重要，他們爭取婦女在所有的社會領域，包括政治、經濟和教育的平等權利，支持這種意識型態的社會工作者可以在一個宏觀的層次上追求平等，倡導改變社會結構的政策和法律，在微觀層次，則可以透過教育和充權案主為自己的權利而奮鬥。

- 社會女性主義以破壞社會變革和支持不平等現狀來挑戰保守觀點，並批評自由主義過於關注政治。社會主義觀點認為經濟平等對女性真正平等和自由是最重要的，真正促進平等需要的不僅是延續傳統社會價值，保障婦女投票權也不足以真正促進平等，支持社會女性主義的社會工作者聚焦於經濟正義和平等，例如她們可以與國際機構合作，幫助社區建立自我永續維持的經濟系統。
- 激進女性主義主張壓迫和不平等是男性的階層和統治所支持的。激進女性主義的基本主張是整個社會的現實是由男人建構的，不出所料，這個現實包括強調男性的優越、有力、積極和智慧；相反的，女性則是虛弱、情緒和非理性。為挑戰這些刻板印象，激進女性主義支持應重新建立由女性建構的現實和價值觀（Hunter College Women's Studies Collective, 1995）。使用激進女性主義觀點的社會工作者可以幫助案主深入洞察傳統價值和社會系統，從而充權他們重新形塑他們的現實和改變他們的處境。

儘管存在這些差異，所有的女性主義理論都有一些共同的基本原則，詳見圖表 4.1，許多原則與社會建構主義背後的哲學相類似，他們質疑現實，雖然這在美國文化中普遍被接受。在你回顧圖表中的原則時，請思考你將會如何將它們運用在社會工作實踐當中。

應用女性主義理論

作為Aisha的社會工作者，你可以從幾個不同的女性主義觀點和方式

圖表4.1 女性主義理論的基本原則	
	• 挑戰錯誤二分法：在社會實踐中創造許多互斥類別（二分法）來描述各種行為和特徵，也創造預期。例如，西方社會非常重視男人與女人、富有與貧窮、年輕與年老的差異，這些類別為特定適合某一類別的人規範了行為。 • 重新思考已建立的知識：重新評估且批判性分析那些我們已知道的、我們如何知道，以及這些知識是從何而來。思考這個的例證時，可以考慮到最近、哪些研究主題和方法排除了與婦女和少數民族特別重要和有益的議題。 • 檢視不同的社會化模式：根據不同的社會化和經驗，檢視男人與女人之間的差異。男人與女人附著在不同的性別角色和期望，最終影響行為和發展。 • 解構父權的階層制度：檢視社會中存在的父權制和影響人們的經驗。此一策略挑戰著所有社會機構中男性對女性的權力和支配。 • 增加充權機會：具體來說，充權女人以促進社會變革。例如，婦女積極參與生育權利的政策，能使婦女對於她們自己的身體能有更好的控制，這樣的參與最終會使婦女能有更好的生育控制和分娩等醫療保健程序，也將直接影響婦女和孩童的身體、經濟和情感的福祉。 • 價值流程導向：女權主義經常聚焦於男人和女人工作和思考方式的不同，女人傾向於注重過程，這是指人們在工作和解決問題時的互動和聯繫方式。相反的，男人往往重視產品，強調解決問題過程的最終結果，在西方社會，產品的價值通常高於產品的製作過程。 • 了解個人是政治的：所有的個人行為都受到政治行為的影響，我們傳統上歸類個人領域也是政治性的。例如，女人決定懷孕的過程是受到健康照顧和其他政策的影響，也將影響她的懷孕前後期間。 • 尊重多樣性：在例如婦女等受壓迫的群體中與其他人保持團結，同時尊重個體差異，特別是婦女需要找到共同基礎來實現改革，又不會在這個過程中失去個人的多樣性。 • 提高對於個人和社會力量間互動的意識：一旦婦女意識到有更大的社會力量能影響她們和社會生活，就可能發生變化。 資料來源：改編自 Van Den Bergh & Cooper, 1986.

來概念化她的情況，當然，你將採用的特定策略會取決於你選擇應用的女性主義分支，但總的來說，你會從分析系統（家庭、寄養、收養、教育和宗教）如何使Aisha處於不平等，進而導致問題，你可能想要解構加諸於Aisha 身上，所謂「適當」的主流社會價值觀，以便能夠更完善的了解

Aisha在生命中想要的東西。

更進一步，你可能需要協助Aisha與各種制度談判協商，以確保她應得的福利，雖然Aisha很年輕，但尊重她的意願是非常重要的，最後，隨著Aisha逐漸成熟與獨立，你可以幫助她成為身為女性和少數民族的倡導者。

批判女性主義理論

女性主義理論有許多優點，但是有兩個嚴重的批判：

- 女性主義理論專注於女性，因而忽略了其他少數群體的困境。
- 訴求聚焦於女性受到壓迫的特殊狀況，使其「獨立」於男人之外，並強調應有特殊待遇。

這兩種批判都被反駁了，儘管女性主義理論聚焦於性別的不平等，許多社會工作者仍使用這些理論來檢驗其他群體成員間的不平等。此外，最近使用女性主義觀點的研究將其原則應用於研究許多被剝奪權利群體所受之壓迫，女性主義理論在對於議題中的多樣觀點提高意識扮演一個主要角色。

與符號互動論一樣，女性主義理論教導人們建構自己的現實，對女性和少數群體而言，此一現實經常根基於歷史和過去經驗的歧視和壓迫，因此，女性主義理論的明顯優勢在於其對平等的關注以及對主流結構的質疑，這些優勢也支持著社會工作專業的基本倫理原則。

無論一個人對於女性主義理論的切入點為何，這個觀點顯然不僅在主流文化價值和結構，以及我們產生的方式皆引起關注。許多社會工作者和其他學科學者都仰賴女性主義理論指引著他們的研究，此一過程的一個結果是創造了一種不同於過去的質性文獻體例。女性主義理論也驗證了其他替代研究方法的使用，例如歸納推理、質性研究、研究參與者平等對待（例如此類研究中他們通常被稱為「共同研究者」），以及研究結果被解釋和應用的方式。

文化觀點

雖然沒有單一理論可以解釋文化及其對人類行為的影響，我們仍需要思考文化的理論，特別是在社會工作的脈絡下，文化的想法、概念和應用與社會對於案主的影響是密不可分的。在所有學科中，社會工作是最可能關心要理解複雜的文化，尤其是在與人合作時。

沒有一個舉世接受的文化定義；文化對於不同的人有不同的意義。事實上，定義取決於它們起源的學科和理論，即使在社會工作領域，文化的意義也應著脈絡、問題、案主和社會工作者而有不同。從社會學的角度來看，文化是所有人類努力的結果，文化可以被視為包含人類的所有事物，例如規範、價值、習俗、符號、思想、傳統、政治、宗教、語言、哲學和物質實體（Barker, 2003; Turner, 1998）。文化包含內部和外在組成部分，外在組成部分是可以被

照片 4-A

文化視角對社會工作的有效實踐很重要

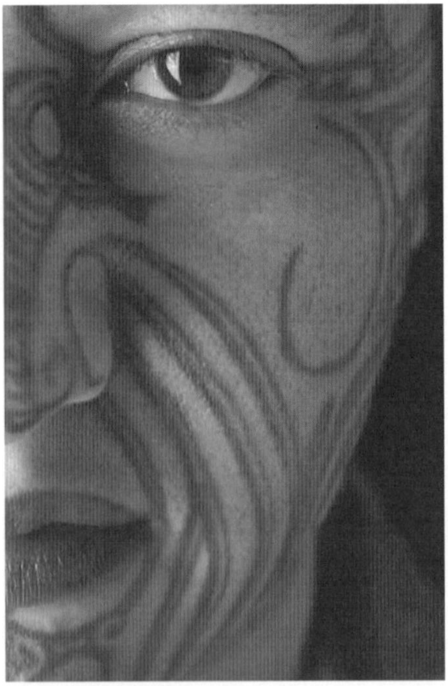

資料來源：Royalty-Free/Corbis.

觀察、量化的東西，例如行為、產品、工藝物件和其他有形實體，相反的，內部組成則是不易被觀察到的，例如想法、詮釋、感知和人們對於外部事物的意義。

文化是透過經驗來創造的，但它也有助於對經驗提供結構，這是一個動態的過程，隨著人的經驗在社會變化中持續發展和改變，甚至文化這個詞的意涵也會隨著時間改變。

多年來，社會工作者發展文化理論和模型及文化對於行為的影響，並且從相關學科的模型中納入許多想法和術語，在圖表 4.2 中的術語對社會工作實務很重要，它們都有助於定義文化的本質和文化在環境中影響人們的多種方式。

其中有些術語，例如「種族」和「社會階層」，可以幫助社會工作者理解社會如何看待案主，然而這種觀點可能有偏見。其他概念，包括意識型態、民族認同和世界觀，可以提供觀點了解案主如何看待他們自己與文化的關係，這些術語指的是案主現實的文化建構，如果沒有這些知識，社會工作者將很難以理解一個案主在他或她現在和更大的社區環境脈絡下的經驗。因此，社會工作者發展的任何處遇措施都會是資訊不足，甚至是有害的。

種族中心主義的概念有助於解釋一個主流意識型態能夠如何維持對於案主有幫助或是扯後腿的文化價值觀。了解種族中心主義的影響，可以幫助社會工

圖表 4.2

社會工作實踐中的文化概念

- 文化相對論：對於不同的文化應該要平等對待的觀點；文化不能被根據哪個比較好或哪個更好來排名。
- 族群認同：人們如何根據其種族而形成自己的身分。
- 種族：群體中的人們如何透過價值觀、傳統、習俗、語言和宗教等方面來與全體連結起來。
- 民族優越感：相信一種文化是優於其他的信念，而且是衡量其他文化的標準。
- 社會思潮：一個人生活的道德、倫理和審美觀的基調，是世界觀的情緒面向。
- 意識型態：關於什麼是正確和應該如何應對的主流想法。
- 社會階層：具有相似經濟分層的人群類別。
- 世界觀：人們認識世界的方式，為他們提供了參考框架，關於事情是怎麼回事，以及應該如何做的個人哲學。

作者掌握案主是如何將自己的文化看作是優越的，這可能給案主在與其他文化互動時帶來問題，特別如果他們的文化不是主流文化時，保持文化相對主義的意識可以幫助社會工作者在與案主工作時，能夠評估所有潛在文化變項。雖然簡單的認識到不同文化不能被評定是否優於或低於其他文化，社會工作者可以更深的理解每一個案主都會將他面對各自的現實帶入工作關係中，這將有助於改善協助案主的品質、解決案主的問題以及他的解決方案。

當你實際與案主工作時，所有這些想法都會發揮作用，它們對於理解種族、歧視和壓迫等議題非常重要，這些問題將於第五章中討論。

文化觀點與社會工作

為了成為有效的實踐者，社會工作者必須理解案主的行為、觀念和生活是如何受到文化的影響。為了深入了解，社會工作者必須意識到價值、信念、哲學、經驗和社會結構如何因社會而異，他們能夠從個別案主的現實中去區別定義文化的刻板印象和生活在其中的人們，案主不僅僅是他們認同的文化，因此，社會工作者需要熟練的辨識人們如何在其文化中是個活躍的個體，他們必須意識到案主既是文化的接收者也是塑造者，這兩種角色都會影響案主的行為。

文化與美國全國社會工作者協會的倫理守則 美國全國社會工作者協會（National Association of Social Workers, NASW）所訂定之《倫理守則》（1996 年通過，2008 年修訂）強烈支持文化能力的概念，它指出社會工作者應該：

> 了解文化及其在人類行為與社會中的作用，意識到存在所有文化中的優勢，……展示出對案主文化的敏感度和區辨不同文化群體差異的能力，〔和〕針對關於種族、民族、國籍、膚色、性別、性取向、性別認同或表達、年齡、婚姻狀況、政治理念、宗教、移民身分和精神或身體失能等的社會多樣性或壓迫，能獲得教育以尋求更深入的理解。
>
> （p. 9）

此外，2001 年美國全國社會工作者協會批准了圖表 4.3 中所示的具有文化能力的社會工作標準，這些標準規範了社會工作者的責任，應與案主一同具有文化能力，並熟悉該行業所應具備的廣泛、複雜的文化意涵。

少數群體的雙元視角　除了社會工作者在實踐中會使用的文化概念和術語外，還有一些觀點可以幫助社會工作者思考人類發展脈絡下的文化多樣性，例如雙元視角（Norton, 1978）給予來自少數群體的人在發展過程體驗不同的系統，以及這些經驗如何影響發展，這種觀點認為少數群體成員如同雙腳踏在兩個世界：

- **撫育系統**：這是主要系統，由接近個人的人們和環境組成——例如，個人所連結的直屬和延伸家庭與當地環境（例如教堂、鄰居等）。
- **維持系統**：這是主流文化的世界，由影響個人的較大系統組成，例如政治、經濟動態和教育與社會服務系統。

根據雙元視角，在撫育系統中的個人被灌輸了文化相關的價值觀、信念、習俗和行為，隨著個人的成長並與維持系統增加互動，他們可能發現撫育系統的價值與維持系統的價值相衝突，並且被維持系統貶抑，這是少數群體成員可能經歷到種族、偏見和歧視的時候，此外，兩個系統之間價值的衝突可能導致少數群體成員的發展問題，例如低自尊。

多元文化主義　為了捕捉這種文化的複雜性，社會工作經常使用多元文化主義

圖表 4.3

美國全國社會工作者協會標準中社會實踐的文化能力

- 認知到個人和專業的價值如何影響到與文化多元性的案主工作。
- 不斷的發展與文化多元性有關的知識。
- 在與案主工作時要使用文化上適當的方法。
- 具有案主的文化適宜服務相關知識。
- 了解政策和方案是如何影響文化多樣性的案主。
- 支持社會工作教育和實踐中的倡導專業多樣性的努力。
- 努力消除文化多樣性案主的服務障礙。
- 為專業提供文化能力的領導。

資料來源：改編自 NASW, 2001.

這樣的術語，用來說明所有文化都應該受到承認、尊重和平等對待。相同的，文化多元主義指的是對於有不同價值觀和規範的各種文化的認識和理解，社會工作者往往聚焦於多元文化主義，因為它是用於較邊緣化或有壓迫風險的群體（Fellin, 2000），這最後的說明也可能是對於文化概念和多元文化主義當前如何使用於社會工作最好的定義。

其他觀點和模型也有助於社會工作者概念化關於經驗發展方面，少數群體成員如何以不同於多數群體的方式發展。例如，雙元文化社會化的概念指的是少數群體成員不僅從其文化群體接收到延伸的文化和社會化（例如經由語言、習俗和傳統），也接受到大眾文化的社會化，雙元文化社會化的模式有助於解釋發展任務，如少數群體成員形成自尊和身分認同，這些模型也引起關注於某些雙元文化可能存在兩種文化的成員張力（Chau, 1991; de Anda, 1984; Lum, 1995; Nguyen & Brown, 2010; Robbins, 1984; Uttal & Han, 2011）。在雙元文化社會化的過程中，有些人可能發展出應對技能，使他們在兩個文化脈絡下能夠有效的發揮作用，但是，其他人可能會經歷對其發展產生負面影響的問題。

從這些觀點來看，發展有助於社會工作者從更具文化能力的角度切入概念化議題。例如，這些觀點使社會工作者較少從主流群體意識型態去看待案主的問題、指責案主「缺乏」適應主流文化的能力，或由於沒有適應更大的文化價值觀而「匱乏」，社會工作者使用這些觀點在文化脈絡下概念化發展，協助少數群體案主以更有效和文化適應的方式選擇評估和處遇方式技巧。

應用文化觀點

在Aisha的案例中，有許多文化因素是你需要考量的。回顧第二章，文化因素可以放在鉅視、中介和微視的層次，這些是Aisha案例中可被放在不同層次中予以概念化的一些問題：

- 鉅視層面：安置或服務過Aisha的社會機構所具有的意識型態和社會思潮，會反映在與Aisha及其家庭一起工作的寄養和收養機構的政策和程序當中，以及其寄養和收養的家庭。

- 中介層次：Aisha 的學校和教堂，以及她的同儕和她的兩個家庭結構。
- 微視層次：Aisha 的世界觀和她對文化現實的建構。

所有這些文化因素相互作用而創造出Aisha的動態獨特情境，你還需要了解可能給Aisha帶來問題的種族中心主義和其他文化動態。例如，收養機構可以操作家庭之於兒童福祉的重要價值，而忽視該家庭與安置的孩子在種族上相似與否。從Aisha的角度來看，相似的種族背景可能對她的福祉更為重要，而不是只是屬於一個完整的家庭。

另一個例子，西方社會傾向於將貧窮視為一種文化，將責任歸於生活在貧困中的人們。這所謂的貧窮文化被認為是讓貧窮人口持續待在貧窮的世界觀和思潮，他們發展出一種生活在貧窮中身分認同，這使他們難以邁向經濟階梯。例如，對於貧窮的文化觀點認為，窮人的特點是懶惰和不良的工作倫理，這印證了代代相傳對於社會救助的依賴。兒童向父母學習到懶惰作為一種生活方式，接受社會救助也是，孩童從未獲得經由工作而擺脫貧窮的動力，然而，在將貧窮歸因於人們的文化價值時，貧窮觀點的文化拒絕社會力和主流文化在長期貧窮中扮演重要角色。

身為Aisha的社會工作者，你必須在許多層次上評估許多文化因素，這些結果將有助於引導你發展處遇措施，以解決為 Aisha 帶來問題的文化議題。

批判文化觀點

發展適當方法以闡明、組織和理解文化元素對社會工作是很重要的，然而，文化觀點也是存在負面批評的：

- 不是單一的、連貫的文化理論，是許多學科的文化思想、定義的集合，因此，文化觀點在社會工作中的應用難以界定、運用、衡量，確認處遇措施是否盡可能有效，和是否社會工作者已含括所有可能的文化面向，都是困難的。要進一步發展和定義文化及其在社會工作專業中的地位，仍有許多工作待做。

- 如果社會工作者與案主在不同文化中成長，即使社會工作者能擁抱多元文化和擁有文化能力，仍難以真正了解其案主的世界觀，社會工作者如何知道他們是否將文化相對主義應用在他們的案主呢？他們是否能夠確定在某些情況下沒有以種族中心論回應呢？

文化概念化的自然力量在於它提供工具來幫助社會工作者將概念化納入評估的過程，從而增加對於案主本身及其所處情況的了解，在案主的文化脈絡下觀察他們可以確保社會工作者能掌握案主生活複雜性中的一部分，如果不能全部，並從民族中心的視角降低與案主合作的風險，具有文化能力的社會工作者較有能力充權案主並倡導更大的社會改變，雖然文化觀點並不一定直接能為介入措施提供訊息，但當它們與其他理論相結合，將有助於提出更有利和有效的處遇方法。

結論

在本章，我們探究了許多與社會工作實踐相關的社會學理論和觀點，要回顧與比較它們，請回頭看快速指引 6，社會學理論聚焦於社會的廣泛面向，以及這些如何影響人類行為，許多理論和觀點幫助社會工作者從較為廣泛的觀點去思考案主的問題，並針對鉅視層次的議題發展處遇措施，正如你在前面章節中所看到的，這個鉅視的焦點可能會有幫助，因為它將焦點從個人身上移除，那往往只是生理心理社會方法的重點，在本質上，社會學理論和觀點提供社會工作者一個平衡工作的方法。

本書目前為止所討論的所有理論、模型、方法和觀點，都是用於社會和經濟正義的議題，但社會學理論和觀點對於支持美國全國社會工作者協會的《倫理守則》所提出的觀點特別適用，例如，社會學模型比起微視和中介方法較能夠充分解釋壓迫和歧視的社會原因，這些模型有助於指引社會工作在鉅視層次上發展消除壓迫和歧視的處遇措施，此外，社會學模型允許社會工作者更全面的思考，包括去評估和處遇可能影響和延續案主問題的文化及種族議題。

本章重點

- 社會學的想像一詞是由 C. Wright Mills 所提出，用來形容個人和更廣大的社會之間的關係。
- 衝突理論，可以追溯到 Karl Marx，但自他的時代以來已有更多的貢獻，從兩個或更多群體的衝突或緊張的角度來看待社會行為。雖然它很符合社會工作的基本價值和倫理規範，但它往往不提供實務處遇措施。
- 有一種應用更廣的方法是批判實踐理論。使用這種方法，社會工作目標是幫助案主克服現有社會秩序的壓迫性，並利用他們發聲以創造社會改革。
- 功能論理論解釋了社會各方面如何共同維護穩定。社會工作者可以使用功能論來解釋社會制度如何維持案主的生活秩序。
- 符號互動論類似於社會建構主義，描述了人與系統互動和彼此溝通的獨特方式，以及互動和溝通的本質與特徵。社會建構主義反映了社會工作者所支持的多樣性思想，並且有助於解釋一個群體的現實建構如何成為主流。
- 女性主義理論是基於女權主義思想為基礎，為審視與不平等、壓迫和剝奪權利有關的各種個人和社會議題提供一條途徑，女權主義的幾個分支分別指引著社會工作以不同的方式看待平等和社會變革。
- 文化涵蓋「指引人們社會生活的複雜生活模式，每個新世代都必須要學習甚至最終也會增加的事物」（Stark, 1998, p. 36）。根據美國全國社會工作者協會的《倫理守則》，社會工作者必須努力成為具有文化能力的實踐者。

本章練習活動

1. Hudson 市互動案例，請參閱 www.routledgesw.com/cases 網站。檢視此案例，並回答下列問題：

a. 批判理論可以用於哪一面來幫助解釋城市居民正在面臨的一些問題？
b. 使用功能論來看，城市及其居民面臨到的一些功能障礙為何？
c. 符號互動論在哪些方面可以幫忙解釋城市系統和居民互動的方式，會使問題永久化？

2. RAINN 互動案例，請參閱 www.routledgesw.com/cases 網站。檢視此案例，並回答下列問題：
a. 女性主義理論的原則可以如何適用於 Sarah 和 Alan 的情況？
b. 解釋使用女性主義視角的社會工作者能夠從何開始幫助 Sarah 和 Alan 重新獲得對生活的控制感。

3. Carla Washburn 互動案例，請參閱 www.routledgesw.com/cases 網站。重新了解 Carla 的情況，回顧本章討論之文化概念，然後回答下列問題：
a. 在圖表 4.2 中所提的要素中，哪些可能在 Carla 的案例是重要的，為什麼？
b. Carla 的文化在哪些方面是有助於或礙於她的處境的？
c. 你能如何使用 Carla 的文化來幫助指引你對於問題的評估和處遇措施？

4. Sanchez 家庭互動案例，請參閱 www.routledgesw.com/cases 網站。檢視此案例以及每個家庭成員和整個家庭所面臨的議題，使用本章所介紹的理論，回答下列問題：
a. 如何以衝突理論來解釋 Sanchez 家庭的問題？請以具體案例說明。
b. 如何以符號互動論來解釋家庭和個人成員所遭遇的一些問題？
c. 如何定義 Sanchez 家庭的問題？在試圖了解此家庭文化時，你可能想要思考哪幾個面向？
d. 與這個家庭工作時，可以採用哪種方式應用文化觀點？

第五章

概念化問題和處遇方式的視角：社會改變面向

在一個西部州有一個鄉村小鎮，我們稱之為 Crow Crossing，人口約 200 人，周圍有些較大的城市，提供著各樣的銀行、雜貨店、服飾店、娛樂和其他服務，但最近的城市有 32 公里遠，Crow Crossing 本身沒有銀行、學校或大型雜貨店，相反的，它只有一個小郵局和非常小的便利商店，販賣的物品有限且昂貴，該鎮人口組成多是西班牙裔、拉丁裔的老年人和年輕家庭，他們在附近的農場、工廠工作或通勤至少 80 公里到更多行業的城市，公共交通是缺乏的。

Crow Crossing 孩童就學的學校缺乏資金、合格教師、好的課程方案和有競爭力的環境，這些方能協助學生進入好的大學，進而獲得優渥薪資工作，此外，孩童必須搭乘巴士到別的城鎮去上學，單趟需要超過一個小時車程，因為搭乘公車的孩童家庭分布各地。高中的畢業率為 70%，許多學生高中輟學以幫助家庭經營農場，因此他們永遠無法擺脫過去幾代人的貧困。在 Crow Crossing 很少有娛樂機會或給青年有薪工作，該鎮許多青年有意外懷孕、酒精和藥物濫用，以及蓄意破壞或其他輕微罪行的問題，年輕人的自殺率也較高於該州和全國的平均水準。

Crow Crossing 也缺乏社會服務，包括解決家庭暴力問題，這對許多家庭來說都是問題，該鎮無法獲得安全資源或服務，主要由於缺乏領導力，居民在州的立法機構缺乏代表，因此他們的擔憂很難被政策制定者聽到，Sheriff Bidarte 是 Crow Crossing 的市長，曾試圖集結鎮民來解決問題，但他沒有成功，Sheriff Bidarte 缺乏必要的知識和技能去幫助人民解決他們的問題，或是為社區發起改變，他被轉介到鄰近城鎮的一名社會工作者表達他的擔憂，並期待藉由她的幫助能夠解決城鎮的問題。

這場景可謂是一個共同場景，可以代表美國許多的鄉村小鎮。多數社會工作者主要的興趣是與個人工作，但隨著這樣的情況大量被發現，許多個人問題是源自於更大的社會問題甚至加劇，如果社會工作者要針對這個小鎮的個人或家庭擬定處遇措施，他將快速發現有必要進行鉅視層面的評估和介入。

本章將討論社會工作中用來概念化和解決影響案主的鉅視議題的一些模型，雖然不是詳盡的討論，但它探討了幾個經常使用的基本觀點，並且可以與其他理論方法相結合，這些觀點涉及如種族、壓迫、社會變革、社區組織以及社會和經濟正義等較廣泛的類別。正如你將看到的，本章所討論的許多概念是相互關聯的，例如，當社會工作者提到正義，他們也將經常提及社會變革和促使社會和經濟正義的行為。社會改變和行動也與社區發展密切相關，儘管有這些重疊，我們將分別探討每個概念，以聚焦其獨特的貢獻，請記住，在許多方面這些概念與社會工作實踐仍是密不可分的。

我們首先聚焦研究鉅視層面關於種族、歧視和壓迫的力量，與前幾章相同，本章所有理論和觀點的比較和對照，都羅列於快速指引 7。

種族主義、歧視和壓迫理論

種族，作為一個當代的術語，指的是群體中人們之間的生物差異，這個術語發展於 18 世紀，用來描述血統，並根據膚色和其他可見的物理特徵來區分人們和群體。隨著 19 世紀生物學和科學的發展，種族開始與生物因素和進化相關，種族從一個生物建構變成判斷人們社會地位的基礎，並將某些種族的成員歸類於優於其他種族，一群成員認為某些種族特徵是可以被利用來作為區分彼此的（Payne, 1997）。

快速指引 7　社會改變視角：理論與觀點

	種族主義、歧視和壓迫	社會和經濟正義	社會改變與行動	社區組織
類型	理論	觀點	觀點	理論
焦點	個人和環境發展，根據理論	社會	社會和個人	社會和社區成員
假設	多變的：有些人認為行為受到心理因素的影響，其他人則認為是受到外部力量影響。	多變的：有些人認為社會是「虧欠」其成員的，其他人則認為社會機構提供資源的作用有限。	多變的：有些人認為人與人互動是重要的改變煽動者，其他人則認為外部來源是重要的變革因素。	多變的：有些人認為社區成員是關鍵改革推動者，其他人則認為社區領域的外來「專家」是關鍵改革推動者。
優點	• 概念在有效性和道德實踐上很有用。 • 考量多樣性的因素，例如種族，如同社會建構的概念可用於理解和努力消除壓迫。	• 概念是社會變革的有力工具，也是社會工作專業的核心。 • 概念與社會工作所使用的其他理論非常吻合。	• 可以提供評估問題和引導介入的有用方法。 • 建構適合的實務驗證。 • 可與其他理論方法結合使用。	• 可以提供評估和介入社區議題的有用工具。 • 建構適合的實務驗證。 • 可以幫助預測社區的行為。
限制	• 沒有關於種族主義、歧視或壓迫的單一理論，難以對問題做出明確的解釋。 • 由於理論背後存在廣泛的結構，並且許多理論尚未得到很好的發展，因此很難進行實務驗證和預測行為。	• 沒有明確的概念組織，這使得實務工作者之間難有共識。 • 觀點之間缺乏明確的定義，因此難以對觀點進行實務驗證。 • 無法預測行為。	• 由於理論是用於不同的學科和脈絡，建構定義共識是困難的。	• 理論觀點的數量增加給建構定義和應用造成了問題。 • 理論數量使得方法比較變得困難。

目前，關於種族是否是社會建構而非生物類別的問題一直存在著爭論（Goodman, 2000; Harris & Sim, 2002; Kim, 2004; Shih & Sanchez, 2009）：

- 傳統思想家認為種族定義一群人，在共同生活或近距離生活許多代後，已發展出一個共同的基因庫，隨著時間的推移，這些獨特的基因模式也繁衍給他們的孩子，進而識別為種族。
- 當代思想家認為群體之間並不存在真正的生物學差異，儘管一群人生活在一起、繁衍後代、創造了幾代人的生物特徵，但這並不表示他們創造一個獨特的種族，獨特到數量上和質量上都與不住在相同區域的人不同，此一思考路線支持著一群人，認為即使在地理上長時間的分離，仍然分享著相同的基因組成，使得所有群體彼此更相近而非不同。

有些關於種族的生物理論的批評者甚至更進一步，認為從歷史上來看，人群間的混雜超過他們所保持的分離程度，而創造了一個更加複雜和多元的基因譜系，對他們而言，種族作為一個生物現象是一個由社會建構的想法，以根據某些特徵的不同去區分和對待團體，更具體的說，種族作為一種生物類別的概念，在社會制度中經由根基於膚色和生物特徵的意識型態和政策獲得加強（Fong, Spickard, & Ewalt, 1995; Montague, 1964）。例如，人口普查的表格要求人們區辨他們的種族，而此一資訊將被用來作為資金和方案的決策。

無論群體間是否真實存在生物上的差異，都存在許多與種族相關的政治和社會後果，我們仍在許多社會脈絡中使用種族：它對我們來說有個人意義，作為憑據的假設，我們仰賴它以制定社會政策和其他決策。雖然它可能對於不同的人有不同的意義，不同的群體將它用在不同的目的，但它在美國社會中仍是一個強有力的概念，因此，對社會工作者來說，了解該術語的起源及其對個人和整個社會的影響是很重要的。

種族主義

理解種族主義如此重要的一個原因是因為它導致了種族主義的可能性。種族主義涉及對於人們基於其種族的刻板印象，刻板印象傾向消極（雖然有時他們也可能正面），並且他們將所有人類以種族類別推定（Barker, 2003）。更具體的說，種族主義指涉那些推動根據種族和民族群體，而在人際和機構互動中給予差別待遇的社會學和其他意識型態過程（Payne, 1997）。例如，根植於醫學模型的生物性種族主義，促進了認為在遺傳上白人優於非白人的觀念，關於這個膚色主義的概念，存在於種族和民族群體間，認為膚色較淺者優於膚色較深者，膚色主義可以使膚色較淺的個人在種族和民族群體間享有經濟、教育和其他優勢皆優於膚色較深者，更形成所謂的膚色統治（Bonilla-Silva & Dietrich, 2009），在其中不同的種族和民族群體根據其膚色有不同的社會地位。

將這個概念運用於社會工作實踐時，你可以從不同的層級來思考種族主義：

- 個人種族主義，一個微視的觀點，是指兩個人或多個人之間的個人或一對一的行動，它涉及人們對來自其他群體的人持有負面的態度和信念，這種態度和信念也常伴隨辱罵、排斥，甚至仇恨的暴力行為，由於個人種族主義發生在個人層次，因此通常是公開的，也使得干預措施相對直接簡單。例如，一個社會工作者聽到孩子以貶抑的稱呼呼叫另一個孩子，這時可以直接介入，並與他們討論這些行為的後果，在更極端的案例下，例如仇恨犯罪，罪犯本人通常會被抓到並受審判，儘管這個層次的種族主義可能具有破壞性，但相對於其他更微妙的種族主義，它往往較容易處理。
- 制度種族主義，存在於較為廣泛的鉅視層面，涉及社會制度的行動（例如法律、經濟、政治和教育領域），更廣泛的說，涉及在大社會中呈現的態度，制度種族主義下的例子為政策、方案和程序，比起其他種族主義，它會使某一種族群體更系統性的享有優惠，這些行動和政策是鑲嵌在社會系統中的，它們是普遍、長久存在於機構的運作，即使它們是非法的，也很難被辨別和改變（Barker, 2003）。
- 文化種族主義也是存在於鉅視層面，這種種族主義認為弱勢民族群體所面臨的不利因素，是因為根植於他們特定文化而來的行為，理念及生活方式所造成。這種種族主義不去檢討結構與制度因素阻礙一個群體的成功，反而指責該群體的文化。一個文化種族主義的例子是人們普遍認為黑人社區普遍存在的貧窮問題是由於黑人家庭的分裂、家庭中黑人父親的缺席和劣質的養育方式所造成的，從這個角度來看，解決黑人社區貧窮問題的辦法是恢復男性作為家庭中的父親和賺錢者的身分，並改善子女養育行為，然而，這樣的觀點則未能辨認出就業、司法體系和其他使整個群體長期存在於貧困環境的制度性歧視。

- 環境種族主義也是一種鉅視層面的結構，源於制度和結構的政策與實踐分別對於種族和民族群體在健康和生活條件上會有不同程度的影響，在主要由不同的少數族群居住的社區中可以看到環境種族主義。例如，許多工廠和危險廢棄物處理設施位於非白人居住社區，這些社區持續經歷不合標準的生活條件，包括缺乏管線、接觸含鉛油漆，以及污染的空氣、土壤和水，因此，許多少數族群的生活遭受破壞性的健康不平等，而導致慢性病、高死亡率，而縮短平均壽命。

制度性種族主義的一個例子，是犯罪司法體系對非裔美國人有不同的對待方式，由於刻板印象和訓練不足，警察對於種族定性的偏誤是許多社區面臨的議題，比起其他族裔群體，有些警察較有可能攔截和逮捕非裔美國人，因此，非裔美國人在犯罪司法系統中比例過高，包括郡的監獄到死囚，因此相對也有較多的犯罪紀錄，由於犯罪背景會限制一個人的就業和其他機會，這樣的過程可能導致於更高的失業率，最終導致貧窮，此外，許多非裔美國人無法支付聘任好的法律代表，這也使得他們在犯罪司法系統中比例偏高，這種普遍、一致的偏見，就成了制度種族主義的特徵。

制度性歧視經常關連到（經常造成或導致）文化和環境種族主義。歧視性政策、做法和刻板印象會影響主流團體的決策，例如在哪裡設置有毒廢棄物設施、是否出資協助社區建立基礎設施，和提供健康照顧資源以改善社區健康等問題。

一般而言，制度、文化和環境種族主義的案例對於社會工作處遇措施的挑戰比個人行為更大，因為改變整個系統比改變個人行為要困難許多，此外，如前所述，種族主義的制度形式往往是隱蔽的、難以揭露，甚至難以根除。

歧視、偏見與特權

社會工作者所關心與種族主義密切相關的三個議題就是歧視、偏見和特權：

- 歧視是「基於一些可識別的特徵，例如種族、性別、宗教或民族，對於人有先入為主和負面的對待」（Barker, 2003, p. 123）。因此，歧視意味著根據其先入為主的觀念去對待個人或團體，這種對待通常是對某個人或團體造成某種類型的不利條件（Newman, 1973）。
- 偏見比較傾向是在認知過程而非行為表現上，也就是說，偏見是指一個人對於其他人所持有的態度、信念和刻板印象，偏見涉及根據對某些群體的特徵做先入為主的觀點而對人做出預判，雖然偏見可能是正向的或負面的（例如，我們可以對我們自己的群體有正面刻板印象，但對不同群體有負面刻板印象），但偏見通常是被我們以負面觀點來討論與我們特徵不同的群體的人。這些偏見往往藉由下列信念加以增強：具有不同特徵的群體也會具有不同的價值觀、道德、技能等等（Newman, 1973）。例如，一個白人可能認為一個長得像墨西哥人的人是懶惰的，一個看起來像亞洲人的人是勤勞的，再者，如果這個白人認同勤勞，她較有可能以積極正面來看待亞洲人，因為她認為勤勞的價值與她自己類似，無論這是否真實。
- 特權指的是社會中主流群體所具有的優勢。例如，白色特權指的是被歸類為白人的個人所享有的優勢，第四章討論的社會學家 W. E. B. Du Bois 的著作提出了白人特權的概念，他觀察到美國的白人工人愈來愈認同他們的白人督導（主流群體），並且與黑人奴隸保持距離，如此一來，白人工作者獲得了經濟和其他優勢，這個現象被移民工人所學會，他們藉由「學會當白人」而在工作場所獲得優勢（Roediger, 1999）。Peggy McIntosh（2008）和其他人將白化特權的概念擴展為泛指白人化是成為一種不會被注意的身份，但可以得到白人擁有的好處。具體來說，少數民族群體（黑人、亞洲人、拉美人、原住民及其他）總是在與他人的互動以及在我們的社會結構及現實中被提醒他們的種族或民族，雖然白人也是屬於某一種族或民族，但它變得規範化，因此被歸類為白人的人往往也不會注意到他們每天享受不勞而獲的特權。例如，多數的白人理所當然的認為他們在商店裡不會被跟監、使用信用卡時不會被要求識別身分，或在街上開車、走路不會被警察攔截。

一旦理解了歧視、偏見和特權，你就可以檢視它們之間的相互作用。例如，一個人對另一個人有偏見，這些態度是否會導致歧視？答案是可能會，但也許不會，不是每個人都會對他的想法或信念費心採取行動，特別是因為許多歧視行為是非法的，但這些信念可能會被以微妙的方式顯現出來，因此，只有偏見而沒有歧視的存在是可能的，然而，有些人則認為相反的條件就不成立，也就是說，有歧視的行為必然存在著偏見，他們這樣問，如果一個人不是對於他們所歧視的人或群體有著先入為主的觀點，他們會有歧視的作為嗎？就這層意義上來說，是偏見構成了想法，而歧視構成了行為。白人特權是否有助於長久延續偏見的信念和歧視的行為？白人特權是否可能與消除偏見和歧視的努力同時存在？

不論你對於偏見、歧視和特權之間的關係有何看法，你都需要了解這些概念，社會工作者不僅需要關心這些議題，還需要意識到這些議題如何與其他主義相關，例如種族主義、性別歧視、年齡歧視和其他本章後面會討論的議題，歧視、偏見是社會工作者遭遇到所有主義的核心。

偏見理論

與社會工作者面對的其他現象一樣，關於偏見沒有一個單一的解釋，相反，有幾個理論企圖去解釋偏見從何而來、如何產生，以及它如何及為何發生，大多數這些理論都是從不同的學科理論和觀點中借鑑和修改而來。以下這些是用來解釋偏見和歧視的一些理論概念：

- 權威人格：對於極權主義和反民主主義思想有高敏感度的傾向，因此容易產生偏見，Theodor Adorno（Adorno, Frenkel-Brunswik, Levinson, & Sanford, 1950）認為，那些具有權威性格的人往往對於那些被認為處於劣勢的人懷有敵意，但卻服從地位較高的人。Adorno 指出那些具有權威性格的人，會將人們區分為「我們」和「他們」，並將他們自己的團體視為是優秀的（Mcleod, 2009），權威性人格可能導致僵化、沒有彈性、順從和忠於權威人物，這些更有可能導致對他人的歧視和壓迫。

- 替代性攻擊：一個弱勢群體受到主流團體的攻擊，無奈的是無法被處理，因為它們太過強大（Healey, 1997）。例如，多數群體成員可能在日常生活中感到沮喪，而可能使用少數群體中的成員做代罪羔羊，在這樣的情況下，偏見將有助於擴散或成為個人或社會挫折的出口。
- 投射：Sigmund Freud（1914）描述一種防衛機制，藉由指出其他人有某種負面特徵，以允許否定擁有不舒服的感覺或相同認知負面特徵，我們向他人「投射」我們自己不良的個人特徵或感受，去減少我們自己的緊張和焦慮，將責任歸咎於其他人或團體是一種偏見的形式。
- 惡性循環：只是假設一個創造並延續條件的過程是真實的。例如，一個主流群體可能使用權力將另一個團體置於劣勢地位，為了辯解歧視行為，偏見由掌握權力的團體所創造以及接受，進一步的歧視加劇了劣勢團體在機會上的缺乏，從而更強化了權力團體的信仰（Healey, 1997）。簡言之，偏見限制了劣勢團體的機會，更支持了創造該偏見的初衷。

此外，一些理論提供了對偏見和歧視的起源和機制的見解：

- 歸因理論：這個理論試圖解釋我們如何看待和判斷他人，歸因是人們對於自己和別人行為的推論，內部或處置歸因說明人們的行為是肇因於個人固有的事物所引起的，包括他們的個性、動機或品質。例如，當你遇到一個遊民，你認為這個人必定是懶惰，那麼你就是將他無家可歸歸因於他性格中固有的東西；相較之下，情境歸因則認為行為是由情境因素引起的，通常在個人的控制之外，在遊民的案例中，你可能會認為這個人是因為外部環境導致無家可歸，例如經濟不景氣或缺乏工作等（Heider, 1958）。歸因理論建議我們對於像我們這樣的人保持積極正面的想法，而將責任歸咎置於與我們不同的團體（Pettigrew, 1980）。例如，當那位遊民如果與你有相同的種族背景，那麼你較有可能認為缺乏工作是罪魁禍首；如果他的種族背景與你不同，你可能傾向於認為他無家可歸是因為懶惰或缺乏找工作的動力。

- 社會學習理論：社會化的人們以特定的方式思考和行動，社會化是我們學習比他人更重視某些特徵、想法和行為的過程，這個過程導致我們偏好學過的東西而反對不熟悉的東西。根據社會學習理論，這樣的偏好也將成為我們所謂的偏見，例如父母和老師對於兒童是具有影響力的，兒童往往會學習這樣的行為，然後，社會中觀察到的行為會進一步加強這些行為，孩童會學習他們的父母、老師、牧師等對待他人的方式來對待其他人，如果學習對象是尊重的，孩子們也將傾向尊重別人；如果學習對象是以偏見和負面方式對待別人，孩童往往也會對其他人產生偏見。
- 衝突理論：Karl Marx 認為一個競爭性社會創造了一些條件，其中某些群體認為自己是優越的，導致對被認為是劣等群體的剝削（Marx, 1994），因此，偏見被視為是控制或擴張主流群體資源分配的副作用（Healey, 1997）。例如 19 世紀初期的美國南部，菁英莊園擁有者需要廉價勞力，因此採用被奴役的非洲人來達到這樣的目的，然後發展出反黑的偏見來證明他們對於奴隸的剝削是正當的。更進一步，Marx 指出菁英們使用意識型態，包括宗教，企圖控制被剝削群體的思想過程。

還有一些其他關於偏見的解釋，包括宗教和歷史：

- 宗教：在某些情況下，相信特定宗教是「正確的」，可能導致優越感和貶抑其他人所信仰的。
- 歷史：歷史壓迫造成對於受壓迫團體的成員的看法產生影響。例如，因為祖先的奴役，非裔美國人有時被視為低人一等。

如你所見，偏見可以被從不同的角度加以解釋，這些概念聚焦於個體學習去評價某些特徵比其他有價值、對於特徵與他們自身不同的群體發展刻板印象，以及最終基於這些因素而歧視他人，通常涉及不止一個理論概念或立場。

例如，投射和社會化可以幫助解釋為什麼一個自我認同是異性戀的男人，可能會對同性戀男人有偏見的態度，美國社會傾向對年輕男孩灌輸男性的特徵（例如韌性、侵略性、受控制的情緒表達），認同這些特徵的男孩可能學到看待那些不具備此特徵的人為「怯懦」、劣等、「同性戀」，這些就可能導致歧視。然而，在他生命的某時刻，異性戀者可能會發現他擁有一些他被社會化過程中認為應該鄙視的特徵（例如女性化、情緒化），這種理解可能導致焦慮，可能導致他去「投射」這些在自己身上看到不需要的特徵到其他展現這些特徵的人身上（就是具有女性化特質的同性戀男性和異性戀男性）。在極端的案例中，異性戀男性可能會抨擊一個具有女性化特徵的男性，從而減輕他的焦慮，並確認他的「男子氣概」，因為他遭受一個不具傳統男性特徵的男人突擊（社會可接受的男子氣概表現）。雖然男性，不論他們的性取向，都表現出一定程度的女性和男性特徵，在這種情況下，那些展現女性化特徵的人很可能成為歧視或虐待的對象，被稱作「同性戀」，因為他們偏離了男性行為的傳統規範。

挫折和替代性攻擊可能會以類似的方式發揮作用，儘管動機通常比投射要具外部性。例如，當經濟困難時，有些團體（具有權力和地位的）去怪罪其他團體（沒有權力和地位的），例如移民，拿走所有的工作，即使那些工作可能是最低工資的工作，是有權力團體即使在正常情況下也不會從事的工作，然而，有權力的團體把沒有權力的團體拿來當經濟困境的代罪羔羊，較沒有權力的團體在被指控偷走工作時也通常無法反擊，因此更成為一個容易被攻擊的標的，有權力的團體不太可能去怪罪更有權力的團體，例如政府或是有錢的公司，因為這樣的歸責無法持續太久，即使政府或公司比起沒有權力的團體可能對於經濟不佳和缺乏工作更需要負起責任。

壓迫

壓迫（oppression），一個與偏見相關聯的概念，可能很難被定義，它的字根「按壓」（press），意味著塑形、壓平、減少或固定東西（Frye, 1983，在 Brittan & Maynard, 1984 被引用），壓迫也被形容為「對個人、團體或機構施加嚴格限制的社會行為」（Barker, 2003, p. 306），生活在壓迫情況下的人們通常對於這個過程有深刻的理解，因為他們每天都會遭遇到。

一個被廣泛接受的模型用來定義壓迫、誰在促進壓迫，和為什麼壓迫（Hanna, Talley, & Guindon, 2000）：

- 主要壓迫：由主流群體直接施加在受壓迫群體上，例如任何歧視移民的政策、法規或法律，基於假設移民本身不如本土出生的美國人。
- 二次壓迫：人們在面對他人受到壓迫，且自己從中受益時，默不作聲。例如，一個來自主流團體的人接受了一個工作機會，該工作機會並沒有給予少數群體具有同樣資格的成員相同機會，這個主流團體的人就是受益於二次壓迫。
- 第三級壓迫：受壓迫的群體中的成員為尋求主流群體的接受，而支持他們的壓迫行為。例如少數族群成員歧視同組成員以討好主流群體的成員。

社會工作常用的另一種壓迫的方法是反壓迫模式，即反壓迫實踐，它探討了壓迫是融入在社會和其他系統中而影響案主的生活。這個模式的目標是經由轉變社會和所有社會結構來消除所有壓迫，為每個人創造平等、包容和社會正義，無論每個人的情況如何。因此，使用這種模式的社會工作者不僅關注微視層面、案主個人受壓迫的經驗，而是以更廣泛、普遍的方式評估壓迫對於案主的影響，以便在中介或鉅視層面辨認和消除壓迫（Bishop, 1994; Campbell, 2003; Dominelli, 2002; Mullaly, 1997）。

這些壓迫的概念很重要，因為壓迫經常是分析的主要觀點，然而，這個簡化的方式會傾向將壓迫行為和其他複雜性質與多種不同源頭區隔開來。在社會工作中，這種複雜性有助於理解案主情況，對於社會工作者是否真的能夠幫上案主並協助消除壓迫，是非常重要的。

應用種族主義、歧視和壓迫理論

在本章開頭介紹的 Crow Crossing 案例中，有哪些是適用於種族、歧視和壓迫的訊息？使用這個訊息的最佳方法之一就是思考哪些多樣性因素正在影響社區，在很大的程度上，該鎮缺乏資源，這直接或間接的可能導致它的受壓迫情形，由於在州的立法機關缺乏有效代表，和缺乏能夠幫助社區成員獲得能夠改善狀況所需的資源的權力，因此似乎沒有什麼力量能夠改善他們的情況。因此，貧窮、家庭暴力、低品質教育、少女懷孕、自殺和其他問題都持續存在。

關於種族、偏見和歧視，在 Crow Crossing 的案例中，你可以從許多不同層次來評估情況並進行處遇：

- 鉅視層次：你可以在政策層面辨識出一些偏差，例如，某些有權力的州官員可能會對農村地區抱有偏見和刻板印象，導致在分配預算和資源時出現歧視。
- 中介層次：社區成員將需要探索他們自身對於社區的願景，和他們的價值觀、信念及文化如何影響他們彼此的互動，以及與幫助或阻礙他們成長的個人和社區互動。
- 微視層次：關於老人家和西班牙裔／拉美裔的先入為主觀念可能會影響社區的人們、養育孩子的方式、對待老年人的感受、社區成員可以獲得的資源，和他們所面臨的文化及環境，此外，孩子在農村地區長大可能缺乏優質的教育和其他社會服務，孩童將容易遭遇社區以外的其他人，和自己也可能發展出的刻板印象，這些刻板印象進而將會影響他們的社會化和他們長期改善自己情況的機會。

一般來說，不同層面的偏見和歧視似乎正在交互作用，進而造成對這個社區許多成員的壓迫，你必須決定要在哪個層次開始著手幫助 Sheriff Bidarte 發展處遇措施以開始解決社區問題。

由於偏見和歧視的複雜起源，社會工作者必須要從幾個不同的觀點來看待處理它們。例如，某些案主可能會展現個人的特性，使他們容易受到投射或權威主義的影響，而導致對別人有偏見態度，然而，在案主的個性變成「責備」的偏見態度之前，社會工作者必須要詳細探討這些可能性，其他案主有可能是他們社會環境的「產物」，毫無疑問的接納了周遭的價值和信念；也還有部分案主，個人和社會的因素以某種方式交互作用而發展出對特定團體的偏見，換句話說，即使你有一些解釋偏見如何發展的方法，也沒有單一的、特定的解釋，這意味著你在設計處理偏見的處遇措施時必須十分謹慎。

批判種族主義、歧視和壓迫

要將這些概念付諸實踐時，是有理由要謹慎：

- 沒有連貫的理論來組織這些關於種族、歧視、壓迫和多元化議題的訊息。
- 社會工作者不能明確或一致的定義多元化因素，也不能憑經驗測試這些因素。

然而，這些概念還是與社會工作高度相關。考量種族、歧視和壓迫的理論或觀點的最重要原因之一，可能是在採取多方面評估仰賴多樣化訊息，在訂定處遇措施時也需要加以考慮，了解多樣性因素和有組織多樣性訊息的方法，在和案主工作時是十分重要的，因為社會工作者關注於追求正義與平等，所以意識到議題與差異相關以創造和維持壓迫，是他們的重要發展技能，事實上，任何成功的社會變革都仰賴有助於終結壓迫的知識和技能的組合。

最後，將種族視為一個社會建構的概念，有助於了解社會如何利用種族來維持壓迫，這種理解在發展處遇措施和鼓勵社會變革上具有優勢，它可以幫助社會工作者去教育案主關於社會建構的概念是如何影響他們的生活和福祉。社會工作者可以做的最好的事情就是了解可能影響案主生活的多個面向，並即時的掌握這些多面向的議題和訊息。

種族主義、歧視和偏見的表現形式：微侵略

我們探討了為什麼會出現種族主義、歧視和偏見的一些理論，在這裡，我們將看看它們在日常生活中經常表現出來的方式，這些概念對於社會工作者很有幫助，因為他們對於種族主義、歧視和壓迫如何以微妙的方式發揮作用能夠有更好的理解，並據以發展介入方式去打破這些破壞性行為長期存在。

微侵略（microaggressions）是有意和無意的貶損侮辱和鄙視，經由口語上、行為上或藉由環境傳達到目標群體的人們，目標群體通常包括婦女、身心障礙者，和可辨別的種族、民族、性別、宗教或非宗教的少數群體的人們，以及其他被剝奪權力的群體，例如老年人、被視為體重過重或過輕的人等等（Sue et al., 2007）。

微侵略是特別陰險的方式，可以傷害目標群體中的人，延續有關個人和群體的偏見、刻板印象和破壞性觀點及信念，他們藉由傳送負面的、微妙的訊息給他人以維持偏見、歧視和壓迫，並轉移發送訊息的人的責任。

微侵略可以分為幾大類（Sue, 2010; Sue & Capodilupo, 2008; Sue et al., 2007）：

- 微攻擊：如同前面討論的個人種族主義，微攻擊是刻意的、有意識的、偏見的、貶抑的訊息，經由人際的或環境的發送到目標群體，這些訊息可以是微妙的、明確的，例如辱罵、暴力行為、迴避行為、講笑話、嘲笑，或旨在傷害目標群體的歧視性做法。
- 微侮辱：微侮辱是細微的、無意識的鄙視發生在人際之間或環境中，這些隱含的訊息意圖侮辱和貶低目標對象或群體，一個微侮辱的例子是將不相關的描述加至某些人。例如「聰明的女醫生」或「聰明的非裔美國律師」，但如果是白人男性可能只是簡單的被介紹為「醫生」或「律師」，添加這些描述意味著需要特別指出它們，因為這些屬性在這些群體中（例如女性和非洲裔美國人）並不是可預期或常見的。另一個例子假設看到一個在街上奔跑的西班牙裔年輕男子會認為他犯了罪。或者另一個例子是一名機構員工說雖然她的機構並未記錄顧客的種族別，但她可以從來電者口音知道機構是服務亞裔美國人。還有些人認為某些運動吉祥物的名字，如華盛頓紅人隊（Red skins），是一種微侮辱。
- 微排擠：微排擠經常是無意識的訊息，意圖排擠或否定目標群體的感受、想法和經驗。例如當一位女同事對於工作場所發生的不公平事件感到憤怒時，同事卻要她「不要那麼情緒化」。另一個例子是可能是未來的雇主告訴女性或西班牙裔的應徵者說，他是「沒有膚色考量」（英文是「Color Blind」），並說「每個人都有公平被僱用的機會」。還有一個例子是大學生評論女性教師在服裝和課程評估方面的表現。
- 環境的微攻擊：類似於前面討論制度的種族主義觀點，環境微攻擊是藉由環境傳達貶抑和威脅的訊息給邊緣化的團體，這些訊息通常不透過人際傳遞而是鑲嵌在我們的政策、制度和文化中，例子包含男同性戀、女同性戀、雙性戀和跨性別（GLBT）學生經歷學校不友善的氣氛、政府和工作場所政策不願意提供伴侶福利、由所有白人男性所組成的企業領導階層，和身心障礙者無法輕易進入公共場所。

利用這些討論和早先所提到的種族、歧視和壓迫理論，社會工作者在工作中能夠去辨認、認知、解構、破壞和改變微攻擊背後的意義和訊息，要做到這一點，社會工作者必須願意去檢驗案主是受到哪種微侵略的影響，並承諾去幫助其他人，包含案主和同事，都要做到一樣。

社會和經濟正義觀點

社會工作的核心原則就是社會和經濟正義。社會正義的基本前提就是所有人有權利過著充實的生活，這需要獲得適當的資源（經濟和其他方面）、決策的機會，以及免於怕受迫害的自由（Prigoff, 2003）。

促進社會正義是美國全國社會工作者協會《倫理守則》的核心價值和道德原則，此一原則要求社會工作者「追求社會變革，特別是不僅與弱勢和受壓迫的個人和群體在一起代表他們，社會工作者努力確保獲得需要的訊息、服務和資源、平等的機會，以及有意義的參與所有人的決策」（美國全國社會工作者協會，1996 年通過，2008 年修訂，第 5 頁）。

這個情操也反應在社會工作教育協會所制定的教育政策和認證標準（EPAS）之中，在其教育政策中，社會工作教育協會指出「社會工作的目的是透過尋求社會和經濟正義、預防限制人權、消除貧窮，和提高所有人的生活品質來實現的」（CSWE, 2008, p. 1）。此外，教育政策 2.1.5 闡明了基本人權，例如自由、隱私和教育，都是社會工作者應該努力保護的，並強調社會工作者需要將經濟和社會正義的相關知識和實踐納入其工作中（CSWE, 2008）。

發展社會和經濟正義觀點的原動力大都根植於克服歧視和壓迫的努力，來自不同學科的論述家和行動家，為了這些觀點的發展而努力貢獻有著很長的歷史。例如，包含投票權、安置住房、勞工組織、廢除奴隸和公民及婦女權利運

照片 5-A

促進社會和經濟正義是社會工作的核心原則

資料來源：Getty (Digital Vision).

動等等，都提高了關於不同群體在個人和社會機構中受到不公正待遇的意識，此一歷史上重要的代表人物有：Janc Addams、Martin Luthcr King、Jr., Ccsar Chavez、Simone de Beauvoir、Paolo Freire、Nelson Mandela、Frances Fox Piven 和 Bell Hooks 等僅舉例幾位（Prigoff, 2003）。

知名學者都在努力解決如何在社會上實現正義的議題。例如，分配正義關注的是社會對於其成員的「虧欠」議題（Van Soest, 1995）。人們認為社區應該以社會、經濟和其他重要的方式支持其成員，以促進他們的福祉，因此，分配正義就是平等的本質：每個人都被認為是應得的，並且沒有人應該被要求受苦而成全整個社會的「好」（Rawls, 1971）。為了一個公正的社會，每個人都必須享有平等的權利和接觸平等的機會，請記住，社會工作者對於分配正義感興趣，並不僅是因為它涉及經濟平等，同時也涉及生活的所有領域（社會、性別、政治、教育、精神等等），這可能促進全面的發展和人們的福祉，這種哲學與其他關於正義的思想流派有強烈的對比（Van Soest, 1994, p. 714）：

- 自由主義觀點：政府和其他主流機構在人類事務運作中應該只有有限的角色，他們不應該介入確保人們獲得自由、財產和個人保護的權利。
- 功利主義途徑：正義是由信念和政策所組成，是支持「為最多人提供最大好處」。

雖然這兩種方法有一些有用的面向，但它們不像分配正義那樣廣泛用於社會工作，主要是因為分配正義的原則與社會工作價值觀十分契合。

根據正義的觀點，社會工作專業已經辨別出幾項促進平等目標的實務活動，請見圖表 5.1，這似乎是個艱鉅的任務清單，但是它們反映了社會工作價值的基本核心思想，雖然這些行動往往以宏觀為重點，但它們對個人的生活也有令人信服的影響。例如，支持制度環境中的肯定行動不僅會對於整個群體產生影響，同時也對團體中的個人有深遠的影響，當個人受益於這些政策而在各種機構獲得地位和權力後，他們也會為其他人改善這些機構。

圖表 5.1

社會正義與公平的社會工作活動

經濟正義	政治正義	多重文化正義
促進：	倡導：	支持：
• 當地及合作經濟發展	• 運作財務改革	• 以多元觀點進行評估和介入
• 規範和去私有化公共和其他服務	• 政治過程的包容性參與	• 肯定行動的努力

資料來源：改編自 NASW, 2001.

應用社會和經濟正義觀點

讓我們回到開場的研究案例，考量你要如何協助 Sheriff Bidarte 從經濟和社會正義的觀點來概念化城鎮的問題。圍繞著缺乏資源、州層級的代表不足、缺乏優質教育，和缺乏社會服務以改善成員的狀況等議題，都是造成此一社區不正義的主要問題。

從分配正義的角度來看，你可以幫助 Sheriff Bidarte 概念化社區如何使每個成員都受益，認為每個成員都是有價值的、值得平等的權利和機會，社區內外皆然，使用圖表 5.1 所列出的活動，你可以幫助警長評估社區及其成員的需求、問題和優勢，重點關注獨特的種族和文化面向，你和警長可以共同工作以找出方法，包括將每個成員納進政治程序中，以確保在預算和其他可能影響社區的議題上有公平的代表；此外，也可以幫助警長和社區成員發展城鎮的就業、教育和其他資源，以幫助社區更能自我維持；社區成員還可以在社區內外努力發展聯盟，以便在政府和其他有關資源分配決策的場合中獲得更多的權力和代表；最後，你和警長可能會思考如前所述的種族主義、歧視和壓迫議題如何影響社區成員改變和發展的努力，例如，可能是州立法者對於西班牙裔／拉美裔美國人有偏見，導致他們歧視社區成員，以致於他們在州的立法機構中代表性不足。

批判社會和經濟正義觀點

與圍繞著多樣性和壓迫的議題一樣，社會和經濟正義的觀點也是有一些缺點：

- 它們沒有完善的概念化，但至少是一個組織化的理論可發展用以幫助達到實現正義的行動。實際上，定義和測試與正義相關的概念可能是困難的。
- 它們尚未在鉅視層次產生重大的、長遠的影響，或以具體的方式影響社會政策。

然而，社會工作者和相關學科的理論家已經在社會和經濟正義方面寫了很多文章，這有助於專業在推動社會變革上取得重大進展，這項工作已經並將持續成為社會工作者與其案主和社區共同工作的有力資源。

雖然這些概念對於更大的社會變革有著巨大影響潛力，但以下各節討論的其他理論和觀點則更為成功。可是從一個較小規模而言，上述觀點提升了關於宏觀的社會及國際議題對個別案主和社區影響的意識。例如，社會工作文獻包含跨國政策和組織的廣泛討論，例如北美自由貿易協定（North American Free Trade Agreement, NAFTA）、國際貨幣基金組織（International Monetary Fund, IMF）和世界銀行，以及這些實體如何影響美國和其他國家的工人和社區。

此外，正義觀點顯然非常契合社會工作實務的核心價值，它們還補充了理論和其他模型，例如優勢觀點、多元文化途徑、女性主義理論和人文觀點。

社會變遷和社會行動觀點

許多社會工作都要處理變化，不論是發生在個人、社區或更大的社會層次，社會層面的改變經常使社會工作與其他相關學科區分開來，你也許有注意到，本章對於理論的大量討論都是集中在如何利用它們來創造大規模的正向改變。

值得注意的是，當社會工作者談到社會變革，他們往往指的是社會行動，那可能導向社會與經濟正義的變革。在社會工作專業中，社會行動被定義為改變社會制度以滿足需求、解決議題、達到社會和經濟正義，以及為社會成員提供福祉。一般而言，社會行動指涉針對企圖達成目標的活動進行協調，也可用於描述在政策、社區或立法領域的變革努力。社會行動通常包括倡議，這需要代表或捍衛案主的權益，或是由缺乏技能和資源的人自己來代表自己；社會運動是社會工作者經常與社會變革相互替換使用的一個語詞，包括對於影響人們生活的大規模變革（Barker, 2003）。

美國社會變革努力的根源可以追溯到許多偉大的社會運動，包括廢奴主義、婦女平等和進步時代，當時國內發生巨大的變化：

- 開始於 19 世紀晚期及 20 世紀初期，工業化及跟隨而來的社會混亂促進了改革的努力，這個時期從慈善工作轉向消除貧窮和其他社會問題。許多改革者認為睦鄰中心是實現這些目標的最好方法，在需要幫助的社區內，睦鄰中心提供有組織的計畫，包含解決營養、識字、日托和其他需求，此外，它們讓社會工作者可以直接從遭受苦難的人們身上學習和了解社會問題，這個知識被用於改變立法層面的社會政策，將影響數百萬計的人們，在此期間，社會工作者開始使用科學研究的方法（例如資料蒐集和發布），來增加對於社會問題的了解，社會工作者也學習到公共關係和使用媒體更有效的方法，以試圖影響立法程序（National Association of Social Workers, 1987）。
- 在大蕭條時期，又進行了另一輪的社會行動，1930 年代嚴重的社會和經濟問題迫使數百萬美國人向聯邦政府尋求協助，當時羅斯福總統發起新政，創立許多社會方案，例如社會安全和救助家中有依賴兒童的家庭，許多社會工作者受雇來管理這些方案。此外，共產主義意識型態助長了勞工運動和討論革命的火苗。
- 在 1960 年代間，以公民權利和其他運動的形式見證了社會變革的努力，這些運動包括支持權益、種族平等和社區機構的地方控制。詹森政府的大社會議程，特別是向貧窮宣戰，創造許多新的社會方案和提供經費，使得社會工作者的社會變革努力合法化，在這時期用來對抗種族主義和性別主義的某些專業技能、完善的資金招募和團體內部流程（例如與許多有議程的組織團體會面和工作）、當尋求進行聯盟工作時使用政治技能（例如與不同群體和不同政治意識型態合作），以及了解政治結構和權力如何產生等都被建立起來。
- 在 1980 年代至 21 世紀初的保守時代，公共資金開始消散，這刺激了社區組織、發展和領導權的運動，由於資金和資源的缺乏，社會工作者將其注意力轉為一次一個議題，讓他們能夠針對議題更進一步提高意識、蒐集資訊，以形成對於第三方成員和政策制定者有說服力的訊息。在此期間，許多社會工作者為了在立法層級上影響變革，而在政治上變得更為活躍（National Association of Social Workers, 1987）。

當代社會行動觀點

幾個觀點指引著當代社會行動和變革的努力，儘管我們在這裡只看到其中幾個，當你閱讀下列描述時，請反問自己這些觀點是如何為社會工作專業做出貢獻：

- 政治機會觀點：將政治結構視為只有菁英受益，他們擁有維持或改變社會制度所需的權力和資源，這樣的安排剝削了其他權力較小的團體，也使他們難以發起有利於他們的變革。然而，制度有時候可能是脆弱和不穩定的，如此將會為「局外人」提供獲取權力的機會（Tarrow, 1994）。如果這些局外人能夠改變制度中的某個面向，這樣的成功可能會導致其他領域的進一步改變。
- 動員結構觀點：促進這樣的概念：被剝削的團體可以組織和使用現有的資源（包括權力、金錢、人員和資訊），來啟動變革，這個過程可以經由非正式的管道發生，例如當人們聚集在社區以接受任務時，或經由正式管道，如他們尋求握有權力的專業人士幫助一般，但為了改變能夠持續，團體必須不斷的招募成員，以保持努力的能量注入。協調改變的投入可以經由社會運動組織（social movement organizations, SMO）來進行，而社會運動組織仰賴著社會變革技能的專業人士（Zald & McCarthy, 1987）。社會運動機構通常在這些組織的主持下成立，經由提供直接服務來解決具體的議題。例如，女性健康診所和家庭暴力庇護所是社會運動機構，除了提供服務，這些機構還經由教育、倡議、提升對他們所代表的議題的意識，以努力實現社會變革。
- 文化框架觀點：建議社會運動只有當一群努力改變的人共同同意運動背後的目的或議題時，才會成功（McAdam, McCarthy, & Zald, 1996）。與第四章的互動論討論類似，這個觀點強調人們的互動是重要的，以定義議題和提高問題意識與議題的關聯性，它進一步認為人們必須感到團結一致以致力解決問題。

應用社會變革與社會行動觀點

關於 Crow Crossing，你可能想要幫助 Sheriff Bidarte 評估社區的情況，然後根據評估結果選擇一個工作模型。要完成這個任務，你必須要思考下列幾個因素：

- 社區成員能夠就變革的定義和需求達成一致嗎？有些居民可能滿足於現狀，而不情願支持改革的努力。
- 社區成員是否同意警長正在推動的倡導需求？他們是否願意持續倡導？
- 哪種社會變革和行動的模型是最能滿足社區的需求？

在這個情況下，政治機會的觀點可能是有用的，因為州的權力似乎集中在代表較大社區利益的官員手中，當現有的權力結構是脆弱而不穩定時，社區可能有機會獲取權力，例如當選舉活動正在進行時，事實上，因為這個社區鮮為人知，所以在他們最沒有期待的時候，反而能夠「偷襲」立法者，如果社區成員能夠進入現有權力結構，他們非常可能為政策和預算決策帶來一些適度但永久性的變化，這將有利於社區。

動員結構的觀點可能不適合這個社區，因為社區缺乏金錢和政治權力等資源，它可能無法利用當地支持來換取組織努力的好處。

然而，文化框架的觀點可能是有用的，鑑於社區面臨的眾多問題，更進一步了解社區成員如何看待這種情況可能是有利的，正如我們所看到的，有可能不是每個人都完全同意問題的存在或定義，如果有任何的努力投入成功了，每個人就都會願意支持改變的努力。

最後，你可以在確認和發展地方領導權方面協助警長，以幫助指引改變的過程。

批判社會變革和社會行動觀點

這些觀點與我們曾探討的其他社會變革理論和概念一樣，有許多相同的侷限性：

- 許多與社會行動和變革相關的概念很難明確表達。
- 因為這些概念在許多不同的脈絡和學科中進行討論，因此很難達成意義上的共識。

雖然難以定義和測量，圍繞在社會變革和行動的想法可能可以進行經驗測試，以進一步發展和闡述之前討論的模型。事實上，社會工作專業可能就社會變革和社會行動的定義，以及這些模型中所包含的基本概念的定義及衡量上達成共識。當然，實務操作者可以確認是否真的發生了變化，雖然他們必須就改革的內容達成共識。

儘管存在這些問題，本節討論的觀點仍為社會工作者提供了一個框架，作為宏觀實踐的基礎，也作為學科規範的重要部分，直到最近，社會工作者幾乎沒有建立自己工作的基礎。然而，隨著知識基礎的累積，社會工作者經過時間的考驗並形成日益健全的理論概念，以建構執行實務的策略，再者，這些模型與其他的理論方法結合，可以為社會工作者提供更廣泛的策略和技能，以供在發展社會變革處遇措施時選擇。

社區組織理論

許多關於正義與社會變革的概念可以應用於社區組織。實際上，社區組織與這些概念密切相關，並且很大程度上是與它們一起發展的。然而，我們仍然希望能夠仔細研究一下社會工作在社區實踐中使用的一些理論和策略。

社區組織發展是為一個反映社會行動策略發展的實踐，因為社區組織經常是社會變革活動的關鍵，它的發展往往與要求社會改變的事件同時發生。

社區實踐始於 19 世紀晚期的慈善組織和睦鄰運動，許多私人組織提供社會服務，以及慈善組織會社（Charity Organization Society, COS）的創立以協調服務工作並規劃如何適切的滿足社區的需求，然而慈善組織會社聚焦於個案工作協助貧困者「道德提升」，而睦鄰中心則關注自助和社會及政治行動。睦鄰中心工作人員成功透過談判立法管道而創造了社會變革，並招募社區成員參與社區發展工作，因此社區組織被帶入了一套在理論脈絡下組織的技能和策略。

社會工作如何定義和認知社區

社區這個詞可以有很多定義，取決於學科和使用它的背景，而就我們的目的而言，社區是一群人經由地理（領土社區）或共同連結，例如價值觀、信念和文化（關係社區）而聚集在一起。正如你所看到，人們不一定需要住在附近才能認為他們是一個社區，通常，當有共同的想法、議題、原因或奮鬥時就能將人們聚集在一起，社區就會發展，無論他們是不是住在隔壁或是在全球各地。關係社區的一些例子包括西班牙裔／拉丁裔社區、男同志和女同志社區，以及社會工作社區（Garreau, 1992）。

一般來說，在宏觀社會工作實踐中，有三種觀察社區的脈絡（Homan, 1999）：

- **社區作為一個實際發生的場域**：這種觀點聚焦於社區是一個獨特的生活實體，社區的動態是選擇變革策略的重心，這個脈絡定義了社區面對的問題，也有助於決定將提供哪種服務，以及基於這些問題可以採用的處遇措施。
- **社區作為變革的目標**：這個觀點從較客觀的角度來看社區，社會工作者制定標準化策略和介入方式在社區內創造改變，評估和介入通常由社會工作者和其他社區外部人員來進行，而非由社區內部成員自己進行。
- **社區作為改變的機制**：這個觀點認為社區本身有責任去解決自己的問題，利用社區成員的技能和天賦以邁向改革的目標，社會工作者藉由指引成員完成評估和處遇過程，以支持這些改革工作。

除了可以進行社區實踐的脈絡之外，尚有幾個觀點描述社會工作者可以如何看待社區，以及用什麼方式與他們合作：

- 物理及其他條件，例如社區的地理位置、人口分布和規定及法規。

- 社區成員表現出對社區承諾的程度及成員與社區之間的關係。
- 具有獨特規範、符號、文化和社區成員互動的系統（類似系統理論）。
- 社區中的權力結構，以及社區成員控制資產和爭奪資源的方式。

所有這些觀點都可以用來分析在不同脈絡下社區的問題和優勢，這些觀察社區的方式，給予社會工作者一個開始評估和處遇社區議題的位置。

社區與社會工作實踐

社會工作定義和認知社區的方式，顯然會影響他們在宏觀實踐時所發展的處遇措施。隨著時間的推移，已發展了不同的理論方法和策略能對於社區變革及相關活動有更好的定義。在多數的情況下，所有社區工作方法都基於計畫的變更，但是這變化的推動方式每個都不相同，有些方法著重與社區內的傳統機構和權力結構共同合作，使用漸進和縝密的方法，通常藉由服務輸送而帶來改變，其他的方法則強調挑戰傳統機構和權力結構。

使用這些方法，社會工作者企圖面對問題並調解改變投入，他們還努力把控制權轉給社區成員，並為了有利於和改善他們成員的生活而尋找替代方法。社會工作者可能經由遊說、法律演習和建立聯盟等方法來增強社區成員的技能和資源。

社區工作的三個主要模型是基於下列想法：

- 地方發展模式（也稱社區發展）：利用社區成員的技能來處理地方層級的問題，招募擁有廣泛才能的社區成員以尋找相關、廣泛的問題解方，在這個模型中社會工作者並不是主要的改革推動者，相反的，他們藉由提供教育、資訊和指導來支持社區成員和領導者，藉由這種方式他們變成改變過程的參與者，藉由他們的技能來支持社區成員的努力。
- 社會規劃模型：仰賴社會工作者擔任領導制定改革策略的專家，這個模式傾向於關注問題解決的過程，假設只有社會工作者和其他專業人士具有指導此一過程的專業知識，換句話說，社會規劃模型依靠專業技能和方法以發展處遇措施，社區成員「委任」外部專業對社區進行規劃和處遇。

- 社區行動模型：保持社區成員必須充權以為他們自己和社區發起改變，社會工作者尋求組織社區成員，他們反過來挑戰現有權力結構以增加資源的公平分配，並創造更多公正的機構和促進社會改革。社區成員是改變過程中的積極媒介，社會工作者則是激進分子、煽動家和抗議者，與社區成員共同工作製造張力以引導改變，他們還運用他們的知識和技能參與行動、遊說、抵制和宣傳，幫助社區實現目標（Rothman, 1995）。

與社會行動模式相關的知名人士是 Saul Alinsky，他關注社區成員如何受到壓迫和與他們的社區功能脫節，聚焦於制度和其他社會結構如何在成員之間維持壓迫和疏離，以及制度如何決定資源的分配。Alinsky 認為這些動態在社區成員之中創造習得無助感和冷漠，特別是那些被剝奪權利的人。

因此，Alinsky 堅持那些被剝奪權利的人必須自己投入社會和制度的改變，帶著創造正義和公平分配資源的目標，被剝奪權利的人必須被充權、發展他們的能力，和強化他們彼此間的聯繫，以增強互助合作。因此，他專注於組織社區成員和制定有效改變策略的方法和戰略。

總而言之，Alinsky 認為社區改變應經由下面策略來實現（Pruger & Specht, 1969）：

- 在社區成員間建立權力。
- 形成代表團體需求的方法。
- 創造正向的衝突解方。

應用社區組織理論

再一次，讓我們回到 Crow Crossing，看看你可以怎麼幫助 Sheriff Bidarte 發展社區組織計畫，可能最好的開始是評估社區成員在解決問題方面的投入，如果警長不太可能動員社區成員努力改變，那麼你就不會想要使用地方發展模式，因為這種模式是仰賴社區成員的技能，如果人們缺乏組織的技能或慾望，它可能就不是最好的方法。

如果社區成員有意願接受外來社會工作者的倡導，那麼社會規劃模型可能是一個好方法，在此情況下，社區可能需要具有專業知識的人員來有效的規劃變革，並協商可能提供可行資源的各個系統。

然而，最終有鑑於社區面臨問題的長久性，最好的方式還是要讓社區成員有能力解決他們自己的問題。使用社會行動模型，你可以向社區成員灌輸自我效能感，進而從中創造永久性變化，當然這種方法需要社區成員投入組織和努力改變，但是這可能是最能為社區帶來長久和正面改變的方法。

批判社區組織理論

隨著社區組織策略在社會工作中使用日益增加，也逐漸意識到它的限制：

- 關於這個宏觀實踐面向的理論和觀點數量增加，導致內部和方法之間的不一致性增加。
- 各種方法內部和之間的不一致，導致在公平和有效的比較它們及評估其結果方面，出現問題。

然而，不論你採用哪種方法來進行改變，你可以簡單的使用這些模型的不同面向，結合其他理論方法，一起來發展社區處遇措施。

與社會改變和行動模式一樣，社區組織方法有可能發展成可以藉由實務檢驗而成的連貫理論，此外，隨著時間的推移，社區組織的定義和實踐背後的想法已經被形塑和結構化，成為宏觀實踐時的有用工具。

結論

處理宏觀取向的議題長期以來一直是社會工作的共同任務，儘管社會工作者對這類活動的興趣往往隨著政治和經濟環境而消退和波動，然而克服伴隨著種族主義、偏見和歧視而來的壓迫，一直是社會工作的核心價值，社會工作者不僅要了解壓迫的歷史和圍繞它的當代議題，以便有效的服務他們的案主和社區，他們還必須願意為他們的案主和社區進行倡議。

雖然關於如何達到社會和經濟正義、社會變革和組織社區有許多理論、觀點和想法，而社會工作愈來愈仰賴連貫、有組織的觀點來指引實踐。回顧快速指引 7，看看本章提出的理論和觀點的比較，沒有任一學科可以聲稱包含所有壓迫的完全發展理論，但擁有一些強大的新興形成理論，有助於指導宏觀層級實踐的評估和處遇措施。

本章重點

- 種族，作為一個當代術語，被定義為人群之間的生物差異，雖然對於其確切意義和用法的爭論仍在持續，但社會工作者必須要了解其起源和對個人及整個美國社會的影響。
- 種族主義，涉及人們基於其種族而發展出的刻板印象，發生在不同的層次；個人種族主義是指個人行為，如辱罵或是仇恨犯罪；制度性種族主義是指社會制度中的實踐，例如種族歸類，系統性的將一種種族與另一種區別對待；文化種族主義指的是少數民族群體所面對的弱勢是因為群體文化的面向所造成的；環境種族主義是指政策和服務是對種族群體的健康和生活條件有不同的影響。
- 歧視通常是指行為，而偏見則是指一個人抱持關於別人的態度、信念和刻板印象；特權是指優勢群體在社會中享有的優勢。
- 壓迫可以定義為影響個人、群體和機構的嚴重限制性社會行為。
- 微侵略是表現出種族主義、歧視和偏見的有意識和無意識行為和做法。
- 雖然種族主義、歧視和偏見理論能幫助社會工作的介入措施和協助引導社會變革以結束壓迫，但沒有具體、連貫的理論存在和供實務驗證。
- 在美國全國社會工作者協會的《倫理守則》中的核心價值和道德原則涉及促進社會正義，這也是社會工作教育協會制定的核心教育政策，社會工作者經常尋求社會行動策略，為他們的案主努力實現社會和經濟正義。
- 社會變革和社會行動努力（通常與**社會運動**一詞交互使用）集中於改變

社會制度以滿足需求、解決問題、實現社會和經濟正義，並為社會成員提供福祉。

- 社區可以被定義為在地理上（地域社區），或經由共同連帶如價值、信念和文化（關係社區）等而連結的人群。社區工作的三個主要模式為地方發展模式（社區發展）、社會規劃模式和社會行動模式。

本章練習活動

1. Sanchez *家庭互動案例*，請參閱 www.routledgesw.com/cases 網站。檢視家中每個成員和整個家庭所面臨的問題，使用本章介紹的理論，回答下列問題：
   a. 種族主義、歧視和壓迫在哪些方面助長了家庭的問題？
   b. 如何將社會和經濟正義觀點應用於這個家庭所面臨的情況？
   c. 如何將社會變革和行動觀點應用於這個家庭所面臨的情況？
   d. 社區組織理論在哪些方面可以用來介入這個家庭？
2. Hudson *市互動案例*，請參閱 www.routledgesw.com/cases 網站。檢視此案例，並回答下列問題：
   a. 描述種族主義、偏見、歧視和特權如何影響 Hudson 市的居民，機構種族主義的例子是哪些？個人種族主義的例子又有哪些？
   b. 哪些偏見理論可能有助於解釋社區所面臨的一些議題？你選的理論在哪方面有助於了解情況？
   c. 如何將社會和經濟正義的觀點應用於這個情況，來幫助改善城市居民的狀況？
   d. 如何應用社會變革和社會行動觀點來與社區一起工作？
3. RAINN *互動案例*，請參閱 www.routledgesw.com/cases 網站。檢視此案例，並回答下列問題：
   a. 社會正義的信念如何引導 RAINN 對案主的服務，如 Sarah 和 Alan？
   b. 解釋性侵害在社會上和經濟上不正義的多種方式。

c. 除了滿足案主的迫切需求外，RAINN如何成為社會變革和社會行動的推動者？

d. RAINN 能否為 Sarah 和 Alan 提供直接服務和作為社會運動組織（SMO）？請說明。

4. Riverton *互動案例*，請參閱 www.routledgesw.com/cases 網站。重新檢視社區的不同面向，然後回答下列問題：

a. 你想要使用哪個社區行動觀點，以幫助你與該社區的變革工作？為什麼？你選擇的觀點可能有哪些限制？

b. 描述本案例中涉及的地域社區與關係社區。

c. 你會選擇哪種社區實踐方法來與這個社區工作？為什麼？你選擇的模型可能有哪些限制？

第六章

孕前和產前議題

Josie是一名15歲的日裔美國人，剛剛發現她懷孕了兩個月。這個孩子的父親是Josie交往了一年的17歲男友。他們都在高中就讀，有很多朋友，並且在課業上表現很好。Josie 的父母是第一代移民的美國人，對家庭、約會、婚姻、宗教和家庭成員的角色持保守觀點。出於這個原因，Josie 害怕如果父母發現自己懷孕了，她的父母會如何反應。事實上，她的父母甚至不知道她一直在約會。

在她朋友的堅持下，Josie 去了當地的家庭生育計畫服務中心，當時她似乎還沒有從流感症狀恢復。家庭生育計畫服務中心的社會工作者並沒有被要求，需要得到父母同意才能做懷孕測試，但她希望能與 Josie 一起工作，並且讓 Josie 的父母一起參與討論有關如何繼續進行的決定。Josie 不願意告訴她的父母：她擔心無論她是否決定留下孩子，她的父母會斷絕與她的關係，而且她也不確定她的大家庭成員是否會提供任何支持。Josie 的男朋友告訴她，如果她選擇留下孩子，他就不會協助她。Josie 也不想輟學，所以她正試圖與社會工作者研究她所有可能的選擇。

這個場景在幾個不同的層面上引發了許多倫理及實務問題。想像一下，你是協助Josie的社會工作者。你和Josie有很多決定要做，你不僅要具備良好的實務技能，還要具備紮實的人類發展知識，對文化問題的敏感性，了解自己關於青少年懷孕、收養和墮胎的價值觀和信仰，以及關於與未成年人工作的法律和倫理議題的最新訊息。

本章探討了從受孕到出生的人類發展，以及與懷孕或最近分娩的案主合作時，可能會出現的一些議題，例如上述提到的議題。為了本章討論的目的，有個前提需要讀者了解的是親生父母在本章都將被稱為「她」和「生母」，即使那個人有可能被認為是男性。

胎兒發育里程碑

鑑於胎兒發育的特殊過程以及與懷孕有關的許多心理社會因素，社會工作者需要具備有關懷孕、分娩和產後相關考慮的全面、準確和廣泛的知識基礎。案主往往依靠社會工作者提供決策支持和懷孕的基本知識，因為社會工作者往往是案主發現懷孕後第一位與案主接觸的專業人士。在這個關鍵時刻，社會工作者可以為案主提供大量的支持和教育。

雖然這裡提供的大部分發展訊息都是基於醫學和生理心理社會模式，但社會工作者通常會納入其他理論來規劃處遇措施，以協助案主了解懷孕和胎兒發育如何影響案主的個人、人際關係和社會層面。

從受孕到出生的成長過程

在短暫的懷孕幾個月中所發生的胎兒生長和發展，是龐大且複雜的過程。儘管許多女性在懷孕期間並沒有發生併發症或其他問題，但為案主盡可能提供愈多有關胎兒發育的訊息，可以協助預防未來可能出現傷害嬰兒的其他問題。其中可能會產生的一些問題將在後面的章節中詳細討論，但是，由於這些可能發生的問題，社會工作者必須對何謂「正常」的胎兒發育及發展有基本的了解。這些知識包括發展的里程碑以及在胎兒發展的每個階段，母親應有的行為。

快速指引 8 顯示了胎兒發育的時間表，以及每個階段中會發生的主要成長里程碑。胎兒發育分為三個孕期，每個孕期約持續 13 週。社會工作者應該熟悉每個孕期會有的發展，以便他們能夠協助案主持續關注他們胎兒的成長進展。

請記住，醫療專業人員通常不是根據實際受孕日期來追蹤胎兒生長，而是

快速指引 8　胎兒發展的里程碑

第一個孕期

第 0 週到第 13 週（若根據受精時間計算則到第 10 週）被認為是產前照護和胎兒接觸母體及環境毒素最關鍵的時期。

第一個月

- 在第一個月月底時，原始的大腦、心臟、肺部、消化和神經系統已發育。
- 開始長出手臂和腿。

第二個月

- 內臟變得更複雜。
- 開始可以辨識出眼睛、鼻子、嘴巴。
- 可偵測到心跳。
- 到第 8 週時，嬰兒被稱為胚胎（embryo），之後稱為胎兒（fetus）。

第三個月

- 開始形成手臂、手、腿、腳、指甲、頭髮、眼瞼的形成。
- 建立指紋。
- 可區分性別（雖然可能要到大約 16 週才能透過超音波觀察到）。
- 骨骼發育。
- 可以微笑、皺眉、吮吸、吞嚥。
- 妊娠初期結束時，寶寶大約 7.62 公分長，重約 28.34 公克。

第二個孕期

第 14 週至第 27 週（若根據受精時間計算則到第 25 週）以持續發展和增長為特徵。

- 所有發展都持續著，器官和系統的分化持續進展。
- 腳趾和手指分離。
- 指甲和腳趾甲形成。
- 開始有協調運動。
- 頭髮、睫毛、眉毛都長出來了。
- 建立規律的心跳。
- 建立醒來和睡眠的循環週期。

快速指引 8　胎兒發展的里程碑（續）

- 妊娠中期結束時，寶寶已有 27.94 到 35.56 公分長，重 453.6 到 680.4 公克。

第三個孕期

第 28 週到第 40 週（若根據受精時間計算則到第 38 週）是胎兒發育的最後階段。

- 完成發育，器官功能成熟。
- 皮膚下脂肪組織已發育。
- 到分娩前胎兒非常活躍。
- 會對聲音有反應。
- 妊娠末期結束時，嬰兒長 48.26 公分，重約 2721.55 公克以上。

資料來源：改編自 Curtis & Schuler, 2004.

根據妊娠期，意思就是胎兒的年齡是從女性最後一次月經期（last menstrual period, LMP）的第一天開始計算。假設婦女有一個正常規律的月經週期，LMP 日期是在排卵受孕之前大約 14 天，那個時間大約就是受孕時間。根據受孕日期計算的胎兒年齡稱為受精或受孕年齡（fertilization or conception age）。但是因為實際的受孕日期往往無法確定，如果女性的月經週期是規律的，使用 LMP 來確定胎兒的年齡往往更可靠。然而，重要的是要認識到，許多女性每個月的週期都會出現差異（Murkoff & Mazel, 2008）。

通常，當使用妊娠胎齡來確定胎兒年齡時，據說胎兒會比實際年齡約大兩週（實際年齡是根據排卵模式計算出的懷孕時間）。在 Josie 的案例中，她的醫生告訴她，她的寶寶已經八週大了，這意味著若根據受孕年齡計算，發育中的胚胎實際上大約是六週大。了解這些知識，社會工作者可以協助那些不了解醫生計算方法，因而困惑和焦慮的案主，解釋這些計算根據的差異。.

回顧快速指引 8，你可以看到胎兒最複雜和最關鍵的發育發生在頭三個月。基於這個原因，初期孕期被認為是產前護理及胎兒可能暴露在母體和環境毒素最關鍵的因素。在整個懷孕期間，母親的行為和環境對胎兒而言，都可能是處於很脆弱的狀態下。然而，由於在前九週內會開始發展心臟、眼睛、四肢、耳朵、牙齒和中樞神經系統等關鍵器官和系統，因此在此期間可能會對這些系統造成重大的結構性和生理損害。

隨著發展進程持續九週後，對胎兒的傷害仍然可能發生，但相對來說就比較不是那麼嚴重。損傷的類型和程度取決於嬰兒暴露在濫用物質的類型以及暴露的時間和數量（Moore & Persaud, 1998）。這些議題將在後面的章節中詳細介紹。

低出生體重

一般來說，足月妊娠大約在 38 到 40 週的孕齡。在妊娠足月前三週或更長時間出生的嬰兒（懷孕滿 35 週或更短）被稱為早產。早產兒的生存年齡（早產兒能夠存活的年齡）約為 25 至 26 週。有提早在 21 週出生的嬰兒也存活下來過，但這些早產出生的嬰兒往往有許多短期和長期問題。根據 March of Dimes（2010, 2013）的統計，美國有九分之一的嬰兒過早出生。在 39 週之前分娩的嬰兒中約有 10%出現併發症，而且在 37 週就出生的早產嬰兒與 40 週出生的嬰兒相比，死亡風險幾乎是其兩倍。

圍繞早產兒的一個關鍵問題就是出生體重過低，是指出生時體重低於 2,494 公克的嬰兒。出生體重不到 1,360 公克是出生體重過度低的嬰兒，出生體重不到 907 公克則是出生體重極低的嬰兒（Klaus & Fanaroff, 2001）。

低出生體重和早產可能由多種因素引起，包括抽菸、疾病、母親年齡（年齡過輕和年齡過高的母親都有風險）、藥物濫用、營養不良和過度緊張（Murkoff & Mazel, 2008）。

在 Josie 的情況下，她很年輕，這讓她生出一個早產、出生體重過低嬰兒的風險更高。然而，透過早期處遇，包括良好的產前護理，如果她選擇繼續懷孕，你可以協助 Josie 獲得懷孕及照顧教育和其他支持性資源，以增加她擁有健康寶寶的機會。

在美國出生的 12 個嬰兒中，大約有一個被歸類為出生體重過低的嬰兒。少數族裔群體生出低體重嬰兒的比率，往往高於白人的比率和全國平均水準。例如，由於非裔美國嬰兒能獲得的醫療保健及其他會在本章後面及第十一章所討論到的與健康照顧相關的差距因素，非裔美國嬰兒出生體重過低的比例常是白人或西班牙裔嬰兒的兩倍（Children's Defense Fund, 2012）。明顯的是，與西班牙、加拿大、挪威、法國和義大利等其他已開發國家相比，美國的低體重嬰兒的比率一般來說並不好。上述這些國家每年低體重嬰兒的出生率都低於美國。根據 145 個國家的估計數顯示，每年出生的嬰兒中約有 16%是出生體重過低（超過 1,900 萬）。其中，東南亞的比率最高：每年出生體重過低嬰兒中有一半以上來自該地區。在撒哈拉以南非洲和加勒比地區，出生體重過低嬰兒也很常見。在開發中國家出生的嬰兒中約有 16.5%被認為是出生體重過低，而在已開發國家或地區則僅有 7%的出生體重過低嬰兒（UNICEF, 2007）。

在工業化國家，出生體重過低的嬰兒往往能存活下來，且最終會茁壯成長。然而，出生體重愈低，短期和長期問題的數量和嚴重程度會相對增加。出生體重過低嬰兒在嬰兒期死亡的可能性是出生體重正常嬰兒的 20 倍。那些存活下來的嬰兒可能更容易受到傳染病的影響，影響了成長發展，並且可能會出現認知發展問題。雖然工業化國家新進的技術可以讓 25 週的嬰兒出生後能夠存活，但存活率的提高也會增加這些嬰兒出現腦損傷和腦性麻痺等問題的可能性。出生體重過低的嬰兒在以後的成長發展中也比較容易罹患慢性疾病。出生體重過低的長期影響包括死亡、中風、氣喘、糖尿病、高血壓、營養不良、心臟病、學習障礙、社會障礙、免疫功能受損、ADHD，以及肌肉強度不足等狀況的風險增加（Barker, 2008; Klaus & Fanaroff, 2001; Moster, Lie, & Markestad, 2008; UNICEF, 2004）。

當然，所有這些問題都會對兒童及其家庭產生其他影響。例如，根據不同情況，出生體重過低兒童及其家庭在未來的一生中，可能面臨經濟問題、壓力增加、缺乏支持、獲得醫療保健的機會不足，以及教育的問題。此外，照顧出生體重過低嬰兒的費用也是導致醫療保健費用上漲的原因之一。這並不是說早產兒的情況沒有正面的結果，然而社會工作者必須意識到早產兒和出生體重過低嬰兒案主和社會可能存在的潛在問題，以便提供適當、負責任和有效的服務。

與胎兒發育發展的大部分知識都存在醫療模式中，因此社會工作者在與懷孕或計畫懷孕的案主一起工作時，通常會依據這種醫療模式取向。當然，有關發展的訊息是生理心理社會評估的重要部分，其中可能包括影響母親和未出生嬰兒的其他因素，例如經濟、社會支持、文化考量和靈性問題。在 Josie 的個案中，你必須掌握這些基本知識，以協助她得出關於如何處理她的情況的一些結論，特別是如果她選擇繼續懷孕，產前照顧就很重要。

懷孕、出生和個人

許多社會工作者對於有關懷孕、分娩和生育後情況的許多問題，都需要具備有淵博及最新的知識。案主經常會在與社工的專業工作關係中，帶來無數的問題和疑問。為了與案主有效合作，社會工作者需要理解這些問題，以及對隨科技進步所帶來的更多擴充性知識有自信。鑑於案主可能面臨所有可能發生的狀況，社會工作者必須準備好承擔各種協助角色，包括倡導者、教育者、促進者和調解者。

計畫性和非計畫性懷孕

社會工作者經常會遇到需要處理非預期、不想要或意外懷孕的案主。這些懷孕狀況往往會給案主及其家人帶來一連串問題、困境和議題。案主面臨非計畫性的懷孕時，常要面臨許多不同層面的決策，其中許多層面的思慮我們將在後面的章節中討論。在個人層面上，案主必須要歷經對於懷孕的個人決定，這件事通常涉及需要探索他們心靈的思考和宗教信仰。

案主決策過程的一個重要部分是與案主的自決權有關。根據美國全國社會工作者協會《倫理守則》（1996 年通過，2008 年修訂），社會工作者有責任促進案主設定和追求他們自己想要的目標，除非社會工作者確定這些目標可能對案主或其他人構成迫在眉睫的威脅。這個規範與面臨意外懷孕的案主可能會有的議題特別相關。例如，案主可能想要進行墮胎，這個思考或決定可能會給社會工作者帶來倫理的困境。根據個人信仰，有些社會工作者可能會覺得這個墮胎的選項即使是合法的，也不應該提供給案主。在這種情況下，社會工作者經常發現他們必須要試圖平衡他們自己關於墮胎的信念與案主自決之間的倫理責任。即使社會工作者支持案主的墮胎權利，但是假如他們對某些案主做出關於繼續或結束懷孕的合理明智決定的能力有所質疑時，自己也會出現倫理思考的困境。

即使是與有計畫或期望懷孕的案主一起工作，也不盡然會比與非計畫懷孕的案主一起工作來的更容易或更直接。經歷懷孕的案主面臨著類似的挑戰，包括從懷孕的個人感受到整個懷孕期間獲取資源以及撫養孩子，特別對少數族裔婦女而言，挑戰更大。讓事情變得更加複雜的是許多婦女無法明確說明她們的懷孕是計畫中的還是計畫外的。也就是說，許多懷孕其實是介於計畫中和非計畫之間，這也使得女性對懷孕之事感到矛盾的原因。

研究者曾探討計畫懷孕是否會影響懷孕和分娩的結果，到目前為止，結果尚無定論。有一些研究表示，計畫性懷孕對產前和產後護理服務的使用沒有影響，與自然流產率或其他負面結果也沒有相關性（Bitto & Gray, 1997; Winterbottom, Smyth, Jacoby, & Baker, 2009）。但是也有其他研究得出的結論是，非計畫性懷孕會使嬰兒面臨健康和心理健康的風險，例如受虐待、早產、發育遲緩、延遲或不足的產前保健照顧，以及與母親的不安全依附關係（Blake, Kiely, Gard, El-Mohandes, & El-Khorazaty, 2007; Dott, Rasmussen, Hogue, & Reefhuis, 2010; Hulsey, Laken, Miller, & Ager, 2000; Joyce & Kaestner, 2000; Joyce, Kaestner, & Korenman, 2000; Kost, Landry, & Darroch, 1998; Waller & Bitler, 2008）。還有一些研究顯示，一些面臨意外或不想要懷孕的女性會有較高比例者有壓力、憂鬱、妊娠併發症、嬰兒死亡率和發病率，以及較低的父親支持率（Maxson & Miranda, 2011）。對於屬於少數族裔和低社會經濟群體的婦女來說尤其如此，她們經驗到不利的家庭生育計畫結果（例如，意外懷孕、意外分娩、墮胎、少女懷孕）的比例，高於非少數族裔和社會經濟群體較高的婦女（Dehlendorf, Rodriguez, Levy, Borerro, & Steinauer, 2010）。例如，全國家庭成長調查（National Survey of Family Growth）的數據顯示，黑人婦女中大約 69%的懷孕和西班牙裔婦女中 54%的懷孕是非預期的，導致非計畫中的分娩和墮胎率都比其他族裔婦女更高（Finer & Henshaw, 2006）。

懷孕期的一些情況也可能影響懷孕和分娩的結果。例如，意外懷孕率最高的是與孩子的父親同居的 20 至 24 歲的女性（Finer & Zolna, 2011）。也可能對這些意外懷孕的年輕女性而言，許多人由於年齡原因，在工作、教育、財務和人際關係方面的穩定性也較低，使她們面臨或承擔更高的負面結果風險。然而，懷孕或分娩結果好壞，通常取決於家庭生育計畫方法的使用，以及婦女對於墮胎、生育等方面的理念。婦女在知識、態度和信任避孕藥的差異性會導致非預期懷孕和分娩的差異，同時能得到安全及負擔得起的家庭生育計畫服務，以及醫療服務提供者對少數族裔婦女的差別待遇，同樣也會影響懷孕結果的好壞（Dehlendorf, Rodriguez, Levy, Borerro, & Steinauer, 2010）。因此，社會工作者需要認識到可能影響妊娠結果的各種影響因素變項，而不能僅僅關注懷孕是否有計畫而已。

也許社會工作者需要考慮的主要問題是，對於許多案主來說，無論是有計畫還是無計畫的懷孕，都有著許多複雜的情緒和情況。如果社會工作者要有效地協助案主充分探索他們自己的情況和感受，並協助他們的決策過程，社工就必須要充分了解自己的信念以及與這些議題相關的研究文獻。關注案主的需求，而不是案主最終決定或如何解決懷孕問題，才是社會工作者可以協助支持需要面對及處理這些困難問題的案主的一種方式。

墮胎　美國的墮胎率近幾十年來一直在下降。墮胎率（Roe v. Wade 於 1973 年發布）從 1981 年的每千名婦女有 29.3 人墮胎的最高點下降到 2011 年的每千名婦女有 16.9 人墮胎的低點。墮胎率的下降很可能主要是由於長效型避孕方法有助於降低非預期的懷孕（Jones & Jerman, 2014）。雖然所有女性的墮胎率都在下降，但黑人女性的比例最高，為 37%，其次是白人女性，占 34%，西班牙裔女性占 22%。一些少數族裔婦女的墮胎率較高，主要是由於上一節中關於意外懷孕的問題（Cohen, 2008）。

由於這些議題是如此的個人化、情感化和深受價值影響，社會工作者必須事先準備好應對這些問題。在與案主一起工作之前，社工就必須先探索自己對這些問題的感受和價值觀，這項工作將可減少社會工作者自身可能會阻礙了與個案建立工作關係的自我偏見。例如，在進行自我探索之後，有些社會工作者可能會選擇不與尋求墮胎的案主一起工作。或者，一些社會工作者可能會努力讓那些不想保留嬰兒也不想墮胎的案主，為他們增加更多可以選擇的選項。社會工作者也可能致力促使社會政策更加以家庭為導向，以便一些婦女不會被迫選擇墮胎，或者他們可能會努力在立法層面上改變有關墮胎選擇的法律。無論結果如何，自我探索是有效的社會工作實務的必要部分，有助於確保案主不會在專業的工作關係中受到傷害。

社會工作者能夠為處理墮胎問題做好準備的另一個重要方式，是了解有關懷孕問題的研究，包括墮胎、懷孕、收養和未來的親職教育，以及這些議題對婦女及其伴侶的潛在影響，例如，有大量研究墮胎、意外懷孕和不想要的懷孕對婦女的影響。總的來說，這項研究無法肯定的說，選擇墮胎或繼續懷孕是否對女性產生負面、正面或中性影響。相反的，這些決定的影響狀況很大程度上取決於女性的個人情況，例如她對成為父母和收養的態度、情緒和心理健康狀況、宗教和其他信仰和價值觀，以及可用的支持系統。

這個領域研究的整合分析指出，有些婦女選擇墮胎後，陳述自己如釋重負，精神和情緒大量的緩解，因而降低了產生心理健康問題的風險。因為意外懷孕而造成的痛苦，可能會使有些女性面臨情緒和其他問題的風險。但是整合分析也顯示，有些接受墮胎的女性可能會蒙受悲傷和懊悔等負面後果（Kendall, Bird, Cantwell, & Taylor, 2012）。實際上，無論是選擇墮胎還是繼續懷孕，許多女性都會經歷正面和負面的情緒和反應。

在晚期生命階段懷孕　愈來愈多的社會工作者正與等到晚期生命階段才成為父母的案主一起工作，這再次引發了許多問題。例如，先進的生殖科技技術使婦女能夠等到她們 40、50，甚至 60 歲時才開始組成家庭。雖然從表面上看，這樣的發展似乎對婦女來說是一種解放，但社會工作者必須處理諸如不孕症、成為老年父母的情緒層面、醫療保健系統的財務挑戰、潛在的先天缺陷和嬰兒的其他問題，以及老年期才開始撫養嬰兒的社會角色改變等問題的後果。那些選擇在老年期成為父母的人，如果產檢發現問題，也可能要面對有關基因檢測和終止懷孕的倫理困境。由於產前護理至關重要，因此對於老年期成為父母的案主，社會工作者可以盡早協助他們獲得健康照顧。

從更積極的角度來看，等到晚年才想成為父母的女性可能也有許多優勢，例如成熟度以及經濟及情緒的穩定性，社會工作者在與這些案主合作時，則可以多運用這些優勢。

生育能力問題　社會工作者還需要處理想要懷孕但卻有不孕問題而無法生育的案主。美國約有 10%至 15%的夫婦有不易受孕的問題（National Institute of Child Health and Human Development, 2013）。不孕症可由許多狀況引起，包括子宮肌瘤、精子數量低、荷爾蒙激素問題以及涉及男性或女性生殖器官的結構性問題（National Women's Health Information Center, 2013）。

人們愈來愈可以運用新進科技來緩解生育能力問題，目前使用的一些方法是手術、藥物、精子捐贈、胚胎採用、激素治療、體外受精、人工授精和代理孕母的使用（National Women's Health Information Center, 2013）。現代的生殖技術甚至可以讓女性在年輕時提取、冷凍和儲存卵細胞，以便可以在婦女晚期生命階段時使用它們。另一個例子，我們不僅可以透過「嬰兒設計公司」有意的選擇嬰兒的生理特徵，例如眼睛的顏色和運動能力，同時我們也可以從三個父母的基因素材中創造胚胎。例如新的生殖科技可以讓一名患有粒線體疾病的女性在去除有缺陷的粒線體後，再將另一名健康女性的粒線體 DNA 植入她的卵子中，然後來自男人的精子（就是第三方）就可以使卵子受精。

上述所有的方法都各有支持者和批評者，而且每種方法都有許多法律、倫理和經濟層面的考慮因素。例如，一名 50 歲女性懷著她在 20 多歲時凍結的胚胎時，會有哪些財務和社會面的後果？多個家庭使用一個可能有 150 個後代的捐贈者的精子，會有哪些生物和社會層面的後果？（然而，這種單一捐贈者贈與多個精子給多個家庭的情形，容易形成異父母手足之間意外亂倫的可能性增加，以及潛在的負面遺傳後果，例如罕見疾病在不同群體間擴散，現在許多生育診所都有規定，嚴格限制特定地區可以使用單一捐贈者精子的家庭數量。）是否所有人都能獲得人工生殖治療的服務，無論他們的支付能力如何？那些因體外受精而出生的孩子，在他們精子捐贈父親過世後，是否有權繼承父親所有的福利給付？我們要走向「嬰兒設計」之路嗎？這些程序對於健康和社會的長期影響是什麼？

這些都只是社會工作者在臨床工作和立法層面工作中必須掌握的一些倫理議題。由於存在這些議題，社會工作者需要保持關注生殖科技的進步狀況，以協助案主解決他們可能需要處理情況的複雜性。

父母的生理、心理和情緒健康

在對懷孕的案主進行處遇時，社會工作者可能會面對許多生理心理社會問題。無論懷孕是計畫中還是計畫外，他們都將面臨各種議題。

首先，有些案主必須決定是否繼續懷孕。為了協助完成這一決定，社會工作者可以協助案主探索她們的宗教和精神信仰，不同決定所可能產生的情緒影響，以及在養育、出養或停止懷孕時的實務考慮。

如果案主決定繼續懷孕，社會工作者必須評估父母雙方的生理健康狀況，以協助確定母親懷孕階段的相對健康和平安的可能性，以及可以避免的產後問題。這個過程涉及到與案主一起探索營養、疾病、壓力、運動和物質使用等因素。此外，有些案主可能有疾病或遺傳問題的家族史，可透過基因檢測進行評估。也需要評估母親和父親雙方，因為父方的濫用藥物和接觸環境毒素等因素也會影響嬰兒。社會工作者可以透過教育父母親雙方整個懷孕期間嬰兒預期成長的發展狀況，以及雙方哪些行為可以增加母親和嬰兒的健康，這些都是為案主提供大量的社會支持。

社會工作者需要與準母親和父親一起考慮的其他因素是他們的優勢、發展和情緒水準、認知功能、養育子女的心理預備、精神和宗教信仰、經濟狀況、關係議題（特別是如果有家庭暴力的問題）、獲得有品質的支持和其他資源、因歧視產生的問題，以及產後和養育子女的準備。

讓我們以 Josie 的案例為例。

如果 Josie 選擇想要有一個健康的寶寶，那麼有許多你需要關心解決的因素可以增加她有健康寶寶的機會。首先，你可以評估 Josie 的生理健康和心理社會狀況。此外，此時你可能可以決定使用一種理論觀點（或多種觀點）來引導你的評估和處遇。例如，你可以使用生理心理社會和微視層面的概念來檢視影響 Josie 的個人層面因素。將來，你可以考慮中介層面及鉅視層面的因素，例如家庭功能和經濟和文化議題。生態理論也可能有助於統整影響 Josie 和她的處境的所有個人和環境因素。

Erikson 的心理社會發展理論也可能非常有用。Josie 可能處於第五個發展階段，即認同與認同混淆階段。她將不得不就諸如她的健康，作為母親的角色以及所有關於她在目前發展階段中，就生育孩子的相關情緒、經濟和養育過程相關資源情況等問題做出決定。這些影響是需要嚴肅看待的，不僅僅是因為 Josie 在她目前的發展過程中處理這些決定的方式，而且還因為根據她現在做出的決定可能影響她最終自我認同發展的方式。這個階段的發展任務以及她如何處理這些任務，會影響她現在和未來如何看待自己，以及她與其他同齡朋友之間相關的看法。她的決定將對她在未來階段的任務和發展產生影響，例如她與她的孩子和其他人的親密關係，她的生產力，以及她以後的整體福祉。

在你考慮個人因素的同時，你可能還可以採用較侷限的心理社會理論來解釋 Josie 如何應對她的情況。例如，當你考慮 Josie 的生理健康時，醫療模型就可以發揮作用。在評估 Josie 的認知和情緒狀態時，你可以應用 Piaget 理論的概念來確定 Josie 認知發展的程度，這個評估對於 Josie 要如何應對她的處境非常重要。關於氣質的觀點也可能有用（這些將在第七章討論），特別是如果 Josie 決定養育她的孩子，確認 Josie 和她的孩子之間的「契合」程度，可以協助 Josie 將來處理教養她的孩子的潛在問題，例如嬰兒焦躁不安和過度哭泣。Erikson 的理論也可能有助於你思考 Josie 可能面臨的發展任務，以及新手父母的新角色如何影響 Josie 未來的成長。

引入優勢觀點將有助於增強 Josie 的權能，以及探索相關的文化和宗教問題。最後，你可能想要考慮Josie目前的道德發展階段（在第九章討論），這可能會影響她關於繼續懷孕的決定。

所有這些方法，無論是單獨使用還是與其他理論結合使用，都將為如何與 Josie 進行處遇提供建議。根據評估的結果，所使用的理論和觀點以及 Josie 的期望，你就可以從幾種處遇策略中進行選擇。

胎兒發展的出生缺陷和危害

在美國，每年大約有 12 萬名嬰兒出生時有出生缺陷；全世界每年約有 800 萬嬰兒出生時帶有出生缺陷。出生缺陷可以定義為出生時會出現可能導致障礙或死亡的結構或生理異常（March of Dimes, 2006, 2014）。許多出生缺陷隨不同種族而異，例如，非西班牙裔黑人母親產下的嬰兒會比非西班牙裔白人母親的嬰兒，具有更高的三染色體 18 症（艾德華氏症）（trisomy 18）以及更低的唐氏症（Down syndrome）發生率。與非西班牙裔白人母親相比，西班牙裔母親所生的嬰兒傾向於具有較高的脊柱裂比率和較低的唇顎裂比率（Centers for Disease Control and Prevention, 2013b）。一項針對超過 11 萬名嬰兒出生缺陷的研究發現，非西班牙裔白人兒童的出生缺陷比非西班牙裔黑人兒童更為普遍（Ibrahim, Tran, Pierce, Johnston, Richmond, & Berry, 2014）。

圖表 6.1 列出了產前發育的一些常見危害。非天然存在的危害通常被稱為致畸物（teratogens），這些是可能導致出生缺陷的物質。接觸致畸物的時間和數量、致畸物的類型，以及母體處理這種致畸物的方式，極大的影響了這些物質可能對胎兒造成的問題。此外，母親或父親的遺傳基因異常也可能導致胎兒發育問題。

由於胎兒發育可能出現許多問題，因此在與孕婦一起工作時，產前的照顧和孕產婦健康就至關重要。我們已經介紹過早產兒和出生體重過低嬰兒的問題。然而，還有許多其他問題可能發生，社會工作者（與案主的醫生配合的社工）往往是胎兒發育及發展訊息的主要來源。社會工作者可以協助案主預防問

精神病藥物 • 酒精 • 尼古丁 • 非法毒品（例如古柯鹼、大麻、海洛因） 不相容的血型 • Rh 陽性／ Rh 陰性 環境毒素 • 輻射 • 殺蟲劑 • 化學品 • 排放物 母系或父系因素 • 疾病（例如麻疹、梅毒、疱疹、愛滋病、弓形蟲病） • 營養 • 壓力 • 年齡 • 遺傳基因異常	**圖表 6.1** **產前發育的常見危害**

題，並可以為已經預期嬰兒會出現問題的案主提供支持。

一般來說，案主愈早接受產前照顧，她們避免出現問題的可能性就愈大。不幸的是，許多案主沒有及時得到足夠的產前照顧，這種狀況通常是由於缺乏知識以及缺乏資源，我們將在本章後面探討這個問題。社會工作者在協助案主獲得高品質和及時的產前照顧方面具有寶貴的價值。

酒精、菸草和藥物　母親物質濫用會導致嬰兒產生嚴重的先天性缺陷，其中最常見的是胎兒酒精症候群（fetal alcohol syndrome, FAS），這是發生在產前暴露於酒精的嬰兒身上的一組生理特徵。FAS 是胎兒酒精譜系障礙（fetal alcohol spectrum disorders）類別下許多疾病之一。

目前沒有證據能確切的說明在懷孕不同階段飲用多少酒精是安全的。懷孕期間很難制定「安全」的飲酒指導原則有很多原因：每個女性代謝酒精的速度不同；酒精攝入的量和時間可能會對胎兒產生不同的影響；並非所有接觸產前

照片6-A

酒精飲用和抽菸是致畸因素，會對胎兒發育產生負面影響

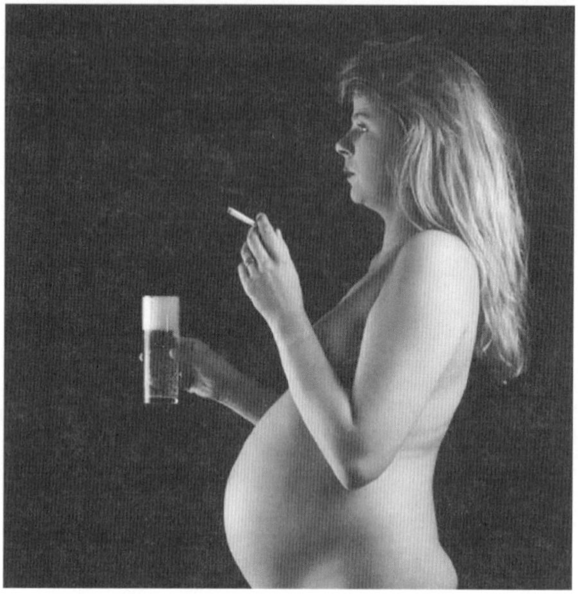

資料來源：S. Pearce/PhotoLink/Getty Images.

酒精的嬰兒都表現出不良症狀（Centers for Disease Control and Prevention, 2014c）。因此，醫生和其他醫療健康專業人員建議孕婦和考慮懷孕的婦女都不要喝酒。

出生時為 FAS 兒童的特徵包括小頭，面部特徵包括兩眼間距寬、鼻子扁平、上唇薄、心臟缺陷、關節缺陷、智商低、行為問題、心智能力差，以及很短的注意力範圍（Barr & Streissguth, 2001; Centers for Disease Control and Prevention, 2014c; Jacobsen, Jacobson, Sokol, Martier, & Ager, 1993; Thackray & Tifft, 2001）。據估計，在美國，每年有多達四萬名有產前酒精暴露症狀的兒童出生。然而，這一數字可能低估，因為許多受產前酒精暴露影響的兒童，沒有表現出這些外在特徵，然而在他們以後的生活中就會經驗到相關問題（Lupton, 2003; Stratton, Howe, & Battaglia, 1996）。

吸菸是產前環境的另一個危害。胎兒和出生後的問題，例如早產、體重過低、呼吸困難、高死亡風險和嬰兒猝死症候群（sudden infant death syndrome,

SIDS），以及語言和認知技能差，都與母親在懷孕期間使用尼古丁有關（Fried & Watkinson, 1990; National Institute of Environmental Health, 2008; Schoendorf & Kiely, 1992）。童年時期接觸二手菸也與兒童的行為問題有關（National Institute on Drug Abuse, 2008; Weitzman, Gortmaker, & Sobol, 1992）。懷孕期間產婦吸菸的比率約占出生體重過低嬰兒的 20%至 30%，早產分娩率高達 14%，嬰兒死亡人數約占 10%（U.S. Department of Health and Human Services, 2001）。懷孕期間母親吸菸的趨勢正在下降。2005 年，10.7%的女性在懷孕期間吸菸，比 1990 年下降了近 45%（Centers for Disease Control and Prevention, 2005）。

母親使用古柯鹼和其他非法藥物也會對胎兒造成嚴重問題。許多母親在懷孕期間使用古柯鹼或海洛因的嬰兒出生時就有成癮現象，而且會有長期問題。例如，暴露於古柯鹼的嬰兒有出生體重過低、動作發展和認知能力受損的風險（Arendt, Angelopoulos, Salvator, & Singer, 1999; Bauer et al., 2005; Chiriboga, Burst, Bateman, & Hauser, 1999; Frank, Augustyn, Knight, Pell, & Zuckerman, 2001）。暴露在海洛因的嬰兒出生時會出現戒斷症狀（例如震顫、煩躁和睡眠不安），以及行為和注意力集中問題（Chiriboga, 2003; Smith et al., 2003; Weinstein, 2000）。產前暴露於甲基安非他命的兒童會有長期行為和心理健康問題，例如焦慮、憂鬱和 ADHD（LaGasse et al., 2012）。產前暴露於大麻的影響還不明顯。雖然有一些研究指出暴露於大麻的嬰兒，有出生體重過低和注意力不集中的風險，但這一主題缺乏足夠研究（Fried & Smith, 2001; National Institute on Drug Abuse, 2001; Richardson, Ryan, Willford, Day, & Goldschmidt, 2002）。

Rh 血液因子不合症　對胎兒發育的另一個危害涉及稱為 Rh 因子的血液蛋白存在或不存在。具體而言，當母親具有 Rh 陰性血液因子（也就是她的血液不含蛋白質）而父親是 Rh 陽性時，胎兒就可能是 Rh 陽性。在這個情況下，母親的身體可能會產生攻擊胎兒的抗體，這會導致嬰兒有貧血、黃疸、流產、死產、心臟缺陷或腦損傷等傷害。

幸運的是，輸血和疫苗可以預防胎兒以及母親未來再懷胎時胎兒發生問題（Narang & Jain, 2001）。

環境毒素 輻射、殺蟲劑、化學物質、排放物和其他環境毒素與出生缺陷和長期發展問題有關。產前暴露於 X 射線、汞和其他化學品和殺蟲劑會影響胎兒的發育。它還可能導致流產，胎兒受損變形，出生體重過低和緩慢的認知處理等問題。請記住，父親接觸環境毒素也會影響精子的基因組成，導致染色體和其他異常情況傳遞給胎兒（Gardella & Hill, 2000; Lanphear, Vorhees, & Bellinger, 2005; Timins, 2001）。

鉛中毒是另一個嚴重的危害。2012 年，大約十萬名年齡小於 72 個月的兒童體內血液含鉛量水準超過 5 微克／分升（5μg/dl），這是疾病預防控制中心建議必須展開公共衛生行動的水準量（Centers for Disease Control and Prevention, 2012b, 2012c）。鉛中毒幾乎會影響身體的每個系統。最近的研究顯示，即使兒童血液含鉛量水準遠低於聯邦政府的標準，也可能會受到智商降低和行為問題的傷害（U.S. Environmental Protection Agency, 2008）。由於鉛中毒發生時經常是沒有明顯的症狀，因此常常無法發現（Centers for Disease Control and Prevention, 2011b）。

有些社區正看到環境毒素對出生模式的有害影響。例如，自 1990 年代以來，加拿大 Aamjiwnaang 第一民族的一個社區已經觀察到出生的男嬰人數急遽下降。這種男嬰出生率的下降被歸咎於是因為經濟困難而造成的環境毒素和壓力（Ecojustice, 2008; Global Community Monitor, 2007）。

對環境毒素影響的研究顯示，這問題造成的財務成本很高。例如，2008 年進行的一項研究發現，在美國，鉛中毒、甲基汞暴露、兒童癌症、氣喘、精神障礙、自閉症和 ADHD 所造成的經濟成本，估計為 766 億美元（Trasande & Liu, 2011）。

父親年齡 母親不是唯一因為年齡可能會影響懷孕和分娩的人。精子也會受到影響，隨著父親年齡的增加，傳遞給嬰兒的染色體損傷的機率就愈高（La Rochebrochard & Thonneau, 2002; Schrag & Dixon, 1985）。老年父親的孩子患自閉症、閱讀障礙、癲癇、精神分裂症和智商低等問題的風險會增加（Nybo Andersen, Hansen, Andersen, & Smith, 2004; Saha et al., 2009; Vestergaard, Mork,

Madsen, & Olsen, 2005）。

一項大型研究指出，生出有自閉症兒童的風險隨著父親年齡的增長而增加，但前提是兒童母親的年齡在 30 歲以下。這些研究結果顯示，面對生出自閉症孩子的風險，母親年齡可能會調節父親年齡的影響或是有互動效果（Shelton, Tancredi, & Hertz-Picciotto, 2010）。

孕產婦健康　研究清楚的指出，母親在懷孕前和懷孕期間的整體身體健康會影響胎兒的發育，以及孩子的終生生理、認知和行為發展。下列是孕產婦健康的主要因素：

- **疾病**：一個例子就是風疹（也稱為德國麻疹）可導致嬰兒死亡和生理結構畸形。類似情況，梅毒可以在胎兒發育的後期損害器官，並且如果出現在出生時，則會引起中樞神經系統和胃腸道的問題。當嬰兒在產道中移動時可能會感染疱疹，會導致死亡或腦損傷。弓形蟲病是一種寄生蟲病，是因為母親食用生肉或與接觸動物糞便而感染，可導致腦損傷和早產（Westheimer & Lopater, 2004）。另一種危害是愛滋病毒，它可以透過胎盤從母體傳染給胎兒，在出生時透過體液，以及餵食母乳而感染給嬰兒。愛滋病毒感染和愛滋病不僅對嬰兒的生活品質產生影響，而且在懷孕期間了解愛滋病毒感染的母親，可能會罹患焦慮和憂鬱等疾病，這可能進一步威脅胎兒的健康（Kwalombota, 2002）。
- **營養**：研究指出，胎兒發育（例如胎兒胰島素、激素、新陳代謝）對母親的營養環境有反應（通常稱為「胎兒編程」）。此外，胎兒營養不良會促成兒童疾病的發展，其中許多疾病直到長大後才出現（Osmani & Sen, 2003）。中風、癌症、糖尿病、肥胖症、高血壓和冠心病等疾病和問題都與孕婦營養不良有關（Barker, 2001, 2008; Vogt et al., 2014）。例如，一項研究指出，有胎兒營養不良史的女性在懷孕期間比較無法提供營養給自己的嬰兒（Barker, 2008）。
- **代謝問題**：另一項研究指出，在懷孕期間肥胖、患有糖尿病或高血壓的女性生出自閉症孩子的風險高於沒有這些問題的女性。研究者假設肥胖和相關問題開啟一種環境，在這種環境中，胎兒被剝奪了最佳氧氣，因而破壞了大腦的發育（Krakowiak et al., 2012）。體重過重的女性也往往會生出體重較重的嬰兒（超過 4,500 公克），這使得嬰兒長大後容易有中風、糖尿病和高血壓的風險（Barker, 2008）。

- *壓力*：研究顯示，懷孕母親的壓力大會導致胎兒的激素變化，會使孩子長大後處理壓力的能力不足（Radtke et al., 2011）。
- *孕產婦精神疾病*：精神健康問題，尤其是憂鬱症，會對母親和嬰兒產生嚴重的不良影響。對*產後憂鬱症*的關注，提供機會讓大家對憂鬱症和其他精神疾患有可能發生在懷孕的任何時間點，從孕前到產後，有更廣泛的看法。在開發中國家以及低所得和中低所得國家，大約有 19%的女性在懷孕期間或產後的某些時候會經歷憂鬱症（Fisher et al., 2012）。各種心理社會經濟因素，包括壓力、之前的心理健康問題、低社會支持和低婚姻滿意度，會增加女性在懷孕期間和懷孕後發生心理健康問題的可能性，特別是對於黑人和西班牙裔女性（Liu & Tronick, 2013; O'Hara, 2009; Robertson, Grace, Wallington, & Stewart, 2004）。母親的精神疾病會對母親與伴侶之間的關係以及母親與嬰兒之間的關係產生負面影響（Parfitt & Ayers, 2009），這可能會導致孩子的社交、認知、情緒和行為各種發展的缺陷（Grace, Evindar, & Stewart, 2003; Hay et al., 2003）。關於母子連結和依附關係的更多內容將在第七章討論。

遺傳性疾病　各種遺傳性疾病會對胎兒造成嚴重後果。染色體異常是由於卵子或精子細胞發育過程中發生錯誤，或細胞在發育成胚胎過程中細胞分裂錯誤而引起的。唐氏症是發育中的胎兒最常發生的染色體異常疾病之一。唐氏症發生在胎兒第 21 對染色體多附加了一條染色體，因此，唐氏症也被稱為三染色體 21 症。唐氏症會產生多種組合問題，從輕微到嚴重，包括心智障礙、可識別的面部特徵、心臟缺陷，以及聽力和視力問題。患有唐氏症的兒童平均預期壽命為 55 歲，有一些人可能活到 60 餘歲，這取決於他們症狀的嚴重程度（Hassold & Patterson, 1998; National Association of Down Syndrome, 2012）。孕婦年齡愈高，生出唐氏症嬰兒的風險會增加。25 歲的女性生出唐氏症嬰兒的機率是 1/1,200 的機會，但是對於 40 歲的女性，這些機率就會增加到大約 1/100。有些證據顯示，有唐氏症寶寶的母親通常身體葉酸代謝、B 群維生素之一也有異常狀況（National Down Syndrome Society, 2009; Santos-Reboucas et al., 2009）。其他染色體異常包括三染色體 18 症、Turner 症候群、三染色體 X 症候群和 Klinefelter 症候群。

脊柱裂，也稱為**開放性脊柱**，是一種影響骨幹，有時影響脊髓的缺陷。它是因為神經管（形成大腦和脊髓的胚胎結構）在發展期間不完全閉合時所發生的情況。脊柱裂是最常見嚴重的出生缺陷之一。在美國，每天大約有 8 名嬰兒出生時患有脊柱裂或類似的出生缺陷，平均每年有 2,900 名嬰兒發生這種狀況。在西班牙裔和歐洲血統的白人中，發生這種情況的人比非裔美國人或亞洲人更多。受影響的嬰兒有些不會出現任何問題，或者他們可能會出現脊髓液滲漏、感染風險高、膀胱和腸道控制問題，以及癱瘓。目前不知道什麼原因造成脊柱裂，但患有糖尿病或癲癇疾患的女性似乎風險較高。此外，儘管 95%出生患有脊柱裂的嬰兒來自沒有這種疾病史的家庭，但隨後出生的子女再發生這種疾病的可能性也會增加（Menkes & Till, 1995; Spina Bifida Association, 2014）。

許多遺傳問題可以在產前檢查時診斷出來，並且隨著檢測方法的改進和已經鑑定出更多致病基因，最近使用基因檢測來檢查胚胎的情形已經快速飆升。愈來愈多 35 歲及以上的孕婦被轉介進行檢測，如果在懷孕的某些階段進行了檢查，可以早期檢測出許多胎兒問題。以下這些是最常見的檢測方法：

- 超音波是使用聲波來捕捉胎兒的影像，並且可以提供基本生理結構的圖像。雖然常規超音波檢查能夠檢測到的缺陷類型很有限，但是可以使用技術更先進的超音波來協助檢測唐氏症、脊柱裂和其他異常。
- 羊膜穿刺術（amniocentesis）是一種使用少量羊水來進行檢測，用於發現先天性缺陷。
- 絨毛膜取樣（chorionic villus sampling, CVS）是一種檢測來自胎盤的組織樣本，也用於確定是否存在出生缺陷。
- 血液檢測可以檢測胎兒蛋白質，這種蛋白質可以顯示出發生缺陷的機率

（American College of Obstetricians and Gynecologists, 1996; Centers for Disease Control and Prevention, 1995; Hobbins, 1997; Spencer, Spencer, Power, Dawson, & Nicolaides, 2003）。

還有其他正在開發的侵入性較小的檢測方法，以協助在懷孕初期能識別胎兒問題。例如，一種分析母親血液中胎兒 DNA 的檢測，可以在第七週時識別胎兒的性別，這有助於辨識出與性別相關的疾病（Devaney, Palomaki, Scott, & Bianchi, 2011）。

有些孕婦可能沒有支付這些檢測的醫療保險，因為那些檢測可能成本過高。此外，這些測試也都存在一些風險。因此有許多女性決定不進行檢測，選擇避免檢測相關議題所帶來的焦慮。

愈來愈多的倡導團體正在推動各州要求新生兒要進行愈來愈多疾病的篩檢，包括那些無法輕易診斷出來的或是還沒有治療方法的疾病，這樣的篩檢其實給家庭帶來很大的焦慮和情緒上的痛苦。此外，沒有一項檢測可以提供 100% 準確的結果。然而，許多家庭正因為「錯誤的分娩」對醫院和醫生提起訴訟。這些家庭因為在產前檢查未能發現出生缺陷，或輸卵管結紮等避孕措施未能預防懷孕而要求賠償。他們聲稱，他們應該有權享有撫養這些意外或特殊需求子女所需要的終身醫療費用以及其他費用。有一些州已禁止這類的訴訟，但也有其他州允許這些訴訟。

從產前檢測中所衍生的成本、獲得以及能蒐集的訊息等議題，成為社會工作者及其一起工作的家庭都需要面對的倫理困境。社會工作者如何協助確保所有家庭都能獲得有關產前檢測的準確訊息？社會工作者如何協助家庭決定是否進行檢測？社會工作者如何與發現他們將會有一個身心障礙或末期疾病的子女的家庭一起工作？如果產前檢測不準確，特別是如果這些不正確的訊息侷限了家庭對懷孕的選擇和決定時，家庭應該有哪些權利？我們在什麼時候能決定胎兒的缺陷已經嚴重到足以終止妊娠？我們應該責怪父母要終止這種懷孕嗎？我們應該考慮的是孩子或家庭的生活品質？養育這類身心障礙兒童相關的所有費用是該由個人承擔？或者社會是否應該協助支持這些家庭？

除了倫理困境之外，社會工作者可以為案主提供許多關於出生缺陷和基因檢測的支持和訊息，這些方法可能是非常能充權案主的。他們可以就這些議題教育案主，提供基本訊息，協助案主得到醫療保健資源，並且在如果胎兒缺陷成為問題的情況下，向案主提供有關其選擇的建議。

在 Josie 的案例中，你可以向她提供有關她可以採取的預防措施的訊息，以避免剛剛討論過的一些嚴重問題。特別是由於Josie的年齡和現狀，你在教育、訊息、轉介和情緒支持方面的協助將至關重要。

懷孕、出生，以及家庭和直接的環境

與個人工作時，需要社會工作者從多個層面評估案主的問題和優勢。當與像Josie這樣的案主合作時，這個原則仍適用，因為Josie呈現了多層面但卻相互關聯的問題。本節將討論在案主的直接環境背景下，與懷孕相關需要考慮的某些層面。

獲得醫療保健

對於許多美國人來說，獲得負擔得起的優質醫療服務是一個很大的議題。雖然一般來說，醫療保健可以被視為是一個鉅視面的問題，但我們在此討論它是因為它與收入和就業有著密切的關係。當然，對於已懷孕婦女或是正計畫懷孕的婦女來說，健康照顧更是一個特別相關的主題。事實上，與婦女和兒童一起工作的實務工作者，最重要的兩個角色是倡導得到醫療保健以及協助案主接受照顧服務。

在懷孕早期接受良好照顧可以防止許多長期問題，這些問題可能導致以後高昂的個人、經濟和社會成本。然而，即使對產前和產後護理的益處有高度認識，許多婦女仍未能得到及時或適當的健康服務。為了要得到這些照顧，會有哪些障礙？三個相互關聯的主要障礙是貧困、缺乏醫療保險，以及不斷攀升的醫療保健成本。

許多案主面臨的兩大問題是貧困和缺乏健康保險。許多人失業或就業力不足，因此，他們可能得不到雇主提供的健康福利保障，或者無法自行購買醫療保險。2012 年，美國有 4,800 萬人（約占人口 15.4%）沒有保險（DeNavas-Walt, Proctor, & Smith, 2013）。許多沒有保險的人也沒有資格獲得醫療補助等政府計畫，該補助包括醫療保健費用，其中就包括了產前護理。

缺乏醫療保險以及得到負擔得起的和符合其文化的健康照顧，非常不成比例的影響了少數群體成員。由此產生的健康差異包括這些人口群體中未治療的慢性疾病和死亡率較高（Centers for Disease Control and Prevention, 2013d; U.S. Department of Health and Human Services, 2011）。儘管在減少少數群體的健康不平等方面有一些進展，但許多問題仍然存在。例如，1960 年至 2000 年間，嬰兒以及 35 歲及以上的非裔美國男性的健康差距更惡化。根據 2002 年的數據，研究者估計，如果可以充分解決健康差異的問題，美國每年可能會有超過 83,000 人的死亡是可以預防的（Satcher et al., 2005）。

婦女也會經驗到醫療保健不公平的狀況。傳統上，女性的健康保險費用往往不成比例的高於男性（National Women's Law Center, 2012）。這種被稱為性別評級的做法是 2010 年患者保護和平價醫療法（Patient Protection and Affordable Care Act of 2010）中被認為許多不公平的做法之一，有許多人已要求需要改變這些做法。

另一個相關問題是醫療保健費用高昂。醫療保健成本上升可歸因於三個發展：

- **技術進步**：雖然高科技設施和程序有其優勢，但它們也很昂貴。例如，美國用於治療障礙新生兒的技術每年要花費超過 25 億美元（Robbins et al., 2007）。富裕的人或有保險的人通常是能夠獲得先進醫療技術的人，或者說他們能透過更高的醫療保健費用以及更高的保險費來轉嫁成本。
- **減少獲得醫療保險的機會**：允許人們保持無保險情況也會導致問題，因為沒有保險的患者通常會延緩治療直到他們的健康問題變得嚴重。從短期和長期來看，嚴重問題的治療成本更高，這反過來又增加了醫療保健的總體成本。若全面實施平價醫療法案，就預期能解決這些問題。

- 愈來愈多的醫療事故訴訟：隨著醫療事故訴訟數量的增加，醫生的醫療事故保險費上漲，他們就會轉嫁給消費者。這一點與產前檢測帶來的倫理困境有關。進行的產前檢測愈多，產生的費用就愈多。更多的檢測因為不正確的結果導致更多的訴訟，繼而造成更高的醫療保健成本。但訴訟的增加相對的也促使更多使用產前檢測來避免訴訟。正如這個情況所描述的那樣，檢測有其優勢，但它也帶來了一系列倫理和成本相關的困境。

為了應對這些醫療服務的取得和成本問題，2010 年的平價醫療法案試圖增加獲得醫療保健的機會，並減少因醫療取得的障礙而造成的健康差異。該法案要求大多數美國公民和合法居民購買健康保險，提供補貼給低收入個人和家庭，增加獲得許多預防性和其他健康服務的機會，並終結許多不利的健康保險做法，例如排除已存在的健康狀況以及排除給付範圍。根據該法案，婦女可以獲得 22 項預防性和其他服務，其中許多服務旨在支持孕婦及其嬰兒的健康。這些包括各種疾病和遺傳問題的篩檢，支持哺育母乳，懷孕前、懷孕期間和懷孕後的婦女就診，以及和心理精神健康疾病，包括孕產婦精神疾病、產後憂鬱症以及家庭暴力等問題的篩檢（U.S. Department of Health and Human Services, 2012）。

為婦女和兒童提供處遇的社會工作者需要了解這些議題，並要了解影響案主獲得醫療保健及其資格的最新法律和政策。除了聯邦醫療保健法的改變之外，許多州也正在透過法律要求產前和產後篩檢、治療遺傳疾病以及各種健康和心理健康問題。當案主需要服務，但由於有限制的政策標準或嚴格的服務範圍，或者案主不了解根據州或聯邦法律他們具有得到現有服務或服務的資格時，社工的這個責任變得尤為重要。

讓我們看一下在 Josie 的案例中，要提出處遇計畫時可能會考慮的一些注意事項。

如果Josie決定保留和養育她的孩子，則處理Josie情況的一種方法是探索可以使用的服務方案，這將有助於Josie產前和產後護理。特別是如果Josie的父母決定不支持她，如果Josie決定繼續上學而不是工作，並且如果她的男朋友也拒絕參與這個過程時，那麼上述的方法將變得至關重要。另一種方法是仰賴社區組織或以社會行動方式來確保為Josie這樣的個案提供適當的服務。例如，你可能需要檢視學校政策，以確保Josie在她決定養育孩子時，能夠得到校方必要的支持以繼續接受教育。你還需要與Josie生活和互動的社區合作，以確保在決策過程中能支持Josie。

產婦與其照顧者的關係

社會工作者的另一個考慮因素是案主從其醫療保健提供者那裡獲得的支持。許多孕婦缺乏健康保險或依靠醫療補助來支付醫療保健費用，對於許多孕婦而言，尋找接受醫療補助付款或依照經濟條件比例收取費用，以及找到靠近產婦居住地理區域的醫生，可能都會很困難。

上述這些觀察到的現象也適用於許多女性，她們即使有私人醫療保險，卻不允許她們「到處就醫」尋找能滿足她們的身體和情緒需求的醫生。這些女性經常必須採用那些不會與她們分享分娩和育兒理念的醫生，沒有時間和她們一起討論她們在懷孕和分娩時遇到的問題或焦慮的醫生，或者可能對她們有偏見和刻板印象以致於可能給予患者歧視性治療，或不信任患者的醫生。因此，這些婦女有時會延後或減少她們去給醫生進行產前檢查的次數。

掌控分娩環境

美國對懷孕和分娩往往視為疾病和障礙，而不是自然事件。對這一過程的掌控往往是賦予健康專業人員而不是放在懷孕的婦女身上。對於許多女性而言，接受有關分娩過程的教育並確保對分娩決策的掌控是經驗的必要部分。婦女是否得到教育和掌控的程度，大多取決於她們是否得到有關分娩的書籍知識以及支持其決定的工作人員。能夠負擔得起昂貴護理照顧的婦女通常比生活在貧困中或接近貧困的婦女更容易得到這些掌控權。

在過去的幾十年裡，許多研究是鼓吹醫護人員及機構允許女性可以在更自然的環境中分娩，醫生和醫療機構也都對研究做出了回應。許多醫療保健專業人員（根據實證證據）認為，婦女若能在分娩期間身體可以自由移動，並且可以選擇所執行的分娩程序類型時，會受益很大。有些婦女甚至透過選擇在家中分娩，一併省略了醫療設施，以尋求自己能對分娩的環境得到最大的掌控。

在懷孕和分娩期間，社會工作者可以成為女性及其伴侶最強的倡導者，特別是對於無法獲得護理照顧或面臨困難和混亂的照顧決策的女性。

回到Josie的案例，如果Josie決定繼續懷孕，社工需要協助她找到一位好醫生。考慮到Josie的年齡和家庭狀況，她可能需要獲得額外的支持，最有可能是來自社區資源，因為她的家人可能無法提供及滿足她的需求。一個陪產員或助產士可能在她懷孕後期對她會有幫助，這個人可以提供有關正向健康實務的知識，如此能增加Josie經歷健康的懷孕和分娩的機會。此外，與醫生、助產士或其他實務工作者一起，你可以協助 Josie 確定自己的優勢和需求，以更好的應對她必須做出的許多決定。最後，你可以充權 Josie，讓她在整個孕程以及成為父母後為自己的權益發聲倡導。在這種情況下，系統理論是你可以運用來組織所有這些訊息並發展處遇措施的一種取向，這個取向將使 Josie 受益。以下將描述 Josie 所面臨的一些決定。

分娩課程 大多數社區和醫療照顧機構都提供分娩課程，協助婦女及其伴侶為分娩、母乳哺育和照顧新生兒做好準備。在這些課程中，女性和她的伴侶需要規劃一個生育計畫，明確列出她希望接受哪些程序以及她希望避免哪些程序。

有幾種不同的分娩方法，大多數社區會提供一些課程是這些不同方法的培訓。圖表 6.2 列出了目前可用的幾種比較流行的分娩方法和選項。

圖表 6.2

分娩方法、選項和課程

地點和程序

- 醫院：醫院分娩的選擇會因醫院設施不同而異。一些受歡迎的選擇是產房和康復室，溫馨的「套房」和分娩中心。醫院所用的生產方法也各不相同。有些會提供浴缸、按摩浴缸、分娩協助桿和分娩球，以及可做運動並鼓勵按摩、吃零食和聽音樂的房間。所有這些設置都允許陪產員、助產士和醫生在場，如果需要，他們都可以提供疼痛緩解和其他醫療程序。有些醫院允許「母嬰同室」，即整個住院期間，嬰兒與母親都一起待在同一房間。
- 獨立分娩中心：這些中心提供的環境比許多醫院更像家一樣。分娩中心鼓勵無藥物分娩技術，例如浴盆、按摩和放鬆技術。陪產員或助產士分娩時可在場。然而，大多數分娩中心沒有配備執行剖腹產或其他醫療程序。
- 家中分娩：大多數選擇在家中分娩的人都會有助手，例如陪產員或助產士。許多醫生會同意作為在家分娩的備用支援者，以防出現併發症。可以租用浴缸在家裡使用。但是許多專業人士不建議高危險妊娠婦女在家分娩。

教育

- 醫院課程：大多數醫院會提供由陪產員、助產士或其他分娩專家講授的課程。這些課程各不相同，但大多數都會包含有關營養、分娩過程、疼痛管理、母乳哺育和嬰兒照顧的訊息。
- 布拉德利（Bradley）方法：許多社區提供有關自然分娩方法的課程。他們專注於不需要藥物並促進丈夫或伴侶參與的技術。使用放鬆和呼吸技術，專注於「調整」身體的律動。
- 拉梅茲（Lamaze）方法：大多數社區和許多醫院都提供拉梅茲方法的課程。該方法倡導自然分娩技術和其他人在分娩過程中的積極支持。它教導放鬆和呼吸技巧，訓練孕婦透過向外聚焦來減輕疼痛的方式以控制分娩疼痛。
- 催眠／催眠分娩：這個課程解釋疼痛並不是分娩的必要部分。他們指導婦女分娩生理學，以減少恐懼和焦慮，並幫助婦女控制分娩過程。他們還教授放鬆和專注技術，讓身體能運用自己緩解疼痛的來源。

剖腹產　關於剖腹產的必要性存在很多爭論，就是涉入切開腹部以接生嬰兒。研究指出，美國的剖腹產率在 2013 年為 32.7%，遠遠高於其他已開發國家（Hamilton, Martin, Osterman, & Curtin, 2014）。

事實上，剖腹產是美國最常進行的外科手術，儘管一項研究美國 593 家醫院的報告發現，即使控制住了高危險的懷孕，不同醫院之間的剖腹產率也明顯不同（從 2.4% 至 36.5%），甚至在控制風險懷孕之後（Kozhimannil, Law, & Virnig, 2013）。此外，有證據顯示，非西班牙裔黑人、西班牙裔／拉丁裔和美國原住民女性比非西班牙裔白人女性及來自較高社會經濟地位（socioeconomic status, SES）群體的女性，更容易施行剖腹產（Roth & Henley, 2012）。值得注意的是，世界衛生組織（World Health Organization, 2003）曾指出，超過 15% 的比率就表示該程序的使用不當。高剖腹產率的原因包括住院分娩的趨勢和與分娩相關的技術進步。

由於技術增加了醫生對分娩過程的控制，因此，如果在分娩過程中出現問題，女性現在更有可能提出醫療事故訴訟。正如我們已經觀察到的那樣，醫生的醫療保險正在暴漲，因為訴訟的總數量正在不斷增加。此外，這些訴訟通常會讓原告獲得天文數字的賠償。實際上，產科是醫療專業中，醫療事故成本正在逐漸失控的科別之一。因此，許多醫生放棄了這門專科，造成許多地區，特別是農村地區，沒有產科醫生的服務。在一些農村地區，女性必須要到 160 多公里以外地區才能找到產科醫生。

為避免被告，許多醫生現在採取一切可能的預防措施，包括在分娩過程中若出現輕微麻煩跡象時，就馬上進行剖腹產手術。最後，有些產婦比較喜歡剖腹產，因為這個程序可以使她們能夠挑選配合她們忙碌行程的出生日期和時間。

無論什麼原因，與陰道分娩相比，剖腹產的風險更高且更昂貴，而且需要更長的癒合時間（AbouZahr & Wardlaw, 2001; Anderson, 2004）。此外，研究表示，剖腹產會有較高的產婦死亡率，特別是對於貧困婦女、過去曾剖腹產的婦女，以及非裔美國婦女（California Department of Public Health, 2011）。研究還指出，剖腹產導致嬰兒預後不良，例如長大後有肥胖和呼吸系統疾病，尤其是早產兒（Darmasseelane, Hyde, Santhakumaran, Gale, & Modi, 2014; Werner et al., 2012）。

外陰切開術　儘管剖腹產仍然很常見，但女性對分娩過程可以有更大掌控權的一個例子，是許多產婦決定不要外陰切開術。外陰切開術（episiotomy）是指醫生在會陰部（陰道口和肛門之間的皮膚區域）切口，以避免分娩時撕裂的程序。

儘管外陰切開術在 20 世紀的大部分時間都很流行，但最近的研究指出它們會造成產婦非常疼痛，而且接受這種手術的女性通常需要比自然撕裂的女性更長的復原時間。事實上，研究顯示，無論如何很少有產婦會撕裂會陰口，因此使得這個程序實質上很不必要。批評該程序的人認為，一些進行外陰切開術的醫生這樣做是因為出生後縫合切口比縫合撕裂傷更容易。

執行外陰切開術的比率往往因國家、文化、習俗、信仰、種族群體和專業培訓理念而異。因此，為女性在醫療保健體系中的權益而倡導的社會工作者，需要了解該程序背後的歷史發展脈絡、理由、利益和風險（Carroli & Mignini, 2009; Goldberg, Holtz, Hyslop, & Tolosa, 2002）。

陪產員和助產士　隨著呼籲更自然的分娩以及反對剖腹產和外陰切開術等傳統醫療方法的運動盛行，愈來愈多的女性轉向使用陪產員和助產士來協助分娩。陪產員是助手，他們在分娩前和分娩後為女性提供身體、情緒和訊息的支持。他們專注於非醫療的技能，也不會執行像檢查等臨床任務。婦女有時仰賴陪產員來協助治療、母乳哺育以及照顧新生兒其他方面的工作。一般來說，陪產員除了由他們的專業協會約束外，不受監管。專業本身有各種組織，提供培訓、監督認證和維持倫理規範。

相比之下，經過認證的助產士是註冊護士，他們已完成助產士的專業課程。助產士為那些需要額外的關注以及計畫想要低風險自然分娩的產婦，提供醫生之外的替代方案。

愈來愈多的醫療機構正在支持陪產員和助產士的服務，他們經常在分娩過程中與醫生並肩工作。此外，許多選擇在家分娩的婦女也使用這些服務。

母乳哺育　實際上在經過多年對科學開發的奶粉的依賴後，母乳哺育變得愈來愈受歡迎。隨著醫療模式的興起，許多公司開發出被吹捧為優於母乳的奶粉配方。然而，最近的研究指出，母乳中的成分無法透過奶粉複製，主要是因為研究人員仍無法識別構成母乳的所有成分（Gokcay, 2009; Oddy, 2002）。婦女和醫生現在都承認母乳哺育對母親和嬰兒雙方都有益處。然而，與母嬰護理的許多其他方面一樣，研究顯示母乳哺育率存在種族差異。美國疾病控制與預防中心（Centers for Disease Control and Prevention, 2014g）指出，非西班牙裔黑人母親比非西班牙裔白人母親較少進行母乳哺育，這可能是因為黑人母親較少在醫院分娩，因此較難接觸母乳哺育的宣導及教育。

研究進一步表示，從出生時就以母乳哺育的兒童通常比奶粉哺育的兒童更健康。他們在一生中受到較少的感染，能夠更好地保持體重，在以後的生活中能更好的處理壓力，智商略高，並且比喝奶粉的孩子有更少的行為問題。母乳的好處是如此之多和重要，以致於一些醫院和組織正在為無法母乳哺育或需要補充自己母乳供應量的母親，推動母奶捐贈計畫。雖然這些方案適用於早產兒，但其中也開始發展更多的方案來適用於足月嬰兒的母親。

母親也能受益於母乳哺育，與非母乳哺育的女性相比，她們恢復到孕前體重的速度更快，子宮頸癌和乳腺癌發病率更低，從分娩恢復的速度更快。具體來說，母乳哺育有助於子宮恢復到孕前的形狀，並有助於在胎盤排出後止血（Gokcay, 2009; Habicht, Davanzo, & Butz, 1986; Heikkiia, Sacker, Kelly, Renfrew, & Quigley, 2011; Howie et al., 1990; Montgomery, Ehlin, & Sacker, 2006）。在眾多其他益處中，研究還表示，母乳哺育的女性罹患阿茲海默症的風險低於未母

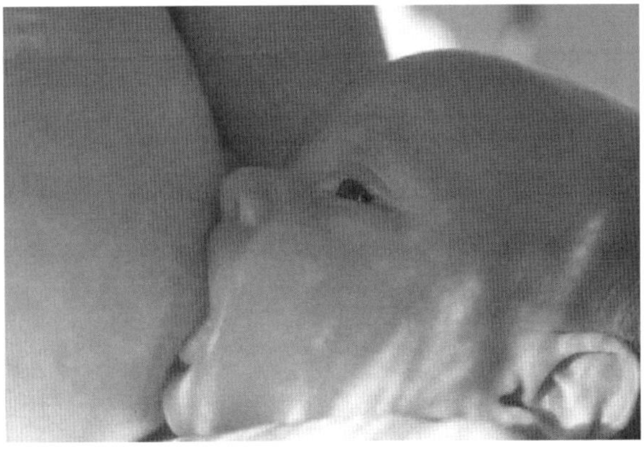

資料來源：PhotoDisc/Getty Images.

照片 6-B

母乳哺育為孩子和母親帶來許多好處

乳哺育的女性。隨著母乳哺育時間的增加，這種風險會降低（Fox, Berzuini, & Knapp, 2013）。

社會工作者當然可以協助教育案主關於母乳哺育的好處，並協助支持選擇這樣做的案主。然而，由於各種原因，許多女性只有做短時間的母乳哺育或根本不選擇母乳哺育。這些女性常常會因她們的決定而受到醫生、家庭成員和其他母親的批評。社會工作者可以提供大量的情緒和其他支持給這些婦女，協助確保她們及其嬰兒能獲得最佳結果。

收養

社會工作者可以協助母親及其伴侶決定是否出養孩子。社工不僅可以協助生父母和養父母雙方適應收養，而且還需要與孩子一起確保他們能適應新的情境。

此外，社會工作者經常可在提供國內和國際收養的機構中發揮關鍵作用，協助引導生母和未來的收養父母在決策、填寫各項文件、符合機構要求，以及調適在收養過程中的情緒層面等各方面的過程。社會工作者在確保同性戀夫婦也可以收養的權利上，有著關鍵角色。

如果 Josie 決定讓她的孩子出養，你就需要了解州和聯邦法律、機構代理程序，以及 Josie 自己對開放式收養和跨種族收養的感受。

開放式收養　變得愈來愈普遍的一種趨勢是開放式收養，此政策允許親生父母在與收養家庭一起合作下，可以拜訪他們出養的小孩以及與孩子交流。通常，機構協助制定拜訪次數和類型的基本規則，有時他們也需要在兩方之間促成初次會面。社會工作者在協助案主解決開放式收養可能產生的情緒的同時，可以促成這些會面過程。

儘管開放式收養仍存有問題，但研究表示，開放式收養往往對出養的兒童與其親生父母雙方的情緒，都有助益（Gross, 1993）。還有一些研究表示，開放式收養對於家庭要調適收養這件事，其實影響不大（Berry, Cavazos Dylla, Barth, & Needell, 1998）。許多收養家庭認為與原生父母的接觸可以讓孩子保有延續性的生活，如此也可以協助孩子適應收養狀況。

跨種族收養　社會工作者可能會要面對的爭議問題是跨種族收養。有些人認為孩子需要被安置在有愛的家庭中，不管他們的種族或民族背景如何。實際上，一些研究（例如 Hamilton, Cheng, & Powell, 2007）表示無論養父母的種族背景如何，都比親生父母投入更多的時間和經濟資源在收養的孩子身上。這一論點指出，所有種族和族裔群體中，都沒有足夠的家庭來接受與他們相同族群文化且在等待收養的孩子的數量，能被收養的孩子一般來說是比還沒有被收養的孩子生活得更好。

對這種方法的批評者認為，兒童應該要安置在與他們有著共同種族、文化和傳統的家庭中。他們進一步強調，少數族群團體在試圖要收養孩子時會遭受歧視，而白人家庭則容易被視為安置孩子的優先選擇（Glazer, 1993; Samuels, 2009）。

社會工作者需要充分了解這些爭議，以便他們能夠與案主有效的合作。根據法律，在收養時，種族和族裔不得被考慮。1994 年和 1996 年的多民族和跨族裔間安置法案（Multi-Ethnic and Inter-Ethnic Placement acts of 1994 and 1996）否定了在收養安置時，考慮種族的因素，其目標是加速兒童進入家庭（Quiroz, 2007）。社會工作者還需要就如何影響這些問題的社會政策做出明智的決定。我們將在第七章更詳細地檢視收養議題。

關於懷孕和生育的工作場所政策

當許多婦女想要懷孕、懷孕時、分娩後，以及撫養孩子時，社會工作者經常需要協助她們解決就業相關政策。在歷史上，甚至可能時至今日更加如此，美國的就業政策從來沒支持過家庭的責任。許多企業仍缺乏育嬰政策，就是有明確確定母親、父親和其他照顧者在懷孕期間和之後權利的政策。此外，許多雇主仍然不允許婦女有時間或是提供無菌設施，讓婦女可以母乳哺育或是擠奶及儲存母乳，也不提供優質的日托資源。為了解決這些問題，有些州頒布了法律，強制要求企業和公共場所允許婦女在沒有受到騷擾的情況下進行母乳哺育。

不幸的是，生孩子會對女性（和家庭）的經濟福祉產生短期和長期影響。當企業允許婦女休育嬰假、母乳哺育和其他家庭責任時，都是不給薪的時間。因此，女性經常發現她們必須在生孩子和領薪水之間做出選擇。此外，許多婦女在生孩子而休假期間，會喪失時間和資歷，而這又會影響她們將來能領取的社會保障和養老金的金額。

因此，許多女性選擇離職，因為她們想留在家養育孩子，而且她們負擔不起日托照顧費用或其他原因。社會工作者可以倡導公平的職場政策以及更廣泛的社會政策，以支持所有母親和其他照顧者，無論他們選擇繼續就業還是留在家中。

懷孕、出生和更大的社會環境

在與案主合作時，社會工作者需要能夠就可能影響個人生活的複雜社會和經濟問題進行協商。本節探討了社會工作者在與懷孕母親及其伴侶一起工作時可能遇到的一些問題，特別是貧困、社會政策和環境問題。

貧困對懷孕和生育的影響

貧窮會對新手媽媽、她們的孩子和她們的家庭產生破壞性影響。你已經了解到健康保險和醫療保健問題與貧困有關。此外，許多家庭在食品、安全、住所、衣服和運輸等方面面臨挑戰，所有這些問題都受到收入的影響。另外，藥物濫用、家庭暴力，以及其他家庭和關係問題也都可能會因為貧困而加劇。一項研究發現，作為家庭暴力受害者的貧困婦女比沒有受虐待的婦女更不會使用產前護理和分娩課程（Martin et al., 2001）。

貧困婦女也會面臨可能影響她們在懷孕期間接受治療或醫療的歧視。例如，在懷孕期間使用或濫用藥物的貧困婦女比使用或濫用藥物的富裕婦女，更有可能被起訴或失去子女的監護權。這種差別待遇可能是由於許多因素造成的，包括缺乏律師代表或無法獲得支持其在勒戒康復期各種努力的服務，但這也可能是對濫用物質的貧窮孕婦烙印污名的態度。具體而言，這些女性往往被視為不道德、無能和沒權利得到子女撫養權或支持性服務。這些通常是醫療健康和其他工作人員表現的態度，常常使得這些婦女不太可能得到適當或公平的照顧（Carter, 2002）。

Maslow的需求層次　透過心理學家 Abraham Maslow（1954）所提出的需求階層模式，可以看出貧困及其對孕婦的影響。Maslow 主要是透過他的臨床經驗提出了他的模式。Maslow 認為人類是他們自己發展過程中的積極參與者，他相信人們自然會有動力來促進他們自己的幸福。

Maslow 的理論基於人類有多種需求的觀點，他們會積極努力滿足自己的需求，以維持他們功能運作的穩定性。圖表 6.3 顯示了 Maslow 列出所有人都有的普遍性需求。該列表按需求層次的重要性順序呈現。正如你所看到的，Maslow 認為基本的生理需求比安全、愛和自尊的需要更為基礎。在需求階層結構的頂層是自我實現，這是 Maslow 使用的術語，表達了每個人有實現他或她最充分潛力的願望。從理論上而言，人們需要先滿足基本需求才能在階層結構中向上移動以滿足更高的需求。例如，我們對食物的需求是比對愛的需求，對我們的生存更為關鍵。

然而，Maslow 承認並非所有人都按此階層順序滿足需求。在某些情況下，人們可能透過滿足某階層的需求來間接滿足之上或之下階層的需求。例如，一個人可以經由先滿足了自尊的需要來達到歸屬和愛需要的滿足。也就是說，自尊、尊重和接納的感覺可能足以讓一個人感受到愛和歸屬感，這些最終會達到自我實現的感覺。

雖然 Maslow 認為人們可以透過各種方式滿足他們的需求，但他還是認為，達成自我實現的趨勢是普世皆同。根據 Maslow 的說法，自我實現的人是自我接納和尊重他人。他們尋求秩序和正義，欣賞真理和美麗，能有效解決問題，會有滿足的人際關係，表現出創造力、穩定性和情緒反應有多樣性，並且

圖表6.3

Maslow需求階層論

資料來源：改編自 Maslow, 1954.

已經形成了複雜的道德和價值觀。然而，儘管所有人都在追求自我實現，但許多人從未實現過。相反的，他們終其一生都只是在努力滿足較低階層的需求。

貧困、懷孕和需求階層 Maslow 的需求階層可以用來更好地理解許多低收入女性孕婦，為了達成自我實現和滿足其他需求而必須克服的障礙。例如，許多生活在貧困中的孕婦都在為自己和家人的食物和住所而奮鬥。她們大部分精力和動力都是直接為了滿足這些事情，使她們沒有精力或動力去滿足其他例如歸屬感和成就感的需求。

在 Josie 的案例中，她可能需要更擔心自己的身體健康，而不是她對愛情或其他更高階層需求的滿足。此外，她可能需要關注寶寶的健康，並為寶寶和自己確保得到足夠的營養、住所和衣物。因此，她可能會延後得到高階層需求的任何努力，直到她能夠先滿足她更基本的需求為止。這種從理論應用來的概念化可以協助你優先考慮她的需求並引導處遇，以便 Josie 最終能夠自我實現。

在某種程度上，Maslow 的理論促進了人類行為的正向概念。它將人類視為在自己的發展中是積極和有活力的參與者，這樣可以充權案主。而且，這個理論可以為有很多問題的案主提供急需的結構和方向。它為社會工作者和案主提供一種優先處理的問題和處遇措施的方法，有助於使雙方不至於感覺被複雜問題壓倒。此外，許多較低層次的需求比較具體且「容易」滿足案主需要，比起努力讓案主感受生活中的和平與幸福，較容易做到。換句話說，找到可居住的房子是一個實際可做的起點，可以協助案主更快的控制自己的生活，而不是努力讓他們感受抽象的幸福觀念，這些觀念對案主來說似乎遙不可及。

但在同時，順著案主需求階層逐步移動的做法看起來似乎很僵硬，也可能違背社會工作實務的核心原則所說的「從案主所處境況開始」的想法。例如，一個無家可歸又失業的孕婦可能想要先開始討論她即將成為父母的恐懼。又或者她可能會堅持先談論她希望避免她自己的父母所犯的教養錯誤，而不是專注於討論良好的營養、產前護理和安全的居住場所。有時案主可能不會按照需求階層模式的結構呈現其需求，因此社會工作者需要靈活應用這些模式。

與懷孕和生育有關的社會政策

美國受到許多民眾和其他國家的批評，因為它缺乏對涉及兒童和家庭問題的關注。其中一些批評是基於美國相對缺乏確保公平的權利和服務的社會政策，包括醫療保健、就業的各項假別、對留在家中育兒的父母的支持，以及確保婦女、兒童、未充分就業和失業等各種群體應有的公平權利，以及服務的社會政策。在與兒童和家庭有關的眾多社會政策考慮因素中，我們將考慮兩個關鍵問題：有關病假的法律和影響國際家庭生育計畫的政策。

病假法　1993 年的家庭和病假法（Family and Medical Leave Act, FMLA）允許員工在 12 個月內可以請無薪病假長達 12 週，如果有下列理由：(1)孩子的出生或領養；(2)照顧生病的家庭成員；或(3)嚴重的健康問題。這項政策確保員工如果請假時不會失去工作。家庭和病假法僅適用於雇用超過 50 人的企業，以及在同一企業至少工作滿 12 個月的員工（U.S. Office of Personnel Management, 1993）。

1997 年，家庭和病假法擴大到允許員工在 12 個月內為了學校的活動、醫療目的或老年親屬的醫療照顧等事由，可以提供長達 24 小時的無薪假期（U.S. Office of Personnel Management, 1997）。2009 年，家庭和病假法內新增軍人家庭享有休假權利的條款開始生效。這些增加的條款允許家庭成員從工作中抽出時間來照顧軍人以及處理軍人移防調動時要處理的事情，例如參加部隊或國防機關贊助的職能活動，或在父母需要服勤的情況下安排托兒服務（U.S. Department of Labor, 2014b）。

不幸的是，這項法律所涵蓋的許多人要不是不知道它的存在，就是不知道要如何運用它。社會工作者可以透過確保員工在這項政策方面得到公平對待來協助他們。此外，儘管家庭和病假法是協助個人平衡工作與家庭生活的一個方法，但在員工需要請假以解決家庭問題時，卻無法確保工資薪水足夠生活。簡而言之，許多員工無法承受這段請假時間沒有薪水。雖然雇主可以自願提供請假期間的工資，但只有 11%的私營企業員工和 16%的美國州政府雇員可以享受帶薪的家庭假。連美國聯邦政府都不提供帶薪的家庭假。事實上，美國是世界上已開發國家中唯一一個不提供帶薪家庭假的國家（美國與蘇利南、巴布亞新幾內亞一樣，不提供帶薪家庭假）（United States Department of Labor, 2013）。因此，社會工作者必須繼續倡議推行包括給付負擔家庭責任時間的政策。

國際家庭生育計畫　在過去幾年中出現了一個重要但有時有爭議的議題。國際家庭生育計畫是指支持外國國家的政策，通常是低度開發的國家，該政策為這些國家提供墮胎、節育、生育健康和其他家庭服務等所需要的資金。根據不同的執政政府，美國政府會改變其關於如何進行國際家庭生育計畫以及將支付哪些活動的理念。例如，保守派的政府傾向於拒絕提供補助資金給提供墮胎服務的機構，而不管那些機構還有提供的其他服務。自由主義派的政府則通常會支持這些機構。關於美國的政策應如何應用於國際家庭生育計畫，以及家庭生育計畫在人口控制和婦女健康方面應發揮何種作用的問題一直有爭論。在社會工作學科中，對於全球家庭生育計畫和婦女權利的理念是傾向於與女權主義觀點一致。

1997 年國際婦女健康聯盟所舉辦的一次研討會就是一個很好的例子，說明如何透過女權主義視角來看待家庭生育計畫。該次研討會產生的核心想法是，全球婦女的權利，特別是那些涉及得到健康和生育保健的權利，並未得到美國外交政策或資金的充分支持。事實上，根據研討會參與者的說法，美國許多支持對外經濟貿易的政策其實是鼓勵濫用婦女權利。該聯盟進一步指責，國外家庭生育計畫背後的目標一直是為婦女提供避孕或結紮，以避免懷孕。目前的政策不是提供鼓勵健康懷孕的服務，或是確保能夠養育出健康兒童，以便將來能貢獻社區的服務，反而是專注於避孕，從而削弱婦女為社區的成長和福祉做出貢獻的能力。這種方法忽視了婦女在實現最佳健康方面所面臨的其他問題，例如貧困、疾病、歧視，以及孕產婦和嬰兒高死亡率。它同時還破壞了婦女的自決權（International Women's Health Coalition, 1997）。

社會工作者反映出與國際婦女健康聯盟所倡導的觀念相似的觀點，傾向於支持家庭生育計畫的資金和策略，應該用在提供廣泛類型的服務，並最大限度的提高婦女個人的自我決定權。雖然有些社會工作者可能不同意提供某些類型的服務，例如墮胎，但他們仍然可以在不需要妥協自己的價值觀下，在女權主義架構內倡導人權和生活方式的選擇（例如，允許婦女留在家中養育陪伴孩子，或確保有高品質的日托，讓女性能全職工作）。例如，他們可以倡導提高避孕方法安全性和有效性的政策，擴大男女都可用的家庭生育計畫方法範圍，提高家庭生育計畫服務輸送的品質。他們還可以努力消除對婦女的暴力行為，包括女性割禮（即女性生殖器官割禮），以及對婚外懷孕的婦女進行報復的暴力行為。墮胎服務，包括避免墮胎或重複墮胎的諮商服務，只是社會工作者可以提供的一系列多類型協助改善婦女生活的其中一種服務（World Health Organization, 2003）。

研究清楚的顯示，家庭生育計畫挽救了開發中國家數百萬婦女和兒童的生命。家庭生育計畫工作促進了健康的出生間隔，防止愛滋病毒／愛滋病等性傳播感染的傳播，減少出生體重過低嬰兒的數量，允許更長時間的母乳哺育，防止不安全或一再的墮胎，並降低母親和嬰兒的死亡率（Ahmad, 2000; Krisberg, 2003; Smith, Ashford, Gribble, & Clifton, 2009; Women's International Network, 1998）。

此外，研究也指出，在墮胎程序是非法的國家，尋求墮胎的女性，跟那些在可合法墮胎地方的女性差不多。限制性墮胎法與較低的墮胎率沒有相關。事實上，在墮胎法較為寬鬆的地區，墮胎率反而較低。不幸的是，在非法墮胎地區接受墮胎手術的婦女，可能由於手術不安全而死亡的風險較高（Sedgh, Henshaw, Singh, Ahman, & Shah, 2007; Sedgh et al., 2012）。研究表示，在過去幾十年中，不安全墮胎的比例有所增加（Sedgh et al., 2012）。最終而言，健康的婦女和兒童有助於其社區的經濟基礎和整體發展，這也非常符合社會工作的最終目標。

與懷孕和生育有關的環境問題

環境顯然對孕婦及其子女的健康和福祉有著重要作用。環境種族主義和例如暴力、疾病、飢荒、污染和過度擁擠等環境問題，嚴重影響到世界各地的數百萬兒童和孕婦，特別是在低度發展的國家。

社會工作者受到其他助人專業工作者和社會工作自己專業領域的專業人員的批評，因為他們沒有對影響人類健康和福祉的全球問題給予足夠的重視。雖然不能指望社會工作者能單獨解決世界的環境問題，但他們還是可以在地方、國家和全球採取行動來緩解這些問題。例如，他們可以倡導對移工在其工作領域會暴露在農藥中的情況，進行更嚴格的管制。那些殺蟲劑會對精子和卵細胞造成不可挽回的損害，從而對胎兒造成傷害，導致出生缺陷。社會工作者還可以遊說要提供這些工人更高的工資，並獲得更好的醫療服務，以便他們能為他們的子女得到產前和產後護理照顧。

在國外提供服務的社會工作者可以倡議在工廠中改善以及提供更安全的工

作條件。該策略包括倡導勞工不接觸有害化學品的權利，並獲得公平的薪資福利，使他們能夠承擔家庭責任。社會工作者還可以協助社區發展永續的農場和經濟結構，使人們能夠保持自給自足並支持他們的家庭。了解社會行動和社區組織理論和方法，有助於社會工作者在這一層面成為有效的實務工作者和社會變革推動者。

結論

懷孕期發展是社會工作者在工作過程中需要理解的一個重要概念。他們經常要與懷孕的案主及其伴侶密切聯繫，這意味著他們可以對案主有關產前和其他問題的決策和行為產生重大影響。許多案主會向社會工作者提出有關懷孕、懷孕計畫、醫療照顧、教養問題和類似的問題。

雖然本章的重點主要集中在影響胎兒發展的生理問題上，但前幾章討論的許多理論可以協助指導社會工作者對懷孕案主進行的評估和處遇。例如，除了生理因素之外，你可以使用系統和生態學理論來協助確定可能影響孕婦及其決定和整體福祉的各種因素。你也可以使用 Erikson 的心理社會發展理論來更好的了解案主的發展階段，以及懷孕可能影響案主目前必須完成的發展任務以成功進入後續階段的方式。你可能會發現衝突和其他社會學理論有助於考慮社會因素如何協助或阻礙案主獲得支持服務。最後，社區組織理論可以協助你確保所有社區都能有墮胎、收養、產前和產後護理照顧等服務。

本章重點

- 懷孕的第一個孕期涉及胎兒最複雜、最關鍵的發展，因此產前護理以及胎兒是否會暴露於母體和環境毒素，被認為是最需要關注的問題。社會工作者需要了解可能導致出生體重過低和早產的因素，並考慮可以協助預防或減輕其後果的處遇措施。
- 與懷孕或考慮懷孕的婦女一起工作時，案主自決是社會工作的核心倫理標準。社會工作者必須事先準備好處理與懷孕有關的個人問題以及社工自己對於懷孕選擇的價值觀點的議題，無論是計畫懷孕或非計畫懷孕。

- 胎兒發展過程有許多危害，包括出生缺陷，暴露於致畸物、毒素和其他物質，Rh 不相容，父親年齡，孕產婦疾病和遺傳性基因疾病。
- 貧困、缺乏健康保險，以及缺乏得到高品質的醫療保健是許多案主面臨的主要問題。雇主是否有家庭假的政策也對案主有相當大的影響。
- 社會工作者需要關注懷孕案主與其醫療服務提供者之間的關係，因為這對案主的福祉很重要，也因為許多案主無法選擇健康照顧的提供者。
- Maslow 的需求階層理論將人視為積極主動的角色，努力滿足生理、安全、歸屬感、自尊和自我實現的需求。雖然它是一個積極而有用的概念，但並不總是能夠完全符合「從案主所處境況開始」的情況。
- 家庭和病假法旨在解決需要照顧家庭責任的勞動者問題。國際家庭生育計畫在美國是一個有爭議的政策，因為它反映聯邦政府對於女性和家庭健康問題的理念。
- 環境的議題像污染、對婦女的暴力行為，以及貿易政策，為社會工作專業提供了倡議的機會，特別是這些議題與懷孕婦女有關時。父母經常面臨影響孩子健康的環境威脅，這決定了父母為孩子提供照顧的性質。

本章練習活動

1. RAINN 互動案例，請參閱 www.routledgesw.com/cases 網站。參考這個個案，並回答下列問題：
   a. 如果 Sarah 懷孕並想生下孩子，她需要注意哪些「常見危害」？
   b. 如果 Sarah 懷孕了，而她的母親拒絕相信懷孕是性侵犯的結果，Sarah 可能會發現自己懷孕且變成無家可歸。如果你是 Sarah 在尋求住房和醫療保健方面協助時碰到的第一位社會工作者，你將如何使用 Maslow 的需求階層論來解決 Sarah 的問題？Maslow 的理論將如何協助你指出 Sarah 的優勢？

2. Hudson 市*互動案例*，請參閱 www.routledgesw.com/cases 網站。回顧案例中的議題，並回答下列問題：
   a. 社區面臨的問題可能會以何種方式影響新手母親和父親的發展和福祉？
   b. 這些問題如何影響胎兒的發育及發展？請務必考慮微視、中介和鉅視層面的問題。
3. Sanchez *家庭互動案例*，請參閱 www.routledgesw.com/cases 網站。回顧涉及 Sanchez 家庭的主要問題，特別是涉及正經歷意外懷孕的 Emilia 的問題。在仔細閱讀了這些訊息後，請回答下列問題：
   a. 哪些問題是你在 Sanchez 家庭個案中所看到與本章討論主題相關的問題，無論是現有的還是潛在的問題？你可以識別哪些優勢？
   b. 這些問題會以何種方式影響個別的家庭成員和整個家庭？（請記住包括與個人、家庭和更大的社會層面相關的方面。）
   c. 作為處遇家庭的社會工作者，你如何考慮這些問題的優先順序？原因何在？
   d. 你可能會為個別成員制定哪些類型的處遇措施？為整個家庭呢？
   e. 在與這個家庭工作時，你可能面臨哪些倫理議題？

第七章

嬰兒期和幼兒期的發展

Sam 是一個四歲的美國原住民男孩，他一直在他的社區裡參加啟蒙計畫（Head Start）課程，他所住的小鎮是位於他出生的原住民保留區幾百公里以外的地方。Sam 出生後不久，他的父母搬到了這個小鎮，以便能找到更好的工作。Sam 的老師請一位心理健康機構的社會工作者來觀察 Sam，因為她注意到 Sam 的認知和社會發展似乎落後於其他孩子。例如，Sam 很難記住什麼時候要上廁所，也還沒有發展出能使用大量詞彙，而且當其他孩子要跟他一起遊戲時，他似乎過度退縮。

老師曾與 Sam 的父母討論了她擔心的事，但他們說在家裡時，他們並沒有發現 Sam 有任何異常行為。Sam 的母親說 Sam 在家裡上廁所沒問題，能夠很好的向父母表達他的需求。Sam 沒有兄弟姊妹，但是他的母親聲稱 Sam 經常與鄰居兒童玩耍。Sam 的父母認為沒有必要擔心，並且對啟蒙計畫的老師要求社會工作者來觀察 Sam 感覺不高興。

兒童早期的發展非常快速。事實上，它發生得太快，以致於許多父母和照顧者都驚訝於他們的孩子似乎在一夜之間改變。如果父母和照顧者認為他們的孩子並沒有「正常」發展，或與其他同齡兒童保持同步發展狀況，這樣快速發展也可能成為父母和照顧者的壓力。

本章探討在五、六歲以前的嬰兒和幼兒的一些發展里程碑。儘管嬰兒和兒童的發育速度差異很大，但本章的討論提供了一些基本指導原則，可以幫助你與案主工作。對於像 Sam 這案例情況下的社會工作者來說，了解嬰兒和幼兒的基本發展里程碑將有助於他們進行準確的生理心理社會評估，這將有助於告知他們某種處遇是否確實是必要的。

嬰幼兒的發展里程碑

許多父母和照顧者都驚訝的（有時甚至是挫折的！）看他們的孩子有多快的發展出動作、語言、認知和其他技能。幼兒迅速成為能用口語表達自己需求和願望的有自信的小小孩。透過醫學和類似模式的觀點，可能有助於我們理解接下來要討論的發展範圍。

語言學習

對於大多數父母來說，聽到孩子的第一句話可能是當父母最令人興奮的事。從他們的孩子出生那天開始，大多數父母幾乎不斷說出文字、聲音和短語，希望孩子能夠口頭回應他們。畢竟，語言是人類互動的一個重要層面。這是我們溝通的方式，無論是以書面、口語還是非口語形式來溝通。即使嬰兒不能透過口語進行溝通，他們也會以其他方式來表達其需求，直到他們能夠自己以口語表達他們的需求為止。

出生後，嬰兒開始發聲向他們的照顧者傳達不同的訊息以進行互動。一般來說，這些發聲從基本聲音開始發展，逐漸進展到更複雜的語言表達（Sigelman & Rider, 2005）。圖表 7.1 按發展順序和複雜程度列出了這些發聲。

證據顯示嬰兒在理解單詞之前就能識別出有意義的口語聲音。例如，嬰兒可以區分構成語音的 150 種聲音，到六個月大時，他們可以專注於母語的聲音。照顧者愈能清晰的發出母語的音節，嬰兒就更可以辨識出它們（Kuhl, 1993; Liu, Kuhl, & Tsao, 2003）。他們在八個月大的時候，能表現出理解詞彙的跡象（Sigelman & Rider, 2005）。

平均而言，口語能力在 10 到 36 個月之間迅速發展：

- 10 至 15 個月大的幼兒：平均而言，孩子在此階段會說出他們的第一句話，之後他們的詞彙量會迅速增加。

圖表 7.1

嬰幼兒語言發展的早期發聲

發聲	出現的年齡	說明
哭聲	從出生開始	可以表示害怕、憤怒、痛苦和飢餓。
咕咕聲	大約三週到兩個月	重複母音般的聲音，例如「ooh」或「aah」。咕咕聲通常與自得其樂和滿足狀態有關。
喃喃發聲	大約四到六個月	重複的子音和母音組合，聽起來像說單字，但通常是無意義，例如會發出ㄅㄚㄅㄚㄅㄚ的聲音。
比手畫腳	大約八到十二個月	會有指方向和表達性的行為，例如揮手、點頭和指出物品等行為。

資料來源：改編自 Hopper & Naremore, 1978; Snow, 1999.

- 18 至 24 個月大的幼兒：這階段孩子開始可以說 50 個單詞的詞彙，到 2 歲時，他們的詞彙量已擴展到大約 200 個單詞。通常，孩子會開始使用對他們有意義的單詞，例如爸爸、媽媽、狗狗、水水、掰掰等。此階段，幼兒會使用雙字組合來表達像「更多水水」和「想要球」之類的想法。
- 24 至 36 個月大的年齡：到這個階段結束時，大多數孩子的詞彙量大約為 1,000 字，並且可以說完整的句子了。

一些證據顯示，在形成語音的過程中，必須要能掌握不同的任務。例如，研究人員發現，四到六歲的兒童就已經能夠認出印刷形式的字母和單詞，以及聽懂不同字母的發音，即使他們無法重新想起這些字或發音，或是了解這些字的文法（Dodd & Carr, 2003）。

此外，來自社會經濟地位較低家庭的兒童，會比來自高社經地位家庭的兒童，在發展掌握語言能力方面更困難（Dodd & Carr, 2003）。這說明了環境脈絡因素可能會影響兒童語言發展的速度。家庭社會經濟地位對語言發展的影響已在其他研究中得到驗證（例如 Hoff, 2003; Pungello, Iruka, Dotterer, Mills-Koonce, & Reznick, 2009），這些研究證明，來自高社經地位家庭的兒童發展的詞彙量大於來自較低社經地位家庭的兒童。其他研究也指出，種族背景（在控制社經地位變項後）和父母教養行為也會影響語言學習。例如，一項針對幼兒的研究發現，非裔美國兒童在接受性語言技能方面的得分低於歐洲裔美國兒童，此外在表現能力方面的發展也較慢。幼兒如果是成長在負向的母子互動或是負面侵入性教養（例如，持續干擾或控制遊戲）的親職教養環境下，也會比成長在父母正面積極教養環境下的兒童更慢學會語言。關於種族和社經地位，因貧困、歧視和偏見引起的壓力和焦慮，也可能在上述那些差異中發揮作用，影響父母與兒童的口頭互動，從而影響兒童語言發展的速度和質量（Pungello, Iruka, Dotterer, Mills-Koonce, & Reznick, 2009）。

語言發展的生物學與行為學觀點　在語言發展學習的全面性討論中，必須解決一個基本問題：語言發展和熟練程度是基因控制形成的，還是由環境因素影響這些技能？具體來說，我們是天生具備語言技能，還是語言發展是我們後天環境和學習的產物？

語言發展具有普遍性，意思是全世界兒童都會在大致相同的時間內達到各種語言發展的階段。就因為這個原因，許多心理學家認為語言是基於生物基礎。事實上，愈來愈多的證據顯示，生物因素確實會影響語言和語言的發展。例如，大腦有兩個特定區域已被界定為與語音形成和理解力相關。與語言形成相關的位於左額葉，稱為布洛卡區域（Broca's area）；與語音理解相關的位於腦左半球的威尼克區域（Wernicke's area）。這些區域如果受到傷害，可能會導致語言技能的顯著受損（Brown, 1977）。

Noam Chomsky（1975）是一位著名的語言學家，他認為人的語言技能是事先被配置好的，會在某些時候就發展出來。根據他的理論，孩子們生來就已經有語言習得的設備（language acquisition device, LAD），這是一種人體內具備的學習到語言的機制，可以讓人們理解語言並最終掌握語言。

相對的，B. F. Skinner 和其他行為主義學者認為，孩子透過在他們成長環境中，傾聽他人並重複他們聽到的聲音、單詞和短語來學習語言。父母和孩子身邊周圍的人會強化孩子學會適當語言模式，這也會幫助孩子們學習語言。隨著孩子長大，當他們在說錯話時，周遭成人都會持續糾正，這有助於他們學習正確的語法形式。

生物和行為因素對語言影響的平衡　在生物因素和以行為為中心兩者觀點之間，可以找到更平衡的看法來了解語言的發展。有證據表明，儘管發展語言技能的能力是遺傳因素，但兒童必須接觸各種環境的刺激，例如與他人互動，以掌握這些技能（Berwick, 2009; Harkness, 1990; Hopper & Naremore, 1978; Snow, 1999）。沒有具體證據顯示語言發展可以單靠遺傳因素或是行為和環境影響。

一些有關行為影響力的研究發現，儘管父母會讚美和強化孩子的發聲，但他們看起來在強化正確語言表達的同時，也會強化不正確的語言表達。但是，即使沒有合適的學習模型，孩子們還是能夠自我修正。此外，在很少互動或強化的環境或條件下，許多兒童仍然發展出語言技巧，而且與在更具互動性的環境中成長的兒童，技巧能力相當（Clark, 2000）。這些研究顯示了行為影響以外的因素會影響語言習得的技能。然而，一些證據又同時指出，在相互作用有限的環境中成長的兒童，比那些接觸更多正常對話的兒童，表現出較少的詞彙量和發展較弱的語言技能（Hart & Risley, 1995; Hoff, 2003）。總而言之，遺傳和環境因素似乎會共同影響語言發展。

那麼哪方面語言發展的訊息，對 Sam 的情況有幫助？

如果你是 Sam 的主責社工，你可能想要評估他的有限詞彙量是遺傳問題、學習的挑戰或是環境背景的因素所造成，因此你可以從生理心理社會觀點或生態取向評估這種情況。根據研究，你可以關注所有這些因素，包括可能影響他使用語言的文化因素。有鑑於 Sam 的母親對他的語言發展程度缺乏關注，也有可能在他的文化環境中，他的語言表現算是「正常的」。

情緒發展

情緒作為一個概念，是很難定義的，因為它涵蓋了人類經驗的很多層面。通常，情緒構成了一種影響或引起某種生理、行為或認知反應的感覺。情緒也被定義為「激發、組織和引導知覺、思想和行動的感覺」（Izard, 1991, p. 14）。對於嬰兒和幼兒，你通常可以透過他們使用的語言（例如哭泣或咕咕聲）來感知他們正在經歷什麼樣的情緒。隨著孩子長大，他們可以以口語表達自己的情緒，讓人更清楚知道他們的感受。

研究指出，嬰兒出生後就開始會表達感興趣、痛苦和厭惡。事實上，研究指出幼兒可能可以表現出情緒障礙的症狀，例如嚴重憂鬱症、社交焦慮失調症、長期悲傷和創傷後壓力症候群。使用功能性磁振造影，研究顯示兒童杏仁核會受到環境條件的負面影響，例如社會隔離和長期壓力，這可能會影響到他們的情緒健康和情緒調節技能（Tottenham et al., 2011）。

跟語言發展一樣，隨著孩子的成長，情緒會變得愈來愈複雜。下列是一些典型的發展（Denham, 1998; Izard, 1982）：

- 四到六週：嬰兒表現出社交微笑，也就是以微笑回應外部刺激。
- 三到四個月：他們會表現出憤怒、悲傷和驚訝。
- 五到七個月：孩子表達恐懼。
- 六到八個月：孩子表現出害羞和羞怯。
- 兩歲：在這個年齡階段，孩子通常可以表達內疚和蔑視。
- 兩到三歲：孩子們可以用語言來形容他們的情緒，他們也更加了解情緒的原因及後果。
- 四到五歲：孩子們開始了解事件會如何造成自己和他人的情緒，並且他們會意識到控制情緒的重要性。

嬰幼兒還有另外兩種常見的情緒反應形式：

- 陌生人焦慮（stranger anxiety）：嬰幼兒往往會在六個月左右發展出對陌生人的強烈恐懼。嬰兒如果表現出這種情緒，在表現的反應方式上差別很大。嬰兒的反應往往取決於這位陌生人以及嬰兒遇到他們的情況。
- 分離焦慮（separation anxiety）：是指許多孩子與照顧者分離的恐懼。它最早可以在八到九個月大的時候表現出來，但更常見於 12 到 18 個月左右，然後在 18 個月後逐漸減少。兒童表現出分離焦慮的強度和頻率，往往每個人不一樣。兒童的反應可能會取決於發生的情況以及他們的性格氣質等人格特徵，這些本章稍後會討論（Partamian, 2009; Rende, 2000; Scher & Mayseless, 2000）。

嬰兒和幼兒的另一個情感發展里程碑是社會參考，意思是兒童可以發現他人的情緒暗示線索，並適當的回應他們。從嬰兒早期開始，孩子們會從他們的照顧者身上尋求線索暗示。雖然臉部線索在社會參考中很重要，但研究指出，嬰兒對照顧者的聲音線索反應更強烈。一項使用功能性磁振造影檢查 21 名嬰兒大腦的研究顯示，這些嬰兒，有些只有三個月大，已能處理並對人類的聲音線索及負面情緒做出反應（Blasi et al., 2011）。另一項研究也建議，在危險情況下，嬰兒對照顧者口頭警告的反應往往比對他們面部表情更強烈（Vaish & Striano, 2004）。隨著嬰兒漸漸長大，他們變得更善於讀懂和回應這些暗示線索（Mumme, Fernald, & Herrera, 1996）。

在觀察 Sam 時，你可能需要關注一下他重要的「正常」情緒發展里程碑，例如與分離焦慮和情緒調節有關的情緒發展。然而，由於情緒是如此複雜的構造，你可能還需要探索 Sam 的文化、生物、行為和環境因素如何影響他的情緒發展，這就是為什麼從生理心理社會觀點評估他的情況可能是有幫助的。例如，在他們的文化下，了解 Sam 的父母對於他們如何表達對 Sam 的情感，或者他們期望 Sam 如何回應他們的期望，會是有用的。你可能還可以考慮 Sam 與父母的依附類型，以及 Sam 目前正要掌握的發展任務（例如，從 Erikson 或 Piaget 的理論角度來看）。

這些觀點可以幫助你組織從觀察和評估中所蒐集的訊息。例如，這些訊息或許可以幫助你回答這樣的問題：「從認知上，Sam 能夠如何控制自己的情緒？」或者「在 Sam 現在的這個心理社會發展階段中，他的哪種情緒可能是『正常』的？」此外，你可能需要了解 Sam 及其家人所展現的優勢，如果其中有某些優勢是有很大效用的話，可以將這優勢作為處遇措施的起點。例如，也許 Sam 的家人鼓勵情緒的表達，這可以被視為一種優勢，你可以運用這種優勢的力量，若 Sam 將來表現了任何情緒問題，可以作為處遇來協助他。

動作發展

在嬰兒期和幼兒期會有許多動作技能的發展。與其他領域的發展一樣，這些行為從簡單的反射動作開始，隨著孩子的成長，發展成更複雜和有意識的動作。

動作技能的發展可分為兩大類：

- 大動作技巧：使用大塊肌肉的運動，例如走路或推物體。在第一年，嬰兒非常迅速的發展大動作技巧。兒童在第一年掌握的一些主要發展任務是控制他們的頭部，控制他們的平衡，穩定他們的手臂和腿部肌肉，以便可以行走和操縱他們的環境。學齡前兒童的粗大運動技能比嬰兒期更加協調，三歲時兒童可以輕易的進行彈跳、跳躍和跑步等動作。到了四、五歲時，孩子們更加擅長這些動作技能，並且會在遊戲中變得敢於冒險。快速指引 9 列出了嬰兒和幼兒期，通常能夠完成粗大運動技能的重要里程碑之相對年齡。
- 精細運動技能：由小肌肉群組成的精細動作發展，例如手指和腳趾。到兩個月大時，嬰兒可以短暫的抓著或抱著物體；四個月時，他們已經可

快速指引 9　大動作發展的重要里程碑

年齡	動作技能
0～1 個月	嬰兒可以穩定頭部和頸部
2～4 個月	嬰兒可以抬起胸部並使用手臂來穩定
2～5 個月	嬰兒可以翻身
3～6 個月	嬰兒可以用腿支撐身體的重量
5～8 個月	嬰兒可以自己坐著
5～10 個月	嬰兒可以在別人扶著時站立
6～10 個月	嬰兒可以用自己的手臂支撐，讓自己起身站立的姿勢
7～13 個月	嬰兒可以由別人扶著走路
10～14 個月	嬰兒可以不需別人支持下站立
11～14 個月	嬰兒可以不需別人支持下自己行走

資料來源：改編自 Sigelman & Rider, 2005.

以抓住物體；到六個月時，他們就可以拿東西撞擊其他物體，完成控制物體的能力；在八個月時，嬰兒可以用所有的手指抬起物體，並且在一歲時，他們可以抓住手柄和繩索等小物體（當然，這意味著他們現在可以拉開抽屜、櫥櫃和其他父母需要注意到安全的地方！）到 18 個月，孩子們可以以推或拉物體，自己操縱物體；兩歲時，孩子們可以控制更小的物體，例如翻書頁；在三歲時，大多數孩子可以控制小物體，但他們仍然顯得動作很笨拙；四歲時，孩子的協調能力變得更好，他們的動作會更精確；在五歲時，孩子的手眼協調會有很顯著進步，使得他們的動作精確度增加許多（Sigelman & Rider, 2005）。

上述這兩種動作技能的發展趨勢往往是遵循著一種有順序、可預測的模式。這種模式包括兩個方面的發展：

- 頭顱發育（cephalocaudal development）：發展方向順序是從頭到腳的發展。嬰兒先學會控制頸部、頭部和手臂，然後再發展出爬行或走路。
- 近端發育（proximodistal development）：先發展軀幹範圍，再發展至四肢。例如，嬰兒先學會坐起來並移動軀體，再發展出他們能夠用手指頭抓住物體。

了解這些基本的動作發展里程碑，對於你作為 Sam 的社會工作者來說，是有助於你確定他動作技能發展的進展狀況有多好。雖然 Sam 在這方面沒有明顯的問題，但透過一些觀察，你可能會發現一些其他發展的問題，例如上廁所的訓練，以及與人遊戲時的害羞行為。因為動作技能發展的速度和順序往往是普遍共通性的，即使有一些個別差異，Sam 應該還是能展現符合其年齡的某些技能。但是，請記住，Sam 的家人對於「什麼年齡該有哪些技能」的期待或看法，可能存有文化差異。此外，因為 Sam 似乎在家裡沒有表現出任何動作能力的問題，所以有可能是教室環境的一些事情，也許會導致 Sam 看起來有困擾。你還可以依據 Piaget 的認知發展理論來引導你對各種動作技能的評估，但同時要記住這個理論有其侷限性，如第三章所述。

嬰兒和兒童早期的個人發展

除了在嬰兒和幼兒期的認知、情緒和身體變化之外，社會工作者還需要考慮其他重要領域的發展。接下來討論的許多領域，建議從心理學、社會學或人在環境中的觀點來看。

依附關係

許多理論學者和實務工作者認為，依附關係是嬰兒發展的一個極關鍵層面。如此處所述，依附關係（attachment）是指嬰兒與其照顧者（特別是指母親）之間的連結或關係。雖然有很多關於嬰兒期依附關係的著名研究（例如 J. Bowlby, 1969; Harlow & Zimmerman, 1959; Lorenz, 1965），也許最盛行的依附理論是由 Mary Ainsworth 所發展出來的。透過她的研究，Ainsworth（1979）描述了嬰兒及其母親之間四種不同的依附關係類型，如圖表 7.2 所示。

Ainsworth 提出，嬰兒早期依附關係的品質會影響隨後的社會行為和發展。然而，依附關係的研究卻顯示出不同的結果。有一些研究指出，安全型依附關係能在兒童晚期及青少年期時，發展出更好的友誼及正向的人際關係（例如 McElwain, Booth-LaForce, Lansford, Wu, & Dyer, 2008; Salter, 1940; Schneider, Atkinson, & Tardif, 2001; Zimmerman, 2004）。但是其他研究認為，依附關係與

圖表 7.2 Ainsworth 的依附理論類型	• 安全依附型：照顧者是嬰兒可以探索外部環境的安全基地。嬰兒似乎對探索外在世界充滿信心，但如果不確定或害怕，他們會回到照顧者身邊。 • 不安全的逃避型：嬰兒與照顧者有很少的互動，在照顧者離開時會哭。當照顧者回來時，嬰兒顯得不太願意與照顧者互動。 • 不安全的抗拒型：嬰兒可能會緊黏著照顧者，而不願意離開去探索外面環境。但在照顧者返回安慰他們時，會憤怒的試圖推開照顧者。 • 不安全混亂型：嬰兒顯得困惑和恐懼。他們可能會在照顧者周圍表現出恐懼、焦慮或抵抗。 資料來源：改編自 Ainsworth, 1979.

後來朋友關係發展之間的關係可能更複雜，因為會有其他心理社會因素影響友誼的發展（例如 Coleman, 2002; Polenski, 2002; Thompson, 2000）。

依附關係理論對於與兒童和家庭一起工作的社會工作者非常有用，特別是那些專注於需要改善教養技能和親子關係的案主。但是，社會工作者應該記住，關於依附關係影響的研究結果仍然尚無定論。

安全依附關係：辯論　從許多研究人員和實務工作者的觀點來說，嬰兒及其照顧者之間的正向依附關係，被視為是之後成長階段穩定健康發展的主要基礎。請回顧一下，Erikson 在他的心理社會發展第一階段的論點支持這種說法。根據 Ainsworth 以及隨後的研究，能固定一致回應嬰兒需求的照顧者，且能夠作為嬰兒在需要時可以轉身尋求安全基地的照顧者，將能夠為嬰兒提供安全的依附關係。

嬰兒擁有許多先天和早期發展的情緒過程，但與照顧者和環境的互動有助於精緻化這些過程，並且能決定兒童如何發展情緒控制能力以及與他人的依附關係。因此，早期的相互作用，不管互動質量的多寡還是正向或負向的互動，都構成了嬰兒依附關係的心理生理學基礎（Schore, 2000）。嬰兒和照顧者之間互動的狀態，可能會有不同方式的「韻律節奏」。例如，有一項研究（McElwain & Booth-LaForce, 2006）就發現以安全依附關係而言，母親對嬰兒焦慮難過時的回應會比嬰兒滿足的時候注意他，來得更重要。其他研究者（McElwain et al., 2008; Zimmerman, 2004）認為，母親對嬰兒焦慮難過時的回應，會比其他類型的親子依附關係，更能夠協助嬰兒在未來與他人建立安全健康的關係。

這些對於依附關係的觀點，引發了許多問題並燃起了許多爭論，包括以下內容：

- 嬰兒與父親（或伴侶）之間的關係如何影響依附關係的形成？
- 照顧者彼此之間的關係如何影響照顧者與嬰兒之間的依附關係？對任何照顧者有安全依附關係的嬰兒，和僅與他或她的母親有安全依戀的嬰兒，發展狀況是一樣嗎？婚姻或類婚姻關係，對嬰兒與其照顧者的依附關係發展的質或量以及類型有什麼影響？

- 日托照顧如何影響嬰兒的依附關係？

研究關於日托照顧對依附關係的影響也是結論不一。有些研究者認為，日間托育，特別是在嬰兒出生後的最初幾個月，會對嬰兒和主要照顧者之間的依附關係產生負面影響（例如 Belsky & Braungart, 1991; Brandtjen & Thomas, 2001）。其他研究則針對日間托育的負面評估提出了挑戰。根據一些證據顯示，在優質日托環境中的嬰兒，並沒有表現出任何依附關係方面的問題（例如 R. Bowlby, 2007; Owen, 2002）。此外，在研究日托照顧對嬰兒依附關係的影響時，研究者指出難以控制可能導致安全或不安全依附關係的其他變項。例如，在日間托育照顧環境之外所發生的壓力、貧困、不良關係和其他問題，可能會讓照顧者在面對嬰兒需求時所遇到的其他問題更加複雜。

因為有些研究強調神經生物學與依附關係的發展有強烈相關性，這些問題和爭論對這類的研究特別重要。該類研究指出，嬰兒只需要一個有愛心照顧的個體與他們進行有意義的互動，無論性別或者關係如何，以便能讓神經元和大腦發展出促進嬰兒情緒控管能力和依附關係即可。

不安全的依附關係：原因　臨床醫生和其他人對於母親和嬰兒之間的不安全依附關係，都過於快速的責怪照顧者，特別是母親。例如，許多因失業和缺乏資源而出現多方面問題的照顧者，可能都不太有能力或無法以安全和關愛的方式回應他們的嬰兒。有足夠社會支持和資源且無需為生活而全力投入的照顧者，自然有可能將注意力集中在他們的嬰兒身上。

當檢視嬰兒與其照顧者之間的關係時，還需要考慮藥物濫用問題。例如一項研究發現，生產前暴露在酒精影響下的嬰兒比沒有受酒精影響的嬰兒，更有可能與母親產生不安全的依附關係（O'Connor, Kogan, & Findlay, 2002）。然而，如果母親在出生後對嬰兒展現更多的支持照顧，則還是能建立起安全依附關係。雖然這項研究的重點是找出可能影響依附關係的一些生物性中介因素（例如酒精可能會干擾依附關係的發展問題），但它也呈現了依附關係和環境的複雜性。具體而言，在懷孕期間飲酒的母親也有可能會遇到其他各種問題，例如壓力和貧困。

若依附關係有極端問題的情況下，兒童可能會被診斷患有反應性依附疾患。這種疾病的特徵是在五歲之前會出現奇怪和不適當發展的社會互動，例如對照顧者的矛盾心理或對陌生人的異常信任。有些反應性依附疾患的病例則會發生在兒童的情緒或身體需求常常未得到滿足的情況下（Encyclopedia of Mental Disorders, 2014）。這些孩子大多數在早期關係中遇到了嚴重的問題或遇到關係的中斷。也有許多兒童是受到身體上或情感上的虐待或忽視，或者有些兒童是在安置機構環境或其他家外安置服務方面，例如孤兒院、醫院、住宿方案或寄養安置，經歷了不適當的照顧（American Academy of Child and Adolescent Psychiatry, 2011a）。這些問題其實進一步顯示了嬰兒與照顧者之間正向的早期互動以及嬰兒大腦發育之間的密切關係，有助於發展正向的依附關係和情緒控管能力。

確定哪些變項以及哪些變項的組合會影響依附關係的類型是一項艱鉅的任務。目前是傾向運用多種理論和觀點，以便更有助於確認依附關係的重要性。

在 Sam 的案例中，雖然沒有證據顯示他與照顧者之間是不安全性的依附關係，但社工去評估這些關係可能會有幫助，特別是如果你能使用 Erikson 或 Ainsworth 的理論觀點來評估 Sam 的發展水準。具體而言，若一併觀察 Sam 依附關係的品質與數量以及其發展里程碑的狀況，可能會讓你更了解 Sam 的發展程度。而且如果現階段沒有進行處遇，你也可能提出 Sam 在未來的發展過程中，有可能會面臨的各種問題。例如，如果目前 Sam 需要處理生理發展或與信任有關的問題，而這些問題現在沒有得到解決，那麼當他進入下一階段（根據 Erikson 的理論）時，可能會遇到更多或更複雜的生理和情緒發展的問題。

性別認同

生物和環境因素的相互複雜作用，會產生我們的性別認同，也就是我們認為自己是男性或女性（或者兩者兼有，或者兩者皆非，或者是這些性別的某種組合）。性別認同是由我們天生特性與受社會經驗互動影響而來的產物。通常，兒童在童年早期就具有強烈的性別認同感。年僅兩歲的兒童可以根據身體特徵準確識別男性和女性（Newman & Newman, 2009）。

請記住，一個人的性別認同無法說明他或她可能吸引別人的性別或其他特徵。例如，許多認定自己為性別改變者的人也會認為自己是異性戀（例如，自我認同為女性的生理男性，其性感特性可能會吸引別的男性）。作為社會工作者，重要的是在與這些人一起工作時，尤其是圍繞性別問題時，要牢記這些區別性，而不是對他們的性別認同做出假設或有刻板印象。在第九章討論關於青春期發展的章節中，我們將會討論性別認同發展和性取向。

性別特徵和性別認同　在受孕時，性染色體就已經決定了我們是女性（XX）還是男性（XY），或兩者的某種組合。我們都源自於一組之後會轉變為生殖器的尚未分化或「無性別」的性腺和兩組管腺（Wolffian及Mullerian）。分化為男性和女性是一個複雜的過程：

- 男性生殖器的發展。如果存在 Y 染色體，通常一個 SRY 基因將被激活，它會促進產生睪酮素的睪丸發展。睪丸會抑制 Mullerian 管腺的生長，並刺激了Wolffian管腺的生長，這些管將發展成男性生殖器。一種叫作二氫睪酮（dihydrotestosterone, DHT）的物質會促成男性生殖器的發育。睪丸激素和其他激素在腦中會促使「男性化」作用。
- 女性生殖器的發展。沒有SRY基因和DHT，Mullerian管腺將會發展成女性生殖器，Wolffian 管道將退化（Blakemore, Berenbaum, & Liben, 2009; Bostwick & Martin, 2007）。

像胎兒發育過程一樣，複雜的荷爾蒙會對於胎兒發育過程產生作用，這些荷爾蒙作用過程很容易受內部和外部因素的影響，也因此可能導致性染色體的變異。例如，一些嬰兒可能會發展成變異的基因型，例如 XXY 或 XO。或者一些嬰兒可能出生為具有雙性特性（intersex），雙性特性是一個專有名詞，用來描述出生時生殖器官或性結構與其性別外觀不一致的嬰兒。例如，嬰兒可能看起來像男性（嬰兒有陰莖和睪丸），但嬰兒也有子宮。或者，嬰兒可能出生時會出現一些外生殖器的組合，例如大陰蒂和沒有陰道口（Intersex Society of North America, 2012）。不過絕大多數的情況，都會是正常的發展，也就是有 XX 染色體將會發展成基因型和表型的女性，有 XY 染色體就會發展成具有典型身體特徵的男性。

通常，一旦父母或照顧者知道胎兒的性別時，他們就會開始以符合社會規範所指定的性別來認定嬰兒並依照規範行事。如果是女孩，他們可能會把嬰兒房漆成粉紅色並為她購買洋娃娃，若是男孩，則將房間漆成藍色並為他購買「英雄人物」的玩具。在這種情況下，父母也會根據社會規範所分配給男孩及女孩的性別角色及一系列文化上所接受的區別性別的活動、期望和行為來行事（Gender Spectrum, 2014）。一旦孩子出生，父母往往就開始以符合文化對女孩、男孩期望的社會規範來對待孩子。例如，他們可能會與女孩說比較多的話，然後對男孩有較多體能的活動。

此外，孩子會基於生理特徵感知到自己的性別，這些感知也會與其社會經驗及孩子從環境中得到的增強而交互作用。我們的性別表達涉及我們對其他人傳達自己性別認同的方式（Gender Spectrum, 2014）。一般而言，大多數兒童確實傾向於表現出符合社會可接受的性別行為特徵（例如，男孩玩卡車和表現較多體能方式）。照顧者則會進一步鼓勵和強化這種性別一致的行為。這個過程是荷爾蒙對大腦的影響以及環境反饋之間複雜的相互作用。

跨性別兒童　通常，兒童的性別認同和性別表達是與他們出生時的生理性別一致。這種一致性通常被稱為性別規範或順性別（cisgender）（Gender Spectrum, 2014）。兒童的社會環境通常會進一步增強規範性性別行為，並確認兒童的性別經驗和強化其認同。

但有時這種經驗並不會一致，或者孩子的經驗可能無法明顯符合社會規範所嚴格定義可接受的性別行為範圍。性別認同與其出生時被指定的性別不一致的兒童可稱為跨性別（Gender Spectrum, 2014）。該專業術語通常用於描述性別認同或行為不符合文化所規定的性別規範的任何人。

另一個通常用於描述這種不一致的術語是性別不安（gender dysphoria）。DSM-IV-TR（American Psychiatric Association, 2000）將性別不安定義為一個人經歷性別與其指定性別之間的不一致，並且這個診斷可以適用於兒童、青少年和成人。然而，在 2013 年發布的DSM-5 的修訂準備工作中，關於這種不一致是否真的是一個需要標籤或診斷的問題存在很多爭論。事實上，DSM-5 指出，一旦經歷了性別重建手術或者在其認同與指定性別之間感覺一致時，性別不安的診斷就不再適用。即使有這種爭論，在人們尋求性別重建手術之前仍然需要有性別不安的診斷，但這卻是許多跨性別者不同意的要求。他們認為這個要求意味著是他們患有精神疾病，卻沒有聚焦在檢討社會狹隘的定義了性別的問題及方式上（Malpas, 2011）。

愈來愈多的研究者和其他專業人士承認，性別認同可能不是以嚴格的男／女二元形式來區分。相反的，性別多樣性或性別流動性被視為人類表現的正常部分。這些術語指的是人們可以擁有更廣泛、更彈性的性別經驗範圍，這些經歷可能與社會可接受的性別二元定義一致，也可能不一致，人們的認同和經歷可能隨時間而變化（甚至可能每天都有變化）。有時這樣的想法也被稱為性別酷兒（gender queer）。

性別重建（gender reassignment） 不久以前，生出雙性特性嬰兒的父母都會被建議在出生時以手術改變嬰兒，好讓嬰兒成為男嬰或女嬰。表現出不符合其性別行為的兒童的父母，也會被建議需要讓他們的孩子「社會化」成為遵循社會的性別規範。現在我們從一些不幸的例子以及最近關於性別認同發展的研究中了解到，上述那些建議的處遇做法不但不太可能有效，而且它們會對不遵循性別規範要求的兒童產生嚴重的負面影響。

1960 年代和 1970 年代的一個著名例子是David Reimer的案例。他在嬰兒期間經歷過失敗的割禮。一位名叫 John Money 的著名研究員，十分支持「性別認同是社會化產物」的觀點，因此他說服David的父母，將他當作女孩子來撫養。他們將 David 的名字改為 Joan，讓他穿著女性化的衣服，並讓 David 進行性別重建手術。在 2000 年 John Colapinto 以 David 的故事出版《性別天生》（*As Nature Made Him*）一書。出版後，David 向社會大眾講述了他的故事。David 描述他終生的憂鬱症，感覺他生活在錯置的身體內。David 雖然後來回復了他的男性身分而且也結婚了，但他從未完全從這樣的遭遇所引起的問題中復原過來，最後並在 2004 年自殺（AASECT, 2004）。

愈來愈多的醫生、社會工作者和其他助人專業工作者會建議雙性嬰兒的父母，在等到孩子長大並能夠表達自己的性別認同之前，不要讓他們接受荷爾蒙治療或是性別重建手術等治療。較具爭議的是，有一些專業者竟主張為跨性別的兒童使用荷爾蒙阻滯劑，以暫時阻止進入永久性青春期。阻斷青春期對於認同自己為女性的生理男或某些雙性別兒童尤為重要，因為手術和荷爾蒙在減少男性特徵，例如大手、手指、前額和喉結方面，並不完全有效。改變這些特徵需要大量昂貴的手術。荷爾蒙阻滯劑暫時停止人類進入青春期的發展，如果孩子決定不進行性別重建手術，則就可以停止荷爾蒙，讓孩子進入青春期的發展。有些專業工作者認為這是提供給跨性別者以及雙性兒童的一種人道和可行的選擇，但也有其他人不同意這種處遇，並認為這種做法過於極端（Malpas, 2011）。

氣質

複雜的氣質概念可以被想成是我們對環境始終如一的反應方式，包括行為和情緒的反應。值得注意的是，一般認為氣質在出生時就存在，並且貫穿整個生命歷程，被認為是一種相當穩定的特徵，儘管它也會被後來的經歷所塑造。研究指出，嬰兒期的氣質是與遺傳有關，然而，隨著嬰兒年齡的增長，這種關聯會慢慢減少，這個發現進一步支持了環境可能會對於人的氣質產生影響的觀念（Barry, Kochanska, & Philibert, 2008; Goldsmith, Buss, & Lemery, 1997; Goldsmith, Lemery, Buss, & Campos, 1999; Lemery, Goldsmith, Klinnert, & Mrazek, 1999）。事實上，許多人類發展學研究者花費了大量的時間和精力來研究嬰兒的氣質，以及它如何影響嬰兒的環境，並與嬰兒的環境相互作用。

社會科學家創造了各種分類氣質的方法。由 Stella Chess 和 Alexander Thomas（1977）根據他們的研究提出一種分類方式，概括了三種主要的氣質風格：

- **容易適應的孩子**（easy child）：這些孩子通常表現出快樂、正面的情緒，並且容易適應他們的環境。
- **適應困難的孩子**（difficult child）：這些孩子很挑剔、經常哭、難以適應環境的變化。
- **慢熟的孩子**（slow-to-warm-up child）：這些孩子通常是情緒穩定且能適應環境，但他需要按照自己的步調進行新的活動或與不熟悉的人互動。因此一開始接觸新事物或人時，會表現出活動力、情緒和適應能力較低，而且有一點點負面。

氣質理論引起了很多討論和爭議。最大的問題之一是目前的分類是否準確的說明氣質的所有範圍，只是這個問題仍待進一步研究才能解決。在這同時，使用這些分類作為理解情緒及其對關係的影響，在實務上仍是很有用的。

最近的研究顯示，氣質的重要性是與「適合度」（goodness of fit）有關（例如 Daniel, Grzywacz, Leerkes, Tucker, & Han, 2009; Pluess & Belsky, 2009）。這個概念是討論嬰兒的氣質與其環境脈絡的配合程度，以及這些配合狀況所可能發生的結果。例如，一個容易適應的嬰兒當處在奇怪和嚇人的環境中時，他們可能會以自己的步調來回應事情且容易適應該情境，因此嬰兒並不會感受太大的壓力，進而也會減少了他們周圍環境中其他人的壓力。相反的，一個適應困難的嬰兒面對同樣奇怪的情況時，可能會因為不適應而號啕大哭及焦躁不安。這種行為不僅會給嬰兒自己帶來壓力，也會給周圍的人帶來壓力，因為他們可能無法安撫嬰兒，也可能因為嬰兒的痛苦而責備自己。

嬰兒氣質與環境之間的相互作用成為教養子女的重要議題，這也是許多社會工作者需要與父母一起工作，解決他們問題的重要領域。具體而言，社會工作者可以幫助父母或照顧者更了解他們嬰兒的性情，以及對於環境可能的反應，另一方面反過來也可以幫助父母在出現問題時，改變他們對孩子的反應。社會工作者可以幫助父母變得更有彈性，並能適應孩子獨特的特質，這也可以

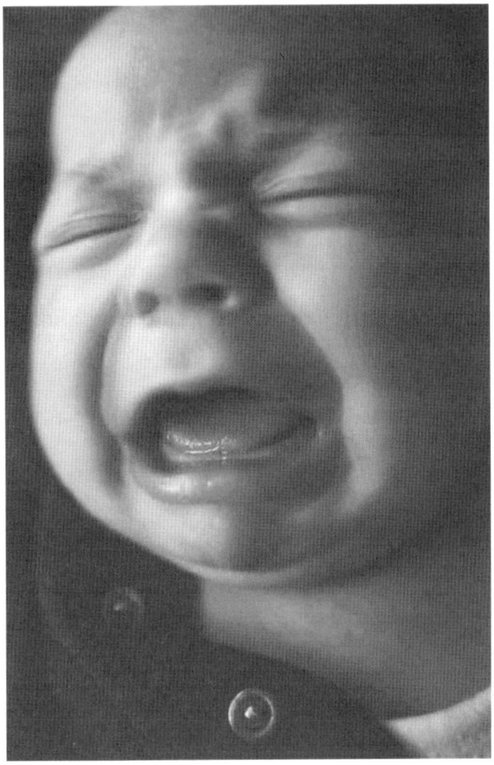

照片 7-A

出生時，嬰兒已經表現了個人氣質

資料來源：Jack Star/PhotoLink/Getty Images.

協助父母避免不公平或過早以負面方式標籤他們自己的孩子，並以這些標籤的印象對孩子做出回應。了解孩子氣質問題的父母更有可能調整自己的親子教養方式以及環境，來更好的配合孩子的氣質，這樣可以減輕父母在處理孩子方面遇到的一些問題。一些醫療診所提供電腦化的兒童氣質評估，父母可以用它來更多的了解孩子的行為。這些電腦化工具還會提供哪些親職技巧可以用在特定氣質的孩子身上之類的相關建議。

在 Sam 的案例中，你可能想要評估他的氣質風格，以確定被老師標籤為有問題的一些行為是否可能是由於他的氣質與學校環境之間存在的問題。它可能使 Sam 無法適應課堂，因此這可能會導致他退縮並出現其他可能看起來不符合其年齡的行為。

自閉症

自閉症（autism）是一種因為社交互動和溝通能力受損為特徵的發展障礙（American Psychiatric Association, 2000; National Institute of Child Health and Human Development, 2008）。自閉症是屬於自閉症類群障礙症中的一種類型，自閉症類群障礙症涵蓋範圍很廣，包括兒童崩解性疾病（childhood disintegrative disorder, CDD）和雷特氏症（Rhett's disorder），亞斯伯格症（Asperger syndrome）和廣泛性發展障礙非特定型（pervasive developmental disorder-not otherwise specified, PDD）。[1] 所有這些疾病都具有溝通困難、社會互動困難以及重複或侷限的行為模式的共同特徵，但重要的是要記住被診斷患有這些疾病的個人，特別是被診斷為自閉症和亞斯伯格症的人，通常會出現一系列獨特的症狀，但是這些症狀會影響的心理功能以及造成的障礙，每個人都不一樣（National Institute of Child Health and Human Development, 2008）。

自閉症的確切患病率很難確定，但最近的估計表示，美國每 68 名兒童中就有一名兒童患有自閉症，而且有些社區的患病率高於其他社區。在過去的幾十年中，自閉症的發病率一直在增加，但這有可能是因為有更好的診斷工具，以及在自閉症類群障礙的範圍中包含了更多的行為和症狀（Centers for Disease Control and Prevention, 2014a）。

受自閉症影響的兒童涵蓋所有種族和社經地位群體。然而，男孩被診斷為自閉症的可能性幾乎是女孩的五倍，患有這種疾病孩子的兄弟姊妹以及患有其

[1] 2013 年新版 DSM-5 已經將舊版 DSM-IV 中「神經發展障礙症」下的「廣泛性發展疾患（Pervasive Developmental Disorders, PDD）」改稱自閉症類群障礙症（Autism Spectrum Disorder, ASD），同時帶入連續體的分類概念。因為這樣的改變，也取消「兒童崩解性疾病、雷特氏症、亞斯伯格症、廣泛性發展障礙非特定型」等類型的名稱。本書原文書此處尚未有更新的資料，因此仍照原文翻譯，但以註腳說明。

他發展障礙的孩子，也比較有可能被診斷為患有自閉症（Centers for Disease Control and Prevention, 2014a; National Institute of Child Health and Human Development, 2008）。此外，白人兒童比非裔和西班牙裔兒童更容易被診斷患有自閉症類群障礙的疾患，雖然這有可能是這兩類族裔的兒童，因為缺乏醫療保健和評估資源的因素，而導致診斷率的種族差異（Centers for Disease Control and Prevention, 2014a）。

嬰兒到 18 個月時，可以很明顯觀察出很多自閉症症狀跡象。例如，兒童可能在眼神接觸、非口語交流、適合其年齡的遊戲，以及對方向或自己名字的反應等方面出現明顯的問題。有些症狀跡象甚至可以在更早的時候就被發現；例如，嬰兒可能不會發出咕咕聲或說出其他語言，或者他們可能不會指方向、揮手或抓住物體。一項針對 100 多名嬰兒的研究發現，童年後期被診斷患有自閉症的兒童，在他們二至六個月之間其實就很少有眼神接觸（Jones & Klin, 2013）。然而，許多父母一直到小孩大約兩、三歲時才注意到症狀，那時候孩子已經在言語交流方面有明顯的問題，或者他們急遽大幅的失去了他們之前能熟悉使用的技能時。愈來愈多的醫生、教育工作者，甚至父母都能更好的觀察出自閉症的早期症狀，因為研究表明早期診斷和治療，包括一系列行為、教育和藥物治療，可以改善終身預後，也能減少孩子可能出現的症狀（National Autism Association, 2009; National Institute of Child Health and Human Development, 2008）。事實上，一項著重於增強父母與顯現自閉症跡象的嬰兒相互作用的小型實驗性研究顯示，參與研究的七名兒童到了三歲時，沒有任何兒童顯示自閉症或發育遲緩的症狀（Rogers, Vismara, Wagner, McCormick, Young, & Ozonoff, 2014）。

對自閉症病因的研究正在持續進行並且還在不斷發展中。自閉症可能是由生理心理社會因素的綜合作用引起的，研究正在探究這些領域。迄今為止對自閉症的研究發現了許多潛在原因，包括突變的基因、病毒、免疫疾病和環境觸發因素。以下是一些研究：

- 一個研究學者聯盟正致力於識別與自閉症相關的基因（Autism Consortium, 2009）。

- 其他研究人員（Auyeung et al., 2009; Auyeung, Lombardo, & Baron-Cohen, 2013; Korvatska, Van de Water, Anders, & Gershwin, 2002）已經發現自閉症兒童的胎兒睪酮量會增多以及免疫發生異常。
- 一項研究發現，出生體重低的嬰兒發生自閉症的可能性是接近正常體重嬰兒的五倍（Pinto-Martin et al., 2011）。
- 一項研究發現，在懷孕間隔時間較短（特別是兄弟姊妹出生後不到一年）後出生的孩子，發生自閉症的風險高於懷孕後間隔時間較長的孩子（Cheslack-Postava, Liu, & Bearman, 2011）。
- 一份整合過去研究的分析發現，自閉症與母親生育的年齡之間存在相關性（Sandin et al., 2012），尤其是 35 歲以上的母親有較高的風險生出有自閉症的嬰兒。20 歲以下的母親生出有自閉症嬰兒的風險較低。
- 還有其他人發現自閉症發病率與環境因素之間存在相關性。一項研究發現，像華盛頓州和俄勒岡州等降雨量高的地區，兒童有自閉症比例較高。這結果顯示或許這些地區的兒童比較容易待在室內，導致維生素D缺乏，以及接觸家用化學品機會多，這些因素可能會引發這種疾病（Waldman, Nicholson, Adilov, & Williams, 2008）。
- 另一項有關雙胞胎自閉症的研究發現，對自閉症類群障礙的敏感性與遺傳因素有中等程度的關聯性，與共享的環境則密切相關（Hallmayer et al., 2011）。

迄今為止，研究發現自閉症和兒童疫苗之間沒有明確的關聯性（National Institute of Child Health and Human Development, 2008），這是在 1998 年一份醫學期刊中的一項聲稱，現已不足採信。

然而，由於被診斷有自閉症的比率增加，因此許多父母對孩子的健康和幸福感到非常焦慮。社會工作者可以透過學習最新的自閉症研究、治療以及有關成因爭論的相關知識來協助父母。同時也有許多資源可以幫助父母為孩子做出有關醫療保健相關問題的明智決定，包括接種疫苗以及自閉症診斷和治療。

低社會經濟地位對個人發展的影響

雖然家庭的社經地位可以被視為一個中介系統問題，但它對嬰幼兒的生理發育有重要影響。回顧很多的研究文獻，早已發現了社經地位與發展問題之間有許多相關性（Bradley & Corwyn, 2002）。在健康方面，來自低社經地位群體的兒童比高社經地位群體的兒童更容易死亡，或是受到傷害、疾病、感染、低智商、蛀牙、鉛中毒、感覺遲緩、認知遲緩和神經系統問題。也可能是因為這些生理因素，來自低社經地位群體的兒童在學校的出席率以及功課好的比率較低，輟學率則高於來自高社經地位群體的兒童。這些影響很可能持續到其成年期，影響了他們在教育、教養子女、就業和人際關係等領域的能力和成功（Kim et al., 2013）。其中許多研究針對不同文化背景群體中進行，都得到相似的結果。

與高社經地位組兒童相比，低社經地位兒童也表現出更多適應不良的社會功能和精神問題，只不過必須謹慎解讀這些研究結果（Bradley & Corwyn, 2002）。具體而言，生活在貧困中的人通常比富裕的人更容易被診斷出患有精神疾病，即便他們都表現出類似的症狀。此外，沒有證據顯示低社經地位與精神疾病之間存在因果關係，兩者之間只有相關性。通常，精神疾病患者由於失去家庭、就業、福利和其他資源，而很容易就被歸屬在低社經地位類別。

低社經地位對發展的影響可以用許多不同的方式來解釋。其中有一些影響可能部分歸因於遺傳、生物性和發展的問題。例如研究指出，貧困和因此產生的壓力因素，例如無法取得足夠食物、家庭暴力和擁擠的住屋，對大腦發展和功能產生長期和慢性的影響。另一項研究顯示，小時候為貧困兒童的年輕成人，比起小時候沒有經歷貧困的年輕人，在被要求要控制情緒時，其大腦杏仁核活動較多，但前額葉皮質的活動較少（Kim et al., 2013）。其他研究也發現貧困和壓力與大腦神經的樹突組織縮小有關，導致學習、注意力、記憶力、創造力和專注力等方面的問題（Christian, Miracle, Wellman, & Nakazawa, 2011; Martin & Wellman, 2011）。還有其他影響可歸因於缺乏資源、機會和得到撫育培養的環境。環境因素以及歧視問題可能會造成過高比例的少數群體成員受到影響。這方面的研究則是針對大腦發展和人際互動的問題，致力於以證據為基礎的處遇措施來改善，例如以創傷為中心的認知行為療法來處遇，這療法是整合了認知行為、依附關係、人文、充權和家庭系統模型的概念（Child Sexual Abuse Task Force and Research & Practice Core, National Child Traumatic Stress Network, 2004）。

在與來自低社經地位群體的兒童和家庭一起工作時，社會工作者可能需要從「人在情境中」的架構來評估環境中潛在的問題，以掌握兒童生活中可能導致其發展問題的許多層面。例如，雖然你不知道 Sam 家庭社經地位的具體細節，但是因為他正參加「啟蒙計畫」，因此合理推論他可能來自於低收入家庭。所以在你的評估中應該考慮這個因素，因為它可能會導致Sam在學校的問題。然而，鑑於Sam在家裡行為看起來是「正常」，所以社經地位在他的個案中可能不是一個問題。只是要小心，不要讓社經地位影響行為的研究結果，左右你做出偏失的評估和之後的處遇。

嬰兒和兒童早期的家庭和周遭環境

由於嬰幼兒如此依賴著提供其福祉的照顧者，社會工作者在與兒童和家庭一起工作時必須評估環境的許多不同方面。許多家庭將孩子帶到社會工作者面前時，都是希望社工試圖「修正」孩子。但是，正如你從系統理論中學到的知識，很少有人是一個人自己產生問題。最常見的是，社會工作者必須評估和處遇家庭以及更大的系統，以協助人們克服似乎是源於個人行為的問題。本節討論社會工作者在與兒童和家庭一起工作時面臨的一些更常見的主題。

親職教養

前面我們檢視了與孩子的氣質性格相關的教養議題，但是社會工作者在與兒童和家庭一起工作時，理解親職教養的許多層面是很重要的。其中許多是與教養類型、能力感和可用於改善教養方式的技巧有關。

不幸的是，養育子女不是天生的技能，許多新手父母或甚至是經驗豐富的父母，都對生養孩子的艱鉅任務表示擔憂。一部分的焦慮是可追溯到來自大眾媒體中可用的建議的氾濫，而且其中大部分論點是相互矛盾的。許多父母對過多訊息感到不知所措，並且很難據以做出有關其養育子女的決定。對於家有身障孩子或有其他特殊需求兒童的父母來說，更是如此。此外，新的研究一直不斷產生，增加了對於什麼是構成「好父母」的困惑。但是，到底一個好父母的特徵是什麼？成功的父母需要哪些技能？孩子能健康發展以及達成生命的最終成功，有多少可以歸功於教養？這些問題都無法直截了當或容易回答的。但是，社會工作者在與父母一起工作時，有一些基本知識可以運用。

透過她的研究，Diana Baumrind（1968, 1971）界定了不同的親職教養方式，這有助於描述父母在養育孩子時始終如一的教養模式。圖表 7.3 描述了這些教養模式。有一些證據顯示，在西方文化中，權威式教養是養育調適良好兒童的最有效方式（Bronstein & Clauson, 1993; Eisenberg, Chang, Ma, & Huang, 2009; Slicker, 1998）。研究人員認為，這種風格的教養方式有助於教育孩子妥協、談判和決策的技巧，同時幫助他們重視獨立性。然而，這個結論不一定能適用於其他文化中的父母。並非所有文化在育兒方面都具有相同的價值觀，不同的教養方式其實是反映了該文化中哪些是重要的價值特性，從而灌輸給兒童。有證據顯示，在養育方面最重要和最有效的方法，甚至可能比特定風格的教養模式更有效，是一致性和關懷（Luxton, 2008; Whiting & Edwards, 1988）。

與正向教養和教養環境相關的另一個因素是父母的自我效能感。回憶一下第三章有關 Bandura 社會學習理論的討論。他理論的核心原則是自我效能，指人對於自己能夠成功完成任務的期望。研究顯示，父母的自我效能感與某些正向的兒童行為有相關性，例如依從性、熱情、堅持和對照顧者的感情，以及兒童正向認知的表現（Coleman & Karraker, 2003; T. Jones, 2007）。在教養工作中感到自己有效能的父母親，也會感覺被充權，自己會去管理自己作為父母的責任，並會找到對教養子女以及對孩子的內在熱誠與興趣。

圖表 7.3 Baumrind的教養模式	• 獨斷專制型：父母控制並堅持孩子要順從，對於孩子應有的行為以及該如何表現，制定了規則和想法。這種風格與不快樂、恐懼、焦慮，以及缺乏主動性和溝通技巧的兒童有關。 • 權威關懷型：家長提供一些控制、一致性的支持和妥協，以有限度的約束和協商鼓勵獨立性。這種風格與快樂、積極主動、自我導向，以及能展現溝通和合作的社會能力的兒童有關。 • 疏忽冷漠型：父母不參與孩子的事情，很少提供孩子結構性規範，很少的控制。這種風格與自尊低、自我控制能力差、不成熟且社交能力不強的兒童有關。 • 放縱溺愛型：父母高度關注孩子，不會提供孩子很多結構性規範或控制，對孩子的要求很少。這種風格與表現出自我控制能力差和缺乏對他人尊重的兒童有關。 資料來源：改編自 Baumrind, 1968, 1971.

必須要記住這項研究有其侷限性（例如，在自我效能和兒童正向行為的結果之間沒有因果關係），與兒童和家庭一起工作的社會工作者可以使用 Bandura的理論，以及從其他觀點架構，例如優勢視角，來運用這些概念。界定了父母的優勢並以此為基礎，將有助於提高父母的自我效能感和充權能力，從而有助於促進孩子正向的發展。

作為 Sam 的社會工作者，你可能需要評估他父母親的教養方式如何影響他在學校的行為，同時記住他們的親職教養模式和期望可能會有文化上的差異。也許幫助 Sam 的父母感覺他們自己可以更有效改善自己的教養技能，這樣有可能能夠影響Sam在學校的行為。首先，你需要找出Sam的父母親在其教養技能方面的優勢。藉由發揮優勢，在此基礎上增強他們的自我效能感。

祖父母

因為人們的壽命延長，他們比前世代的人更有機會與他們的孫子女和曾孫子女互動。現在也有許多老年人必須照顧他們的孫子女，因為他們自己的孩子有失業、藥物濫用、慢性疾病或身障，以及與犯罪行為有關的問題。根據美國人口普查局（United States Census, 2010a）統計，2010 年，750 萬名兒童（約占美國所有兒童的 10%）與祖父母一起生活。就算是祖父母不作為主要照顧者，他們也是在孫子女的生活中發揮重要作用。一般來說，祖父母可以為孫子女提供穩定而充滿愛的環境。此外，在父母虐待或忽視的情況下，祖父母可以為其孫子女提供一些持續一致的生活，這樣即使孫子女生活在惡劣環境中，但至少可以提高孩子成為適應良好成年人的機會。

圖表 7.4 描述了不同類別的祖父母風格，這些風格往往是西方社會的特徵（Neugarten & Weinstein, 1964）。無論祖父母是否願意，他們愈來愈被認為要承擔代理父母的角色。而且，由於更多代人同時都活在同一世代，祖父母也有更多機會承擔其他角色，例如成為孫子女的玩伴。當然，住在不同地理區域，也會造成祖父母發現自己處於遙遠人物角色的情況。

資料來源：Scott T. Baxter/Getty Images.

照片 7-B

祖父母經常在孫輩的生活中扮演重要角色

圖表 7.4 祖父母風格	• 玩伴：祖父母扮演孫子女的玩伴，雙方都能在祖孫關係中享有共同的樂趣。 • 遙遠人物：祖父母只偶爾與孫子接觸，祖父母幾乎沒有參與孫子的生活。 • 代理父母：祖父母承擔了照顧孫子女的大部分責任。 • 正式角色：祖父母僅偶爾提供照顧服務或提供孫子女一些特殊待遇，所有教養責任都是父母自己承擔。 • 家庭智慧傳承者：祖父母扮演權威角色，扮演智者，傳授技巧、傳統、故事等等。 資料來源：改編自 Neugarten & Weinstein, 1964.

研究指出，許多因素會影響祖父母與孫子女關係的品質。祖父母在孫子女生活中的角色可以因為祖孫之間的年齡等因素而變化（例如，祖父母經常是年幼孩子的照顧者，是年長孫子女的知己。而年紀大的祖父母可能有健康或行動不便的問題，而限制他們與孫子們的互動）（Crosnoe & Elder, 2002; Dunifon & Bajracharya, 2012）。種族背景和性別也可能影響祖孫間的關係。例如，有一些研究指出，非裔祖父母比白人祖父母承擔更多類似父母般的角色，而且孫女與祖父母的關係往往比孫子與祖父母之間關係更密切，特別是跟外婆的關係更好（Hirsch, Mickus, & Boerger, 2002）。最後，家庭結構可能在祖父母與孫子女的關係中發揮作用，例如離婚家庭中的孫子女與父親方的祖父母接觸較少（Creasey, 1993）。

許多祖父母也能從與孫子女的互動中獲得情感和心理上的益處。例如，在 Erikson 老年階段的統整與絕望發展任務中，祖父母角色功能對於協助他們順利完成這階段的任務幫助很大。如果老年人能夠保持活躍並且覺得對年輕一代有幫助，他們可能更感到成就感。關於祖父母的更多內容將在第十二章介紹。

這個案例的場景並未說明 Sam 是否有祖父母。如果他有，而且 Sam 的家人和他祖父母之間的關係是正向的，則這種關係可以被視為 Sam 這個個案家庭的優勢。你可以與 Sam 家人討論祖父母在 Sam 的生活中可以承擔的角色，以便能支持 Sam 的發展。你同時也必須了解在 Sam 的文化背景中，他們家在教養子女的責任方面，對直系家人與其他家族成員的家人，是否會有不同期待的價值觀。

手足關係

兄弟姊妹互動一直是許多研究和辯論的話題。在美國，超過 80%的兒童至少有一個兄弟姊妹，兄弟姊妹對彼此的影響是社會工作中需要考慮的因素。兄弟姊妹在彼此生活中扮演的角色可能比父母更重要。兄弟姊妹在彼此社會化過程中扮演著許多角色，包括導師、老師、玩伴、對手和支持者，這些角色通常持續一生（Cicirelli, 1994; Tucker & Updegraff, 2010）。

人格特質和出生順序　有一個很多人感興趣的研究領域是人格特質和出生順序。有些證據支持這樣一種觀點，即第一胎兒童的特質與後來出生兒童的特質不同，儘管很大一部分特質差異可以歸因於父母與長子女以及與後續出生孩子們的互動方式不同來解釋，其他影響因素還包括手足之間的年紀間隔和家庭可用的資源等。

一般來說，第一胎出生的孩子往往比後來出生的孩子更容易獲得父母的時間和精力，而父母也更多的參與第一胎孩子的生活中（Steelman, Powell, Werum, & Carter, 2002）。有一份回顧出生順序研究的文獻發現，排行老大的兒童往往是具有較高智商和自尊的高成就者（Eckstein, 2000）。另一項針對超過 24 萬名男性並控制眾多心理社會因素的研究發現，最年長的兒童智商測試得分比出生序第二的兒童高 3%，比第三胎兒童高出 4%（Bjerkedal, Kristensen, Skjeret, & Brevik, 2007）。此外，第一胎兒童會比後來出生的孩子學業成就較高，在社會和性方面較早成熟，更容易受到權威的影響，會更符合父母的價值觀並重視被認可，更有可能成為領導者、負責任和自我約束守紀律。相反的，後面出生的孩子往往比第一胎孩子更具同理心、受歡迎和「被寵壞」。

最後，沒有兄弟姊妹的孩子（家中「唯一的」小孩）表現出與第一胎孩子相似的特質（Eckstein, 2000）。他們更有可能有很高的成就需求，會上大學、較自私、可信任和合作。

社會工作者需要考慮出生順序如何影響一個家庭及其個別的成員。有些研究人員認為，美國人傾向於相信出生順序的差異，而不會思考出生順序研究的侷限性或中介變項如何影響出生順序差異。有些人的行為方式有可能會像某種出生序的孩子的特質，但是也有人不像（Herrera, Zajonc, Wieczorkowska, & Cichomski, 2003; Steelman et al., 2002）。

家庭規模和資源的取得　有些證據顯示，後來出生的孩子比起較早出生的孩子更有可能成為父母經濟資源的受益者（例如，讀大學的經濟支持），因為他們的父母年齡更長，經濟更穩定。他們的父母也更有可能重新投入精力專注於他們身上，特別是如果第一胎出生的孩子年齡較大、獨立，並遠離家鄉的話（Steelman et al., 2002）。

社會工作者在與兒童和家庭一起工作時，應該牢記的另一個考慮因素是家庭的規模。除了面對許多其他挑戰之外，大家庭比起小家庭會比較容易生活在貧困中，他們的孩子也更有可能得到較低的教育成就。對此現象的一種解釋是資源稀釋模型。該模型假設家庭成員規模愈大，可用在給每一個成員的資源就愈少（Steelman et al., 2002）。

社會和生育政策通常基於對家庭規模的刻板印象（Herrera et al., 2003; Steelman et al., 2002）。例如，有多個孩子的家庭可能更容易得到計畫生育和其他服務，因為社會常常假設只有一個孩子的家庭不太需要額外支持。具體而言，這些服務可能針對有多個孩子的家庭，以預防或處遇一些預期與出生順序相關的問題，例如後面出生的孩子常有叛逆或衝動行為。只有一個孩子的家庭就可能被視為沒有這種問題的風險。社會工作者可以協助案主和政策制定者了解，有關出生順序和家庭規模相關知識的優勢和侷限性，以確保他們能更加實際看待與之相關的問題。

由於 Sam 是獨生子，根據他父母能夠給他的資源，你可能可以預期他會有的某些行為。然而，在他們家的文化背景下，Sam 的父母對他作為獨生子女的期望，有可能這些行為出現的頻率不一定。你需要更了解 Sam 的父母對於兒童角色的信念，以準確評估這個家庭中，Sam 身為唯一的孩子是如何影響了他的行為。使用多種觀點，例如人在環境中和生理心理社會觀點，同時融入此處所討論的訊息，可以幫助你更準確和全面的評估 Sam 的情況。

日間托育

鑑於早期照顧對於兒童發展的重要性，因此對於日間托育的優勢和限制的眾多討論與辯論就不令人驚訝。目前，美國約有 200 萬名兒童，其中許多來自低收入家庭，接受正規托育照顧。日間托育使用率與單親家庭的數量、勞動力中的婦女人數（特別是接受福利的婦女），以及認同早期教育經驗對兒童發展的影響等，都有相關性。

日間托育的費用差別很大。不幸的是，許多低收入家庭無法負擔高品質的日托服務。對於許多有工作的父母而言，在服務業工作所賺到的薪資，根本不足以支付高品質兒童保育費用（Magnuson, Meyers, & Waldfogel, 2007）。一些家庭的托育費用高於支付住房或汽車的費用，並且還可能超過送孩子上大學的費用（Moodie-Dyer, 2011）。

美國社會所提供的日托照顧中心設施，在提供照顧的類型和品質方面差異很大。收托的類型範圍很廣，從收托大量兒童提供照顧的大型托育中心、由宗教組織經營的小型非營利設施，到私人住宅的家庭式托育護理等都有。此外，鑑於從事非標準工作時間的人增加（約 40%的美國勞動力從事非標準工作時間的工作），一些日托服務提供者除了提供傳統的日間托育以外，也提供夜間和週末托育照顧（Presser & Ward, 2011）。

從有關日間托育經驗的縱貫性研究資料顯示，能回應兒童的日托中心照顧者所提供有品質的服務，對兒童行為沒有任何不良影響（Owen, 2002）。然而，最近的研究顯示，兒童由非父母照顧所花費的時間愈多，他們就愈有可能表現出破壞性行為。這樣的攻擊行為有可能是上述研究推論的例外狀況。只是這項研究也還指出，兒童的行為問題往往在六年級以後就消失，而且由非父母照顧的兒童也往往比沒有接受非父母照顧的兒童表現出更高的詞彙分數（Belsky, 2009）。其他研究也支持這一觀點，就是接受愈高品質的托育照顧，兒童的語言和認知能力愈高。該研究還得出結論，來自低收入家庭的兒童更有可能接受低品質的照顧（Owen, 2002），這對於一些少數族裔的兒童影響太大。

其他研究指出，父母缺乏了解關於日托照顧設施品質的知識。例如，許多家長不熟悉托育中心招聘、解雇和培訓的政策，中心符合了（或不符合）哪些證照或許可證要求，或他們的孩子如何度過一天（Shpancer et al., 2002）。當父母想為子女尋找日托照顧設施時，社會工作者可以成為父母知識訊息的來源。他們也可以協助父母，特別是低收入家長，倡導要求有更優質的托育服務。只要簡單讓父母們更了解什麼是優質日間托育服務，社會工作者可以充權父母，讓他們自己能為子女找到最好的托育服務。除了在個人層面設計處遇措施外，社會工作者還可能需要根據社區組織理論來提供處遇措施，讓社區可以增加更多可負擔的優質日間托育中心。

社會政策沒有跟上為兒童提供優質日間托育所需的預算經費以及發展的政策（Shapiro & Applegate, 2002）。社會工作者可以幫助政策制定者了解日間托育服務對家庭的功用。運用家庭系統，人在環境中，甚至是 Erikson 或 Piaget 的理論等理論和觀點，社會工作者可以清楚的表達日間托育照顧對兒童發展階段需求的影響，以及短期和長期的照顧對兒童、家庭以及大社會會產生的後果等。那些正在決定日間托育機構的人應該具備足夠知識，了解優質托育如何影響多層次面向中的兒童和家庭，特別是低收入家庭。

作為 Sam 的社會工作者，你可能想知道他的父母在 Sam 小時候曾做過的托育照顧安排。說不定 Sam 的父母不得不依賴低品質的日間托育照顧，這可能會影響他在嬰兒期間的發展。早期發展的問題可能會影響他目前的發展和行為。

兒童虐待和疏忽

兒童不當對待是美國普遍存在的問題。不當對待（maltreatment）一詞是一個廣泛的行為，包括虐待和疏忽。虐待指的是特定且重複性的行為，例如性虐待、身體虐待和情感虐待。而疏忽指的是照顧者持續性未能滿足其子女基本需求的行為模式。快速指引 10 列出了各種形式兒童虐待的常見徵兆。

根據美國衛生及公共服務部（U.S. Department of Health and Human Services, 2013）的統計，2012 年約有 865,478 名兒童受到虐待或忽視。其中四分之三（78%）是疏忽案件，29.7%的案例是 12 個月以下的兒童，大約一半是白

快速指引 10　兒童不當對待常見的徵兆

身體虐待	性虐待	情緒虐待	疏忽
• 經常發生的割傷、擦傷或劃傷 • 多處骨折 • 頭部受傷 • 內傷（例如脾臟、腎臟） • 燒傷，特別是常見物體形狀的燒傷（例如香菸）或在不太可能的地方所發生的燒傷（例如屁股、胃）	• 性感染疾病 • 喉嚨或口腔問題 • 懷孕 • 生殖器區瘀傷 • 生殖器排泄或排尿問題 • 自尊心低 • 憤怒、恐懼、焦慮、憂鬱 • 退縮或攻擊 • 不恰當的性行為	• 低自尊 • 焦慮、憂鬱 • 對生活未來前景不樂觀 • 自殺行為 • 情緒不穩定和不良的衝動控制 • 藥物濫用和飲食障礙 • 關係問題 • 暴力或犯罪行為 • 學校表現不佳	• 生長遲緩症候群 • 心理社會性侏儒症 • 缺乏監督 • 衛生習慣差 • 缺乏適當的生理及心理保健照顧 • 生活在危害環境中 • 家庭衛生條件差

資料來源：改編自 Mather & Lager, 2000.

人，22%是非裔美國人，21%是西班牙裔美國人。估計有 1,315 名兒童因虐待而死亡，其中近 44%兒童死亡率的兒童是低於四歲。超過 80%的虐待施虐者是父母，女性占所有施虐者的半數以上（54%）（U.S. Department of Health and Human Services, 2011）。請記住，由於這些數字代表被通報成案的案例，因此可能虐待事件的實際發生率被低估。但是目前沒有每年未通報虐待案件的數量資料。

虐待的後果會延伸到兒童的身體、認知、情感、心理和行為發展。虐待和疏忽的影響包括身體受傷、腦損傷、低自尊、藥物濫用、少女懷孕、關係問題、學業成績低，以及攻擊和犯罪行為（Child Welfare Information Gateway, 2008; Hildyard & Wolfe, 2002; Kelley, Thornberry, & Smith, 1997）。虐待也是焦慮、情緒障礙、人格障礙和成年期海馬體積減少等問題的風險因素，這些結果都進一步證實了壓力對大腦發育中的影響（Teicher, Anderson, & Polcari, 2012）。

虐待也會造成社會成本。例如司法、保健、兒童福利、精神保健和警政執法等體系需要直接應對虐待兒童的案件。此外，特殊教育、青少年懷孕支持服務、家庭暴力服務和福利金給付等領域的經費，也與兒童虐待問題間接相關（U.S. Department of Health and Human Services, 2003, 2007b）。

兒童虐待的原因必須從人在環境中或生態學的觀點來看，因為它們是多方面和複雜的問題。在評估虐待案件時，社會工作者可以發現導致虐待的問題在許多不同層面，從個人和家庭層面到社會、經濟和文化層面。實際上，研究指出了虐待的多方面性質。例如，研究指出貧困、經濟和其他壓力因素、父母教養能力差、家庭衝突、缺乏支持系統、父母年紀輕和經驗不足，以及特殊需求兒童常見的特性（例如身障和行為問題）等因素，都增加兒童受到虐待的可能性（Baumrind, 1994; Cicchetti & Toth, 2005; Martin & Lindsey, 2003）。

在兒童福利服務中，社會工作者和其他專業人員以及準專業人員在虐待案件中都會共同合作，與兒童和家庭一起工作。大部分工作都是反應性的，也就是說，所有服務都是在虐待事件發生以後。對於因虐待事件而進入系統的家庭來說，當然可以做很多事情，但是，社會工作者可以發揮許多其他角色來防止虐待。在微視、中介和鉅視層面的作為有助於預防潛在的虐待和疏忽問題。這些可能包括為新手父母，特別是青少年父母親，提供支持性的資源，提供優質且付得起費用的托育服務、健康照顧、醫療保健和其他專業服務，並致力於推動靈活的立法、支持和充權在福利體系中的婦女。可惜的是，在美國社會，即便預防性服務最終在經濟或人力成本方面都更便宜，但是錢通常還是都花在被動式（即事後補救）的服務上。

嬰兒和幼兒期的社會環境

在本節，我們將檢視一些影響兒童和家庭的鉅視系統問題。雖然我們只涉及你會在實務工作上遇到的幾個主題，但它們很重要，因為它們對你的案主福祉具有深遠的影響。這些主題包括兒童保護、永久性計畫、醫療保健和教育政策。

兒童保護

儘管聯邦和各州試圖阻止其發生，但兒童虐待仍然是美國的一個主要問題。全國已經開發了一個複雜的兒童福利服務網絡來處理這個問題。在大多數情況下，儘管聯邦指導方針和規定的法定責任以及地方社會民意，對於州政府的政策制定有一定影響，但是各州對這些服務已具有很大的控制權，並且在制定兒童保護服務的政策和指導原則方面具有很大的權力（Webb & Harden, 2003）。在直接或間接解決虐待問題的眾多政策中，下列這兩項聯邦法律影響了與兒童和家庭的社會工作：

- 1974 年預防及處遇虐待兒童法案：成立的目的是為各州制定和提供兒童保護服務給予支持。它還要求包括社會工作者在內的各種專業人員有法令義務通報可疑的虐待行為。該法案還為有關兒童虐待的相關研究以及保護服務實驗方案計畫提供了經費。
- 1997 年的收養和家庭安全法案：除了其他規定外，此法案特別將兒童的安全和福祉列為最高的優先考慮，且重視程度高於對家庭的保護（Waldfogel, 2001; Webb & Harden, 2003）。這項政策代表著從過去幾十年的重點轉移，在當時無論家庭情況如何，家庭保護被認為是最重要的。

一般而言，被通報為虐待或被疏忽的兒童會被轉介到當地兒童保護服務（child protective services, CPS）辦公室。兒童保護服務的作用是調查虐待和疏忽的事件，並評估對兒童構成的風險。兒童保護服務還有權力將兒童從家中帶走並安置在寄養服務系統。兒童保護服務工作人員，其中大部分是社會工作者，會與法院和家庭系統協同工作，制定最能滿足受虐待兒童及其家庭需求的計畫（Waldfogel, 2001）。

許多處理兒童虐待問題的政策是社會工作者與兒童和家庭一起工作的關鍵。這些政策決定了其工作的範圍和性質，這意味著社會工作者，特別是在政府機構服務的社會工作者，必須熟悉政策、指導方針和法律。

在 Sam 的案例中，你還不知道是否有任何理由懷疑有虐待情事，但是啟蒙計畫的老師和你都有責任要觀察 Sam 和他的行為，若有任何有關潛在受虐待的懷疑就必須通報。社會工作者可以使用快速指引 10 中提供的各種徵兆，來評估某些兒童是否有遭受虐待或疏忽的風險。

永久性規劃：寄養、收養和家庭支持

兒童保護服務工作者經常與其他人一起工作，為兒童保護服務體系中的家庭制定服務目標，其中包括永久性規劃。永久性規劃是著重於為兒童和家庭提供長期規劃，若不是防止孩子被安置到家庭外，就是盡快進行寄養或收養。目標是在不拖延的情況下，達到讓兒童及其家庭穩定下來（Waldfogel, 2001）。

與永久性規劃相關的立法包括以下內容：

- 1978 年原住民兒童福利法案：給予部落處遇兒童福利問題的權利，包括部落承擔對兒童及其照顧法律管轄權的權利。
- 1980 年的收養協助和兒童福利法案：要求兒童保護服務採取各種必要措施的努力來防止兒童被收養，並提供服務計畫以避免收養。

- 1993 年兒童福利服務、寄養照顧和收養協助改革法案：發展了家庭維繫和支持服務計畫。頒布該法律是為了由兒童保護服務和社區機構所提供的家庭維繫及支持和預防服務，能得到所需要的補助經費。
- 1994 年多元族群安置法案：目的在解決跨種族收養問題。該立法禁止機構因為寄養或收養父母候選人的種族或國籍，而有不同考慮標準的歧視做法，儘管在進行兒童寄養或收出養服務時，確實需要考慮兒童的文化背景需求。
- 1997 年收養和家庭安全法：重新審查和修訂 1980 年的收養協助和兒童福利法案，規定不可設定完成收養的期限，目的在強力推動永久性計畫，並將安置時間從 18 個月減少到 12 個月（Waldfogel, 2001）。

如前所述，社會工作者需要及時了解影響永久性規劃的現行立法。這些政策對社會工作者可以提供的服務產生直接影響，但他們同時也就虐待、疏忽、家庭角色，以及政府及社會對於支持家庭的社會責任等問題，陳述發展了重要的理念。

通常，社會工作者會發現他們若不是不贊成目前的聯邦政策對這些問題的理念，就是在實務工作中很難以實踐這些理念的任務。由於案主的問題通常是多方面的，因此在書面上看似合理的政策，可能會對實務上案主要達成的目標造成麻煩甚至反效果。例如，雖然永久性規劃似乎是一個崇高的目標，但社會工作者和家庭常常發現類似失業、精神疾病和缺乏住房等其他障礙，會無法在法令所規定的期限內達成目標。

此外，在永久性規劃期間所經歷的過程可能會產生一些意外問題。有一項研究（Haight, Kagle, & Black, 2003）描述了當孩子在寄養時如果沒有仔細和有意識的規劃，使用理論和其他知識來指導與兒童見面，則父母的探訪很可能會破壞兒童的發展和依附的需求。

這個議題有助於說明社會工作者需要擁有廣泛的理論知識基礎和人類發展相關知識，以幫助制定政策和實務工作的指引原則。社會工作者對社會行動以及立法和政策發展的知識也很有幫助，因為社會工作者往往是塑造和解釋這些政策，並為其案主倡議服務的專業人士。

健康照顧

在整本書中，我們不斷談到兒童健康照顧的重要性。大部分討論都集中在貧困和缺乏醫療服務可能導致兒童發展的短期和長期問題。獲得醫療服務對於產前發育期的健康發展至關重要，可是一旦孩子出生，獲得定期、高品質的醫療健康照顧也是非常重要的事情。

毫不意外的，貧困兒童缺乏得到高品質醫療照顧的機會比富裕家庭的兒童更為普遍（DeVoe, Graham, Angier, Baez, & Krois, 2008; Huang, Yu, Liu, Young, & Wong, 2009; Scott & Ni, 2004）。然而，對 12 個都會地區 1,536 名兒童進行的一項大型研究指出，無論社會經濟狀況如何，兒童只有 47%的時間接受過適當的醫療健康照顧。這些結果表明，若兒童小時候缺乏適當的醫療健康照顧，所有兒童都可能面臨長期健康問題的風險（Mangione-Smith et al., 2007）。

社會工作者在與兒童和家庭共同工作中發揮的一個角色，是協助他們獲得聯邦、州和地方層級的服務計畫，例如醫療補助計畫和州立兒童健康保險計畫（State Children's Health Insurance Program, SCHIP）。醫療補助計畫於 1965 年根據「社會保障法」成立，是一項聯邦和州政府聯合計畫，為低收入人口群提供醫療服務。許多接受醫療補助的人都是兒童。州立兒童健康保險計畫則是一項於 1997 年創建的健康保險計畫，並於 2009 年根據「社會保障法」重新授權。州立兒童健康保險計畫為沒有保險的兒童提供醫療健康照顧福利。社會工作者可以教導低收入家庭類似這些方案的內容，並協助他們使用系統搜尋，以便他們可以獲得相關和類似方案的訊息。

僅獲得醫療健康照顧資源並不必然能有正向的兒童發展成果，許多其他因素，例如收入、住房、安全和教育也對兒童發展有重要的影響（Roberts, 2002）。與兒童一起工作的社會工作者在確認兒童可以得到有品質的健康照顧服務的同時，還可以透過確保有助於健康發展的其他方面資源可到位，以便可以化解由於缺乏醫療保健而導致的一些問題。

作為對 Sam 全面評估的一部分，你需要確保他能夠獲得高品質的醫療健康照顧。因為 Sam 的發展和行為有很大程度上取決於他的身體健康，所以這將是處遇的主要目標。雖然沒有任何跡象顯示 Sam 有任何健康問題，或者他沒有得到定期照顧，但你可以與其家人討論適時預防服務和治療的重要性，以避免任何未來的問題。

早期兒童教育

為幼兒提供和獲得優質教育一直是社會工作者長期關注的議題。由於教育機會對兒童短期和長期發展至關重要，因此確保所有種族社會背景的兒童能得到優質教育方案是社工專業的重要體現。

啟蒙計畫　一個有爭議的教育領域與啟蒙計畫有關。林登・詹森總統執政時於 1964 年創立了啟蒙計畫，作為他大社會計畫（Great Society）的一部分，旨在為低收入兒童和家庭提供服務。這些計畫目的是希望透過提供滿足兒童社會、營養、情緒、教育和心理需求的服務來結束貧窮循環。

目前，全國有超過 113 萬名兒童參加了啟蒙計畫。98%的兒童是四歲或以下，約有 60%來自少數族裔人口群（Administration for Children and Families, 2013）。一般來說，研究顯示啟蒙計畫對低收入家庭的兒童產生一些正面的影響。例如，有幾份研究指出，參加啟蒙計畫的兒童表現出短期的認知進步，並且隨著時間的推移，表現出更少的個人和社會問題，包括輟學和失業。然而，也有許多研究報告對於啟蒙計畫能夠打破家庭的貧窮循環，並可隨著時間推移協助非裔美籍兒童保持認知上的進步，有不同的結論（Caputo, 2003）。

許多社會工作者、立法者和家庭都認為啟蒙計畫對低收入兒童有益。然而，他們在很多問題上有不同的意見，例如，這些計畫應該如何得到補助，誰應該控制這計畫的服務和課程內容，在預防兒童未來問題以及讓這些參加計畫的兒童與其他更有優勢的孩子，同時間開始唸小學方面，誰是真正的獲益者等等問題。在比爾・柯林頓政府執政期間，1996 年福利改革措施中充滿保守主義理念特色的享有權益的計畫，將關於啟蒙計畫的價值爭論又重新提上檯面。喬治・布希和巴拉克・歐巴馬政府執政期間，仍繼續努力使該計畫更有效率和更有責信。雖然隨著不同執政者的政治氛圍數度轉變，但有關啟蒙計畫和類似計畫的理念做法辯論，可能還是會繼續下去。

目前的一個爭論圍繞著誰應該管理該計畫。有些人認為，各州應控管該計畫的經費以及計畫的發展，以便能與當地的學前教育計畫相結合。支持由州政府管控的倡導者還建議各州應更加負責的提升啟蒙計畫課程的質量，並加重讀寫能力和數學技能。但是批評者則回應說，轉向州政府管控將會背棄該計畫最開始建立時的宗旨，並且會造成各州將有不同的管理及評估，這樣會讓「想『證明』這個計畫對低收入兒童是有幫助」更加困難（Jacobson, 2003）。

教育政策的生態觀點 儘管啟蒙計畫對於低收入家童兒童的長期發展和適應的影響，目前結果仍未明確，但最近的發展學研究強調了低收入兒童的養育和教育環境背景脈絡的重要性。具體來說，這一系列研究文獻指出，生態模式是一種適當有效的方式，可以用來觀察低收入兒童的問題，並從中建立處遇措施（Anderson et al., 2002; Berlin, 2001; Evans, 2001）。由於啟蒙計畫處理問題的架構，與生態模式非常類似，因此或許這些架構模式觀點能被證明是促進年幼低收入家庭的兒童最佳發展的有效方式。

在 Sam 的案例中，你可以運用生態模式概念化他的情況，以取得一些有用的進展。除了 Sam 的生理發展過程以及直接環境中的一些因素外，還有許多因素會影響 Sam 的發展。體認到許多少數族裔群體可能還無法從啟蒙計畫獲得長期利益，並且該計畫可能無法滿足像 Sam 及其家人重要的文化需求，你可以建議其他方式來幫助 Sam 及其家人滿足那些需求。此外，你也可以協助當地的啟蒙計畫修正調整一些實務做法，以便能更好地滿足 Sam 及其家人的情緒、認知、文化和社會需求。

美國全國社會工作者協會的《倫理守則》（1996 年通過，2008 年修訂）中有一項法定的規定，「社會工作者應監督和評估政策、方案的實施以及實務處遇」（p. 25）。你可以協助當地審查計畫評估流程，以確保蒐集有關計畫有效性的可靠數據。對啟蒙計畫成效研究的結論往往是正反都有，這也是為何這計畫持續存在爭議的部分原因。社會工作者可以利用他們的研究能力來協助啟蒙計畫的研究設計和實施，以便可以為這些辯論增加可靠和有效訊息。

結論

嬰兒期和幼兒期是一個快速成長和發展的時期。在此期間會發生的一些關鍵性發展活動，包括語言獲取以及情緒和動作發展。除了身體變化之外，嬰兒和幼兒還會經歷影響其長期發展的個人和社會層面的其他變化。

當發生發展的問題時，社會工作者需要能夠全面評估不同層面的問題，以訂定有效的處遇措施，以便帶來永久性、正向的變化。此外，由於兒童的發展存在很大的差異性，包括何謂「正常」發展的文化性定義的可變性，社會工作者必須意識到自己對發展問題的觀點。這種意識將有助於確保社會工作者提供促進兒童最佳發展並符合其種族及文化適當性的服務。

在處理發展的議題時，社會工作者很容易落入以醫療和類似的模式來進行評量和處遇。若能從優勢觀點以及納入環境因素的其他觀點來看待這些議題，將有助於社會工作者超越生理因素的考量。鑑於所有重點都著重在嬰兒期和幼兒期「正常」的發展，社會工作者需要考慮案主及其家庭和社區所擁有的優勢。

本章重點

- 嬰兒期和幼兒期的主要發展里程碑包括語言習得、情緒發展，以及精細和粗大動作技能發展。了解關於語言習得的生物與行為的爭論，有助於社會工作者有效的評估和處遇他們的案主。
- 依附理論認為，照顧者的依附品質會影響嬰兒的發育。Ainsworth 發展了四種嬰兒依附關係類型：安全、不安全的逃避、不安全的抗拒和不安全的混亂。

- 性別認同在兒童早期就已發展，被認為是先天過程與社會環境之間的複雜互動。性別表達涉及我們將自己對性別的認同傳達給他人的方式。
- 氣質是個體對環境做出一致性反應，並被認為在出生時就已經存在。Chess 和 Thomas 確定了嬰兒的三種主要氣質類型：容易適應的孩子、適應困難的孩子及慢熟的孩子。
- 研究指出，低社經地位家庭中的孩子比起高社經地位群體的孩子，更容易遭受健康狀況不佳、缺乏高品質日間托育服務，以及長期發育後果的影響。
- 與父母、祖父母的互動，家庭規模，出生順序對兒童會產生持久影響，而這些互動反過來也會受到兒童特質的影響。
- 社會工作者經常會直接與受虐或被疏忽的兒童一起工作，因此必須熟悉聯邦和州政府的保護政策及服務。除了保護性服務外，社會工作者還經常參與有虐待和疏忽問題的兒童及家庭的永久性規劃。
- 缺乏高品質的醫療服務是許多兒童的主要問題，它可能對兒童的發展產生長期影響。像州立兒童健康保險計畫和醫療補助等計畫，目的是為這些兒童提供醫療健康照顧服務。
- 啟蒙計畫是一項聯邦計畫，目的在提高低收入家庭兒童的社會、心理和教育需求。它經常伴隨著關於經費、行政管理和成效性等爭論的議題。

本章練習活動

1. RAINN *互動案例*，請參閱 www.routledgesw.com/cases 網站。Alan 擔心他與他一歲兒子的關係。他聽說過依附關係的議題，也擔心他的性侵害經歷使他難以親近兒子。
   a. 你如何對 Alan 解釋依附關係？你可以問哪些問題，用來協助他評估他是否有哪些理由要擔心他年幼兒子的依附關係問題？
   b. 你會用前幾章中哪些理論的視角來幫助你理解 Alan 兒子的需要？那些理論能怎麼幫助你向 Alan 解釋他兒子的需要呢？

2. Sanchez 家庭的互動案例，請參閱 www.routledgesw.com/cases 網站。回顧 Sanchez 家族涉及的主要議題，特別注意孫子 Joey 的描述。然後回答下列問題：
   a. 依照 Joey 的年齡，你認為他應該經歷的發展里程碑是什麼？
   b. 他的環境（例如接觸可卡因、安置在寄養家庭及親屬照顧、符合服務資格）會以何種方式影響他的生理和情緒發展（例如發展里程碑、依附關係）？
   c. 如果你是要與 Joey 一起工作，你可能需要考慮哪些倫理和文化議題？
   d. Joey 或他的家人有哪些優勢，可以運用在與 Joey 一起工作上？
3. Riverton 互動案例，請參閱 www.routledgesw.com/cases 網站。回顧 Felipe 和 Maria Gonzales 的情況，然後回答下列問題：
   a. 本章提供的訊息如何與 Felipe 和 Maria Gonzales 面臨的問題相關？請具體說明。
   b. 你如何使用這些訊息與 Felipe 和 Maria Gonzales 一起工作？
4. Riverton 互動案例，請參閱 www.routledgesw.com/cases 網站。回顧一下 Mary Stark 的情況，然後回答下列問題：
   a. 本章提出的議題中，哪些可能與 Mary 的情況有關，為什麼？
   b. 你認為第六章有關於產前發展的訊息可能會與 Mary 的案例有關嗎？以什麼方式？
   c. 在概念化 Mary 的情況和原因時，哪些理論觀點可能有用？
   d. 使用你在上一個問題中選擇的理論，以及本章和第六章的訊息，你對 Mary 和她的家人如何進行處遇？
5. Hudson 市互動案例，請參閱 www.routledgesw.com/cases 網站。回顧案例中的議題，並回答下列問題：
   a. 社區面臨的問題在哪些方面會影響嬰兒和幼兒期孩子們的發展？
   b. 這些問題會如何影響父母以及他們與子女互動的方式？
6. RAINN 互動案例，請參閱 www.routledgesw.com/cases 網站。如果 Sarah 決定撫養她的孩子，你可以推薦她哪些方案，對她和她的孩子會有幫助？

第八章

兒童中期的發展

Eric，現年八歲，從嬰兒時期便由一對男同志收養。Eric是個混血兒，他的生母是華人、生父是白人，正巧收養他的兩位父親背景也是一位華人、一位白人。Eric是由養父們帶來尋求社工協助，原因是「行為問題」。養父們告訴社工，Eric不聽他們的話，學校功課跟不上，也無法與同年齡的孩子們相處。養父們說，Eric完全沒有親近的朋友，大部分的時間都是自己獨自玩耍；除此之外，對於同年齡孩子喜歡的活動，Eric幾乎沒有興趣，並且經常不想上學或參與其他活動。養父們擔心 Eric 有發展遲緩的問題，如果情況再不改善，擔心他會因此而被留級。

兒童中期處於生理心理社會持續發展的階段，的確也可能是一段令父母和主要照顧者感到麻煩與頭痛的時期。從上述的案例情節裡，我們可以看到 Eric 在發展上面臨許多議題，而他的養父們也不免擔心他是否在生理、情緒和社會發展上有「落後」的情況。

在本章，我們將同時探討兒童中期的「發展里程碑」，以及社會工作者與此一時期兒童及其家庭工作時會遇到的相關議題，例如教育、家庭、媒體和同儕關係等。

兒童中期的發展里程碑

兒童中期，即從五、六歲開始，一直到大約十一歲的這段年紀，兒童在生長與發展上持續保持穩定、一致的速度，尤其是在生理、認知及動作技能（motor skills）等方面的發展。在這個時期，兒童接觸到外界的機會愈來愈多，他們同時也更專注於成就及自我控制。

- **生理發展**（physical development）：兒童中期的特徵包括身高、體重、肌肉群及協調技巧的增長，此時兒童的骨架漸趨於成年人，恆齒已長好、骨骼也更強健。這些最新的變化相當值得關注，因為兒童的牙齒保健及其他營養習慣，對於他們往後的健康有非常重要的影響。在此時期，兒童持續發展並精進他們的動作技能，例如打擊、跑步、跳躍、攀爬及其他需要用到手指和手部去完成精細動作的活動。雖然這個年齡的兒童已經可以安靜坐著並專心做某件事，但他們仍然需要體能活動去持續發展動作技能（Nuba, Searson, & Sheiman, 1994）。然而，當電腦、電視及其他電子媒體占據了兒童的時間與注意力，許多兒童並未從事足夠的運動去提升他們的技能，因而導致兒童期的肥胖，以及至青春期和成年後才出現的健康問題。從醫療模式的觀點，兒童中期是生理發展的重要時期，此階段兒童需要達到生理與智力發展的平衡，同時需要獲得適當的營養並建立良好的習慣，如此才能夠替他們往後的健康奠定良好的基礎。
- **認知發展**（cognitive development）：兒童持續發展批判性的思考能力（critical thinking skills），以及相較於以往來說更具有彈性及複雜的思考能力。在此時期，兒童的記憶力、注意力，以及對於細節的思考能力都有所進步。兒童的長期記憶有增長的趨勢，這點從他們已經具有連結新資訊和既存知識的能力上可以看出。根據Piaget的理論，這個年紀的兒童會發展出某種輪廓（schemas）或架構（frameworks）以組織訊息，當年紀漸長，這項能力可以協助他們整合不斷增加的資訊；而當他們獲取更多的資訊時，又得以幫助兒童增進他們的記憶，進一步發展出不同事物的輪廓。在增進記憶的同時，兒童也變得更具有批判性的思考能力，這表示他們對於事物的理解程度更深，也更能夠從不同的觀點去看待他們所獲得的資訊。上述這點與Piaget的認知發展理論有關，即發展到具體運思期的兒童，已經具備彈性思考的能力，因此得以進行資訊之間的比較並運用抽象思考的技巧（Piaget, 1952）。

- **情緒與人格發展**（emotional and personality development）：在兒童中期，兒童發展出更好的能力去定義自己和情緒；在此之前，兒童傾向用外在的特徵例如年齡、眼睛和頭髮的顏色去定義自己；到了這個階段，兒童開始以內在特質去定義自己。例如，他們會描述自己是善良的、聰明的、大方的或是受歡迎的（Harter, 1999）。這個階段的兒童更有能力去理解和表達複雜的情緒，例如驕傲、罪惡與妒忌，同時這些情緒的狀態也開始與兒童的自我感覺及個人責任感進一步整合。此外，兒童更能夠理解情緒與事件、行為之間的關聯，也更能夠適應而隱藏情緒，或是用更容易被接受的方式去處理情緒（Wintre & Vallance, 1994）。相較於缺乏安全依附的兒童而言，與照顧者之間有安全依附的兒童較能夠適應並表達出負面的情緒（Waters et al., 2010）。長遠來看，兒童時期的自我控制，包括衝動控制、延宕滿足（delayed gratification）、情緒表達控制（modulated emotional expression）等，對於成年後的生理健康、經濟狀況、犯罪行為，以及各種心理衛生和藥物濫用等問題，都是重要的影響因素。

快速指引 11 總結了兒童中期的發展里程碑。

讓我們再來看看案例中 Eric 可能出現的發展議題。目前尚未獲得太多與 Eric 個人生理及認知相關的資訊，不過你可以進行一次生理心理社會的評估以蒐集資訊。

經養父們告知，Eric 對於「適齡」（age-appropriate）的活動不感興趣，因此你需要確認養父們認為的適齡活動為何。由於每個孩子的發展速度不同，對於什麼叫做「正常」，父母們經常被錯誤的資訊誤導；因此，或許 Eric 並沒有任何問題，而是養父們對他有不適當的期待。然而，養父們提到 Eric 不常與同儕互動，也經常不做學校作業，這透露了 Eric 或許真的有些狀況，因為上述這些事情應該是此階段孩子生活的重心。一般

快速指引 11　兒童中期的發展里程碑

生理上	認知上	人格與情緒
• 身高、體重、肌肉群及協調技巧的增長。	• 持續發展批判性的思考能力，以及更具有彈性及複雜的思考能力。	• 更有能力藉由內在與社會特質去定義自己。
• 骨架漸趨於成年人，恆齒長出，骨骼也更強健。	• 記憶力、注意力及對於細節的思考能力都有所增進。	• 更有能力去理解複雜的情緒。
• 持續發展並精進動作技能，例如打擊、跑步、跳躍、攀爬及其他需要用到手指和手部去完成精細動作的活動。	• 長期記憶的能力增加，已經具有連結新資訊和既存知識的能力（舉一反三的能力）。	• 更有能力去控制與調適情緒。

來說，你需要針對 Eric 的特殊行為進行更深度且詳細的評估，包括轉介給醫師或心理師再進行診斷，以確認其發展程度及需要關注的問題。

兒童中期的個人

兒童中期的各種發展過程，對於兒童個人及他們的家庭來說，可能會帶來不同面向的影響。有些人順利的度過此一階段，沒有特別需要關注的事件發生；但也有另一些人遇到發展上的困難，並且導致學習上、社交上或其他方面的問題。本節內容將著重於兒童個人層面的議題，提供給需要與此階段兒童及其家庭工作的社會工作者參考。

智力與智力測驗

在「智力」（intelligence）的傳統定義上，標準化的智力測驗（intelligence tests）及智力商數（IQ）（將於往後的章節討論）扮演了很重要的角色。許多社會機構，包括學校，都是基於智力的能力去進行標準化的定義和評估，然後將人們分成不同的族群類別。這樣的分類經常成為人們可以獲得哪些服務、進入哪些方案，以及被標籤為可以勝任哪些工作的依據。

當智力的標準化定義被運用的同時，社會上也出現了許多爭論，這些爭論大都圍繞在這些定義應該被依賴的程度。事實上，智力的傳統定義尚未有唯一的解釋，因此對於這個概念的解讀仍然因人而異；此外，學者已經發展出不同的理論模型以說明其他判斷智力的方法。

多元智能理論（theories of diverse intelligences）　不同於傳統上對於智力的看法，Robert J. Sternberg 的智力三元論（triarchic theory of intelligence）關注人們在所處環境中的遭遇及其適應方式，同時重視人們如何思考及解決問題（Sternberg, 1977, 1985）。

Sternberg 的理論從三個主要部分去解釋智能表現的方式（因此命名為「三元」），包括成分智力（componential intelligence）、經驗智力（experiental intelligence）及情境智力（contextual intelligence），如圖表 8.1 所示。從圖表中可以看到，人們對於問題的處理方式的確有所差異。

許多學者認為 Sternberg 的理論是用一種比較正向、優勢的觀點去看待那些在標準化智力測驗中得分較低的人，同時可以解釋為什麼某些人看起來智力不高，卻能夠逾越看似無法克服的障礙而獲致成功。然而，仍有部分社會工作者質疑，像這樣的理論對於他們的工作沒有幫助，並且認為需要回頭去應用認知技巧的方法進行個案評估，這是因為考量到社工的評估經常被當作個案是否能夠獲得服務的指標。

Sternberg 的理論在社工實務上有所限制，原因如下：

- 它只描述了影響人類行為的眾多因素之一。畢竟，對於社工來說，要如何應用理論去說明一個人在職場上比較具有複雜運算的能力，或是「百

圖表 8.1 Sternberg 的智力三元論	• 成分智力：類似一般人對於智力的看法，認為智力奠基於人們思考和分析資訊的方式，強調規劃、思辨及評估等能力。成分智力高的人，通常在標準化智力測驗也會有不錯的表現。 • 經驗智力：此部分著重於人們在任務上的表現，解釋人們如何學習新知並應用所學去解決問題。經驗智力高的人就像駕駛自動裝置一樣，能夠自由駕馭知識及任務，並學習新知。經驗智力又被稱作「理解的」（insightful）智力。 • 情境智力：此部分強調智力的實際運用層面，即一個人對於新環境及在不同情境下的適應力，也有人將此稱之為「街頭智慧」（street smarts）。「情境智力」高的人擅長於「在環境中求生存」（working the system），並懂得如何「討好上位者」（jumping through the hoops）。 資料來源：改編自 Sternberg, 1977, 1985.

般討好」的特質呢？

- 它的基本概念難以定義、測量及評估。例如，社工要如何定義「街頭智慧」呢？
- 當標準化智力測驗已被廣泛應用，一般人通常不願意再花力氣去尋找可驗證其他形式智力的方法。社工要如何說服政策制定者（policy maker），讓他們同意將資源投入在那些擁有非傳統定義智力的個案身上？

其他學者對於智力是否只包括單一特質也有不同的論點，例如 Howard Gardner（1983）提出多元智能（multiple intelligences）理論，認為一個人可以擁有許多面向的能力，包括語言的、空間的、人際的，以及與生俱來的能力。Daniel Goleman（2006）提出情緒智商（emotional intelligence）的概念，此與同理心、行動力及自我覺察等特質有關。某些領導者和教育者鼓吹培養情緒智商與情緒的管理能力，以遏止霸凌並促進合作行為。然而，也有學者提出情緒智商的負面作用，Kilduff、Chiaburu 和 Menges（2010）便假設某些人會利用情緒管理的技巧以獲取利益，即使可能因此造成他人的損失。這些操縱情境與他人情緒的高手，會隱藏自己真正的情緒和動機，例如，希特勒便善於利用情緒的操弄與設計，煽動群眾做出不理性、完全不考慮後果的行為。綜上所述，情緒智商可以同時被運用在有益於社會及反社會的目的之上（Côté, DeCelles, McCarthy, VanKleef, & Hideg, 2011）。

標準化智力測驗（standardized intelligence tests）　在兒童及家庭社會工作領域，經常有機會使用到標準化智力測驗。例如，由於許多教育相關的方案都依據智力測驗分數來決定兒童的需求，因此社會工作者的處遇計畫也經常需要參考此一測驗的分數。了解智力測驗的內容、使用方式，以及它的好處與限制，得以協助社會工作者盡可能正確且適當的運用這個工具，並確保案主不會因此而遭受長期的負面影響。

標準化智力測驗通常包括以下兩種：

- Stanford-Binet intelligence test：由法國心理學家 Alfred Binet 於 1905 年首先提出，為了評估兒童在學習方面的問題。Binet 發展出心智年齡（mental age）的概念，以比較人與人之間心智發展的差異；心智年齡的概念後來被 William Stern 運用，進而發明了今天我們所熟知的智力商數（intelligence quotient, IQ）。智商分數的計算方式，是將一個人的心智年齡除以他或她的實際年齡之後再乘以 100，因此，當一個人的心智年齡與實際年齡相同時，他或她的智商便是 100，也就是標準化智力測驗的平均分數。隨著時間的演變，Stanford-Binet test 已經過修訂並廣泛運用在各個層面。如今，年滿兩歲便可以進行此一測驗，測驗內容包括語言、計量、抽象／視覺化推理（abstract/ visual reasoning），以及短期記憶能力。
- Wechsler scales：由 David Wechsler 針對三個不同年齡層（4 至 6 歲半、6 至 16 歲、17 歲以上的成人）所發展出的測驗，測驗結果除了呈現整體的 IQ 分數之外，也可以分別呈現口語（verbal）及實作（performance）兩項 IQ 分數。

評估或測驗智力的方式，對於制定相關政策及方案，以滿足不同智力案主的需求，有相當程度的影響。標準化智力測驗的施測者及受測者，大都相信這是對於某方面特殊能力的測驗。許多人將傳統定義的智力視為與生俱來的特質，經由數值呈現出來，可以預先決定一個人的能力限制（Nash, 2001）。然而對於那些接受測驗的人來說，上述想法可能會造成長遠的影響。

對於標準化 IQ 測驗的另一個嚴重批評在於「歐洲中心論」（Eurocentric），意思是它對於個人能力的測驗是依據白人主流文化的標準，而且將這樣的標準當作為單一的、有效的標準。少數族群經常遇到的狀況是，這些問題對於他們是陌生的，而且無法代表他們的生活經驗（Craig & Beishuizen, 2002; Freedle, 2006; Gould, 2008）。例如，20 世紀初期，美國開始移入大量的歐洲移民，尤其是來自南歐和東歐地區的移民，某些歐洲民族為了宣稱自己在智力上較為優越，並且合理化種族歧視，因此使用智力測驗作為工具。當時經常是針對剛移入美國的新移民進行測驗，然而他們當中的許多人並不會說英語，或者從未經驗北美文化，因此他們無法了解測驗中的選項，也無法回答出正確的答案；最後，這些移民得到很差的分數，並且被標籤為「愚笨的」和「次等的」，於是激起反對移民的言論（Gould, 1996）。專家學者們認為，早期的標準化智力測驗對於非白人、居住在非都會區、低社經地位的族群具有文化偏見，當一個人依據非主流的生活經驗作答，即使答案非常完整、合理，在測驗中仍被認為是不正確的答案。因此可以說，早期少數族群之所以在智力測驗上的分數較低，是源自於測驗本身的固有偏見，因為測驗內容是依據主流文化的假設及觀點發展而成。然而隨著少數族群在社經地位上的提升，再加上施測者致力於避免文化偏差，現在少數族群的智力分數已不亞於主流族群。

由此可以證明，智力的決定因素似乎並不只有生物上的因素（Neisser et al., 1996）。由於智力測驗分數仍然存有誤差的可能性，同時存在個別與社會的差異，因此社會工作者必須覺察智力測驗所可能帶來的倫理兩難（ethical dilemmas），尤其是與兒童工作的時候。

回到 Eric 的案例，無論你本身對於智力測驗的看法如何，你可能都需要轉介 Eric 進行智力測驗，因為他已經出現許多學習上的問題，例如他可能在語言或理解能力上有問題，因此無法融入課堂。如果他是因為跟不上學習，便可能表現出無聊或退縮的情形；相反的，如果他的能力超前一般同儕，那麼他可能需要升級或更具挑戰性的學習內容。同時，智力測驗也可以協助發現 Eric 是否有學習障礙的可能性。然而，無論測驗的結果如何，你必須謹記智力測驗的優缺點，以確保其他因素如文化背景、智力的定義等不會對 Eric 的情況造成負面影響。

學習障礙

標準化智力測驗或其他評估工具，經常用以決定兒童是否具有學習障礙，以及是否需要接受特別的處遇，以確保他們能夠適當的學習。一般而言，學習障礙的定義為：兒童的智力為正常或高於正常標準，沒有發展遲緩的跡象，然而對於某些學科的學習卻有困難。

被診斷為學習障礙的兒童人數有增長的趨勢，而且男孩多於女孩，目前尚無法肯定的說男孩較容易有學習障礙的問題，但男孩較常會因為學習障礙而引發的行為問題前來求助，例如攻擊行為、情緒表現等。相較於女孩，男孩在生理上的確較容易被學習障礙所影響（Hallahan & Kauffman, 2000; Hibel, Farkas, & Morgan, 2010）。至於學習障礙的發生率是否具有族群上的差異，則有不同的研究結論；某些研究發現並無顯著的差異（Child Trends Databank, 2014），某些研究卻發現，以 ADHD 來說，美國西班牙裔及非裔兒童的發生率較白人兒童要來得低（Pastor & Reuben, 2005）。然而研究也顯示，少數族裔兒童在學習障礙的治療比例上相對較低（Child Trends Databank, 2014; Pastor & Reuben, 2005）。

學習障礙外顯的問題包括聽、說、思考及專注的能力，因此經常導致算數、閱讀、拼字和作文等學習上的困難。最常見的學習障礙類型為閱讀困難（dyslexia），會嚴重影響閱讀及拼字的能力（Grigorenko, 2001; Ziegler & Goswami, 2005）。

學習障礙兒童若能獲得特殊協助，通常在一般教育體系中也能發展得很好，然而對於何種教育方式較適合此類特殊需求的兒童，仍然有許多爭論（Kauffman & Hallahan, 2005）；爭論的焦點主要在於應該讓特殊需求的兒童與一般兒童一同上課，還是應該針對他們的需求分開設計課程。

除此之外，對於學習障礙的診斷是另一項挑戰。由於許多其他問題會伴隨著學習障礙出現，社工及其他專業人士在評估時必須更加注意。在評估兒童是否為學習障礙時，必須同時考量與學習問題相關的諸多社會心理因素（例如壓力、虐待、貧窮與疾病等）。我們將在本章後續討論對於學習障礙兒童的服務，以及社工應扮演的角色。

身為 Eric 的社工，你可能需要評估案主是否有學習障礙的可能性，無論是否與智力有關，例如案主可能因為有閱讀或書寫方面的障礙，造成在課堂上學習的困難。由於造成學習問題的可能性很多，包括生物、發展或社會層面，因此必要時，社工需要進行全面性的評估以做出適當的處遇。

注意力不足／過動症

注意力不足／過動症（attention deficit hyperactivity disorder, ADHD）經常與學習障礙有關，特徵在於持續表現出注意力不集中、過動、容易衝動等行為。具有 ADHD 症狀的兒童容易感到無聊、無法專注於任何事物、活動力過強、無法停下來思考、衝動控制能力差等，上述這些症狀有時會以不同組合出現，例如無法專注但較少過動症狀，或是過動但有專注能力（American Psychiatric Association, 2000）。注意力缺乏是兒童最常被轉介到身心科的原因，其中超過一半被診斷為 ADHD（Forness & Kavale, 2001; MMWR, 2005; Pastor & Reuben, 2008）。在大多數情況下，醫療及教育上的介入，能夠使 ADHD 兒童的情況獲得改善。

近幾十年以來，被診斷為 ADHD 的兒童人數逐漸增加。根據美國疾病控制與預防中心（Centers for Disease Control and Prevention, 2013e）的統計，在美國約有 640 萬 4 至 17 歲兒童被診斷為 ADHD，自 2007 年以來增加了 16%，與 2007 年相較更增加了 41%。在所有性別與族群之中，白人男性最容易被診斷為 ADHD。某些專家推測 ADHD 人數增長的原因，部分是因為民眾更加了解與認識此種疾病。此外，許多被診斷為 ADHD 的兒童較常與家庭醫生（primary care physician）或其他可能做出診斷的人士接觸。相對的，沒有醫療保險的兒童被診斷出 ADHD 的比例則偏低。

社工在與兒童工作時也需要留意其他與 ADHD 有關的變項（variables），例如一項針對 23 名前青春期男孩（preteen boys）所進行的研究指出，ADHD 兒童所表現出的躁動行為，實際上可能幫助他們保持警覺並專注在任務上，因此要求 ADHD 兒童「安靜坐著」（sit still）可能反而不利於他們的學習（Rapport et al., 2009）。持上述看法的研究者假設 ADHD 兒童缺乏刺激（underaroused），也就是說 ADHD 兒童的大腦未製造足夠的多巴胺（dopamine）讓他們保持警覺，所以他們必須一直活動去刺激大腦和身體，而這對於學習來說是重要的。

學童在教室裡表現出不受歡迎或不受控制的行為時，便可能會被不當標籤為 ADHD，無論他們是否確診。教育系統內的經費與支持不足、學生過多等問題，可能導致被診斷為 ADHD 的學生增加，原因在於學校教職員沒有足夠的資源去正確判斷或處理問題行為。此外，某些學者也推論，目前的教室環境多為控制、刻板的形式，某些「正常的」行為像是活動力強，便可能會被標籤為適應不良或異常行為（Brewis, Meyer, & Schmidt, 2002）。於是，某些學童可能因為不當的評估而轉介給醫師、心理師、社工及特殊教育體系。

相對的，基於 ADHD 對於兒童學習和發展可能產生的影響，準確的評估症狀並進行適當處遇十分重要。回顧此時期兒童的發展任務，ADHD 所衍生的問題將會妨礙兒童正常的生理心理社會發展。

社會工作者必須具備整合的能力，以確保有 ADHD 問題的兒童能夠獲得最適當的發展。醫療上的介入雖然仍具有爭議，但其對於 ADHD 症狀控制的效果，不亞於親職教育和行為改變等社會心理方面的處遇（Barkley, 2002;

Olfson, Gameroff, Marcus, & Jensen, 2003）。對於社會工作者而言，上述的處遇方式均可以運用於家庭和學校場域。

認知節奏遲緩（sluggish cognitive tempo）是新興的研究與討論議題，其表現出的特徵為無精打采、發呆、思考緩慢等，雖然 DSM-5 中並未包括此類症狀，但許多精神及心理衛生學者認為需要對此症狀進行更多嚴謹的研究。相對地，另一派學者則認為此類症狀尚無一致的成因，也缺乏嚴謹的科學證據去證明，擔心會有更多兒童因此而接受不合理的診斷與醫療介入（Becker, Marshall, & McBurnett, 2014）。

對於 Eric 來說，除了學習障礙之外，ADHD 是另一個值得評估的部分，特別是因為這兩個問題經常同時發生。即使你無法從案例說明中確知 Eric 是否有 ADHD 症狀，但也不能直接排除其可能性。

焦慮症

愈來愈多幼童有焦慮症（anxiety disorders）的問題，一項大型的全國性研究指出，最早六歲就有可能出現廣義的焦慮症症狀（National Institute of Mental Health, 2014），同時估計約有 3%至 4%兒童（Massachusetts General Hospital, 2010）、8%青少年（National Institute of Mental Health, 2011）患有廣義的焦慮症（general anxiety disorder）。兒童時期的焦慮是正常的，每個兒童都會經歷讓他們感到特別焦慮的階段，然而持續的焦慮會阻礙學習，對於兒童在環境適應上也有負面的影響。

兒童可能經驗下列某一項或多項焦慮問題（Anxiety Disorders Association of America, 2010）：

- 社交焦慮：擔心在社交場合遇見陌生人，或讓別人覺得不好意思。
- 分離焦慮：過度害怕離開家或與主要照顧者分離。
- 恐慌症：無預期且重複的出現恐慌症狀，例如過度換氣和心跳加速。

- 創傷後壓力症候群：因目睹或經歷創傷事件而產生的恐慌或焦慮。
- 恐懼症：過度害怕特殊的物件或事件，例如狗、蜘蛛、搭飛機或擁擠的人群。

我們再來看看 Eric 的情形，他的行為問題有可能是因為焦慮症所造成，假設Eric是因為焦慮症讓他無法專心上課，便可以轉介治療師與Eric及養父們一起工作，運用認知、行為及學習理論進行治療，目標是協助Eric學習覺察負面的思考模式與行為，並以正面的方式代替；治療師同時可以教導 Eric 的家人如何因應 Eric 的症狀（Anxiety Disorders Association of America, 2010）。如果 Eric 的症狀已經造成他極大的困擾，並影響到他的日常生活功能，治療師可能會建議他接受藥物治療，直到他有能力學習控制症狀的技巧。

兒童中期的家庭與中介系統

不可否認的，多數兒童個人的問題會影響到他們的家庭，反之亦然。前一節主要關注個人層次的問題，而在這一節，我們將探討非起因於兒童個人，但在其與環境互動中可能會受到影響的議題。

兒童中期的同儕團體

家庭在兒童中期具有重要的功能，包括社會化以及對於兒童行為提供外在的回饋；另一方面，同儕團體在此過程中也扮演著同樣重要的角色。同儕團體也就是包括兒童個人在內的一群年齡相當的兒童，是兒童生活環境中的一部分，對於兒童的發展有著長遠性的影響。由於年齡與生活經驗相當，同儕之間可以互相提供相關技能及與外界連結的重要資訊。

同儕關係在兒童時期的重要性，在各種理論中都曾探討過。例如，Albert Bandura提到模仿和社會學習、Erik Erikson的心理社會發展理論，以及生態學與社會學的理論等，都強調與環境之間的互動是發展的要素之一。上述所有的理論也都特別指出，當兒童探索環境、表達意見、嘗試新角色，以及試驗自己的社交、生理和學業能力時，都需要同儕作為參考標準。事實上，某些學者認為兒童是經由同儕關係而學習發展親密、敏感的關係，其中包括妥協與同理（Buhrmester & Furman, 1987; Parker, Rubin, Erath, Wojslawowicz, & Buskirk, 2006）。

相對的，同儕關係也可能對於兒童時期發展帶來負面的影響。幾乎每一個兒童都曾有過不好的交友經驗，然而當某些兒童持續經驗拒絕，以及與同儕之間的負面互動時，對其發展可能會產生長遠的影響；與同儕之間的不良互動會導致拒絕、敵意、孤獨和沮喪的感覺，這些都可能影響兒童往後與他人的關係（Hodges & Card, 2003）。

在 Eric 的案例之中，你可能需要多了解他與同儕之間的相處情形，例如其他的孩子可能因為Eric有兩個爸爸或他的膚色不同而排斥他。Eric獨特的家庭背景，可能會讓他不容易與同儕建立關係，因而感到孤單和困惑。你可以運用優勢觀點，協助 Eric 以正面的態度去看待自己的種族背景及家庭狀況，並協助他找到自己與其他孩子相似之處，如此或許可以讓Eric 找到不同於以往且正向的方式與同儕互動。

遊戲

同儕在遊戲之中的互動，對於兒童發展具有多項功能。除了帶來愉悅這項最明顯的功能之外，遊戲讓兒童得以發揮他們的想像力、與他人互動、學習扮演不同的角色、發展認知與生理能力，同時找到自然的方式去抒發緊張與挫折感。對於兒童發展而言，學者多支持遊戲與同儕關係同樣具有正向的功能。

目前已有許多研究是針對遊戲以及它在兒童發展上所扮演的角色，其中Mildred Parten（1932）是最早嘗試將遊戲分類的研究者，圖表 8.2 列出了她發

資料來源：Ryan McVay/Getty Images.

照片 8-A

遊戲在兒童發展中扮演重要的角色

展的分類方式，我們可以從這些分類當中了解兒童參與遊戲的不同情境及遊戲的內容。近期的研究則更關注於其他形式的遊戲，以及遊戲之於發展的多重目標和意義，其中一項是能夠讓兒童練習多面向技能的遊戲，這些技能包括感覺動作（sensorimotor）、協調、符號使用、想像力、社交互動與自律等（Bergin, 1988）。

遊戲具有能力建構的這個概念，可見於許多與兒童發展相關的理論之中。例如，Piaget 便強調感覺動作與認知發展的議題，認為嬰兒期的遊戲可以刺激視覺與動作技巧，隨著兒童漸長，他們更能夠操作遊戲的環境，同時刺激協調能力與其他能力的發展。年紀較大的兒童，能夠在遊戲中運用想像力去操作物體，並且能夠運用他人觀點進行角色扮演；此外，他們已經能夠了解遊戲規則，並發展出需要競爭和談判的遊戲。

Eric 的養父們提到他大部分的時間都是自己在玩，很少與同儕互動，因此你可能需要評估 Eric 都在玩些什麼，才能夠更了解這些活動對於他

圖表 8.2

Parten 對於遊戲的分類

遊戲類別	說明
無所事事（unoccupied）	非典型的遊戲類別，通常是指兒童什麼也不做的站著那兒，或是進行無特定目標或目的的活動；兒童通常只是看著發生在他或她周遭的事情。
獨自活動（solitary）	指兒童獨自一人進行活動，通常他或她不太理會其他人在做什麼，普遍發生於二至三歲的兒童之間。
旁觀者（onlooker）	指兒童旁觀他人進行遊戲，他或她可能會發問或感到興趣，但不會參與遊戲。
平行遊戲（parallel）	指兒童同時進行遊戲但各玩各的，他或她會玩類似的玩具或遊戲方式；隨著兒童的年紀漸長，他或她會較少從事此類遊戲。
聯合遊戲（associative）	指兒童之間有較多互動，但仍然以個人為主進行的遊戲，此時他或她雖然玩在一起，但是並沒有明確的組織與目標；例如，兒童會一起聊天或分享玩具，但卻專注於自己的活動上。
合作遊戲（cooperative）	指具有社交互動、組織及團體認同的遊戲，此時兒童之間有共同的遊戲目標並合作完成任務。

資料來源：改編自 Parten, 1932.

身心發展的意義，以及是否適合他的年齡與發展階段。例如，Eric 可能是在玩經常固定的遊戲，沒有規則動作及特定目的，因此他的養父們會覺得奇怪；另一方面，若 Eric 不喜歡參與同儕互動或增進運動技巧的遊戲，則可能對於他往後的身心發展會有不良的影響。你需要詳細評估 Eric 所從事的活動，以了解其中是否有會影響其身心發展的議題。

父母的教養

隨著兒童漸長，父母開始為許多與管教及親職相關的問題所困擾。此時無論是在生理、認知或是情感上，兒童都更具有能力去完成新的任務並面對新的挑戰。根據Piaget的理論，此時兒童正在發展理性的、具體的思考自己與他人行為的能力。Erikson 認為兒童到五、六歲之後變得更加精力旺盛，他們充滿了好奇心與熱情，也更想要控制周遭的環境。系統、生態、社會學習等相關理論，均強調個人與其所處環境之間的互動，對於個人發展的重要性。所有上述這些能力的發展，都是在兒童所處的複雜環境脈絡當中發生，也因此產生各式各樣教養方面的挑戰。

兒童中期的教養　此時期的教養議題涵蓋學校、自律行為、在家中的責任，以及待在家裡和外出的時間分配等。不過對於父母來說，此時期的教養較稍早的發展階段要來得容易些，因為此時兒童認知能力發展，足以讓他們了解規則及可能的後果；同時此時期的教養也較之後的青春期要來得容易些，因為青春期的孩子開始宣稱自己的獨立性，對於父母的管教可能產生抗拒。

在此階段，兒童已經可以理解父母行為背後的原因，但他們尚未擁有完全獨立的行為能力，因此這時期父母教養的主要任務，除了要協助兒童發展出負責任及獨立的行為能力之外，也要給予他們具體的引導與支持，協助他們遠離自己無法預見的危險情境。

父母與專家對於何者才是最好的教養方式，意見經常不一致。面對大量關於教養技巧的資訊，且這些資訊經常是矛盾或對立的時候，父母往往不知所措。此外，父母經常會擔心教養方式帶給孩子長期的影響，尤其是當他們發現某種出自於善意的教養技巧反而對孩子有害的時候。更麻煩的是，坊間所謂對孩子「最好的」教養建議，一直持續的在改變。另一方面，許多其他的因素，例如教養風格與兒童的氣質（在第七章討論過），也都影響著實際呈現出的教養行為。如果父母認為自己在教養上沒有任何問題，那才真是不可思議呢！

教養方式同時也和我們如何看待行為問題有關，而這又受到不同理論觀點的影響。例如，**積極合作教養法**（collaborative and proactive solutions, CPS），即之前的合作問題解決模式（collaborative problem solving），是一種以阿德勒學派（Adlerian）、醫療及認知行為為主要概念的實證方法（Greene & Ablon, 2006; Greene & Doyle, 1999; Pollastri, Epstein, Heath, & Ablon, 2013），它認為兒童天生便希望能夠在所處的環境中得到歸屬感及能力肯定，這個概念來自於阿德勒學派和溝通心理學派（transactional psychology），是一種醫療模式的觀點，即兒童本身希望表現良好，然而有時候因為缺乏認知與其他發展技巧，無法達到外在環境的期望。換句話說，如果兒童具有能力，他們便能夠有好的表現。

行為問題之所以發生，是因為環境的要求超出兒童的能力，而不是因為兒童缺乏動機、要引人注意、被人操縱，或是試探底線等傳統上對於行為問題的認知。據此，積極合作教養法將行為問題視作學習障礙，但並不是將兒童標籤為學業或相關能力上的落後，而是認為兒童需要在某些方面獲得支持，例如成熟度、靈活度、適應性、耐受力及問題解決技巧等，這些技巧都是可以習得的，而且通常會伴隨著進一步的生理和認知發展而來。

依據上述的觀點，教師與家長可以協助兒童學習他們需要的技能，讓他們能夠獲得成功、感到自信與被環境所接納，同時兒童需成為此過程中的合作夥伴，讓他們感受到被賦權。Greene 和 Ablon（2006）及其他學者（例如 Pollastri, Epstein, Heath, & Ablon, 2013）認為，第三章所探討的傳統教養方式，例如懲罰、增強、後果（consequence）及操作（operant）等，並未教導兒童技巧或了解他們在認知及其他發展上的限制；相對來說，積極合作教養法顯得較有成效。傳統觀點的假設是：只要兒童願意，他們就可以有好的表現，因此行為處遇的目標在於增強兒童的行為動機。然而 Greene 和其他學者卻認為，這樣的做法是錯誤的引導，反而因此迫使兒童呈現出不好的行為表現。

由於針對教養方式有許多的爭議及衝突的訊息，身為 Eric 的社工，你需要與養父們討論教養的議題，讓他們知道許多父母都對教養的議題感到無所適從，這可以讓他們比較安心。你也可以提供 Eric 的養父們如何去判斷相關知識及研究的方法，讓他們能夠決定最適合 Eric 的教養方式。

體罰　體罰——即對兒童身體上的處罰，尤其是指「打屁股」（spanking），則是另一個持續爭論中的教養議題。大概自從人類有自己的孩子開始，打屁股便成為一種管教方式。在美國，用打屁股作為懲罰是相對普遍的現象；然而，隨著時代的演變，使用這種管教方式的態度也有所轉變。例如，1960 年代，94%的父母認為打小孩屁股是合法的管教方式；到了 1999 年，只有 55%的父母這樣認為（Children's Institute International, 1999; Gallup Organization, 1995）。事實上，在美國的許多州及其他國家，已經禁止在公立學校使用體罰，同時許多州也將過當體罰列入兒童虐待的定義之中（Davidson, 1997; Gaten, 2009; Straus, 2008）。然而，大多數（超過九成）的父母仍然承認自己至少曾使用過一次體罰（Straus, 2001）。

對於體罰（尤其是打屁股）的觀念已深植在社會、文化、宗教與政治生活的結構之中，因此對於使用體罰的爭論永遠不休、難以妥協，即使是在專家學者之間也是如此。例如，美國的某些州通過了讓父母可以打小孩屁股的法律，於是又重新燃起關於父母在管教上如何設限的爭論。有研究試圖提供關於是否應該打小孩的科學觀點，然而仍有許多研究上的限制及批評。

一般而言，學者、父母及相關專家的主要爭論聚焦於打屁股（或其他形式的體罰）是否會助長兒童的暴力行為，以及對於其他的管教形式如「暫停」（time-outs）是否會有增強效果（Benjet & Kazdin, 2003）。支持打小孩會助長兒童暴力行為的想法，經常是與Bandura的社會學習理論有關，即兒童會模仿他人的行為，體罰便是在告訴他們：肢體暴力是讓他人就範的有效方式。另一方面，也有人同樣用Bandura的理論去支持打小孩是有效的管教方式，即當某位兒童見到他人因為不好的行為而被打屁股時，他會為了避免被處罰而表現出更好的行為。

此外，從認知的角度來看，也有人認為幼童尚無法理解不良行為的後果，因此像解釋原因及「暫停」這類方法，必須要等到兒童的年紀夠成熟才有用，對於糾正幼童的行為來說並無太大效果。因此，體罰仍然是比較有效的方法，尤其是當它與獎勵（rewards）同時運用的時候。

從幾十年前便已經開始有對於體罰的研究，然而研究之間卻僅有少數一致性的發現。最主要的研究發現：即使是在同意體罰的社會文化環境之中，體罰與兒童的攻擊、不守規矩及類似行為均呈現正相關（Gershoff, 2002; Lansford & Dodge, 2008; Straus, 2008）；同時研究也顯示，體罰的確能夠讓兒童順從父母的要求（Harvard Mental Health Letter, 2002）。然而上述的關聯均無法證實具有因果關係，而這也成為了此議題爭論的核心。於是問題仍然存在：究竟是體罰助長了兒童的攻擊行為，或是表現出攻擊行為的兒童較容易被體罰？此外，研究尚無法解釋體罰和兒童攻擊行為之間的關係，是否會受到個人、家庭、社會、文化及其他環境變數的牽連？

父母分居或離婚

許多父母會擔心分居和離婚對於孩子的影響，父母經常會想是否應該為了孩子而繼續在一起。

研究指出，許多經歷父母離婚的兒童的確會有適應上的困難，但每個人在類型及程度上則有相當大的差異，而且受到諸多因素的影響（Sun & Li, 2002, 2009）。某些研究認為，僅有少數兒童會受到父母離婚的影響而出現問題，且問題並不嚴重；然而也有其他研究指出，兒童受到的影響相當顯著（Amato, 2000, 2001; Bing, Nelson, & Wesolowski, 2009; Hetherington, 2000）。

兒童因父母離婚而出現的問題，包括自尊心低落、學業問題、依附問題、行為問題（例如偽裝、偏差行為、青少年時期的性行為混亂），以及情緒問題（例如焦慮、憂鬱等）（Hetherington, 2000; Leon, 2003; Pelkonen, Marttunen, Kaprio, Huurre, & Aro, 2008; Shansky, 2002）。

對於經歷父母分居或離婚的兒童來說，何者會成為危險因子？雖然無法列出所有的可能性，相關研究已指出某些具有影響性的因素：

- *適應能力*：兒童如何處理問題，包括父母離婚前的壓力，對於其往後的適應具有一定的預測力（Amato, 2000; Eldar-Avidan, Haj-Yahia, & Greenbaum, 2009）。
- *發展程度*：相對來說，在認知發展上已能夠了解離婚的意義及其背後原因的兒童，其適應狀況會較年紀小的兒童要來得好（Ängarne-Lindberg & Wadsby, 2009; Zill, Morrison, & Coiro, 1993）。

- **性別**：較早的研究指出，相對於女孩而言，男孩對於父母離婚的適應情況較好；然而近期的研究發現，此種性別的差異已經愈來愈不明顯。雖然女孩仍有較多適應上的困難，但由於離婚後父親的參與程度提升，加上監護權的安排更具彈性，有助於女孩在離婚過程中的適應（Amato, 2000; Ruschena, Prior, Sanson, & Smart, 2005）。

父母無法控制某些因素，如孩子的氣質和個性，但是仍然可以做到下列的事情，以幫助孩子們有更好的適應（Hetherington, 2003; Moxnes, 2003）：

- 以開放及尊重的方式與孩子溝通。
- 確保孩子（尤其是年幼的孩子）了解父母離婚的原因與他們無關。
- 日常生活上盡量保持和原來一致。
- 實際並樂觀的面對情況的改變。
- 支持孩子。

若是在父母離婚之前，家中便已有劇烈的衝突和爭吵，分居和離婚反而可以改善孩子的功能及適應力，尤其是在日常生活沒有太多變化、家人間能夠保持良好溝通及關係的情況之下（Waite & Gallagher, 2000）。

即使相較於以往來說，有更多離婚後的子女監護權及生活安排的事件發生，然而事實上，大多數的情況仍是由母親獨自撫養子女並承擔監護責任。不幸的是，許多女性在離婚後的收入急遽減少，因而可能造成其生活壓力、貧窮、工作不穩定、工作負擔重、經常搬家等問題，進而擾亂子女的生活（Amato, 2000; Wang & Amato, 2000）。如同你可以想像到的，上述這些因素都可能使得孩子更難適應父母離婚這件事。

非典型的家庭型態

家庭的定義及組成方式正在改變，重組家庭（blended family）、單親與同居家庭（single parent and cohabiting partner household family），以及同志家庭的逐漸增長，也引發家庭結構對於兒童發展影響的討論。

繼親家庭與重組家庭（stepfamilies and blended families） 由於美國的高離婚率，人們再婚和重組家庭的情況十分普遍。愈來愈多的兒童生長在一方為原生父母、一方為繼親父母的家庭之中，如果之後原生父母與再婚的對象又再生了小孩，則孩子們之間便成為同父異母或同母異父的手足。通常，再婚的雙方會各自帶著前一段婚姻所生的子女共組家庭，便稱之為重組家庭（blended families）。

如同離婚一樣，父母再婚與家庭的重組也會造成兒童適應上的困難。重組家庭中父母各自帶來的孩子需要時間彼此認識並建立關係（Bray & Kelly, 1998; Gonzales, 2009），家中的每一位成員也都需要適應新家的環境，以及新的角色和責任。此外，再婚的父母雙方通常需要一段時間適應同居的婚姻生活，而這也會讓孩子們感受到額外的壓力。

單親與同居家庭（single parent and cohabiting households） 在美國，出生於單親或同居家庭的兒童急速增加。2012 年，初生嬰兒中約有 41%為未婚女性所生（Centers for Disease Control and Prevention, 2013c），約 42%的 12 歲兒童生活在同居家庭，這個比例幾乎是與離婚父母一方同住兒童的兩倍（Popenoe, 2008）。

已有許多研究探討單親與同居家庭對於兒童的影響，結果顯示生長在此類家庭的兒童較容易出現行為、學習及其他方面的問題（Choi, 2010），例如：

- 主要照顧者為同居或單親母親的兒童，在學業成就的表現上較差，即使其主要照顧者的教育程度並不低（Martin, 2012; Popenoe, 2008）。
- 單親母親較常使用自費托育，且在托育上的花費較高（Haksoon, 2012）。
- 兒童生長在同居家庭的心理健康情況較差（Popenoe, 2008）。
- 社會支持及經濟狀況較差的單親父母，顯示壓力程度較高，孩子的問題行為也較多（Solem, Christophersen, & Martinussen, 2011）。
- 同居的主要照顧者經常面臨嚴重的關係議題，無論是否進入婚姻，雙方之間的衝突和壓力，對於孩子來說都有所影響。

另一些研究則指出，單親與同居父母並不一定對孩子造成負面的影響：

- 單親母親的教養品質、與無監護權父親的關係維持，以及父親和孩子的相處頻率，可以對孩子的行為與認知發展產生正面的影響（Choi, 2010; Choi & Jackson, 2011）。
- 同志家庭中的兒童，表現與一般兒童無異，但女孩在以男性為主要照顧者的家庭中，學業成就的表現較佳（Lee & Kushner, 2008）。
- 生長於單親家庭中的女孩，表現出較多問題行為，例如攻擊行為；然而對於男孩來說，雙親家庭並非保護因子，男孩是否出現問題行為，與其生長於單親或雙親家庭（包含結婚和同居）無關（Mokrue, Chen, & Elias, 2012）。

綜上所述，兒童的問題並非單純起因於單親或父母同居，而是與教養壓力、關係問題，以及家庭環境因素（例如經濟狀況不佳、缺乏社會支持）等有關。

同志家庭　同志是否適合擔任父母，則是另一個備受爭議的教養議題。事實上，許多同志有親生的子女，大部分是在之前的異性戀關係之中所生，然而當離婚爭取孩子的監護權時，同性戀的一方經常受到歧視。例如在美國，至少有六個州的做法是假設同志不適合擔任父母的角色，使得同志父母必須舉證證明自己可以適任（Kendall, 2003）。

在領養小孩和擔任寄養父母方面，許多同志伴侶也面臨相當嚴重的歧視。即使需要被領養和寄養的兒童愈來愈多，許多同志也願意成為父母的角色，然而現行體制卻因為對於同志的偏見，未能善用這樣的資源。因此，除了一般常見的教養及兒童發展議題之外，與同志家庭工作的社會工作者，也需要同時關注在領養、寄養或其他教養議題上，對於同性戀的態度，包括社會福利機構（尤其是私立機構）中常見的宗教與道德偏見，這些偏見可能出自於機構的使命與政策，以及工作者的個人信仰。另一個值得注意的議題則是科技輔助生育，這在異性戀及同性戀父母身上有著同樣的爭議。

即使仍有部分的人認為同志不適合當父母，實證研究顯示，同性戀家庭的孩子在適應上與異性戀家庭的孩子無異（Anderssen, Amlie, & Ytteroy, 2002; Brooks & Goldberg, 2001; Tasker, 2005）。另一些研究也指出，兒童無論是生長於同性戀或異性戀家庭，在認知、情感、社交及性功能的發展上，均呈現同樣的發展水準（Anderssen, Amlie, & Ytteroy, 2002; Brooks & Goldberg, 2001; Hagan, 2002; Perrin, 2002; Tasker, 2005）。此外，沒有任何證據顯示，生長於同志家庭的孩子，將來必定會朝同性關係發展。美國兒科學會（American Academy of Pediatrics）認為伴侶之間彼此相愛、關係穩定，孩子便能獲益，因此支持同志伴侶領養小孩（American Academy of Pediatrics, 2002）。

然而，仍有專業人士對於美國兒科學會的立場提出負面回應，他們舉出許多讓人重新思考支持同志伴侶成為父母的原因：愛滋病毒／愛滋病在男同志之間的高盛行率（預期壽命較短，因此相對來說能夠陪伴孩子的時間也較短）；許多人因為道德和宗教信仰，並不支持兒童接觸同志的生活方式；還有生長於同志家庭的孩子將來可能也會成為同志（Golombok, 2002; Guttery, Friday, Field, Riggs, & Hagan, 2002）。

即使是在最理想的狀況之下，教養都不是件容易的事。同志本身要成為父母便已有許多限制要克服，而教養孩子更是充滿挑戰（Marriage Equality USA, 2004）。對於同志家庭來說，某些議題似乎比正向的教養方式及兒童與家庭發展更需要被優先處理。來自他人的偏見與歧視，對於兒童發展造成的不良影響，可能更甚於教養方式。

在這樣的社會脈絡之中，對於想要成為父母的同志伴侶來說，婚姻平權（第十一章將有更詳細的討論）便顯得更為重要。從父母權益的各個面向來看，無論是領養、經濟補助或監護權議題，婚姻都具有法律上的重要性。因此，對於同志伴侶而言，婚姻所帶來的長期而正面的影響，不僅在於伴侶彼此之間的關係及對子女的教養，也包括他們是否能夠成為父母並照顧自己的子女。希望養育子女的同志伴侶們，正在不斷的逼近法院及法律的極限，並挑戰傳統上對於家庭的定義。社會工作者將持續站在這些挑戰及爭論的最前線，引導與父母教養有關的社會價值與政策方向，並努力解決與科技和道德相關的倫理兩難議題。

身為被同志家庭領養的孩子，許多上述的情況會發生在 Eric 身上，例如他可能會受到同儕或老師的歧視，若缺乏相關的支持，以 Eric 此時的認知能力發展而言，並不足以應付這樣的處境。許多被認為是問題的行為，可能是 Eric 為了適應這個不友善的環境而做出的嘗試。因此，你需要同時從微視、中介及鉅視層面介入，協助建立 Eric 的支持系統，以增進他的適應能力；也就是說，你需要工作的重點包括學校整體環境、老師對待Eric及其家長的態度和行為、Eric與同儕之間的互動、Eric養父們的做法，以及 Eric 的自我概念等。除此之外，在考慮如何介入處遇時，你還需要評估 Eric 及其家庭的優勢，因為周遭環境已帶給 Eric 許多負面的經驗，因此工作的重點應強調其個人優勢。

兒童中期的鉅視環境

在前面的章節中，已經討論過影響兒童發展的個人及中介層面因素。除此之外，鉅視層面的議題也不容忽視，因為它們會影響到兒童個人及其家庭，包括社會工作者在與案主工作時可能直接或間接涉及的政策或其他社會議題。接下來的章節，將會介紹這些議題，以及它們與兒童福祉發展的關聯性。

兒童與媒體

媒體與科技產品的使用，對於兒童發展與行為產生的影響，可以說是最受到家長關心的議題。現代科技發展的速度太快，讓我們來不及去思考科技進步所帶來的倫理議題及對於人類的影響；科技為人類生活帶來的究竟是好處或限制、是正面或負面的結果，經常成為許多家長與專家爭論的焦點。事實上，針對上述問題已有廣泛的研究，試圖去探討科技使用與人類心理社會因素的相關性，以及科技對於人類日常生活的影響；然而，大部分的研究結果並未提供確切的答案，反而提出了更多關於媒體及科技使用的問題。

照片 8-B

媒體使用對於兒童發展可能產生負面的影響

資料來源：Escobar Studios.

對於媒體與兒童發展相關的討論，大都關注在電視、電玩或網路上暴露了過多暴力及不適合兒童的內容。在美國，兒童每週平均觀看 28 小時電視節目，當他們 18 歲時，已經觀看了大約 20 萬則的暴力內容（American Academy of Child & Adolescent Psychiatry, 2011b）。Kaiser Family Foundation（2010）的報告則指出，8 至 18 歲兒童每天平均花費 7.5 小時、每週約 53 小時使用媒體（例如電視、電腦、電玩等）。雖然目前已有程式可以篩選網路上的暴力或不適當內容，然而這些程式應用在監督兒童上網的內容方面，仍然不盡理想，這點經常讓父母及老師感到挫折。

有關媒體暴力對於兒童影響的研究非常多，此類研究的結論通常是：在媒體上觀看暴力行為對於兒童會產生負面影響（Funk, Buchman, Jenks, & Bechtoldt, 2002; Huesmann, Moise-Titus, Podolski, & Eron, 2003; Strasburger & Grossman, 2001）。例如，增加兒童的攻擊及反社會行為，以及恐懼和不安全感（American Academy of Pediatrics, 2001; Cantor, 2000; Christakis & Zimmerman, 2005; Huesmann et al., 2003）。

在 Bandura（1965）一個著名的研究中，當兒童觀看一名成人攻擊一個名叫「Bobo」的充氣娃娃並得到獎勵時，他們也會傾向複製這樣的行為。許多父母及專家擔心，在電視或電玩中的暴力行為，不但被塑造成模範，同時還被美化；當兒童看到暴力犯罪被獎勵，或是未受到懲罰時，可能導致他們認為使用暴力不是件嚴重的事。

許多對於媒體暴力的擔憂，其實與兒童的發展能力有關。回顧Piaget的認知發展階段，幼童要等到所有的認知過程都發展到位之後，才有能力分辨現實與幻想，因此學齡前兒童仍然處於幻想（magical thinking）階段，這表示他們很有可能認為電視上所看到的都是真實的情況，他們無法了解電視上的人是在演戲；因此，幼童並不了解電視上的暴力行為是為了「娛樂效果」，並且可能將此行為解釋為社會上的普遍現象和可接受的行為。

另一個需要被關注的議題是兒童花費在看電視、打電玩或上網的時間。近年來，美國兒童體重過重與罹患糖尿病的比率上升，許多專家將此現象部分歸因於兒童的低活動率，也就是兒童花費愈來愈多時間在久坐不動的活動上，例如看電視或使用其他媒體（Clocksin, Watson, & Ransdell, 2002; Kaiser Family Foundation, 2010）。某項研究指出，當兒童多花一小時在看電視上，其在課堂上的專注力、數學學習成就及身體活動便相對減少，而身體質量指數（body mass index BMI）、飲料及零食的消費則相對增加（Pagani, Fitzpatrick, Barnett, & Dubow, 2010）。

當媒體使用愈來愈成為兒童生活的重心，社會工作者需要與學校老師、家長及其他專業人士合作，為科技對於兒童發展的可能影響，找出因應之道。此外，社會工作者也要處理兒童暴露於媒體暴力的議題，協助案主家庭在媒體使用及其他休閒活動上取得平衡，讓兒童多從事身體活動並與同儕互動。最後，對於促進兒童發展的相關政策及立法，社會工作者則要發揮倡導的影響力。以上這些都需要社會工作者持續努力。

在 Eric 的案例之中，你需要評估他接觸電視或其他媒體的時間，因為這可能會影響到他身心發展；你同時需要與 Eric 的養父們討論他們對於媒體使用的想法，並且讓他們了解相關研究提及媒體對於兒童發展的正負面影響。

教育體系中的兒童

在美國，對於學校與學習環境的爭議愈來愈多，包括教育預算縮減、班級人數增加、選擇最適教材及滿足不同學生的需求等；於是，對於父母和專家來說，為孩子選擇學校並了解相關議題，成為一件令人感到頭痛的事。

特別需要指出的是，**成就落差**（achievement gap）的問題仍然存在於教育體系當中。少數族裔兒童在學習成就上的差異，源自於許多因素，包括學生的社經背景；學校經費不足；對於學生的問題行為，以歧視的態度處理並標籤化；少數族裔兒童在學校裡被期待要「表現得像白人」（act white）；學校內部的種族隔離常規（tracking practices that keep schools internally segregated）；學生擁有的資源、支持、良師（mentor）與網絡；以及學校課程的潛在功能（例如增強主流想法與文化）等（Golash-Boza, 2015）。成就落差對於少數族裔兒童所產生的不利影響，是持續而深遠的，包括學習經驗、學業及其他方面的成就，以及機會與資源的獲致等可能影響其未來發展的機會。

社工的日常工作中均會面臨上述這些議題，尤其是直接服務兒童與其家庭的社工。另一方面，社工也經常與老師、學校、教育單位、民意代表及社區合作，針對教育的議題進行宣導，並且影響教育政策與經費的投入。

特殊教育　在幾十年以前的美國，身心障礙兒童無法進入公立學校體系接受一般、公平的教育。約在 1960 年代至 1970 年代，聯邦及州立政府展開一連串運動，提倡針對特殊兒童的需求，提供教育及其他的服務資源，最終在 1975 年，通過了殘障兒童教育法案（Education for All Handicapped Children Act, Public Law 94-142），明訂所有的身心障礙兒童均應獲得免費且適當的教育；至 1999 年，此項法案更名為身心障礙者教育法案（Individuals with Disabilities Education Act, IDEA）。

身心障礙者教育法案的主要內容如下：

- 明訂接受服務的資格標準。
- 提供特殊兒童適切的評估指標。
- 符合資格的兒童進入個別教育計畫（individualized education plans），

即針對特殊學生提供符合其需求的特別服務。

- 特殊教育的提供應在最少限制的環境（least restrictive environment, LRE）之中，意即特殊學生的教育場所應盡量與其他學生相同且平等。此點在於確保特殊學生不會被安置在較差的教育環境及設施之中（Crockett & Kauffman, 1999; Kauffman & Hallahan, 2005）。

當代的特殊教育理念認為，特殊學生應與非特殊學生一起接受教育，在課堂上進行互動，被稱之為回歸主流（mainstreaming）或融合（inclusion）。要成功實施上述理念，學校老師必須接受特別訓練，以因應特殊學生的需求，同時也要有社工介入，以提供學校老師、特殊學生及其家庭相關的支持性服務。

老師、學校和社工經常抱怨經費不足，以致於無法真正提供身心障礙者教育法案所規定的服務內容；此外，某些專家認為，對於特殊兒童提供適切服務的理念（無論是在教育上回歸主流或分別施教）並未受到重視，教育政策及相關服務不僅缺乏明確的目標，也缺乏經費、文化及其他部分的支持，以致於接受服務的兒童經常感受到歧視（Davis & Watson, 2001）。

作為相關的專業人士之一，社工經常需要負責解釋與特殊教育相關的政策、設計符合法令規定的方案、評估學生是否符合特殊方案的資格，並提供支持給有特殊需求兒童的家庭。因此，社工必須熟悉與特殊教育相關的議題及問題，以確保相關服務方案與政策的公平性及有效性。

雖然 Eric 看起來並不需要特殊教育的相關服務，但身為他的社工，你仍然可以為此倡議。你同時可以告知 Eric 的養父們相關的權益資訊，讓他們知道當 Eric 有任何身心障礙或特殊需求時，教育體系應該提供哪些適當的服務。

學校選擇及教育券　另一個與社工有關的爭議，則是對於其所服務的兒童及家庭，提供實驗性或不同於以往的教育方式。近年來，美國不斷有新的教育方案發展出來，試圖去解決公立教育體系的問題，例如學生成績差、經費不穩定及學業標準低等等，而對於相關專家學者而言，這些都還只是公立學校問題的一部分而已。為了回應上述議題，美國出現愈來愈多特許學校（charter schools）、教育券方案（school voucher programs），以及跨學區就讀（student bussing initiatives）的新方案，提供學生更多的教育選擇。

雖然許多家長、老師、專家及學者都認為公立學校亟需改變，卻未提出應該如何改變的共識。舉例來說，讓家長可以自由選擇學校的教育券（school voucher）制度，被宣傳為解決學校品質不佳的方法，做法是政府將原本給予學生的教育津貼，轉為發給家長教育券，讓家長為學生自由選擇學校，如此一來，辦學品質不佳的學校會同時失去學生及政府補助，學校為了避免倒閉的風險，就必須改善辦學品質以符合標準。

另一方面，對於教育券的批評則在於，提供給學生（尤其是經濟弱勢學生）的現金補助，不足以讓他們真正能夠自由選擇學校。更具體的來看，教育券的補助金額多在 1,000 到 4,000 美元之間，大部分私立學校的學費高過於此，而許多學生又無法找到值得他們跨區就讀的公立學校，於是教育券方案的受惠學生多數是轉學到私立教會學校。對此，批評者認為不應該用納稅人的錢去補助。

對於教育券是否能提高學生學習及學業表現，則尚未有所定論。大部分的研究指出，使用教育券的學生與未使用教育券的學生，在學業表現上並無顯著差異；此外，由於大部分的少數族裔學生仍進入經費與辦學品質不佳的學校，因此也無法確定教育券是否對少數族裔學生有所助益（Viadero, 2003）。

無論是從政策或服務提供的層次來看，社會工作者均需與教育工作者及其他相關專業人士一起去處理上述的爭論。社工可以從研究、方案評估，以及服務設計與提供的角度，協助意見及論點的形成；同時，社工必須確保，無論教育的論點如何不同，既有的倫理標準仍需維持，而案主的權益也不會因此消失。總之，社工的職責在於確保所有案主都能獲得公平且具有品質的教育機會。

結論

兒童中期是生理、情緒與認知各方面持續成長的階段，特別是兒童在此時期開始與他人有更多的互動，包括同儕、老師、科技，以及環境中所有的一切，都對兒童的發展產生影響。兒童在此階段要達到健康而穩定的發展，不僅需要生理、心理及情緒各方面的刺激，也需要建立與他人之間的正向關係。Piaget 和 Erikson 的發展理論，能夠幫助社會工作者了解案主在此時期的發展議題。

對於此階段兒童及其家庭而言，社會工作者可以提供的服務面向，包括兒童個人發展、親職及家庭議題、學習表現、同儕關係等；因此了解兒童個人及其家庭是如何受到個人及社會因素的影響，得以讓社工提供適當的評估及處遇，以增進兒童的個人、家庭及社會功能。除此之外，社會工作者也必須對於相關議題，例如智力測驗及教育議題的爭論有所了解，如此才能夠針對案主的需求進行倡議。

本章重點

- 在兒童中期，即五、六歲至十一歲這段時期，運動、情緒、認知及生理各方面持續發展。
- Sternberg 的智力三元論說明了智力功能（intellectual functioning）的三種主要類型。雖然專家提出多元智能概念的好處，標準化智力測驗及傳統上對於智力的定義，仍然是政策與服務輸送的主要依據，尤其是在學習障礙方面。
- 對於學習障礙（包括閱讀困難和 ADHD）的評估，以及如何提供學習障礙兒童適切的教育，仍存有爭議。
- 愈來愈多的兒童被診斷為 ADHD 及焦慮症。
- 從兒童的中介系統來看，同儕關係對於兒童的運動、社交、情緒及認知發展，具有長遠的影響力；兒童的遊戲類型及父母的教養方式，則是另外兩個影響兒童發展的重要因素。

- 研究結果顯示，有些兒童的確會因為父母的離婚或再婚，而出現發展及行為上的問題，但另一些兒童似乎並未受到影響；兒童是否能夠適應良好，與眾多因素有關，包括兒童的氣質、發展程度、性別，以及父母是否能用開放的態度與孩子溝通並給予支持。
- 即使仍存在許多爭議，然而研究指出同志家庭長大的兒童，在發展上與生長於異性戀家庭的兒童並無差異。
- 實證資料顯示，觀看電視或其他媒體上的暴力畫面，對於兒童的影響包括：暴力行為的產生，以及減少運動及社交的時間。
- 透過 1970 年代及 1990 年代的兩波立法，讓特殊兒童得以回歸主流教育。
- 即使大眾普遍認為目前的公立教育體系需要改革，然而許多實驗性的教育方案，例如教育券，仍無法有效證明可提供公平且具有品質的教育。

本章練習活動

1. RAINN *互動案例*，請參閱 www.routledgesw.com/cases 網站。RAINN 機構主管注意到轉介的個案中，學童遭受性侵害人數有增加的趨勢，因此想要規劃相關訓練課程，以幫助社工了解兒童的需求。請問有哪些生理、認知及情緒發展的重點需要在此課程中提及？
2. Hudson *市互動案例*，請參閱 www.routledgesw.com/cases 網站。回答下列問題：
   a. 案例中的社區議題，有哪些會影響到兒童中期的重要發展？
   b. 社區所面臨的問題將如何影響兒童的同儕及家庭網絡？
   c. 有哪些理論、模式或觀點可以運用在該社區的青少年工作之中？為什麼？
3. RAINN *互動案例*，請參閱 www.routledgesw.com/cases 網站。RAINN 準備召開一次社區會議，討論媒體對於兒童暴力及性行為的影響，請問會議籌備人員應準備哪些議題，以進行正反兩方的討論（媒體對於兒童的好處與壞處）？

4. Riverton *互動案例*，請參閱 www.routledgesw.com/cases 網站。特別關注案例中 Felipe 和 Maria Gonzales 之間，他們的家庭及社區中的學校所面臨的議題，並對照本章內容，回答下列問題：
   a. 本章所學對於你與 Gonzales 家庭及社區的學校一起工作，是否有任何幫助？
   b. 在本章和先前幾章所學習的內容，是否可以應用於案例中的家庭或社區，以預防未來可能出現的問題？請詳細說明。
   c. 你認為案例中的家庭和社區學校是否擁有可以解決問題的優勢？
5. Sanchez *家庭互動案例*，請參閱 www.routledgesw.com/cases 網站。了解案例中 Sanchez 家庭的主要議題，並回答下列問題：
   a. 本章所討論的諸多議題之中，哪些可能是 Sanchez 家庭的主要議題？為什麼？請詳細說明這些議題如何影響個別家庭成員，以及整個家庭系統。
   b. 文化因素對於上述的議題有何影響？請詳細描述案例中的家庭生存於何種文化背景之中，而你作為一名社會工作者，應如何在此脈絡中確認問題所在。
   c. 根據你對此家庭問題的評估，以及問題處遇的方式，你認為可能的倫理兩難議題（如果有的話）為何？
   d. 你將運用何種理論去進行處遇？為什麼？
   e. 經你評估上述家庭的問題之後，你建議採取的處遇方式為何？請簡述你的服務方案。

第九章

青少年時期的發展

Alicia 是個 14 歲的白人青少年，有時候和單親的媽媽同住，有時候則住在朋友家。Alicia 與媽媽處得不好，曾好幾次威脅媽媽說要離家。Alicia 在學校的表現不佳，大部分時間都在街頭，與無家可歸的孩子一起閒晃。

Alicia 的問題大概從一年前開始，當時 Alicia 的媽媽發現她在晚餐後會立即嘔吐食物，而當媽媽質問 Alicia 時，Alicia 便會生氣不理媽媽，同時變得更常與「街頭的朋友」在一起。

你是一名在社區中心負責街頭青少年方案的社工，由於 Alicia 經常出現在方案中，因此引起了你的注意。你發現 Alicia 愈來愈瘦、心情憂鬱、自尊心低落，同時看起來有發展落後的情況。雖然你並不十分確定，但你擔心 Alicia 曾與某些男性朋友發生性行為；Alicia 不願意和你討論性、避孕或性病等，只告訴你她絕對不會懷孕或染病。你試著讓 Alicia 和媽媽一起到中心接受諮商，但是 Alicia 並不認為有此需要。

青少年時期（adolescence）通常始於 10 至 12 歲之間，約持續到 18 至 22 歲，這段時期對於青少年個人及其家庭來說極具挑戰；生理心理社會各方面的諸多變化，導致青少年個人及其家庭容易出現問題。除此之外，此時正值青少年發展自我認同及獨立自主的階段，然而在法律上，青少年仍須依賴父母或監護人，因此社會工作者在與青少年一起工作時，會面臨許多法律、倫理及實務上的挑戰。在以下的章節，我們將探討青少年時期常見的議題。

青少年時期的發展里程碑

青少年時期的特徵，除了持續性的身體成長之外，最主要的改變在於性徵的出現，象徵生理發展的成熟。本節將探討青少年時期的發展過程及其產生的影響，快速指引 12 總結了此階段的發展重點。

生理發展

青少年時期的發展特徵，在於青春期出現及相關的荷爾蒙改變。青春期（puberty）是指快速的生理與性生長，並且經常伴隨著荷爾蒙、情緒及其他變化。青少年時期的荷爾蒙變化，主要與大腦中的下丘腦與腦垂體腺，以及性腺（男性的睪丸和女性的卵巢）等構造相關，男性及女性荷爾蒙則影響生殖、性別及其他生理發展。

第一性徵（primary sex characteristics）或生殖器官的發展，是青春期的重點之一，在女孩方面，包括子宮、卵巢及陰道，男孩則是前列腺及陰莖的增長。青春期同時也包括第二性徵的發展，即與性別相關，但與生殖無關的生理特徵，包括體毛出現、乳房發育，以及聲音與皮膚的變化。

快速指引 12　青少年時期的發展里程碑

生理上	認知上	人格與情緒
• 青春期開始及荷爾蒙改變。	• 認知技巧更趨於複雜與熟練。	• 持續發展自我認同，並整合生理、認知及情緒以建立成熟的自我。
• 第一與第二性徵的發展。	• 更具有抽象化及假設性思考的能力。 • 具有理性及邏輯思考的能力，並且能夠從他人的角度理解事情。	• 逐漸趨於獨立。

相關研究顯示，在工業化國家之中，青春期有提早出現的趨勢，例如從 19 世紀到 20 世紀，美國女性初次月經來潮的年齡已從 15 歲下降至 12.5 歲（Chumlea et al., 2003），這可能是受到公共衛生進步、營養及相關因素的影響，不過到了 20 世紀後半期，上述趨勢已稍微減緩（Martorell, Mendoza, & Castillo, 1988）。

一個主要的疑問在於：青少年時期的荷爾蒙及其他方面的變化，為何會對其行為產生如此強烈的影響？例如，有許多父母及專家想知道，睪丸酮（男性荷爾蒙）與男性出現攻擊行為的關聯程度到底有多大？同樣的，他們也想知道，女性荷爾蒙上升，憂鬱症的機率是否也會升高？根據最近的研究顯示，荷爾蒙與行為之間雖無顯著的因果關係，不過兩者之間確實具有相關性。例如，愈來愈多的文獻指出，男孩的攻擊行為增加，與男性荷爾蒙上升有關（Dorn et al., 2009; Pasterski et al., 2007; Van Goozen, Matthys, Cohen-Kettenis, Thisjssen, & Van Engeland, 1998）。

即使如此，我們仍要謹記，其他的生理、情緒、認知及環境因素，對於行為的影響也同樣重要：

- 對女孩來說，情緒緊張、同儕壓力、遺傳，以及青春期的荷爾蒙變化，都有可能會導致憂鬱症狀出現（Angold, Costello, & Worthman, 1998; Brooks-Gunn & Warren, 1989; Neiss, Stevenson, Legrand, Iacono, & Sedikides, 2009）。
- 飲酒過量不利於青少年（尤其是青少女）的大腦發展，特別是與記憶及空間感相關的部分（Squeglia, Schweinsburg, Pulido, & Tapert, 2011）。
- 在兒童及青少年之中，聽力衰減（hearing loss）成為愈來愈普遍的現象，部分原因是來自於聽音樂的音量過高、戴耳機、戴耳塞及其他環境因素。事實上，在過去的 15 年內，青少年患有輕微聽力衰減的比例，上升了 30%；患有中度及重度聽力衰減的比例，則上升了 70%。聽力受損對於一個人說話、自尊心、語言發展、教育成就及社會情緒發展等，都會產生負面的影響（Shargorodsky, Curhan, Curhan, & Eavey, 2010）。

- 青少年的睡眠週期（sleep cycle）與成年人不同，這或許可以解釋為何青少年總是喜歡晚睡晚起，以及為何他們在學校裡難以專心學習。一般來說，青少年的睡眠時間不足，這會影響到他們成績落後，並且增加生病及物質濫用的風險（Tarokh, Carskadon, & Achermann, 2011）。

因此，除了從醫療模式的觀點去了解青春期之外，社工也必須運用生態或系統觀點去進行問題評估，因為青少年的行為可能受到許多複雜因素的影響。

你可以先從醫療模式去了解Alicia的生理發展，醫療模式提供了關於「正常的」生理發展、荷爾蒙變化，以及與這些改變相關的重要資訊。例如，你可能需要評估 Alicia 的發展進度是否與同年齡的孩子相當。Alicia看起來發展「緩慢」這件事需要被關注，尤其是她嘔吐食物與體重變輕，這些問題或許不是生理因素所引起，但是卻可能對她的身體發展造成嚴重的問題，例如她可能無法獲得讓她持續發育的足夠營養。

另一方面，從生理心理社會的觀點去評估Alicia的情況，並且引用如生態理論和Piaget的認知發展理論，或許更可以幫助你評估生理以外的其他面向，以及其對於Alicia生理發展的影響。例如，你可能需要了解Alicia的家庭或學校環境如何影響她的飲食行為。更具體的說，Alicia的媽媽是否有足夠的經濟能力購買營養的食物？Alicia是否在家中建立良好的飲食習慣？如果經濟上無法負擔，Alicia 是否能獲得學校的營養午餐補助（low-cost lunch programs）？由於Alicia很多時間都在「街頭」，她的三餐如何解決？

認知、人格與情緒發展

青少年時期是認知發展的重要階段，此時青少年的認知技巧更趨於複雜與熟練。我們可以用Piaget的理論去檢視青少年時期的認知發展，依據Piaget的理論，此時正進入形式運思期（formal operations stage），因此相較於之前，青少年更具有抽象思考的能力，同時他們也脫離了具體運思的階段，而能夠對於情境進行假設性的思考。除此之外，青少年也能夠運用理性及邏輯，並從他人的角度去考量各種情境。

進入形式運思期的青少年，也同時具備了後設思考（meta-thought）的能力，即對於自己的想法再進行思考的能力。青少年已能運用抽象的概念，例如理想（ideals）、品質及特徵等，用作描述他人的性格，並分辨是非（Piaget, 1972; Piaget & Inhelder, 1969）。此外，具有抽象及邏輯思考能力的青少年，也更能夠處理複雜的問題，例如道德及靈性的議題。

雖然Piaget的認知發展理論對於我們了解青少年的認知發展能力有很大的助益，然而此理論仍有它的限制。例如青少年時期的大腦白質（white matter）及前額葉皮質（prefrontal cortex）仍在發育，神經連結仍在進行，髓鞘（myelin）正在形成以幫助神經細胞彼此之間的聯繫，這個大腦發展的過程會一直持續到二十幾歲，由此可知青少年在邏輯、判斷、推論、決策及其他更高層次的思考能力上仍有限制（Paus, 2010）。

除此之外，每個人在複雜的認知技巧發展上，具有很大的差異性，意思是每個人發展的時間點並不相同，有些人甚至一輩子都不會發展出如同形式運思期的認知技巧，尤其是對於那些生長於非西方文化的人們來說，他們並不認為邏輯和抽象思考是重要的、較高層次的能力。

人格發展在青少年時期持續進行。雖然發展自我認同是人生每個階段都需面臨的議題，但青少年的認同發展已接近於成年階段。此時，許多兒童時期的生理、認知及情緒變化都已趨穩定，因此青少年能夠以較為成熟的方式去了解自己。許多青少年在此階段所發展出的自我認同，會一直持續到成年期，當然在往後的階段裡，他們仍有可能會調整自己。

在情緒發展方面，相較於兒童時期，青少年的情緒表現更為成熟，但大腦的情緒運作過程仍然與成年人有些不同，即青少年較依賴杏仁核（amygdala）構造，而成年人則是額葉皮質（frontal cortex）。因此，相對於成年人而言，青少年較容易衝動與過度反應，也比較容易錯誤解讀他人的情緒（Gogtay et al., 2004）。

青少年時期經常面臨許多選擇，例如要和誰約會、是否應該嘗試毒品或酒精，以及是否應該發生性行為等。然而如前所述，青少年的大腦發展尚未成熟到可以做出理性的判斷，並考慮到從事這些行為的後果。這也就是為什麼對於成年人來說，青少年經常做出「不合理」甚至是危險的決定，例如在開車時用手機聊天。另一方面，青少年也開始思考自己的價值觀與信仰（包括政治、宗教及社會等方面），以及要如何依賴這些價值觀與信仰過自己的生活。所有上述的問題及思考，都是在協助青少年建立自我認同，並且為他們成年以後的生活奠定基礎（Habermas & Bluck, 2000; Habermas, Ehlert-Lerche, & de Silveira, 2009）。

你可以參考 Piaget 的形式運思期去評估 Alicia 的認知發展，以確定她在認知上是否有能力了解自己的行為對於身體健康所造成的後果。Alicia 可能無法有邏輯的思考適當的營養對於她在發展上的必要性，而營養不足可能進一步影響到她的認知能力，使得她憂鬱及飲食失調的症狀更加惡化。

道德發展

如前所述，青少年時期發展出的高層次思考能力對於個人的道德發展有所影響。道德發展的相關理論，著重在個人如何發展出能夠判斷是非及好壞的價值觀與信仰，這些理論可以用來解釋青少年時期以及人生各個階段的道德發展。

Kohlberg 的道德發展理論 Kohlberg 是最著名的道德發展理論家，他經由研究兒童而發展出的理論，將一個人的道德發展分為三個層次、六個階段，從最簡單的獎懲概念，逐步進展到考量公共利益的道德原則（Kohlberg, 1976），詳見於圖表 9.1。

根據 Kohlberg 的理論，每個人的道德思考發展都有所不同，理論上，道德發展是在兒童時期開始進行，然而並非所有人都會發展到層次三，某些人可能會停留在某一階段，視個人的生命經驗與認知發展而定。

圖表 9.1

Kohlberg 的道德發展理論

層次一：成規前期

此時人們尚未將道德觀念內化，而是依靠獎賞和懲罰的約束。

- 階段 1：懲罰與服從導向。所有的道德決定都是為了逃避懲罰。
- 階段 2：工具性與享樂主義。為了獲得獎賞而遵守規則。

層次二：成規期

此時人們開始在意他人的想法，外在的社會期待引導行為表現。

- 階段 3：乖小孩心態。個人的行為表現是為了取悅他人。
- 階段 4：權威導向的道德觀。信奉法律規範，認為維持社會秩序是最重要的事，同時順從權威。

層次三：成規後期

此時人們已將道德觀念內化，道德發展已超越法律規範及自身利益。

- 階段 5：契約、個人權益及民主法治的道德觀。將法律及社會秩序視為理所當然，然而法律必須是為了公共利益而存在。
- 階段 6：個人原則及良知的道德觀。人們的行為表現依據內在的道德原則，所做出的道德決定是為了符合最佳公共利益，無論是否違背法律或權威。

資料來源：改編自 Kohlberg, 1969, 1976, 1981.

關於 Kohlberg 理論的批評主要有以下三點：

- 過於強調認知，也就是說，它雖然描述了人們思考的過程，但不一定能夠解釋人們實際的行為。
- 我們僅能透過人們的言語表達去了解他們的想法，於是那些無法用言語表達想法的人，可能就會被認為是道德程度較低。
- Kohlberg 的理論限制在於它無法適用於女性或其他文化情境，特別是它強調個人主義，因此對於那些較看重他人想法、或者是在做決定時會考量他人立場的人來說，似乎無法用這個理論解釋（Kohlberg, 1978）。

即使如此，Kohlberg 的理論確實提供社會工作者一個重要的方向，藉此可以判斷案主的道德發展狀況，以及其對於案主行為及因應問題方式的影響。

Gilligan 的道德發展理論　Carol Gilligan 的理論回應了對於 Kohlberg 的批評，尤其是其過於強調男性發展的部分。Gilligan 的理論強調一個人在照顧、包容及關心他人能力上的發展（Gilligan, 1982; Gilligan & Attanucci, 1988），有關此一理論的說明詳見圖表 9.2。

Gilligan 的理論平衡了 Kohlberg 的理論觀點，它解釋了為何某些人會認為合作與包容較獨立和自利更為重要。若從 Kohlberg 的觀點來看，女性的道德發展程度較男性來得低；Gilligan 則從女性較為社會化的觀點，進一步解釋女性如何發展出最高層次的道德思考。

上述兩個理論各有優勢與限制，然而兩者對於道德思考與發展的概念，均提供了非常有用的思考架構。

你可能需要評估 Alicia 正值道德發展的哪一個階段，以更加了解她是如何看待自己的情況。例如，Alicia 可能尚處於 Gilligan 理論的層次一，關注於生存及自身需求。然而，對於 Alicia 這個年紀的青少年來說，這樣的想法可能是「正常的」。

無論如何，你可以應用上述的概念對於 Alicia 進行處遇。如果 Alicia 此時最關注的議題是自我需求，那麼運用她對他人關心的處遇方式便不會

圖表 9.2

Gilligan 的道德發展理論

層次一：個人生存導向

此時女性是以自我利益及生存為導向，其他人並不重要。

過渡期 1：從自私到責任。女性在道德思考上開始考慮他人，雖然自我仍被視為是最重要的，但開始了解到他人的福祉同等重要。

層次二：自我犧牲是美德

此時女性認為道德就是為他人犧牲，她們看重他人的想法，甚至可以為此犧牲自己的需要及感受。

過渡期 2：從美德到現實。女性開始能夠平衡他人與自身的需求，思考要如何做才能同時對他人及自身有益。

層次三：不傷害他人的道德

此時女性進一步思考道德決定的後果，相較於他人的看法，決定的正當性及對於所有人福祉的影響，變得更為重要。

資料來源：改編自 Gilligan, 1982.

有太大的效果。此外，運用家人或同儕作為支持的處遇方式也不會立即見效，因為Alicia並不見得會在意他人怎麼想。然而，上述的處遇方式可以協助 Alicia 進展到 Gilligan 理論的過渡期 1；更具體的說，家人和同儕的介入，會讓Alicia開始了解其他人的感受，並且引導她對於自己的行為和處境負起責任。

青少年時期的個人

青春期正值重要的生理變化時期，然而在此階段所經歷的許多問題或改變，卻可能讓青少年陷入混亂，通常此時青少年及其家庭需要尋求社會工作者的協助。以下我們將探討此時期在個人層面可能出現的問題。

學習

傳統的學習通常是線性的過程，即資訊的傳授、理解與習得。然而，從許多青少年在學校中出現學習問題的情況看來，顯而易見的，傳統的學習模式無法概括所有的學習經驗。David A. Kolb 的經驗學習理論將學習視為一個循環的、向上螺旋狀的過程，部分承襲了Piaget的認知發展理論，將學習過程分為四個步驟（Kolb, 1984）：

1. 學生從實作學習中獲得經驗。
2. 學生能夠對此經驗進行主觀的、個人的反思。
3. 學生進行抽象的思考，將上述的經驗與相關理論、研究及專家意見進行連結，進一步從客觀的觀點反思個人的經驗。
4. 學生能夠實作先前的學習於更複雜的環境之中，並且因此帶來更多的反思、連結、概念化及經驗（Caldwell & Claxton, 2010）。

Kolb 的模式是先讓學生主動去蒐集資訊，從實作經驗再去反思之前習得的資訊，並將其納入既有的知識庫，這整個過程都是學習。根據Kolb的理論，知識是藉由經驗轉化的過程而產生的（Healey & Jenkins, 2000）。

學習是另一個困擾 Alicia 的問題。Alicia 被描述為學業表現不佳，但這有可能是因為標準化的教室結構，即老師在台上講、學生在台下聽的方式不適合 Alicia。假設 Alicia 能夠找到讓她主動參與學習的環境，如同 Kolb 所建議的模式，或許會改善她的學業表現。如果 Alicia 屬於實作型的學生，那麼她或許需要尋找像特許學校或另類學校（alternative school）這樣的環境，以及較為活潑的學習模式。

自尊

生理、認知、情緒及社會等方面的發展，對於青少年如何看待與評價自己，將產生短期及長期的深遠影響。同樣的，青少年對於自己的評價，將影響他們如何看待這個世界，進一步影響他們往後的發展與身心健康。我們將一個人對於自己的整體評價稱為自尊。

某些研究指出，至少短期上來看，自尊是穩定不變的（Tesser, 2000）；另一些研究則指出，自尊在整個青少年時期都是變動的，並非持續不變（Baldwin & Hoffmann, 2002）。有時，青少年時期的自尊問題，可能會影響其往後的心理健康（Polce-Lynch, Myers, Kliewer, & Kilmartin, 2001）。

青少年時期的自尊模式之所以難以理解，或許是因為影響自尊的因素太多，其中包括：

- 生理發展及青春期到來的時間點。
- 同儕與家人關係。
- 社會規範與期待。
- 心理社會因素，例如復原力、性格及適應能力。

例如研究指出，自尊受到家人關係及不同生活事件的影響（Baldwin & Hoffmann, 2002）。緊密且正向的家人關係，以及順遂的生活經驗，有利於增強青少年的自尊；相反的，負面的關係和經驗則不利於自尊發展。不過重要的是，這些生活事件是在何時發生，還有經歷這些事件的青少年感受如何。

關於青少年時期的自尊發展是否存在性別差異，則有不同的研究發現。某些研究顯示男孩有較高的自尊，尤其是在青少年晚期，然而另一些研究則未有此發現（例如 Kling, Hyde, Showers, & Buswell, 1999; Polce-Lynch et al., 2001）。性別與自尊之間的關聯，似乎受到某些心理社會因素，例如身體形象及憂鬱情緒的影響。

媒體傳遞重視外表的社會標準，對於青少年的自尊產生極大影響。例如，媒體美化了女性苗條及尚未發育的（pre-adolescent-like）身材，當女孩年齡漸長，身材不再符合上述的標準時，自尊便受到負面影響。對於男孩而言，自尊會隨著年齡漸長而提升，因為他們變得更壯，也更符合「男子漢」（macho）的形象（Baldwin & Hoffmann, 2002; Polce-Lynch et al., 2001; Tiggemann, 2001）。有趣的是，某些研究指出，無論是男孩或是女孩，具有男子氣概均與高自尊，以及某些心理健康問題如憂鬱症有關（Barrett & White, 2002），原因可能是男性特質被社會價值所肯定，因此那些擁有男性特質的人較被肯定，同時自尊也受到增強。

在 Alicia 的案例中，針對她的自尊進行評估，將有助於你了解她的情況。由於 Alicia 的問題（疑似飲食失調、早熟及家庭支持等議題），可能與自尊心低落有關，因此針對她的自我概念進行處遇，或許是個有效的方式。再者，少女在自尊低落方面的風險，本來就比少年要來得高，媒體形象、家庭議題及同儕關係等，都有可能造成 Alicia 的自我形象低落及後續出現的憂鬱症狀。

依據 Erikson 的理論，Alicia 正值自我認同與認同混淆的階段，若沿襲上述理論，那麼你需要關注的是 Alicia 的自尊如何影響到她的認同發展，反之亦然。你需要思考文化與社會所傳遞的訊息，如何影響她的自我認同感；同時，如何強化她的家庭與同儕關係，以減緩環境壓力對於她的自尊所帶來的負面影響。

互動論的觀點（interactionist perspective）也可以幫助我們理解 Alicia 的情況，因為她對於周遭環境的看法和解釋方式，對於她的發展有重要影響。此案例也可以運用女性主義理論，因為社會對於男孩和女孩有不同的標準。社會化的過程固然會影響自尊與心理健康，但是與家人、同儕和社會制度之間的正向互動，可以調和其影響的程度；例如，在女校就讀對於少女的自尊提升有所幫助（Polce-Lynch et al., 2001）。

飲食失調症

在美國和其他西方國家，飲食失調症已經成為青少年和年輕人的主要問題之一。雖然過度肥胖、暴飲暴食及其他與飲食習慣相關的議題，均屬於飲食失調症的範疇，然而本節探討的重點將放在厭食症（anorexia）與暴食症（bulimia nervosa）這兩項多數案主前來求助的問題。

飲食失調症的成因包括壓力、遺傳，以及與家人和同儕之間的關係（Pauls & Daniels, 2000）。近來許多研究開始關注飲食失調症患者的大腦結構是否與一般人有所差異，例如 Oregon Research Institute 的研究者 Eric Stice 運用核磁共振（magnetic resonance imaging）研究飲食失調者大腦中衝動控制的區域；另一些研究者則針對飲食失調者的遺傳基因，以及荷爾蒙對此症狀之影響進行相關的研究（Klump, Keel, Culbert, & Edler, 2008）。另一方面，媒體和飲食失調症的發生也有關係，從對於身體形象的深遠影響力，進而影響到人們的自尊。許多研究指出，相較於男性而言，女性對於自己的身體評價較為負面，同時也較重視自己的長相（Muth & Cash, 1997; Tiggemann, 2001; Tylka & Sabik, 2010）。然而也有研究發現，男性對於身體形象的重視不亞於女性，因此男性患有飲食失調症的人數愈來愈多（Striegel-Moore et al., 2009; Wilcox, 1997）。觀看宣傳纖細身材的媒體影像，已被發現是人們嚮往纖瘦、扭曲身體形象和飲食失調的重要因素（Vartanian, Giant, & Passino, 2001）。

快速指引 13 列出了厭食症和暴食症的診斷指標。

以下我們將更進一步討論這些引起飲食失調症的因素，並思考它們對於社會工作的影響。

快速指引 13　厭食症和暴食症的診斷指標

疾病名稱	診斷指標
厭食症	• 拒絕維持適合其年齡及身高的體重 • 對於體重的增加感到非常恐懼 • 對於身體形象的感知混亂 • 至少連續三個月未有月經來潮
暴食症	• 出現一再復發的暴食行為（必須是間斷性的發生，同時患者感到對飲食失去控制） • 出現避免體重增加的行為，例如使用瀉藥、過度運動或催吐 • 至少連續三個月有每週二次以上的暴食行為 • 對於身體形象的感知混亂 • 未出現厭食症的混亂行為

資料來源：From the Diagnostic and Statistical Manual of Mental Disorders, Fourth Edition, Text Revision, in Psychopharmacology. Copyright © 2000. Reprinted with permission from the Diagnostic and Statistical Manual of Mental Health Disorders, Copyright 2000. American Psychiatric Association

神經性厭食症（Anorexia Nervosa）　好發於青春期早期和中期，其特徵是患者會做出讓自己瘦到不能再瘦的行為。厭食症通常始於減重或經歷到某種壓力之後，從減重演變到嚴格控制飲食、過度運動，甚至有時候會催吐或吃瀉藥。雖然厭食症與環境壓力之間有明顯的關聯性，然而如同前面所提及，研究發現遺傳基因也是此疾病可能的成因之一。

厭食症的症狀包括：

- **心理症狀**：焦慮、憂鬱、無情緒（或很少情緒表現）、強迫行為等。
- **生理症狀**：皮膚乾燥、發育不良、骨質疏鬆、月經失調、身體及臉部的毛髮變得細軟、對冷的敏感度升高、心臟疾病、甚至死亡。

雖然與飲食失調症相關的生理症狀會影響到生育能力，女性厭食症患者卻可能低估自己懷孕的可能性（Easter, Treasure, & Micali, 2011）。

美國青少年出現厭食症的比例約為 0.9%（Hudson, Hiripi, Pope, & Kessler, 2007），患者通常來自白人、中上社經地位及高教育成就家庭的女孩（Striegel-Moore, Silberstein, & Rodin, 1993）。雖然男孩也會出現厭食症，然而此疾病在女孩之中更為普遍，大約是男孩的十倍以上（Fairburn & Harrison, 2003; Garner & Desai, 2001）。自 1970 年代以來，厭食症的發生率略微上升，尤其是在 15 至 24 歲的女性族群之間（Hoek, 2006）。

厭食症患者通常不會察覺到自己的行為是具有傷害性的，同時社會上對於體重減輕的嚮往、以及其他人對於他們外表的評價，都會助長他們極端的節食行為。事實上，適當的治療可以解決厭食症的問題，最有效的治療方法是服用抗憂鬱藥物，以及配偶、家庭及精神動力治療（Bulik, Baucom, Kirby, & Pisetsky, 2011; Fairburn & Harrison, 2003）。

暴食症（Bulimia Nervosa）　雖然與厭食症的某些症狀相似，但暴食症的特徵在於持續大量進食，再經由運動、催吐或瀉藥將食物排出的行為模式。暴食症好發於青少年晚期或成年早期，並可能持續發病至成年晚期。暴食症的發生原因與厭食症類似，而且更為普及，在美國約有 1%～3%的青少年受到暴食症的困擾，同時分佈於各個社會階層（Newport Academy, 2014）。研究顯示，暴食症在西班牙裔和非洲裔等少數族群中的普及率可能更高（Alegria et al., 2007）。

像厭食症的患者一樣，暴食症患者同樣執著於變瘦、被扭曲的身體形象所困擾。然而與厭食症患者不同的是，暴食症患者通常體重正常、對自己的行為感到羞愧、並且意識到自己有不正常的癖好（Fairburn &Harrison, 2003）。

由於多數暴食症患者長期隱藏自己的行為，並維持正常以上的體重，因此他們比厭食症患者更難被察覺。以下是暴食症患者會出現的症狀：

- **心理症狀**：憂鬱、強迫行為及物質濫用（Zaider, Johnson, & Cockell, 2002）。
- **生理症狀**：脫水、暈眩、心臟疾病、電解質不平衡、牙齒的琺瑯質受損等。

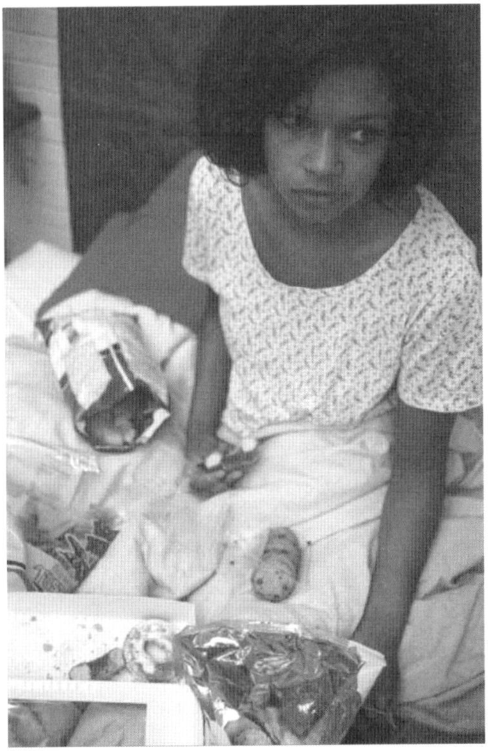

資料來源：Jack Star/PhotoLink/Getty Images.

照片 9-A

暴食症是嚴重的飲食失調症，可能導致患者出現許多生理及其他方面的問題

如同厭食症一樣，暴食症可能影響生育、增加非預期懷孕的風險及懷孕時的負面情緒；同樣的，針對暴食症最有效的治療方法也包括抗憂鬱藥物、認知行為及家族治療（Fairburn & Harrison, 2003）。然而研究指出，許多飲食失調症患者未接受治療，尤其是男性及少數族群（Striegel-Moore et al., 2010）。

根據前述 Alicia 的狀況，可以發現她具有某些飲食失調症患者的特徵，包括發育不良、憂鬱、體重減輕、家庭問題及催吐等，都是需要你進一步評估的面向；此外，月經失調的風險則可能導致她往後出現骨質疏鬆或其他問題。由於飲食失調症伴隨著許多生理及心理問題，這些都可能讓 Alicia 的情況變得更糟，因此你必須特別關注此議題。

你可以從諸多不同的理論觀點去了解 Alicia 可能出現飲食失調的成因，然而更重要的是，你需要從相關研究中找到有效的治療方法；例如，除了從生理心理社會觀點去理解Alicia的問題之外，你可以開始進行認知或行為上的處遇，這在實證上已被認為是治療飲食失調的有效方法。

早發育與晚發育

即使沒有飲食失調的狀況，生理發展的時間點與進展，仍然會對青少年的情緒及其他方面產生深遠的影響。由於青少年發展的速度與結果的差異甚大（例如體型上的差異），許多專家感興趣的是，此發展過程對於青少年的情緒健康及長期適應來說，將產生什麼樣的影響。

根據研究指出，一般而言，早發育與晚發育對於青少年同時具有正面和負面的影響：

- *在男孩方面*：早發育通常代表體能或體力的增加，因而容易得到同儕的尊重和羨慕。一項縱貫性的研究發現，相較於晚發育的男孩而言，早發育的男孩適應能力較好，也較有自信；相對而言，晚發育的男孩則因為體型較小，而被認為較無身體上的魅力。於是，晚發育的男孩為了引起他人的注意，較容易做出別人認為是不成熟、不適當的行為（M. C. Jones, 1965; Jones & Bayley, 1950）。另一方面，也有相關實證顯示，早發育的男孩感受較多的社會壓力，因為他們被期待要負擔更多責任，並且成為其他男孩的角色模範（Papalia, Olds, & Feldman, 2001）。
- *在女孩方面*：發育早或晚的影響則較不明顯。一項縱貫性的研究發現，早發育的女孩在學校裡容易出現問題，但是比較受到男孩歡迎，也顯得較為獨立（Simmons & Blyth, 1987）。近期的研究顯示，相較於晚發育的女孩而言，發育較早的女孩在焦慮、憂鬱、物質濫用、早年性行為、因應壓力的能力及學校問題等方面，皆呈現出較高的風險（Reardon, Leen-Feldner, & Hayward, 2009; Sarigiani & Petersen, 2000; Sontag, Graber, Brooks-Gunn, & Warren, 2008; Stattin & Magnusson, 1990）。

請記得上述研究僅能提供發育對於個人影響的基本概念，個體之間存在很大的差異性，同時受到諸多心理社會因素，例如同儕、家庭、文化、個性，以及認知與情緒發展的影響。

在Alicia的案例中，你可能需要評估她的生理發展，以確認她是否因為發育較早，因此出現問題的風險較高。例如，Alicia可能因為發育較早而有性經驗；當然，還有其他許多因素可能影響她的性行為。任何針對性議題的處遇，都必須納入所有可能的因素以進行完整的評估。

性別認同與性傾向

在青春期階段，由於生理上的許多變化，讓青少年開始思考並努力成為自己想要變成的樣子。對於那些質疑自己的性向，或是具有同性戀認同的青少年來說，這是一段特別混亂的時期。一般而言，性別認同指的是一個人的性傾向，以及與性有關的信仰、態度和行為（Buzwell & Rosenthal, 1996）。性傾向則是指一個人希望與哪一種性別（男性、女性或雙性）的對象發生性關係（Westheimer & Lopater, 2004）。性別認同的建立還包括經驗與管理自身的性慾望，並且將此認同與自我概念整合，同時能夠為其所處的社會環境所接受。

性別認同發展是一個複雜的過程，受到許多生理心理社會因素的影響。由於個人的經驗之間存在極大的差異，研究者發現要明確而精準的定義性別認同，以及描述多數人的認同發展經驗十分困難。事實上，描述性傾向的專有名詞已經不斷增加，以便能夠納入更多不同類型的性經驗。例如，像泛性戀（pansexual）這樣的名詞，便是用以描述無論對象的性別認同或生理性別為何，皆可能對其產生身體吸引或愛慕情緒的性傾向。一個具有泛性戀認同的人，可能會對男性、女性、跨性別（transgender）、雙性別（intersex）或性別酷兒（gender queer）產生性吸引力；換句話說，泛性戀認同超越了傳統的異性戀／同性戀二分法，甚至超越了雙性戀。

青少年的性行為 對多數人來說，第一次的性經驗與性成熟有關，經常被視為「轉大人」（coming of age）的象徵。青少年發生性行為的原因，包括談戀愛、希望被愛、想要有吸引力，或是為了取悅伴侶；也有一些人是為了反抗權威或是屈服於同儕壓力（Westheimer & Lopater, 2004）。

無論是何種原因，需要注意的是青少年發生性行為的年齡，以及是在何種情況之下發生性行為。在本章後面將會提到，與性行為活躍的青少年工作時，未成年懷孕及感染性病是最需要關注的嚴重問題。此外，青少年發生性行為的時間過早，出現生理心理社會問題如學業成就低落、家庭衝突的風險也較高。

2013 年，一項大型的調查發現，在美國約有 47%的中學生曾有過性經驗（Centers for Disease Control and Prevention, 2014m），同時在各個族群之間有所差異，如圖表 9.3 所示。青少年危險行為監測系統（Youth Risk Behavior Surveillance System）的資料顯示，約 60%的中學生在前一次的性行為中使用保險套，約 25%的學生或其性伴侶曾使用避孕藥、子宮內避孕器（IUD），或是其他避孕方式（Centers for Disease Control and Prevention, 2014m）。雖然研究無法提供關於青少年性行為的精準數據，但從我們所能掌握的資訊之中，已經可以幫助我們了解此行為模式對於青少年健康及身心發展所造成的深遠影響。

身為一名社工，如果你引用 Piaget 的理論，了解到多數青少年尚未完全達到形式運思（formal operational thinking）階段（也就是說，他們尚無法設想行為後果），卻正在選擇是否要有性行為。的確，如同先前所討論的，青少年的大腦尚在發展，因此他們很有可能無法理性思考性行為（尤其是沒有保護措施的性行為）的後果。身為一名社工，你可以與青少年討論性行為這件事，以及發生性行為之後會產生的生理、情緒與社會性後果，以協助他們做出選擇。

異性戀青少年的性發展 性發展的任務充滿挑戰，即使是所謂「正常的」異性戀，也受到許多認知、情緒及社會因素的影響。我們可以應用各種不同的理論解釋這個過程，概述如下：

- **生理心理社會觀點**：了解青少年的性發展如何受到環境的影響。
- **醫療模式**：提供大量關於荷爾蒙如何影響生理發展與性偏好的資訊，相

圖表 9.3

中學生的性經驗

曾有過性行為的比例（High School Youth Risk Behavior Survey, 2011）

族群	總計（%）	女性（%）	男性（%）
美國印第安人或阿拉斯加原住民	69.0	69.2	68.7
亞裔	29.6	26.5	32.3
非裔	60.0	53.6	66.9
西班牙裔	48.6	43.9	53.0
夏威夷原住民或太平洋島族裔	53.6	N/A	N/A
白人（White）	44.3	44.5	44.0
多元種族（Multiple Race）	53.4	50.4	56.5
總計	47.4	45.6	49.2

備註：所有自認為是西班牙裔的青少年，都包含在「西班牙裔」的類別中；其他所有的族群類別僅包含非西班牙裔的青少年。

資料來源：Sexual Risk Behavior Data & Statistics 2011, Youth Risk Behavior Surveillance System. U.S. Centers for Disease Control and Prevention, 2012. Retrieved August 4, 2012, from http://www.cdc.gov/healthyyouth/sexualbehaviors/data.htm.

資料來源：改編自 Gilligan, 1982.

關研究發現異性戀與同性戀在生理方面的差異，包括基因、荷爾蒙及大腦結構（例如，針對手足、排行、指紋、慣用手等方面的研究）。〔欲進一步了解可參考 Westheimer 和 Lopater（2004）的討論。〕

- **Erikson 的心理社會發展理論**：比較自我認同與認同混淆的階段，可以幫助我們了解青少年如何發展，並清楚知道自己的性傾向。
- **Freud 的性心理發展理論**：解釋青少年在早期如何產生固著性慾（fixated），以及對於他們日後性發展的影響。
- **女性主義理論**：認為性及性別角色，甚至是異性戀的觀念，都是受到社會建構的，而這些概念同時影響到性認同發展。
- **酷兒理論**：檢視以二元分法而建構的標籤、分類及關係（例如男性或女性），認為我們應該去探究「正常」的定義是如何被社會所建構，以及其對於大部分人所造成的問題（Clark, 2011）。

雖然上述理論可以幫助我們了解性與認同發展，但它們仍然無法解釋性的所有面向及其發展的複雜性。

從Alicia的年齡與表現出的問題看來，你可能需要評估她的性認同發展，以幫助你了解Alicia處理（或不處理）發展任務的方式，以及她的性經驗對於生理、情緒及心理發展的影響。例如，同儕壓力或感到孤單可能是驅使Alicia發生性行為的原因，即使她可能尚未準備好。然而這些經驗對於她往後的發展可能造成負面的影響，例如她可能會感染性病，進而影響到她的生育能力。

同性戀及雙性戀青少年的性發展　同性戀青少年的性發展，在某些方面的經驗類似於異性戀青少年，但是有許多不同於預期發展的任務，而社會工作者所依據的理論大多無法解釋此種差異，因為只要與「正常的」異性戀不同，就被視為偏差行為（所謂「正常的」定義通常來自於西方文化觀點）。性行為偏差通常被賦予負面的含義，被認為是需要處遇的問題。同性戀、變性、自慰，以及某些性幻想和性遊戲等，直到近期才不被視為是問題行為。例如，美國精神醫學學會和美國心理學會到1970年代才承認同性戀並不是一種疾病（O'Donohue & Caselles, 1993）。

為了回應既有理論在解釋性發展及性行為上的限制，因此出現各種用來解釋同性戀和雙性戀青少年性發展的理論模式（Appleby & Anastas, 1998; Johnson & Johnson, 2000）。酷兒理論的發展始於1980年代後期至1990年代初期，此一理論倡議去檢視社會對於「正常」的定義是如何有效的去排除、病態化所有被認為是不正常的行為。對於同性戀的認同發展，酷兒理論認為我們應該重新檢視異性戀的定義，以及異性戀／同性戀的二分法，因為此種定義不但有問題，同時具有壓迫性；藉由重新檢視的過程，我們得以改變自己對於人類行為的感知與態度。在此思潮之內的另一種模式，則指出同性戀青少年為了適應社會中的異性戀文化，必須具有的其他發展任務，詳列於圖表9.4。

圖表 9.4

同性戀青少年的發展任務

- **在所處之性別、家庭與文化的脈絡下擴充自我概念**：生活在鼓勵異性戀的世界裡，許多同性戀青少年必須設法忍受自己與他人在想法、感受和行為上的差異，因此同性戀青少年必須學習如何發展出正向的自我概念。
- **改變與他人的關係並建立獨立人格**：到了青少年時期，人們通常會開始質疑父母的價值觀與信仰。許多家庭信奉異性戀的價值觀，甚至可能公開譴責同性戀是不道德的行為，這些都是同性戀青少年必須面對的狀況，因此他們需要在這樣的關係與社會脈絡下重新去定義自我。
- **建構社會支持**：雖然同儕團體可能有助於青少年探索自我，然而對於同性戀青少年來說卻可能並非如此，因為他們的異性戀同儕可能無法接受同性戀，反而因此阻礙其建立自我認同。
- **探索職涯與學業上的目標**：青少年時期的自我效能來自於學業上的成就，這個階段也正值設定升學與求職的目標。同性戀青少年需要面對的是制度性的歧視，必須找到在面臨社會阻礙時如何繼續朝目標前進的方法。
- **建立親密關係**：青少年藉由約會、曖昧、牽手、戀愛等過程，學習進入成年人的伴侶關係，然而這些行為對於同性戀青少年來說卻是困難的，特別是在公開場合。同性戀青少年必須尋找其他方式「練習」親密關係的技巧，通常是偽裝自己的性傾向，然而這麼做卻阻礙其發展信任、誠實的親密關係。

資料來源：*Not Just a Passing Phase: Social Work with Gay, Lesbian and Bisexual People*, by G. A. Appleby and J. Anastas. Copyright © 1998 Columbia University Press. Reprinted by permission.

對於那些正在與性傾向及相關心理社會議題掙扎的青少年，包括同性戀、雙性戀、跨性別及尚在摸索性向的青少年來說，上述這些理論提供了社工可以協助他們的方法。社工可以在不同的面向提供青少年許多資訊與支持，包括協助青少年探索個人對於性的感覺和想法，協助他們找到獲得家人及朋友支持的方法，同時協助他們學習與不同的社會議題對話，例如異性戀主義或對於同性戀的負面態度。

雖然一般而言，專業助人者不認為同性戀是一種疾病，但是許多與其相關的議題（例如憂鬱、孤立、暴力歧視、關係問題等）仍然是需要被處理的問題，因此對於社工及其服務的青少年來說，可能會出現的倫理議題包括：

- **將同性戀青少年隔離**：某些社區開設專門給同性戀、雙性戀和跨性別青少年就讀的學校，欲降低此類青少年所造成的問題。雖然也有許多同性戀青少年喜歡這種隔離的做法（他們認為在這裡可以自在的學習，而不用花費力氣去對抗他人的騷擾），但是批評者主張這種政策只會讓歧視永遠存在，接觸同性戀、雙性戀及跨性別者，是戰勝同性戀恐懼的一種方式。
- **當權者的歧視**：即使同性戀及雙性戀青少年的犯罪比例，並不會比異性戀的青少年來得高，但他們卻較常受到警察、學校人員與司法體系不公平及嚴苛的對待，例如他們較常被警察攔截、被學校開除及被逮捕，導致許多短期或長期的司法、教育、經濟及其他負面影響（Himmelstein & Bruckner, 2011）。社工需要整體思考上述這些議題，對相關人員進行教育宣導，讓他們了解其行為在倫理及社會方面可能產生的後果，同時發想能夠鼓勵相關人員率先杜絕歧視的做法。
- **實務工作者個人對於同性戀的看法**：即使是在專業助人者之中，也可能有人認為同性戀是不道德的。倫理上，實務工作者有責任去覺察自己對此議題的看法，進一步了解自己的價值觀是否會影響到對於案主的服務。這點對於社會工作專業來說尤其重要，因為社工經常被期待要尊重案主自決（美國全國社會工作者協會，1996 年通過，2008 年修訂），社工尤其需要了解自己對於性傾向的偏見，是否會傷害到同性戀及雙性戀的個案。
- **改變同性戀個案的性傾向**：實務工作者對於有問題的處遇方式，像是「改變」同性戀案主性傾向的做法（通常被稱之為性傾向治療），必須特別小心。即使實務工作者不認同案主的性傾向，但進行未經實證支持或可能對案主有害的處遇，都是不合乎倫理的（事實上，美國加州最近已經立法禁止此種處遇方式）。另外，許多研究在生物及其他面向上支持同性戀，因此僅為了改變個人的性傾向而進行治療，是非常令人質疑的做法（Behavioral Health Treatment, 1997; Cianciotto & Cahill, 2006; Shidlo & Schroeder, 2002）。根據《倫理守則》（美國全國社會工作者協會，1996 年通過，2008 年修訂），在提供案主處遇服務之前，實務工作者有責任檢視針對該項處遇所進行的研究結果。若從酷兒理論的觀點，即認為性傾向不應該用二元論來定義，那麼性傾向治療無疑是一種傷害的、壓迫的處遇方法。

- **個案對於同性戀傾向的壓抑**：社會工作者可能會碰到案主因為宗教信仰或其他原因，當覺察自己對同性有慾望時，希望能改變自己的性傾向，或是至少能夠假裝像異性戀一般的生活。同樣的，社工此時必須先意識到自己的價值觀，將如何影響他與這類案主一起工作；然後，提供完整的、具實證基礎的資訊，讓案主能夠做出處理問題的最好決定，則是非常重要的下一步。

性病、愛滋病毒與愛滋病　社會工作者需要對於性傳染病有所認識，尤其是與青少年一起工作的社工。許多人的第一次性經驗發生在青少年時期，其中有些人甚至發生得更早，這些行為影響到他們的健康和身心發展，甚至可能產生一輩子的影響。然而，社工通常是在青少年發生性行為後出現問題（例如感染性病或懷孕），才開始介入處遇。圖表 9.5 列出的是較常感染的性病名稱、症狀介紹及治療方式。

根據估計，每年約有 2,000 萬個感染性病的新病例，其中將近一半的病例年齡介於 15 至 24 歲之間（Centers for Disease Control and Prevention, 2014i）。在曾有性經驗的人口群中，青少年僅占約四分之一，然而他們因為性伴侶人數較多、性行為的保護措施較少，因此感染性病的機率較高（Centers for Disease Control and Prevention, 2000a）。

除此之外，諸如情緒及認知上的不成熟、同儕壓力，以及自認為不會受到傷害等心理社會因素，也使得某些青少年更容易從事危險行為，導致感染性病。

以下介紹在青少年族群中較常見的性傳染病：

- 就目前來說，披衣菌（chlamydia）是最常見的性傳染病。2012 年，在美國每十萬人之中，就有約 457 人感染披衣菌（Centers for Disease Con-

圖表 9.5

常見的性傳染病

疾病名稱	病徵描述	治療方式
披衣菌	因細菌感染而引起，是在美國最常見的性傳染病。無論是在男性或女性之間，都經常疏忽治療此一疾病。可能造成女性不孕，以及嬰兒的眼疾、早產和肺炎；同時患者易於受到愛滋病毒的感染。	抗生素
生殖器疱疹	透過病毒傳染，也是在美國最常見的性傳染病之一，然而經常疏於治療。此疾病可能會造成胎兒死亡，同時患者易於受到愛滋病毒的感染。	無法治癒；發作時可以用抗病毒藥物控制
淋病	因細菌感染而引起，可能造成骨盆腔炎、不孕及子宮外孕，同時患者易於受到愛滋病毒的感染。	青黴素或其他抗生素
B 型肝炎	透過病毒傳染，有可能自然痊癒，也可能引起慢性肝炎及肝癌，嚴重時造成死亡。可能經由母體傳染給胎兒。	疫苗注射、抗病毒或其他藥物治療
梅毒	因細菌感染而引起，病情因依階段性發展，若疏於治療則可能造成心血管及神經系統的問題，甚至導致眼盲。可能經由母體傳染給胎兒。	青黴素
愛滋病毒／愛滋病	透過病毒傳染，會破壞人體的免疫系統，造成疾病入侵，並導致死亡。可能經由母體傳染給胎兒。	無法治癒；「雞尾酒療法」可以減緩及疾病惡化的程度

資料來源：改編自 Centers for Disease Control and Prevention, 2000b.

trol and Prevention, 2014i）。

- 雖然多數的性病能夠治癒，然而青少年經常因為不知道已經受到感染，而未尋求治療，這可能導致往後出現嚴重且無法治癒的健康問題，例如骨盆腔炎（pelvic inflammatory disease, PID）（Centers for Disease Control and Prevention, 2014i）。
- 疱疹（herpes）是一種無法治癒的性傳染病，估計在 14 至 49 歲的人口群中，約有六分之一的人成為患者（Centers for Disease Control and Prevention, 2014d）。
- 根據美國疾病控制與預防中心（2014i）估計，感染披衣菌和梅毒的比例持續上升；感染淋病的比例雖曾降低，但目前又呈現上升趨勢。
- 雖然感染疱疹的比例，在 1990 年代初期曾經升高，但在美國患有疱疹的人口比例持續下降（Centers for Disease Control and Prevention, 2014d）。
- 雖然全世界 B 型肝炎病毒的感染比例上升，但在美國由於大力推動兒童注射疫苗，因此降低了青少年的感染比例（Nordqvist, 2011）。
- 自愛滋病毒／愛滋病開始流行以來，在美國確診的病例中，有超過 4 萬名患者的年齡介於 13 至 24 歲之間，其中許多人是在青少年或更早期受到感染。而在此年齡層的患者之中，非裔美國人占 57%（Centers for Disease Control and Prevention, 2014e）。在感染愛滋病毒的新病例之中，13 至 24 歲的患者約占 15%（American Social Health Association, 2010）。雖然目前醫學界仍未找到能完全治癒愛滋病毒的方法，但在預防及治療上已有進展，因此愛滋病毒／愛滋病已經轉而成為一種慢性疾病。例如，抗病毒藥物讓愛滋患者的壽命延長；另外也有藥物可以有效預防感染愛滋病，在每天服用的情況下，有效預防的比率超過 99%（Gilead Sciences, 2014）。研究者同時發明了基因療法，將愛滋病毒的蛋白質轉為抵抗它的物質，以停止它的生長複製（Apolloni, Lin, Sivakumaran, Li, Kershaw, & Harrich, 2013）。

由於青少年感染性病的風險高（青少年約占新感染者的一半），而且未接受治療的比例高，因此許多人將來可能出現其他更嚴重的併發症。例如，性病的患者較容易受到愛滋病毒的感染，可能影響到生育能力，或是在懷孕時傳染給胎兒。因此對於青少年社工來說，關注這項議題不僅具有成本效益，同時也協助青少年避免將來可能產生的身體或情緒上的傷害。此外，近期的研究指出，青少年使用保險套的比例，從十年前的60%逐漸下降，同時在性生活活躍的大專生之中，有將近 50%未使用保險套（Centers for Disease Control and Prevention, 2014i），也使得這項議題格外需要受到重視。

如果Alicia仍有性行為，那麼你需要確認她對於性傳染病及自我保護措施的了解程度。從生理心理社會的觀點來看，Alicia可能在生物和生理上已經成熟到可以發生性行為，尤其是如果她的發育較早；然而她在認知或情緒上不一定已經準備好，包括面對性行為所帶來的負面影響。根據Piaget 的理論，Alicia 應該正處於形式運思期，具備邏輯思考的能力；然而，如果她因為某些原因尚未發展到此階段，那麼她在認知上可能無法了解行為所帶來的後果。此外，從生態或系統觀點來看，Alicia可能正面臨許多同儕壓力，不僅缺乏家人支持，同時也缺少相關服務協助她了解性病，以及在性行為中保護自己的方式。上述所有的模式，以及其他的許多模式，都能夠對於 Alicia 的情況提供有效的思考、評估和工作方式。

物質濫用

在工業化國家之中，美國的青少年藥物濫用問題排名第一，酗酒則是最常見的物質濫用行為（Johnston, O'Malley, & Bachman, 2001）。酗酒及藥物濫用的趨勢，則會因為經濟、新興藥物出現等因素而時有起伏，因此相關領域的社工需要隨時注意服務區域內藥物濫用的趨勢。

青少年藥物濫用，包括吸菸行為的盛行率，在1980年代曾有下降的趨勢，但在1990年代又再上升，並於1990年代中期達到最高峰，隨後則略有下降，一直到2001年以後呈現穩定的趨勢。1990年代，青少年經常使用的藥物包括

LSD 等迷幻劑、吸入劑、大麻及安非他命。之後，俱樂部藥物（club drugs）如搖頭丸、甲基安非他命及俗稱「約會強暴藥」的羅眠樂（FM2）開始興起，羅眠樂之所以被稱為約會強暴藥，是因為人們在服用之後會產生健忘等症狀（Johnston, O'Malley, & Bachman, 2001; Moolchan & Mermelstein, 2002）。此外，處方藥物如氫可酮、可待因酮等止痛藥物的濫用，也同樣需要關注。

酗酒及藥物濫用會為青少年及其家庭帶來許多短期和長期的問題。例如，藥物濫用的青少年在暴力行為、意外事故、早年性行為、非預期懷孕及罹患性病等方面，呈現較高的比例（Bryan & Stallings, 2002）；同時，他們出現發展中斷及學業成就低落的風險也較高，進而影響到他們長期的健康，以及成年後的經濟及其他發展機會（McCluskey, Krohn, Lizotte, & Rodriguez, 2002）。

物質濫用的原因　針對青少年物質濫用原因所進行的大規模研究指出，生活壓力事件（例如生病或離婚）、與同儕或父母的衝突關係，是青少年物質濫用的兩大主因。具體而言，缺乏同儕與父母支持，以及不健康和經常衝突的關係，是青少年物質濫用的主要風險；相反的，與父母保持緊密而具支持性的關係，則可以避免青少年物質濫用的風險。這或許解釋了為什麼青少年酗酒的比例從中學時期開始上升，從發展的觀點來看，此時青少年開始宣稱自己的獨立性，於是導致與父母的衝突增加；而當青少年年齡增長，與父母的衝突減少，酗酒的比例也因此下降（Aseltine & Gore, 2000）。因此我們可以說，雖然青少年物質濫用和青少年與他人的關係品質之間，沒有明確的因果關係，但兩者確實有所關聯。

當然，關係品質和物質濫用之間的關聯性，受到許多環境與個人因素的影響，有待社工進一步與青少年案主釐清。例如，童年時期經歷家人酗酒，對於青少年時期的物質濫用有顯著的影響，特別是對於男性而言。酗酒或酒精依賴的行為可能是代間遺傳，或是青少年模仿父母或主要照顧者的行為所致（Ritter, Stewart, Bernet, Coe, & Brown, 2002）。相關的研究同時顯示，物質濫用和酗酒行為，與大腦掌管自我控制的結構異常有關，因此認為濫用的成因來自於神經認知的過程（Ersche et al., 2012）。

許多成年人的物質濫用始於青少年時期，同時因為濫用行為而導致的健康問題，可能會延後出現，因此社工經常看到成年案主出現明顯的健康及濫用問題。青少年社工對於預防物質濫用行為的發生，可以扮演非常重要的角色。

身為Alicia的社工，你可能會關心她是否有物質使用或濫用的問題。由於她有關係上的困擾——尤其是與她的母親，以及其他外顯的問題行為，例如餐後嘔吐、離家及可能的性行為，意味著她有物質濫用的風險。你可以選擇進行深度的評估，確定哪些因素會增加她的物質濫用風險，然後針對這些因素進行處遇。由於物質濫用可能會導致許多長期而嚴重的問題，因此在與Alicia工作時，這是一個特別需要追蹤的議題。

青少年研究：倫理兩難　根據《倫理守則》（美國全國社會工作者協會，1996年通過，2008年修訂），進行研究以增進相關領域的知識並改善服務效能，是社會工作者的倫理責任之一。社會工作者對於青少年相關議題如物質濫用、性傾向、懷孕與性教育等，必須掌握現時、正確的資訊，才能夠進行適當而有效的處遇。

然而，在進行以兒童或青少年為對象的研究時，包括社工在內的專業者經常面臨到倫理兩難的情況。許多研究經費的來源，例如美國國家衛生研究院（National Institutes of Health, NIH），均要求兒童或青少年必須參與研究，然而在實際進行研究時，卻有許多困難需要克服。例如，研究者必須取得父母或監護人的同意，兒童或青少年才能夠參與研究；但當研究主題較為敏感，例如藥物濫用或性行為（某些議題可能觸及違法行為），上述的知情同意反而會影響研究結果的正確性或誤差，因為參與研究的兒童和青少年，可能會為了怕父母知情，或是逃避法律責任，而隱瞞他們真實的行為。除此之外，某些父母會自願讓發展上有限制的孩子參與相關研究，然而這些兒童或青少年可能無法完全了解研究的性質，以及參與研究的風險和好處（Moolchan & Mermelstein, 2002），某些研究者也質疑這種情況是否能稱之為知情同意。

社會工作者需要進行研究以獲得相關資訊，但他們同時也陷入兩難，即是否能夠獲得具有信效度的研究結果，以及是否能夠在研究過程中確保參與者的尊嚴與價值。相較於以往，社會工作者需要更積極的去處理上述倫理兩難的議題。

自殺

近幾十年來，青少年自殺的問題漸趨嚴重，已成為 15 至 24 歲年齡層的第三大死因，青少年自殺死亡人數占所有自殺死亡人數的 20%。一項研究指出，少女的自殺意念及試圖自殺的比例明顯較少年要高；同時，相較於非裔少年及少女來說，有自殺意念的白人少年及少女比例較高。然而，少年自殺成功的比例較少女要高，占所有青少年自殺死亡人數的 79%。此外，相較於其他族裔的青少年，原住民及西班牙裔青少年的自殺死亡率較高（Centers for Disease Control and Prevention, 2014j）。

由於造成自殺意念及試圖自殺的生理心理社會因素相當複雜，因此不易了解自殺問題的成因，不過相關研究仍指出某些因素可能是造成青少年自殺的關鍵（Bolognini et al., 2002; National Center for Health Statistics, 2000; Perkins & Hartless, 2002）：

- 生活壓力事件，例如學業問題或非預期懷孕。
- 與同儕、朋友、父母及男女朋友之間的緊張關係。
- 物質濫用。
- 感到沒有希望。
- 遭受肢體或性虐待。
- 曾有自殺的意念和行為。

對於同性戀青少年來說，自殺議題尤其重要。男同志、女同志、雙性戀、跨性別，或是懷疑自己性傾向的青少年自殺風險，都較異性戀青少年較高。此外，許多青少年因為性傾向而遭受歧視、暴力或家人的排斥，造成青少年的壓力，也提高了自殺的風險（Almeida, Johnson, Corliss, Molnar, & Azrael, 2009; Plöderl & Fartacek, 2009; Ryan, Huebner, Diaz, & Sanchez, 2009）。不同的研究均指出此一族群的自殺風險：

- 約 15%的同性戀青少年曾試圖自殺，相較異性戀青少年只有 7%（Russell & Joyner, 2001）。
- 一項對於近 3,000 名年輕男同志所做的研究顯示，他們之中曾有過自殺意圖的比例相當高（21%）；同時，年輕男同志計畫和試圖自殺的風險較年長的男同志要高，尤其是那些身處於敵意環境，例如惡意騷擾、父母虐待等行為的男同志（Paul et al., 2002）。
- 相較之下，身處於缺乏支持的社會環境（例如缺乏同志－非同志之間的聯盟，或是學校內的反霸凌政策），同志青少年試圖自殺的比例明顯較高（Hatzenbuehler, 2011）。

對於青少年來說，發展同性戀的自我認同是困難的，於是導致青少年出現憂鬱、物質濫用、感到孤立等問題（Sullivan & Wodarski, 2002），這些都是同性戀青少年之所以自殺率較高的原因。社會工作者必須覺察上述這些壓力，進一步提供青少年所需要的服務。

SAD PERSONS 量表是協助評估自殺機率的有效工具（Patterson, Dohn, Bird, & Patterson, 1983），如快速指引 14 所示。為了方便記憶，量表名稱是首字母的縮寫，評估面向則是經過實證的自殺預測因子；案主符合其中一項便得到一分，分數愈高則自殺的風險愈高（Patterson et al., 1983）。例如，如果案主為男性，便得到一分，如果他的年齡是 20 歲，則再加一分。

許多 Alicia 所表現出來的行為，尤其是體重下降、心情憂鬱，低自尊，以及與母親相處的問題，顯示她是自殺的高風險群，你需要進行一次更完整的評估，以確定這個問題是否需要介入。在Alicia的案例中，你需要獲得更多的資訊以進行 SAD PERSONS 評估，讓你可以很快的了解自殺對於 Alicia 來說是否為一個需要處理的議題。

快速指引 14　SAD PERSONS 自殺評估量表

S 性別（男性自殺成功的機率較高）
A 年齡（25 歲以下及 45 歲以上自殺的成功機率較高）
D 憂鬱症
P 曾有自殺行為
E 酗酒
R 缺乏理性思考能力
S 缺乏社會支持
O 已有自殺計畫
N 單身
S 生病

資料來源：改編自 Patterson, Dohn, Bird, & Patterson, 1983.

青少年時期的家庭與中介系統

到目前為止所討論的許多議題，對於青少年的中介系統都有深遠的影響。在與青少年工作時，社工必須同時評估家庭、同儕，及其他與案主關係緊密的社會系統。從發展的觀點來看，青少年雖然漸趨獨立，但某種程度上仍需要家庭在情感、經濟及其他方面的支持。對於社工而言，此時期特別需要關注青少年個人與其周遭環境的連結。

青少年時期的同儕團體

如同兒童中期，同儕團體在青少年時期也扮演著重要的角色，大多數的父母、專家和理論家〔例如 Freud、Erikson、Bandura、互動論學者（interactionists）〕都認同這個事實。事實上，同儕壓力是青少年的父母們最擔心的事情之一。同儕對於青少年的行為有極大的影響力，無論是正面或負面的影響。因此，社會工作者必須了解青少年時期的同儕關係動力，並協助青少年案主避免或處理同儕關係的負面影響。

青少年受到同儕影響的程度，取決於許多因素，例如個性、適應力與其他支持系統。例如，如果一名青少年與父母之間有著親密、正向及支持的關係，他可能不會那麼容易被說服去嘗試嗑藥；相對的，一名缺乏正向親子關係的青少年，也可能因為模仿好朋友的正向行為而獲得好處。因此，對於社會工作者來說，重要的是明白同儕壓力和同儕關係並不那麼容易理解，必須對於情境進行完整的評估。

依附理論是幫助我們了解同儕關係的方式之一。某些研究指出，一個人與父母依附關係的品質，會影響其在青少年時期，甚至往後的人生階段中與同儕的依附關係。例如，與父母之間具有安全、支持的依附關係，能夠幫助青少年與同儕建立安全的依附關係，並且讓青少年更有韌力（resilient）去面對負向的同儕壓力。

相反的，若青少年與父母之間的依附關係不安全，則較容易受到同儕壓力的影響，他們會較為看重同儕關係，較容易感受到同儕壓力，並因此順服團體規範與取悅朋友。然而，一項研究顯示，缺乏父母支持但有親密同儕關係的青少年，呈現出較為嚴重的情緒問題（Helsen, Vollebergh, & Meeus, 2000）。對此可能的解釋為，與父母關係不佳的青少年，無法從父母身上學習到穩定與正向關係的基礎，因此他們將同儕關係看得非常重要，然而當關係出現問題時，他們缺乏應付的能力，也沒有任何支持系統可以協助他們；由於這些青少年無法面對失去友誼關係的風險，他們較容易為了取悅朋友而做出負面的行為。

從依附的觀點來看，由於Alicia與母親的關係緊張，使得她容易受到負面的同儕壓力影響。事實上，Alicia的「街頭朋友」可能是她唯一的支持來源。你可能需要評估Alicia的支持系統，以了解她（可能）受到同儕影響的程度。

未成年懷孕

未成年懷孕可以被視為個人議題，但我們之所以在此討論，是因為這個議題對於家庭及其他社會系統均有深遠的影響。雖然並非所有的未成年懷孕都不受歡迎，但它的確經常導致個人、家庭及社會問題，而需要社會工作者介入。

好消息是，2007 年至 2013 年之間，未成年少女生子的比例下降了 36%，到達歷史上的新低點（Hamilton, Martin, Osterman, & Curtin, 2014）。然而，美國仍然是未成年懷孕比例最高的工業化國家之一（Centers for Disease Control and Prevention, 2001）。2010 年，美國未成年生子的比例（34%）較英國（25%）、澳洲（15.5%）、加拿大（14%）、法國（12%）和瑞典（6%）都要高出許多（United Nations Millennium Development Goal Indicators, 2014）；美國在未成年懷孕、人工流產及性病感染的比例仍高（Centers for Disease Control and Prevention, 2009），尤其是拉丁裔女性特別需要關注（Centers for Disease Control and Prevention, 2001, 2009; Child Trends, 2001; Maynard, 1996）。

以下各種問題均與未成年懷孕有關：

- 各種健康方面的問題，尤其是對於嬰兒來說（如同第六章所述）。
- 在青少年時期懷孕的少女，較有可能出身於貧困的環境、從學校中輟，同時成為單親及接受社會救助的時間也較長。
- 因未成年懷孕而生下的孩子，之後發生犯罪、中輟、學業落後，以及成為未成年父母的可能性較高。

未成年懷孕的成本很高。在美國，若能有效預防未成年懷孕及生子，每年可以節省 90 億美元（Centers for Disease Control and Prevention, 2009; Hamilton, Martin, Osterman, & Curtin, 2014）。另一份統計報告則指出，以 2008 年為例，未成年懷孕所造成的花費約為 109 億美元（The National Campaign to Prevent Teen and Unplanned Pregnancy, 2012）。以上這些數據尚未包括心理、社會及其他無法量化的成本。

未成年懷孕的原因為何？Piaget 的理論認為，青少年的認知能力尚未發展到足以理解不安全的性行為所帶來的後果，以及養育一個孩子的現實狀況。然而，某些研究指出情況並非完全如此。一項研究發現，相較於社會大眾普遍的認知，即青少年認為自己「什麼都不怕」（invincible），其實許多青少年展現出的是「不切實際的樂觀主義」（unrealistic optimism），即認為某些問題如性病或懷孕不太可能發生在自己身上，因此很少採取預防措施（Whaley, 2000）。另外也有研究顯示，某些青少年對於自己作為父母、提供孩子經濟協助、獲得另一半和家人支持，以及繼續完成學業等能力過度樂觀。此外，某些青少年對於安定及掌控有高度需求，並將懷孕視為滿足這些需求的唯一方式（Montgomery, 2001）。

無論用哪一種方式理解未成年懷孕，社工都必須提供相關的服務去預防青少年過早懷孕，或是對於已成為父母的青少年提供適當支持。許多目前的服務方案聚焦在懷孕行為，而忽略了與懷孕及教養相關的心理社會因素，這些因素終將影響到未成年父母及其子女的健康與福祉。

由於未成年懷孕經常導致不好的結果，Alicia可能有性行為這件事便值得關注。你需要確定Alicia是否具有性行為及避孕方面的正確知識，同時了解她對於懷孕及養育小孩的想法。就目前而言，Alicia似乎缺乏支持與穩定性，因此她可能會將懷孕視為生活中唯一能夠掌握的事情。如果Alicia需要的是自我效能，那麼你需要做的是強調她在其他方面的長處，以協助她提升自尊與控制感，讓她在充分獲得資訊的情況下，做出與性行為及養育子女相關的決定。

青少年時期的鉅視環境

如同生理上所發生的變化，外在的社會環境也同時影響著青少年時期的身心發展。此節將要探討社工與青少年工作時可能面臨的某些議題。

性教育

在之前的章節之中，我們討論過性傾向與性別認同發展。在美國，對於上述議題有非常多的爭論，主要是如何處理性議題及提供青少年相關服務（如果有提供服務的話）。接下來，我們將進一步探究，對此議題的爭論及服務如何影響青少年及其家庭，以及提供青少年服務的社會工作者。

同時，目前已有許多預防未成年懷孕的方案及政策，但多數都是單向的方式，並且只著重某個面向的性教育，例如禁慾或負責任的性行為。此外，許多與未成年懷孕相關的方案只針對少女，僅有少數方案提供全面性（comprehensive）的教育，教導少年與少女什麼是性行為，並且提供他們其他選擇以避免過度的性行為。

性教育的爭議　我們之所以缺乏適當與有效的性教育方案，其背後的部分原因來自於持續不斷的爭論，即學校是否應該提供性教育課程，以及應該提供什麼樣的課程內容。有人認為父母是最適合提供孩子性教育的人，學校不應該提供此類課程；有人認為性教育只需教導如何禁慾；也有人認為學校應該提供全面性的課程，包括禁慾及避孕方法、生命教育（life choices）及健康照護等。

對於未成年懷孕及性教育持保守觀點者，傾向不支持青少年的婚前性行為，因此認為學校不應該教導避孕方法與墮胎等觀念；此外，他們認為一旦學校提供有關性方面的資訊，便會激起青少年對於性的好奇心，鼓勵更多青少年從事性行為。另一種較為開放的觀點則主張，缺乏正確的性知識，只會提高青少年懷孕及感染性病的風險；他們認為，無論是否具有性知識，青少年都會從事性行為，所以應該提供正確的資訊，讓青少年盡可能保護自己的安全。

對於性教育的批評　就目前來看，許多學校傾向於採取禁慾觀點的性教育。一項研究指出，將近 90%的中學教導學生禁慾，只有不到 60%的學校教導避孕的方法（Guttmacher Institute, 2012）。然而，針對性教育的研究顯示，只教導禁慾的課程並無法有效降低未成年懷孕的比例及性病的問題。此外，許多專家指出，學校甚至會開除那些性行為活躍或未成年生子的學生（Rothenberg &

Weissman, 2002; Women's International Network, 1997）。

例如，一項針對將近 3,500 名青少年所進行的研究發現，那些宣誓「守貞」（virginity pledge），即不在婚前進行性行為的青少年，在宣誓後的五年內發生婚前性行為的比例，與沒有宣誓的青少年差異不大（81%青少年在宣誓的五年後已經不再是處子或處女）。青少年是否宣誓守貞，與他們第一次性行為的年齡、平均有幾名性伴侶、性行為的類型，以及性伴侶是否患有性病等，均無明顯的差異。此外，相較而言，宣誓守貞的青少年較少預防性病的措施，因此在罹患疾病與懷孕方面的風險反而較高（Rosenbaum, 2009）。

由於研究指出，全面的性教育在降低青少年懷孕及感染性病比例上較有成效，在布希總統卸任後，許多原本優先支持禁慾方案的經費便因此轉向（Tanne, 2009）。歐巴馬政府雖然也提供禁慾方案經費，但是將超過 1.14 億美元的經費轉而支持能有效降低性病與非預期懷孕的方案（Wilson, 2010）。

當然這並不是說，全面的性教育可以解決所有與未成年懷孕相關的問題，事實上，此類方案也被批評為過於受限和短視。某些專家指出，即使家庭或學校裡能夠提供正確的性知識，青少年在第一時間仍然會選擇諮詢同儕，然而同儕所提供的資訊卻可能是不可靠與不正確的，而且充滿了對於性行為及避孕方式的迷思、刻板印象與錯誤知識（Guthrie & Bates, 2003）。另外一個問題是，即使青少年透過學校或其他方案獲得避孕用品，卻感到羞於使用（Westheimer & Lopater, 2004）。因此，全面性的方案在規劃及提供性教育課程時，必須要考量到上述這些議題。

從生態或系統觀點來看性教育，或許是最有效的方式。全面性的方案即使有限制，但是在降低青少年懷孕及性病比例上最有成效。整體而言，要降低青少年懷孕的比例，必須提供青少年生命教育、避孕方式的選擇、性教育及家庭計畫資訊、社區介入與支持，以及禁慾教育等相關內容（Omar, Fowler, & McClanahan, 2008; Potera, 2008; Zabin, Hirsch, Smith, & Hardy, 1986）。

實證研究指出，降低青少年懷孕的方案，必須是以全面性的模式去發展，整合下列項目（但不僅限於這些項目），包括親職教育、職業訓練、就業機會、學業支持、身心健康照護、父母及家庭支持、在發展上及文化上適切的性教育（包括禁慾）、以及休閒活動（例如運動、戲劇與藝文活動），增進青少年的自尊心並提供適當的情緒出口。對於已成為父母的青少年，則應該提供他們與家人支持性的服務。

除此之外，上述這些方案必須建立跨領域的專業團隊（例如社會工作者、衛生教育者、護理人員、醫師、老師、社區與企業組織），同時為了讓工作團隊與青少年建立信任關係，並且讓青少年願意參與活動，必須規劃長期性的方案。許多研究顯示，當青少年有足夠的時間與工作人員建立關係，他們比較能夠投入方案活動的參與；研究同時也強調，尊重青少年的價值觀、信仰，以及他們對於性行為和育兒所做的決定，是非常重要的事情，不但可以協助工作人員建立與青少年之間的關係，同時可以促進青少年的參與（Morris, Ulmer, & Chimnani, 2003; Philliber, Kaye, Herrling, & West, 2002; Rothenberg & Weissman, 2002）。

最後這一點同時也是美國全國社會工作者協會的《倫理守則》（1996 年通過，2008 年修訂）中的案主自決原則，也就是即使社會工作者並不同意案主的意見及選擇，仍有義務確保案主有獲得訊息的機會，並且支持案主知悉後所做的決定。

異性戀霸權與恐同症

如同年齡歧視、性別歧視一樣，同性戀歧視也是深植在社會結構的問題之一。異性戀霸權（heterosexism）是一種支持異性戀（反對同性戀）的偏見或歧視，它存在於社會的各個層面，其中有某些是顯而易見的。恐同症（homophobia）是另一種對於性傾向的偏見，包括對於同性戀者及同性戀行為的害怕、憤怒、厭惡與不安。研究顯示恐同者（homophobic）通常為男性，認為自己認識的人當中沒有同性戀者、交往的朋友多為歧視同性戀者、對於性別角色的想法刻板，同時教育程度相對較低（Reinisch, 1990）。

第五章討論過許多偏見的「成因」，可以解釋某些人為何會成為恐同者和異性戀主義者，以下則是其他可能的解釋：

- 社會互動論（social interactionism）與行動學派（behaviorism）等理論

的結合，解釋了為何某些人會歧視同性戀。例如，當人們從小被教導的是對同性戀有偏見的觀念，他們會避免與同性戀者互動，於是讓他們有更少機會去質疑和分析那些偏見。換句話說，他們沒有機會去改變對於同性戀的烙印（schema）。此外，存有偏見的人們傾向關注同性戀不好的那一面，於是更增強了他們的偏見；這種情況到了青少年時期，便發展出上述的異性戀價值觀與恐同症。

- 女性主義者對於同性戀歧視的解釋，則是以社會建構論（social constructionism）為基礎。根據此理論，對於同性戀的歧視行為來自於恐懼。傳統的、社會建構的男性特質為社會所重視，同時在人們很小的時候便受到增強。由於社會所認定的男性性別角色十分刻板，因此那些有別於一般所認定的男性特質或是不「符合標準」的男性，便可能被認為是弱者，這些男性害怕被質疑自己的男子氣概（由社會所定義的），對於他們來說，被男同性戀者「引誘」或「追求」（hit on），是對男子氣概最嚴重的威脅。因此，他們使用暴力（即使是因恐懼而驅使）以保衛自己的男子氣概，因為暴力是被社會認同的男性特質，暴力行為證明了他們的男子氣概，同時也符合社會標準（Herek, 2001）。對男同性戀者使用暴力，不僅增強了男子氣概，也減輕了被視為弱者的恐懼心理。

個人對於同性戀者的偏見和歧視，可能會導致傷害（甚至死亡）；但制度性的異性戀霸權，經常是最嚴重的問題。社會及其他相關政策對於同性戀者在就業、職場升遷、居住安全、領養小孩與婚姻，以及其他方面的排除，影響到他們生活的各個層面，此種形式的異性戀霸權是最隱晦又最難改變的。

為了減少對於同性戀的恐懼或異性戀主義，社工可以做的是盡量增加案主與性別弱勢者的正向互動機會，去挑戰對於同性戀者的迷思、刻板印象與偏見。此外，如同先前所提到的，社工必須覺察自己對於同性戀的信仰和價值觀，是否會影響到提供給案主的服務。例如，某項研究在檢視助人專業者對於同性戀的偏見時發現，相較而言，經常接觸同性戀案主的社工，歧視同性戀的程度較低；然而，當社工的宗教信仰為強烈的反對同性戀時，歧視同性戀的程度則較沒有信仰者要來得高（Berkman & Zinberg, 1997）。

上述結論並非認為助人專業與反對同性戀的信仰之間是衝突的，然而它們的確指出身為社工及其他助人專業者，需要覺察到自身的價值觀可能造成工作上的偏見，以及對於案主的傷害。它們同時對於實務工作者提出各種倫理上的疑問，請再次想想：一位認為同性戀是不道德的社工，如何與一位自認為是同性戀的案主工作，並且在會談時討論這個議題？再從鉅視的層次來看，社工的個人信仰將如何影響他們處理相關議題，例如面對提倡在學校中將同性戀和雙性戀學生隔離的社區？

離家與無家可歸的青少年

在過去的幾十年，青少年離家與無家可歸的問題漸趨嚴重，雖然我們不可能精準的計算出究竟有多少無家可歸的青少年，但根據推估，在美國有超過 160 萬青少年無家可歸，大多數年齡介於 15 至 17 歲，其中 6%為同性戀、雙性戀或跨性別的青少年（Molino, 2007; National Coalition for the Homeless, 2008）。

青少年之所以離家或無家可歸，通常是由於家庭功能不彰，其家庭問題可能包括身體及性虐待、父母酗酒與暴力行為、青少年的行為問題，包括藥物濫用或犯罪。另一些青少年則可能因為自尊心低落，或是缺乏與照顧者的依附，因此離開原生家庭或寄養照顧（Kools, 1997; National Coalition for the Homeless, 2008）。

離家與無家可歸的青少年面臨許多挑戰，他們是許多問題的高風險族群，例如性病、懷孕、暴力、物質濫用及中輟，並且進一步導致他們在發展及社交上的問題，例如生理及心理上的疾病，以及建立關係與工作上的困難。

許多庇護所或相關方案對於上述青少年所提供的服務，通常只是短期的，例如床位、三餐、衣服、諮商及家庭調解。依據青少年年齡的不同，某些年紀較大的青少年會決定不再返回原生家庭，並依法申請獨立；年紀尚幼者則可能進入政府的寄養體系。可惜的是，許多服務由於時間限制、缺乏經費及人力，無法處理青少年離家的根本原因，例如低自尊、缺乏信任與自我效能，於是讓問題更為惡化（Thompson, Bender, Windsor, Cook, & Williams, 2010; Williams,

Lindsey, Kurtz, & Jarvis, 2001）。

某項研究的對象為五位被視為具有韌力特質的離家青少年，結果發現與庇護所或相關服務的社工建立安全、信任的依附關係，對於提升青少年的自尊、自我效能及復原力有所幫助（Thompson et al., 2010; Williams et al., 2001）。然而如前所述，許多方案的短期性質無法促進這種依附關係的建立。雖然上述研究的樣本數較少，但它仍然提供了有意義的資訊，幫助社工去理解青少年離家的問題，以及解決問題時所遇到的困難。

在Alicia的案例中，我們看到她似乎缺乏與成年人之間的安全依附；她大部分的時間都是與街頭的朋友在一起。因此，Alicia與你及社區中心所建立的連結即使不深，卻可能提供她建立信任與自我效能所需要的支持。

許多理論和觀點都提供了與Alicia工作的方法，然而建立依附與自我效能需要的是時間。針對Alicia的案例，你可以運用優勢觀點，將她的優勢當作生活中正面的範例。你也可以選擇運用社區組織模式或相似的工作模式，協助改變對此族群的服務體系，特別是改變服務方案的結構，以提供更長期、依附導向的服務。

偏差行為、犯罪與暴力

青少年暴力與犯罪是另一個受到青少年、家長及社工關注的問題，例如，全國性的青少年危險行為調查（Centers for Disease Control and Prevention, 2014l）估計在美國約有 5%中學生攜帶武器到學校（對照 1993 年的 12%）；約有 7%青少年曾受到武器的威脅或傷害；7%青少年因為感到不安全而不願上學；20%曾在學校裡遭到霸凌；同時有 8%青少年曾在學校裡發生肢體衝突（2011 年為 4%）。可惜的是，社工通常是在上述這些行為發生過後，才開始接觸發生問題的青少年。

針對青少年偏差行為、犯罪與暴力所進行的廣泛研究（Kosterman, Graham, Hawkins, Catalano, & Herrenkohl, 2001; Walker, 1998）指出，青少年暴力與犯罪的成因包括：

- **微視層面**：男性，物質濫用，學業成就低落，衝動控制能力差，有無力感，兒童時期的攻擊行為、過動及退縮等。
- **中介層面**：家庭衝突、家庭支持與教養功能不彰、負向的同儕影響等。
- **鉅視層面**：貧窮、居住在都會及犯罪率高的地區、接觸媒體與社會環境中的暴力行為。

許多上述的因素之間會有交互影響，例如在貧窮的家庭之中，父母較難提供孩子適當的管教與支持，因為他們可能同時需要做好幾份工作，生活壓力非常大，很難有時間陪伴孩子。此外，許多貧窮的都會社區犯罪率高，兒童接觸暴力的機會也較高；同時社區中通常缺乏適當的學校教育，造成學生的學業成就低落。

因此，預防或消滅少年犯罪行為的介入處遇，必須聚焦於上述心理社會因素之間的交互動力。例如，社工可以尋找經費支持學校，以提供更好教育的品質；社工可以提供家長相關的教養支持，尤其是針對經濟弱勢的家庭；對於身處於失序、暴力與貧窮環境的兒童及青少年，社工可以協助他們建立自我效能及對於未來的盼望。此外尚有許多其他的理論，可以作為此一領域社工實務處遇的基礎。

符號互動論（symbolic interaction）或社會學習理論可以應用在Alicia的案例中，Alicia與母親的負向互動及與街頭朋友的互動關係，形塑了她對於哪一種行為可被接受，以及可以滿足需求的觀點。更具體的說，Alicia的朋友可能有某些偏差行為，例如為了生存而偷竊，Alicia在與他們的互動之中，可能學習到的是合理化這些偏差行為。

此種觀點與社會學習理論也有部分交集。Alicia可能會看到朋友的偏差行為讓他們得到回饋，或至少沒有受到懲罰；她可能也學習到如何犯罪而不被抓到，若成功則獲得朋友的稱讚，於是進一步增強了她的偏差行為。

運用上述理論，你可以讓Alicia接觸其他人（例如你自己或沒有偏差行為的同儕），讓 Alicia 知道也有人從不做犯罪的事，他們可以示範給 Alicia 看還有其他更適合的方式可以滿足她的需求。

結論

青少年是一段經歷快速發展與許多生理心理社會改變的時期。在社會工作實務上，許多社工關心的是青少年及其家庭可能產生的議題。而對於多數青少年來說，自我探索、認同發展與尋求獨立是優先議題，這些都是重要的發展過程，並且可能為他們帶來正向的經驗；然而上述過程同時也可能帶來問題，需要獲得適當處理以確保青少年有良好的身心健康與未來發展。

青少年社會工作不僅是在促進與支持個人成長、發展及獨立，同時也必須認知到個人、家庭與社會因素之間的相互依賴性，並在兩者之間取得平衡點。青少年自我認同的形成，受到許多外在因素的影響，有時這些因素可能造成個人的壓力與問題。此時社工可以扮演重要的角色，協助青少年處理這些議題，進一步幫助他們長成健康、適應良好與成功的成年人。

本章重點

- 青春期及伴隨而來的荷爾蒙改變，是青少年發展的重點之一。性別及個人發育的早晚，影響發展模式的差異。
- 在認知發展方面，青少年的道德邏輯（moral reasoning）發展，讓他們更具有抽象思考的能力。
- 青少年的自尊發展受到諸多因素影響，從個人、中介到鉅視系統，包括發育的時間、家庭關係及媒體的影響等。對於青少年的身心發展來說，良好的自尊是有效的保護因子。
- 性別認同的發展包括經驗與管理自身的性慾望，並且將此認同與自我概念整合，同時能夠為其所處的社會環境所接受。無論青少年的性傾向為何，都有自身性別發展的任務，然而同性戀和雙性戀青少年，另外還需要面對社會歧視與異性戀霸權。

- 學習型態、自尊、飲食失調、發育的早晚、性別認同與性傾向、物質濫用及自殺，均是美國青少年的主要議題，其對於青少年的整體健康與福祉，具有短期或長期的影響。因此，社會工作者必須增進自己對於上述議題的知識，並且了解哪些可能是置青少年於風險中的相關因素。
- 對青少年來說，同儕壓力同時具有正面及負面的影響。青少年受到同儕影響的程度，取決於許多因素，例如性格、適應力及支持系統（尤其是來自於父母的支持）。
- 在美國，對於應該如何處理青少年的性議題，以及對於青少年及其家長應提供何種服務，均有許多爭論。一般而言，這些爭論的重點在於學校是否應該提供性教育課程，如果是的話，學校應該提供什麼樣的課程內容。
- 異性戀霸權和恐同症同時存在於個人與制度層面，嚴重影響到同性戀者的身心發展。社會工作者在對於性別弱勢案主的處遇上，除了盡可能與其正向互動之外，還需要覺察自己的信仰和價值觀，是否會影響到提供給案主的服務。

本章練習活動

1. Sanchez *家庭互動案例*，請參閱 www.routledgesw.com/cases 網站。回顧 Sanchez 家庭的主要議題，特別注意 Carmen 的情況，並回答下列問題：
   a. 在 Carmen 的案例中，是否有任何需要關注的發展議題？請說明之。
   b. 承上題，這些議題是否會使得 Carmen 在邁入成年的過程中出現問題？
   c. 你可以對 Carmen 提供何種服務，以協助她避免成長中可能發生的問題？
   d. 在此案例之中，是否看出年長的家庭成員目前正為青少年的發展議題所困擾？如果有的話請說明之。

2. Riverton 家庭互動案例，請參閱 www.routledgesw.com/cases 網站。你是否可以應用任何與道德發展的理論，協助你了解或處理這個社區的問題？
3. RAINN 互動案例，請參閱 www.routledgesw.com/cases 網站。回顧 Alan 和 Sarah 的案例，並回答下列問題：
   a. 如何以 Kohlberg 的道德發展理論解釋 Alan 未說出曾被強暴的事？
   b. Sarah 告訴 RAINN 的一位社工說，母親總是煩惱她的體重，認為她「太瘦了」。請問這位社工應該問 Sarah 哪些問題，以評估她是否有飲食失調的問題？
   c. Alan 在中學時嚴重酗酒，幾乎每天都喝醉。有一次，Alan 坐在鐵軌上喝完一箱啤酒並醉倒，幸好被朋友發現帶他回家。如何應用 SAD PERSONS 量表評估 Alan 當時的自殺風險？
4. Hudson 市互動案例，請參閱 www.routledgesw.com/cases 網站。回顧此案例，並回答下列問題：
   a. 身為一名社會工作者，你如何應用 Kohlberg 和 Gilligan 的道德發展理論與該社區及社區居民工作？上述理論如何解釋社區居民的議題及其因應方式？
   b. 案例中社區的情況，對於社區中青少年的自尊發展，將會有什麼樣的影響？
   c. 案例中社區的問題，如何影響或造成例如犯罪、暴力、自殺、無家可歸、未成年懷孕、物質濫用等問題？

第十章

成年前期的發展

Gudrun 是一名 25 歲的德裔美國女性，住在地區醫院的精神病房，她是被警察送到醫院的急診室，原因是她在市區的某個店家內「騷擾」顧客：對著路過的人大叫，控訴他們跟蹤她並且想要控制她的思想。

身為醫院內的社工，你了解到 Gudrun 獨居在一間小公寓，有一份店員的兼職工作。Gudrun 的父母在 20 年前從德國移民到美國，就住在 Gudrun 家附近，然而 Gudrun 表示父母經常激烈爭吵，所以她並不喜歡去找他們；Gudrun 說她有男朋友，但最近跟她提出分手；在過去幾年裡，Gudrun 因為曠職太多而被雇主懲戒過兩次。從你們的會談中，Gudrun 承認最近耳邊經常聽到聲音，她認為是政府和她的雇主透過電視機在監視她的行動。

成年前期通常是指從青少年後期到 45 歲之間，在這個階段，大多數人在性別、認知、情緒及人際方面仍持續不斷地成長。許多年輕人開始嘗試獨立，包括進入大學就讀、找份可以賴以維生的工作，以及離家獨立生活。本章將探討此時期的重要議題，以及社會工作者可以提供哪些協助。

成年前期的發展里程碑

當青春期結束，生理發展趨向穩定，多數人的體能狀況在成年前期達到顛峰。在此時期多數人的健康情況良好，相對來說較少受到病痛與疾病的影響；然而，許多不良的生活習慣，例如容易緊張、抽菸、飲食過量、物質濫用、缺乏運動與睡眠習慣不佳等，也可能在此時期開始養成，導致往後身體健康出現問題。

在成年前期，認知發展已漸趨穩定，根據 Jean Piaget（1972）的理論，大部分的人都已經在青少年前期進入形式運思期，具有質性思考的能力，能夠運用邏輯和推理的方式進行思考。更具體的說，青少年所擁有的認知能力，已經讓他們能夠「像成人一樣的思考」（"think like" adults）。然而，也有某些理論家及研究者認為，成年前期在認知上仍與青少年有些許不同，例如成年人進行形式運思的過程更為複雜。某些研究者進一步提出，成年人更能夠從經驗中反思，同時也更能夠在現實世界中運用既有的知識，不過這些能力的發展因人而異，並非所有人都能夠完全達到，而每個人的發展速度也不一致。此外，已有研究證實，上述這些進階能力的發展，並非如 Piaget 所宣稱是必然發生、普遍一致的現象（例如 Keating, 1990; Kuhn, 2008; Schaie & Willis, 2000）。

在成年前期，人們的智力與人際互動的能力持續發展，同時學習著管理自己的情緒及如何獨立生活。在西方社會，此階段的成年人被認為應開始獨立、自給自足，並且為自己的行為負責；他們同時學習如何在親密關係中互相依賴、卻仍然保有自我。個人在此階段持續發展自我認同，並形成他們看待世界的主張、價值與信仰，即使這些概念的形成某部分是受到同儕、家庭和外在環境的影響，但他們學習著如何不輕易受到旁人意見的影響而搖擺（Chickering & Reisser, 1993）。快速指引 15 總結了成年前期的發展重點如下。

對於那些在成年前期經歷發展問題的年輕人來說，社會工作者可以在他們生活中扮演重要的角色。例如，根據 Erik Erikson 的理論，發展親密關係是成年前期的重要任務，此階段的成年人需要學習在關係中妥協，卻不喪失自我認同感。然而，某些人可能無法與他人建立親密關係，或是在親密關係中無法保有自我，此時社會工作者可以協助他們建立自我認同、設立健康的界線，以及與他人發展關係的能力。

身為 Gudrun 的社工，當她的症狀較為穩定時，你可以協助她處理關

快速指引 15　成年前期的發展里程碑

生理上	認知上	人格與情緒
• 生理發展趨向穩定。 • 良好的體能狀況，但在成年前期的後半段開始走下坡。 • 不良生活習慣的建立。	• 更具有反思能力，思考過程也更為複雜。 • 能夠運用邏輯和推理的方式進行思考。 • 開始連結新的訊息與過往經驗，以增進學習能力。	• 情緒發展趨向穩定、能夠掌握情緒。 • 人際與親密關係的發展。 • 在西方文化中，進行獨立的準備。 • 建立自我認同。

係議題。由於精神健康狀況，Gudrun 可能需要更多的支持，以協助她處理與朋友、家人、同事及其他身邊人的關係。社工同時可以評估 Gudrun 的生理、認知及情緒功能，以協助將她的精神疾病症狀減至最低，並確保那些症狀不會嚴重影響到她的健康與發展。

成年前期的個人

在成年前期，雖然生理上的發展漸趨緩慢，但是其他方面的改變（一般而言是正向的改變），仍然可能造成問題，其中僅少數議題會使得社會工作者介入，例如精神疾病、身心障礙等。在討論這些議題之前，讓我們從一個相對較新的觀點去了解此階段人們的發展任務。

成年初顯期

近十幾年來，年輕人進入成年的時間，比之前的世代要來得晚許多。美國心理學家 Jeffrey Arnett（2000）為此種轉變創造了一個新名詞：成年初顯期（emerging adulthood），描述工業化國家中 18 至 25 歲年輕人的發展過程，其目的是為了解釋進入成年時間點的轉變，以及 18 至 25 歲年輕人所從事的活動。

延遲成年角色是這個階段的主要特徵，相較於 50 年前的 18 至 25 歲而言，現代的年輕人接受高等教育的比例較高，工作的不穩定性較高，常換工作及從事危險行為的比例較高，同時結婚和生育時間也較晚（Arnett, 2000; Arnett, 2011）。

不同於青少年期和成年前期，成年初顯期的特徵為：

- **認同探索**（age of identity explorations）：此階段人們探索自己的興趣，並思考對於工作及關係的選擇，由於他們頻繁變換工作、交往對象、住所及教育目標，因此「不穩定」便成了此階段的主要特徵。
- **自我聚焦**（age of self-focus）：此階段人們開始獨立，但尚不需要負擔義務；他們可以明顯感受到自己正處於青少年和成年人的「中間」（in between），卻不屬於任何一方。
- **發展的可能性**（age of possibilities）：此階段人們對於即將進入成年並達成想像中的目標，充滿了希望；他們對於不穩定的現狀並不感到憂慮，因為他們認為所有的事都會變得更好（Arnett, 2011）。

社會工作者在服務此階段的案主時，可以運用上述理論重整此階段的發展任務，協助他們成功的進入成年期，並朝向自己的目標邁進。此外，社會工作者可以協助父母更加了解子女看似負面的行為。對於許多年輕人的父母而言，無法理解為何子女的工作或交往對象無法穩定下來、要花較長的時間念完大學，或是想要搬回家住，而這些問題都有可能進一步導致緊張的親子關係（Arnett, 2010）。通常而言，社工只需要協助父母了解子女的這些行為，都是他們要成功過渡到成年角色的必要階段；如此便能夠鼓勵父母找到方法去支持子女，同時幫助子女設定並達到成年期的目標。

精神疾病

雖然精神疾病和精神健康不佳等問題，有可能在人生中的任何階段出現，而我們之所以在本章討論這個議題，主要是因為許多嚴重精神疾病的患者，傾向於在成年前期開始出現症狀。由於此階段的個人正值發展獨立，精神疾病的症狀可能會造成生活功能上的問題。

思覺失調症　思覺失調症（Schizophrenia）便是好發於青少年晚期或成年前期的精神疾病之一，其症狀包括妄想、幻覺、無法經驗情感（flat affect），以及無組織和無意義的言語及行為（American Psychiatric Association, 2000）。

我們尚無法明確知道造成思覺失調症的成因，然而許多研究，尤其是對於雙胞胎的實驗均顯示，此種疾病的成因與遺傳及生物因素相關（Andreasen, 2001; Maier et al., 2000）。例如，研究顯示男性患有思覺失調症的比例較女性要來得高，因此雌激素可能是此種疾病的保護因子（Faraone, Brown, Glatt, & Ming, 2002）。近期的研究則發現，至少有半數思覺失調症的病例來自於某種基因突變，病患個人並無任何的家族病史（Xu et al., 2011）。

研究同時指出，遺傳基因與環境壓力是思覺失調症的危險因子。某些研究發現，具有思覺失調症遺傳基因的人，如果又生活在充滿敵意、指責、負面及溝通不良的家庭之中，症狀會更為嚴重（Bateson, 1978; Boye, Bentsen, & Malt, 2002; Schiffman et al., 2001, 2002）。另一些研究則指出，具有思覺失調症基因的人，其病徵的發展是如何受到增強及認知過程的影響。例如，研究者認為某些思覺失調症的患者並未被鼓勵扮演「正常的」社會角色，由於他們一直扮演著不適當的角色，使得他們的行為看起來更為怪異。此外，這些研究者也認為，生理上的因素使得思覺失調症患者經驗異常的認知過程，並將這過程「合理化」，最後導致其不合邏輯的思考模式與怪異的行為（Garety, 1991; Murphy, 2007）。最近的研究認為，思覺失調症是好幾種不同的基因交互作用的結果，因此會產生不同的症狀組合，端視基因之間結合與互動的方式而定。因此，思覺失調症傾向是由一群基因所造成的疾病，患者會產生何種症狀，則取決於基因互動的方式（Arnedo et al., 2014）。

思覺失調症較常出現於早產、出生時體重過低，以及在懷孕期或出生時經歷併發症的人，因此某些研究者懷疑懷孕和出生時的環境，可能對於促進思覺失調症的基因活動有部分影響。同樣的，思覺失調症患者傾向出生於冬末和初春季節，因此某些專家猜測，在此季節中常見的病毒與此疾病的基因交互作用，創造了適合疾病發展的環境（Faraone et al., 2002）。

Hearing Voices 可以作為一種理解並與幻聽及其他思覺失調症症狀共處的方式（The International Hearing Voices Network, 2014），它的理念是不將幻聽視為一種異常的行為；相對的，將它視為正常的（雖然有些不尋常，也與一般的行為有所差異），不必然是負面的經驗。事實上，幻聽的經驗可能是正向的，只是社會加諸於它的意義，形塑了我們對於它的反應與態度。在西方文化，傾向用醫療模式去看待幻聽，將它視為一種病態，需要被治療與修復。一個較新的觀點是，幻聽的意義是文化所形塑的，而非疾病本身。例如，重視暴力的美國文化，到處都充斥著暴力，因此人們的幻聽中容易出現暴力的景象；相反的，在強調非暴力行為的文化中，人們的幻聽便可能出現非暴力的景象，例如宗教或團體行為。因此若從上述觀點來看，幻聽並不必然是可怕或負面的事情，反而是文化對於幻聽內容的影響及社會大眾的評價，讓它成為一種負面的經驗（Luhrmann, 2007）。Hearing Voices 的假設是，人們需要接受他們所聽到的聲音，因為這些聲音是屬於他們自己的，是來自於他們的人生經驗，如此人們才能夠學習如何與這些聲音相處，而不是醫療化或病態化這些症狀，那樣只會讓自己變得更糟；反之，他們應該將這些聲音視為日常生活的一部分。Hearing Voices 同時致力於教育大眾關於聲音的本質，減少對於幻聽的污名化與焦慮。目前關於此種工作模式的研究正在累積，顯示這是一種能夠有效協助人們處理幻聽的方式（例如 Beavan & Read, 2010; Corstens, Longden, & May, 2012; Stainsby, Sapochnik, Bledin, & Mason, 2010）。

創傷與創傷後壓力症候群　創傷（trauma）意指所有會帶來痛苦情緒的經驗，它能夠摧毀個人的適應力，同時讓人產生無力感（Van der Kolk, 2005）。創傷事件例如家庭暴力、天然災害、軍事戰爭，或是經歷戰爭或犯罪行為的傷害等，對於個人的生理心理社會功能均會產生嚴重且深遠的影響。

童年及青少年時期所經歷的創傷尤其嚴重，因為對於大腦發展會產生重要的影響（Rich et al., 2009; Williams, 2006）。研究指出，長期且持續的創傷（例如兒童虐待或疏忽所造成的創傷）會改變大腦內神經的路徑，影響人們的情緒、認知、行為和依附關係；創傷經驗同時與健康情況差及早逝有相當大的關聯性（Felitti, 1998）。

創傷理論在過去的幾十年之間興起，大部分是為了回應經歷過戰爭（越戰、伊拉克戰爭、阿富汗戰爭）的退伍軍人、種族屠殺的倖存者、性侵害受害者、群眾暴力（例如 2012 年奧羅拉槍擊事件、2007 年維吉尼亞理工大學校園槍擊案、1999 年科倫拜校園事件）的受害者，以及其他倖存團體。一般而言，它幫助我們更加了解創傷對於人們的影響，並且轉變了受害者是「有病的」或是有缺陷的觀念。近年來，許多新的工作方法產生，用以協助受到創傷影響的人們；例如神經—策略治療（neural-strategic therapy）與神經語言程式（neurolinguistic programming），協助「重新定位」（remap）因創傷而改變的神經連結，以協助人們發展連結、健康的人際關係，以及與他人及社區之間的緊密依附（Rich et al., 2009）。

在創傷之後，多數人都會有壓力反應，然而若經過一段時間後仍有此種反應，便可能出現問題。當面臨危險，感到害怕是自然的反應，它會引發身體在一瞬間產生許多變化，以預備抵抗或是避開危險。此種「行動或逃跑」（fight-or-flight）的反應是健康的，它能夠保護個人免於受到傷害。然而有時此種反應會受到改變或破壞，於是人們即使不在危險的情境中，也會感覺到壓力或恐懼，我們稱之為創傷後壓力症候群（National Institutes of Health, 2009b）。創傷後壓力症候群會出現以下這些令人感到困擾與痛苦的症狀（American Psychiatric Association, 2000）：

- 重複出現夢境、回憶，或閃過的畫面。
- 持續逃避與創傷事件有關的刺激物。
- 與創傷事件有關的認知或情緒出現問題。
- 行為改變，例如攻擊行為增加或過度驚嚇的反應。

對於近年來經歷伊拉克或阿富汗戰爭的軍人來說，上述疾病是特別需要重視的議題；事實上，在此族群中，創傷後壓力症候群是最常見的精神健康問題，估計約有 5%至 24.5%的普及率（Litz & Schlenger, 2009; Ramchand et al.,

2010; Swanson, Favorite, Horin, & Arnedt, 2009）。在所有的軍人當中，創傷後壓力症候群的比例約為 6%至 18%，然而曾尋求過精神健康服務的比例則高達近 50%；睡眠障礙如失眠和做惡夢，是最常見於此族群的症狀（Swanson et al., 2009）。除此之外，研究也顯示少數族裔出現創傷後壓力症候群症狀的風險較高，原因包括醫療服務輸送的不均，以及因為遭受歧視、壓迫與其他創傷而造成個人適應力的負擔。例如，以乳癌和其他癌症康復者為對象的研究便指出，相較於白人而言，非裔及亞裔美國人在診斷後出現創傷後壓力症候群症狀的風險較高（Ashing-Giwa, & Lim, 2011; Roberts, Gilman, Breslau, Breslau, & Koenen, 2011; Vin-Raviv et al., 2013）。

對於創傷後壓力症候群的治療包括從藥物到會談，以及前面所提及的處遇方式。某些治療的形式是根據行為理論和醫療模式，例如認知行為治療（cognitive behavioral therapy, CBT）、延長暴露治療（prolonged exposure therapy），以及眼動減敏與歷程更新療法（eye movement desensitization and reprocessing）等，均是有效的治療方法。

行為活化（behavioral activation）是最普遍的認知行為治療方式之一，它藉由創意的問題解決方式，充權創傷後壓力症候群患者重新融入他們生活的環境（Jakupcak, Wagner, Paulson, Varra, & McFall, 2010）。行為活化療法納入優勢觀點的元素，運用積極的問題解決方法找出困難，並且促進患者參與活動，以增加他們的愉悅感與掌控感。相反的，其他認知行為治療療法則是強調讓案主暴露於讓他們感到害怕或焦慮的活動之中（Jakupcak et al., 2010, p. 492）。

Shawn 今年 27 歲，在阿富汗的儲備單位服役 18 個月之後，回到他在愛荷華的家中。Shawn 一直都希望能成為軍隊的隨隊牧師，因此找了一份青年牧師的臨時工作。在回到家的六個月之後，Shawn 到退伍軍人中心尋求幫助，因為他無法專心工作、無法入眠，同時覺得自己失去了追求目標的動力。Shawn 陳述自己感到恐慌，無論是去上教堂、嘗試約會、到餐廳用餐或是看電影時；尤其是在他參加弟弟的運動會，聽到鳴槍起跑的那一刻，讓他感到特別難受。

Shawn說他每週平均會做八個主要的噩夢，情節是關於他親眼見到自殺炸彈在人群中爆炸，並且有兩名同事因此而死亡。為了避免做惡夢，Shawn說他每週有五天都喝到爛醉，讓他無法好好的坐著參加教會服侍、看電影或在餐廳用餐。在 Shawn 的生活裡，只有和教會裡的年輕人在一起時，才讓他稍微感到自在。然而 Shawn 表示這份工作快要不保，因為他有好幾次是在宿醉的情況下來到教會。

被診斷有憂鬱、創傷後壓力症候群及物質濫用等症狀之後，Shawn接受了每週一次、每次一小時的行為活化治療（behavior activation therapy），共計八次。治療師擁有社會工作碩士學位，他教導 Shawn 什麼是創傷後壓力症候群和憂鬱症，幫助他分析什麼是逃避的行為，指出他行為的障礙；同時治療師每週設定要達成的目標，以及問題解決行動，以幫助 Shawn 重新回到原本的生活。治療師與 Shawn 一起工作，協助他發展屬於他的獨特目標，學習發展有創意的問題解決策略，讓他能夠適應壓力情境，例如能夠待在他覺得危險的人群之中。

在完成八次治療之後，治療師和 Shawn 都發現在三個主要目標上有所進展。Shawn說他每週做噩夢的次數已經少於一次，因此降低了他喝酒的需求。他已經四個星期沒有喝醉酒，同時在任何場合都不會喝超過兩杯。Shawn認為他最主要的成就在於學到如何指認會引發他恐慌的事物，雖然他對於身處在人群中仍然感到不自在，然而他已經學會因應的策略，例如參加小團體的讀經小組、每天禱告並自修（text reading）。

精神疾病與社會工作策略　許多年輕的成年人正值進入職場、建立親密關係、嘗試在經濟和身體上獨立並離開原生家庭，若是因為精神疾病而導致在前述過程中出現問題，則需要社會工作者的關注。

個人在童年時期所經歷的精神健康問題，若在當時未獲得解決，到了成年前期很有可能會變得更為嚴重，因為此時個人正經歷角色上的轉變並面臨新的壓力。這也正說明了社工為何需要關注家庭內兒少虐待及疏忽的議題。舉例來說，虐待及疏忽均與精神健康問題（Bifulco et al., 2002），以及成年期的各種社會與人際關係問題有關（Malinosky Rummell & Hansen, 1993）。

除此之外，許多曾經歷父母離婚、分居或婚姻問題的成年人，傾向於出現較多的心理問題。婚姻中的衝突通常伴隨著其他問題，例如親子關係緊張，以至於影響到子女進入成年期後的身心發展（Amato & Sobolewski, 2001）。某些成長於有嚴重婚姻問題家庭的孩子，與父母之間始終有關係上的問題，而這只是這些孩子成年後要應付的問題之一。

與思覺失調症、創傷後壓力症候群、憂鬱症和其他嚴重精神健康問題有關的研究均強調，在與案主一起工作時，重要的是要運用不同的理論與模式，包括：

- **生理心理社會工作方法與生態模式**：著重於預防工作，尤其是針對那些父母已被診斷有精神疾病的兒童。例如，思覺失調症的早期警訊，包括社交問題、運動技能差及注意力缺陷，如果完整的評估顯示兒童在精神疾病方面具有高風險，社會工作者便可以協助排除某些環境中的危險因子，例如壓力、較差的適應及溝通等（Faraone et al., 2002）。
- **系統理論與生態模式**：著重於家庭衝突如何影響兒童及他們進入成年後的發展。例如，當衝突破壞了家庭系統內的平衡，兒童便需要調整以適應新的情況；有時，這樣的調整對於兒童未來與同儕、家人及重要他人關係的建立上，產生負面和長遠的影響。其他因素通常也是婚姻衝突的一部分，例如經濟和法律議題，對於兒童也有負面的影響。社會工作者可以協助家庭成員找到解決婚姻衝突的方法，避免影響到兒童的發展，或者至少可以將衝突所造成的情緒、心理及生理上的傷害程度降到最低。
- **醫療模式與其他生理心理社會工作方法**：對於患有嚴重及長期精神疾病（例如思覺失調症）的案主來說，這是個有效的模式。社會工作者必須具有廣泛的知識基礎，才能夠有效的與案主一起工作，因為處遇經常需要結合不同的工作方法，例如藥物治療和個案管理，以協助改善案主的身心發展與經濟狀況。

- **優勢觀點**：將案主視為具有資源及韌力的個體，具有解決問題的技巧與能力。因此，對於精神疾病的案主，社會工作者可以檢視他們身上是否具有特殊的優勢和資源，能夠協助他們克服疾病症狀所造成的問題。強調案主的優勢，可以協助社工與案主運用既有的支持資源。

此外，社工也必須熟悉與精神疾病治療相關的生理學研究與醫療新知，以幫助他們提供最適切、最具實證效果的處遇。精神疾病領域的知識發展迅速，例如，針對憂鬱症的最新研究顯示，K 他命（街頭藥物 Special K 及不需處方箋的暈船藥中的成分）對於改善憂鬱症症狀與自殺意念的效果，可能比一般的抗憂鬱藥物還要來得更好（Larkin & Beautrais, 2011）。

新興的治療方式如正念訓練（mindfulness training），也能夠有效的治療憂鬱症及其他問題，如焦慮、成癮、飲食失調和創傷後壓力症候群。正念（mindfulness）是佛教徒冥想的中心主旨，提倡積極的、不帶批判性的專注於當下（Kabat-Zinn, 1994），它建立在個人的意圖、對於當下的專注，以及開放度與接受度的基礎之上（Turner, 2009）。正念已被證實是一個有效的方式，可以減輕精神疾病和其他問題的症狀，並且為個人帶來富足而有意義的生活。即使每天只有 10 至 20 分鐘的正念靜坐和練習（mindful meditation and practice），就能夠改變大腦的結構與功能，連帶改善身心健康、記憶力、同理心、壓力程度與自我感受（Holzel et al., 2011; Siegel, 2007）。研究同時指出，正念可以抑制造成身體發炎的基因（Kaliman et al., 2014）。

根據 Gudrun 的症狀，她很可能患有精神疾病。同時根據她的年齡，她很可能是第一次經歷這些症狀。由於 Gudrun 是最近才開始出現居住、工作或關係上的問題，因此即使她以前曾有過類似的症狀，也可能較為輕微。你可能需要進行一次完整的生理心理社會及優勢評估，以確定 Gudrun 的支持資源，以及有哪些因素可能會使得她的疾病惡化。Gudrun 在發病前的能力可以視為她的優勢，也是你在與她工作時可以運用的部分；顯然地，Gudrun 還有許多其他的優勢和資源。經由適當的醫療與個案管理，Gudrun 或許可以繼續獨立生活。

身心障礙

如同精神疾病一樣，身心障礙可能在任何階段發生。目前全球有超過十億的身心障礙人口，約占全球人口數 15%（World Health Organization, 2013），而在身心障礙的人口中，超過 90%會進入到成年期。我們之所以在此討論這個議題，是因為身心障礙的狀況關係到成年前期個人的福祉，可能造成個人在邁向獨立自足的過程中遇到困難，其中的影響因素還包括障礙的類別、個人心理社會狀況，以及社區中可獲致的資源。

在 2010 年歐巴馬總統任內通過患者保護與平價醫療法之前，身心障礙兒童的保險通常是附屬於父母，然而當他們成年以後，便不再享有保險；那些原本受到州立兒童健康保險計畫（SCHIP）保障的兒童，18 歲以後也不再享有福利。許多失業的身心障礙青年，無法經由雇主獲得保險，同時因為既存情況條款（preexisting condition clause）而不易投保私人保險（White, 2002），因此大多數的身心障礙青年必須依靠聯邦醫療保險（Medicare）。然而，平價醫療法允許兒童（包括身心障礙及有慢性疾病的兒童）附屬於父母的保險之下直到 26 歲，同時保險公司也不能夠再因為既存情況條款而拒絕受理保險申請（Affordable Care Act for Americans with Disabilities, 2012）。

由於許多身心障礙的狀況需要醫療照顧與介入，因此社工和其他助人專業者在與案主一起工作時，經常運用醫療模式進行評估和處遇。另一方面，他們也需要考量在微視、中介及鉅視層面影響案主健康與功能的其他因素，例如適應技巧、個人資源、社區資源及政策等，對於身心障礙者的生活品質來說，均有著決定性的影響。

相關政策如 1990 年制定的美國身心障礙法案（Americans with Disabilities Act, ADA）（於 2008 年修訂），對於身心障礙者的福祉來說同樣重要，該法案明訂禁止歧視，並鼓勵身心障礙者在多方面融入社會生活。美國身心障礙法案包括四個主要部分（U.S. Justice Department, 2005）：

- Title I：規定員工人數為 15 名（含）以上的雇主，必須提供身心障礙者同等的工作機會。

- Title II：規定州政府與地方政府，必須提供身心障礙者同等獲得服務、參與活動及方案的機會（例如司法、投票、就業、交通運輸、休閒、醫療照顧、公立教育、社會服務及社區會議等）。
- Title III（公共設施）：禁止對於身心障礙者排斥、隔離與不平等的對待，同時提供新建或整修建築的標準。
- Title IV：明訂對於身心障礙者提供全天候的電信轉播服務（telecommunications relay services, TRS）。

語言具有權力，並且影響著各種議題之立法、政策、態度與信仰的形成，因此討論身障文化中關於語言使用的爭議，變得十分重要。在 20 世紀的最後 30 年之間，出現「以人為中心的語言」（person-first language），「身心障礙者」（people with disabilities）便是一個範例，此種觀點認為身心障礙應被視作是一個人的某個面向，而非用來定義那個人。

然而，最近許多學者及身障者團體間發起了「以障礙為中心的語言」（disability-first language）運動，提倡使用 blindness、blind person 等詞彙，他們認為使用 “Deaf person” 表示對 deaf culture 的認同，而 “Deaf person” 所指的是一個人的聽力狀況。此種轉變背後的原因在於，「以人為中心的語言」源起於醫療或病理模式，強調的是缺陷；此外，許多身障者無法認同 “hard of seeing”、“visually impaired” 和 “people with blindness” 這樣的名詞，認為它們是為了避免直接指涉出障礙。某些人認為，在語言上迴避談論，只是更加病理化這些障礙，同時也不尊重身心障礙者。「以障礙為中心」的論點假設障礙只是一種不同的生活情況，並非造成個人的缺陷，然而「以人為中心的語言」卻似乎有所意指。

許多國家如紐西蘭，已經在法律、政策與服務中改為使用「以障礙為中心的語言」，即使如此，障礙文化中對於語言使用的爭議仍然持續。對社會工作者而言，任何工作中可能碰觸的議題，例如年齡、種族、族群、性傾向、性別認同等，都必須注意在語言使用上的爭議。語言的使用不斷改變，影響的不僅是我們看待問題的觀點，也包括我們將如何面對案主、服務、政策與社會的變遷（Mackelprang & Salsgiver, 2009）。

Gudrun 可能因為她的症狀及對於治療反應的程度，而成為精神障礙者。Gudrun 或許因此而符合不同政府方案的福利資格，可以在經濟上協助她並負擔醫療費用，然而她可能需要在處理行政手續和應付官僚系統上獲得引導，以確保她能夠獲取這些資源。同時由於某些方案需要持續提供資格證明，因此她需要相關的協助以維持這些資源。經由個案管理，你可以確保 Gudrun 能夠獲得相關服務，以協助她盡可能維持最佳程度的自主與福祉。

靈性發展

近年來，社會工作者開始關注到案主的靈性發展議題。從生理心理社會觀點來看，社會工作將靈性視為個人發展的面向之一。靈性社會工作的著名學者 Edward R. Canda 將靈性定義為：

> 人類對於意義、目的，以及在精神上感到滿足的關係（與自己、他人、宇宙及存在本質之間）的追尋，然而這只是我們能夠理解的部分……靈性……還包括引導人生的中心思想、價值觀及行為實踐，可能以宗教或非宗教的方式體現。（2008, p. 27）

由於愈來愈多人關注靈性的議題，因此有關靈性的發展及人們如何藉此讓生活更美滿的文獻也愈來愈多。當然，對於宗教及靈性在人類生命中所占的重要性，仍有諸多不同的意見，尤其是針對年輕人的研究更是如此，因為人們在此階段正經歷許多改變，這些都可能影響其對於靈性的定義和理解、以及其從事宗教活動的程度。

某些研究發現，在年少時期積極參與宗教活動者，到了成年前期變得較少參與活動，然而之後又會開始積極參與，特別是那些在青少年時期很活躍、或是發現宗教團體中有新活動可以參加的人。此外，當這些年輕人重新回到宗教團體，他們通常會選擇小時候所隸屬的組織（O’Connor, Hoge, & Alexander, 2002）。

資料來源：M. Freeman/PhotoLink/Getty Images.

照片 10-A

靈性發展是社會工作實務上的重要議題

另外也有研究發現，雖然宗教信仰逐漸式微，然而對於進入成年前期以後的年輕人來說，參與宗教活動的比例卻逐漸上升。這項研究結果顯示，宗教參與似乎與傳統上對於成年人角色的期待，例如結婚生子有所關聯，意即某些年輕人認為宗教參與是伴隨著成立家庭而來的一種社會期待。另一方面，較為年長者則是從宗教聚會中尋找社會支持（Bengtson, Horlacher, Putney, & Silverstein, 2008; Stolzenberg, Blair-Loy, & Waite, 1995）。

某些年輕人會將靈性和信仰與宗教連結在一起，然而對於另一些人來說卻又不一定是如此；例如某些人可能認為自己非常重視靈性，即使他們並未參與宗教活動或隸屬於任何宗教組織；另外也有人是因為參與了宗教活動，因而認為自己獲得靈性發展。靈性、信仰和宗教對於每個人的意義都不一樣，因此使得它們難以被定義、研究並應用於不同的案主身上。

社會工作者於是發現，無論是去解釋相關研究，或是理解個別案主的信仰議題，都令人感到困難。然而，仍有各式理論嘗試去解釋信仰與宗教，並且對於人們在不同階段參與宗教活動的情況，提出了以下不同的觀點：

- **社會學習理論**：此觀點認為宗教信仰與靈性是經由學習而來，意即是模仿重要他人信仰與行為的社會化過程。因此，如果父母經常去教會，子女長大之後很可能會從事相同的活動，即使在青春期的時候可能會對此有所質疑，但成年之後仍傾向與父母有相同的信仰。

- Erikson 心理社會發展理論：此觀點認為信仰及宗教參與，和人們需要處理該人生階段的發展任務與危機有關。例如成年前期正處於親密與疏離的階段，某些人因此會加入宗教組織，尋求心靈相近的同伴，也就是藉由信仰協助他們建立親密關係。相對的，也有某些人因為宗教信仰造成親密關係中的衝突，因此選擇放棄信仰和宗教活動的參與。

某些理論試圖聚焦從助人觀點去解釋信仰與靈性，Fowler的信仰發展理論便是其中之一。

Fowler 的信仰發展理論 是與靈性發展相關的理論之一，由發展心理學家James Fowler所提出，描述人生各階段靈性發展的過程。Fowler認為信仰並不必然與特定宗教甚或與上帝有關，而是個人尋找意義及與他人建立連結的方式。Fowler的理論提出，人們從生命之初便開始發展信仰，並且一直持續到晚年（Fowler, 1981, 1996）。圖表 10.1 描述此理論的各個階段。

如圖表 10.1 所示，Fowler 的理論認為人們會經歷一致的發展階段，到了最後階段，人們會經驗普世的信仰並關懷全人類的福祉。原則上此理論認為，人們的信仰是隨著年齡增長以一種線性且一致的方式發展，然而 Fowler 也表示，只有少數人能夠真正達到第六或第七階段，此外，人們到達某一階段的年齡及完成發展任務的程度也不盡相同。

根據Fowler（1981）的理論，成年前期應屬於第五階段，此時人們開始反思自身的信仰，並且與其過往被社會化的信仰進行比較。倘若多數人在成年前期達到 Fowler 理論的第五階段，便可以幫助我們解釋為何多數人到了成年前期以後，對於不同的宗教信仰較為寬容，以及為何此時許多人開始發展自己對於靈性的定義。

Fowler的理論同時也解釋了為何年輕人的靈性發展，相較於年長者來說較為薄弱。一項貫時性的研究發現，人們的年紀愈長，愈重視靈性發展；此研究

圖表 10.1

Fowler 的信仰發展理論

階段	內容
階段一：原始的／無明顯特徵的信仰（出生到 2 歲）	從嬰兒期便開始進行人生選擇，包括這個世界安不安全、他們的需要是否被滿足。 兒童開始使用語言表達與他人之間的關係。
階段二：直覺－投射式的信仰（2-6 歲）	兒童從環境中獲致資訊，此時他們對於靈性尚缺乏邏輯性的思考，但對於被教導的事情產生認同。
階段三：神話－字面式的信仰（6-12 歲）	兒童將神話故事與符號象徵連結到信仰，對於信仰的內容尚缺乏批判性思考。
階段四：綜合－群體式的信仰（12 歲以上）	青少年藉由與他人互動而接收相關資訊，發現符號象徵與傳統習俗中的意義，但仍習慣以既有的方式思考信仰。
階段五：個人－反思式的信仰（成年前期以後）	人們開始反思信仰的意義及自身的信仰為何，能夠將自身的信仰與被教導的概念進行比較。
階段六：契合式的信仰（成年中期以後）	人們可以接受在自身信仰與傳統宗教之間，存在著矛盾和衝突；靈性具有更深層次的意義。
階段七：普世式的信仰（成年中期以後）	人們整合信仰之間的衝突，並從事於確保人類福祉的工作。他們覺察到不公義，尋找到為了更多人的利益而自我犧牲的意義。

資料來源：改編自 Fowler, 1981.

指出，靈性發展從成年前期的最低點，至 30 歲左右開始增強，而在成年晚期達到最高峰（Wink & Dillon, 2002）。或許青春期及成年前期對於信仰、靈性及宗教的探求，只不過是為了完成該時期的發展任務，例如擴展經驗及人際互動等（Paloutzian, 2000）。

靈性社會工作　靈性與宗教參與對於人們的世界觀有深切的影響，而宗教組織更具有提供個人社會及其他支持網絡的功能，因此社會工作者在進行個案評估及處遇時，靈性與宗教參與是必須考量的面向之一。一般來說，案主的宗教信仰及靈性觀點，會影響其看待問題與解決問題的方式，同時也可能是協助案主克服障礙的優勢。因此，社工可以藉由對於案主靈性發展程度的了解，協助促進案主的身心發展與福祉；然而很重要的一點是，社工必須避免將自己的信仰強加在案主身上。

如同其他的理論觀點，Fowler的靈性發展模式，提供社會工作實務上的協助，然而我們必須謹記在心，信仰發展理論難以建構與闡述，同時與其他理論一樣，並不一定能夠適用於所有的文化與靈性脈絡。

在 Gudrun 的案例中，你可以去了解在她居住的社區中有哪些宗教組織，由於 Gudrun 現在正努力維持自立生活，教會或是其他的組織或許可以提供她所需要的支持。此外，在你與 Gudrun 一起工作時，或許可以運用她的靈性觀點作為優勢；你同時可以探究 Gudrun 的道德與靈性發展，並與她一起討論這對她是否有所幫助。就道德發展而言，你不一定需要知道 Gudrun 已經達到哪一階段，而是與她一起討論她的世界觀與人生觀。

由於 Gudrun 正處於人生的危機關頭，與她討論信仰的議題或許可以幫助他更了解目前的處境；同時你可能也需要了解她的信仰與價值觀，是否和她所信奉的宗教領袖一致。藉由以上的工作，你或許可以協助 Gudrun 接受自己的症狀對於其生活的影響。

成年前期的家庭與中介系統

在成年前期，許多人開始重新定義與他人之間的關係，他們開始探索自己在家庭、同儕、職場及親密關係中的角色。本節中將探討影響此時期成年人身心發展的議題，包括另類的關係與居住形式（alternative relationships and living arrangements），以及家庭暴力的議題。

非典型的伴侶關係與居住形式

自 1950 年代開始，年輕人選擇單身的比例愈來愈高，許多人繼續住在原生家庭，或是獨居，或是與朋友或重要他人同住。根據美國人口調查局（U.S. Census Bureau, 2013a）的報告，結婚的人口比例從 2010 年的 54.1%，下降至 2013 年的 50.5%。如同圖表 10.2 所示，美國疾病控制與預防中心所進行的一項研究發現（Copen, Daniels, Vespa, & Mosher, 2012），約半數的受訪男性為單身，而女性單身的比例也相去不遠。

婚前同居已經成為普遍的現象，事實上，在最近結婚的新人當中，有三分之二的比例曾經同居過（Schoen, Landale, & Daniels, 2007）。圖表 10.2 同時顯示，現今選擇同居的成年人（尤其是女性）的比例，遠高過於 1980 年代初期，同時間結婚率則持續下降。

如同我們在前面「成年初顯期」中所討論的，另一種普遍增加的居住形式，則是年輕人留在家裡與父母同住。根據美國人口調查局（2013a）的資料，自 2005 年至 2012 年之間，年輕人住在父母家裡的比例上升。25 至 34 歲男性住在父母家的比例，從 2005 年的 14%上升至 2013 年的 16%；女性則從 8%上升至 10%。

圖表 10.2

兩性關係的變遷（15至44歲）

受訪時的關係類型（%）

	1982		1995		2002		2006-2010	
	男性	女性	男性	女性	男性	女性	男性	女性
第一次婚姻		44.1		39.9	35.0	37.5	32.8	36.4
再婚		8.1		9.3	7.2	8.5	4.8	5.1
同居		3.0		7.0	9.2	9.0	12.2	11.2
未婚單身		33.5		33.4	41.6	35.0	45.0	38.2
離婚單身		11.3		10.3	7.0	9.9	5.2	9.2

資料來源：改編自 Copen, Casey E., Kimberly Daniels, Jonathan Vespa, and William D. Mosher, "First Marriages in the United States: Data from the 2006-2010 National Survey of Family Growth," National Health Statistics Reports, Number 49, March 22, 2012, National Center for Health Statistics, Centers for Disease Control and Prevention, U.S. Department of Health and Human Services. Accessed 8/5/12 at www.cdc.gov/nchs/data/nhsr/nhsr049.pdf.

晚婚的趨勢可以歸因於女性勞動參與率的提升，使得女性在經濟上能夠獨立，因此延遲了婚姻，或是選擇其他的關係與生活形式。不可否認的，仍有許多單身女性希望未來能夠進入婚姻。

由於女性在薪資上始終與男性有所差距，加上其他的經濟因素，婚姻經常能夠改善女性的經濟地位。除此之外，某些已婚女性會為了照顧小孩而辭去全職工作。2000 年，育有 15 歲以下子女的家庭中，有 21%為全職媽媽照顧；到了 2010 年，全職媽媽的比例上升至 23%；而在金融風暴之前的 2007 年，全職媽媽的比例則高達 24%（U.S. Census Bureau, 2010b）。

從某個針對 500 名大學生所進行的研究中，我們可以了解上述對於婚姻和家庭的態度（O’Laughlin, 2001）。研究結果顯示，80%受訪者希望能夠擁有屬於自己的家庭，但那些表達出矛盾心理的受訪者似乎更有現實感，包括擔心要如何在家庭與工作、學業和其他責任之間取得平衡。對於建立一個家庭的實際期待，則隨著年齡的增加而上升：相較於 30 歲以上的人來說，18 至 30 歲的年輕人對於婚姻與家庭有著較不切實際的想法。例如，年輕人較容易認為要在工作與家庭之間取得平衡，以及在經濟上撐起一個家並非難事。在此研究之中，男性在養育子女方面似乎有著較不切實際的期待，這反映出養育子女帶給女性較多負面影響的事實，或許也是為什麼這麼多女性晚婚和晚生育的原因。

社會對於同志關係的接受度提高，或許也是年輕人選擇單身和同居的另一個原因。現在許多同志會選擇忠於自己的性認同，而不是屈服於社會壓力選擇與異性結婚。許多同志無法選擇與同性伴侶結婚，也是影響結婚統計的另一個因素。

雖然同志伴侶仍然面臨許多法律及社會的阻礙，以致於無法維持承諾的關係，但是他們的關係卻可能較異性伴侶要來得緊密。某些研究指出，相較於異性伴侶，同志伴侶擁有較佳的問題解決技巧，與伴侶之間的意見也較為一致；此外，同志伴侶也較為獨立且容易接納不同的意見（open-minded）。然而另一方面，同志伴侶認為自己較缺乏社會支持，則反映出整體社會對於同性戀的看法。比較特別的是，相較於男同志與異性伴侶，女同志認為自己獲得較多朋友的支持，同時在關係滿意度上也較高，或許也顯示了女性在人際交往上較為擅長（Gotta et al., 2011; Kurdek, 2001）。

在西方社會，關係與居住形式已然改變，社會工作者必須同時注意這些改變之於個人與社區的社會含義，例如財務、溝通方式、家庭動力，以及家庭與性別角色均會受到影響。社工在處理成年前期的關係議題時，可以運用依附理論、心理動力理論（psychodynamic theories），以及其他與人類發展相關的理論模式。此外，系統與生態理論對於社工在了解與處遇某些關係的議題上，也有一定程度的幫助。

Gudrun 的精神健康問題及家庭動力，使得她在發展與維持關係上，需要更多的協助。我們從 Gudrun 的紀錄中可以發現，她在過往有建立關係的能力，可視為她的優勢；然而，她的精神健康問題及與家人之間的關係，可能影響未來的關係建立。在此案例中，你可以運用系統或生態理論進行評估和處遇，將各種可能影響其身心發展的因素納入考量。

家庭暴力

多數人在成年前期經歷第一次的親密關係，他們也在此時開始學習處理衝突及與伴侶妥協。然而某些時候，一般的衝突會演變成家庭暴力，又稱作親密關係暴力。對於年紀尚輕的成年人來說，或許尚未有足夠的自信與知識去處理這個嚴重的議題；同時也因為他們通常不與家人住在一起，讓家庭暴力更加難以認定。家庭暴力問題惡化的原因，經常是因為受害者希望維持剛開始的獨立生活，而加害者則藉此讓受害者與家人和朋友關係疏離。無論是哪一種情況，都使得對於家庭暴力受害者的處遇變得更加困難。

1995 年至 1996 年，美國國家司法研究所和美國疾病控制與預防中心共同贊助了美國國家司法研究所，在 2000 年出版的調查結果指出，每年有 130 萬女性和 83.5 萬男性是親密關係暴力的受害者（Tjaden & Thoennes, 2000）。雖然男性和女性都需要面對家庭暴力的議題，然而女性的受害風險顯著較高。根據美國司法統計局（Bureau of Justice Statistics, 2013）的資料，在遭受他殺的女性受害人之中，約三分之一是被親密伴侶所殺害。事實上，女性的確較容易被熟識的人傷害，70%的女性性侵害被害人陳述犯罪者為熟人（Bureau of Justice Statistics, 2009）。

許多研究都指出家庭暴力對於兒童的影響（例如 Heugten & Wilson, 2008; Humphreys, Lowe, & Williams, 2009; Perloff & Buckner, 1996; Shepard, 1992），與受虐兒童的情況相似（詳見第七章）。目睹家庭暴力的兒童，成年之後成為親密關係加害者或受害者的風險較高（Evans, Davies, & DiLillo, 2008; Tutty & Wagar, 1994）；同時他們較常出現霸凌、學業表現不佳，以及物質濫用的行為（Centers for Disease Control and Prevention, 2011a）。到了成年前期和晚期，家庭暴力的受害者可能出現各種不同的問題，包括精神疾病、身體傷害、失業、創傷後壓力症候群等，甚至包括死亡（Evans, Davies, & DiLillo, 2008）。

我們從 Gudrun 的案例中可以看見上述所探討的諸多議題，例如 Gudrun 目睹父母的家庭暴力，使得她在親密關係中的受暴風險較高，或許成為她與男友之間的問題之一。你可以對此情況進行評估，當 Gudrun 較容易在親密關係中遭受暴力時，將影響到她未來在關係上的建立及整體的身心發展。

家庭暴力相關理論　許多理論可以用來解釋家庭暴力發生的原因：

- **社會學習與家庭系統理論**：認為暴力會循環，同時親密關係暴力會藉由代間傳遞。例如某些研究指出，兒童虐待、家庭關係疏離、家庭成員物質濫用、家庭暴力，以及暴露於媒體暴力等因素，均與成年期的家庭暴力問題有關（Bevan & Higgins, 2002）。曾遭受虐待及目睹暴力與物質濫用的兒童，成年後出現這些行為的風險較高。
- **生態理論**：認為家庭暴力發生的原因，除了前面所提及的各項因素之外，還包括暴力行為的基因遺傳及其他問題，例如貧窮、失業和性別角色的變化。

- **女性主義理論**：認為在父權社會的意識型態之下，暴力對待女性與兒童的問題將永遠存在，因為承認男性的權力，就等於承認了女性的從屬與次等地位。

對於社會工作者來說，貧窮及福利改革是與家庭暴力顯著相關的議題。1996 年的福利改革方案（以下簡稱改革方案），對於仰賴公共救助的家庭暴力受害者（特別是那些離開加害者的人）有下列影響：

- 受害者通常需要花好幾年才能成功的離開受虐關係，而且婦女經常多次反覆離開之後又回到施虐者身邊，每次當她們離開並試著靠自己生活時，便需要依賴公共救助。然而改革方案規定每個人一生只有 60 個月的公共救助限制，讓許多婦女無法獲得福利的資源。
- 施虐者經常孤立受虐者，不讓她們就業，以便控制她們。因此，許多受虐婦女無法就業，或是缺乏就業所需的技能和經驗，而無法找到一份穩定、薪資高的工作（Chanley & Alozie, 2001）。改革方案所規定的工作要求，不利於這些受虐婦女的處境。
- 改革方案中的兒童支持與父親身分要求，實際上助長了對於女性的暴力，尤其是對那些仍與施虐者同住，或是正在躲避施虐者的婦女而言。
- 改革方案對於醫療福利的限制，不利於因受虐而需要醫療關注的婦女。
- 移民婦女的福利完全被刪減。
- 由於福利方案的內容是由州政府所決定，各州之間的福利補助與資格要求差異極大，因此即使受虐婦女需要遠離施虐者，她們也很難到新的地方重新生活。當然，州政府在設計方案時可以將家庭暴力的情況列入考量，但是處理的方式不可能完全一致，同時也不保證會依據家暴受害的情況彈性處理（Chanley & Alozie, 2001）。

家庭暴力與社會工作實務　雖然社會工作者經常處理與家庭暴力相關的政策與服務，但仍被外界批評未能適切的回應此一特殊議題。某些批評者認為社工並未將家庭暴力列為優先議題，同時允許負面的政策（例如 1996 年福利改革方案）的制定和實施。由於多數社工在兒童與家庭服務相關的機構工作，因此許多批評者認為社工應該站在第一線，為家庭暴力受害者爭取有利的政策與方案，而不是成為無法解決問題的官僚體系，包括責備受害者、未能運用廣泛的理論進行評估和處遇，以及阻礙讓受害者自立的方案推展（Danis, 2003）。

事實上，已有許多社工投入為家庭暴力受害者倡導的政策與方案規劃。例如，許多社工投入司法人員訓練，教導他們如何處理家庭暴力的情況，同時倡導對家暴受害者友善的司法體系，讓受害者便於取得服務，也讓那些已經離開受暴關係的受害者能夠更有效的獲得支持。

成年前期的鉅視系統

隨著年輕人開始進入社會，宣告獨立並找尋立足之地，他們的生活也逐漸被鉅視層面的議題所影響，例如政治、經濟、職場政策及教育議題等，當然還有更多其他的因素影響著剛出社會的年輕人。接下來我們將探討某些影響成年前期生活的社會環境因素。

高等教育

高中畢業之後，許多年輕人需要在繼續唸大學或就業之間進行選擇，其中有些人無法負擔上大學的費用，也有人因為缺乏學校、老師或家長的引導而未做出最佳選擇。特別是在低收入社區、資源不足的學校之中，學生經常未能獲得充分的資訊進行生涯選擇，同時也較缺乏準備入學考試如SAT的機會（Hollenshead & Miller, 2001）。此外，這些學生經常缺乏可以鼓勵他們、期待他們繼續升學的角色模範。對於那些成為家中第一個進入大學的年輕人來說，入學及畢業的過程都可能相當的辛苦。

對出身於經濟弱勢家庭的年輕人來說，他們在高中畢業之前就已經處於升學的劣勢，例如他們通常就讀於教育品質較差的高中，因此在大學申請過程中較缺乏競爭力；此外，他們經常缺乏旅遊或擔任志工等可以豐富申請資料的生活經驗，也缺乏讓他們可以升學的經濟或社會支持，他們甚至不懂得如何選擇一所符合自己需求與目標的學校。另一個問題是，經濟弱勢家庭的父母對於孩子能夠順利的在大學就讀，並不抱持樂觀的想法，其中的原因可能是他們自己並未讀過大學，或是他們因為某些障礙而未能順利完成大學學業，因此這些父母並不鼓勵孩子繼續升學（Crosnoe, Mistry, & Elder, 2002）。

社會學習理論可以協助解釋上述的現象。如果父母缺乏高等教育的經驗，導致自我效能較低，他們當然不太可能成為孩子的正面角色模範。同時，這些年輕人比較缺乏與曾上過大學者互動的經驗，並且成長於較不重視高等教育的環境。

對於想要進入大學就讀的女性來說，自我效能是個重要的議題。過去，女性就讀大學和學院的比例較低，然而目前這個趨勢已經明顯的改變。事實上，某些人認為男性就讀大學和學院的比例已經低於女性，至少在大學部的狀況是如此。就目前而言，女性在高中的表現優於男性，進入大學和學院的人數也多於男性（Conlin, 2003）。

另一方面，也有人認為雖然女性進入大學就讀的人數多於男性，但是多年來男性入學的管道增加，特別是那些來自於高收入階層的男性。此外，男性獲得專業文憑與博士學位的人數仍然高過女性，尤其是在以男性為主導的領域如工程和自然科學方面；而男性在大學和學院中取得教職與行政職位的人數，同樣高過女性，尤其在較具聲望的學術機構中更是如此（Hollenshead & Miller, 2001）。上述趨勢在經濟與其他方面阻礙了女性的權力與地位的提升。

對於那些想要進入大學卻面臨諸多障礙的學生而言，社會工作者可以提供重要的支持；對於那些已經在大學就讀卻面臨學業或其他問題的年輕人而言，社會工作者同樣可以提供協助。

身為 Gudrun 的社工，你或許可以建議她進修取得大專文憑，以協助她提升職場技能。另一方面，進修可以讓Gudrun獲得並維持穩定的工作，對於她的精神狀況也有所幫助。

性別歧視

女性在某些科系與職業領域中居於弱勢的現象，引起了性別歧視的相關討論。在第五章，我們探討了種族歧視、偏見與壓迫；性別歧視則在定義、發生的原因及對於個人的影響上，與上述議題相似。與其他類型的歧視一樣，**性別歧視**包括對於女性和男性的刻板印象與概括想法，並且依據此種刻板印象去對待他們。

最常見的情況是，當性別歧視對於案主或是社會的某個面向產生負面的影響時，社工便必須處理這個議題。當人們進入成年前期，接觸社會的領域漸廣，例如就學與就業的環境，便容易感受到性別歧視。雖然在之前的階段，人們也可能經驗到性別歧視，但此階段他們開始了解到性別歧視對於個人生活及社會整體的負面影響。

雖然性別歧視對於男性也有負面的影響（例如，男性被期待要隱藏自己的情緒，因此不利於他們的身心健康），但對於女性來說，性別歧視似乎是個較為普遍的問題。相較於男性而言，一般對於女性的刻板印象較為負面，同時如女性主義者所言，女性較缺乏權力，此種不平等使得刻板印象造成的傷害更大，也更加使得女性無法獲得權力與平等的地位。性別歧視，尤其是制度性的歧視，造成許多女性落入貧窮循環之中，而貧窮又會導致許多問題，例如心理疾病、平均餘命降低及身體健康欠佳（Belle & Doucet, 2003）。

為了協助年輕女性免於受到性別歧視的傷害，社工需要就相關議題對她們進行教育宣導。同時，社工需要明確指出在此時對抗性別歧視的方法，以協助案主預防在中年或老年時期出現問題。

同工不同酬 工作職場的性別歧視是長久以來的問題，即使具有大學學歷的女性勞工比例（38%）高於男性勞工（31%），然而在學歷、年資和工作性質相同的情況下，女性的薪資仍然僅有男性的 84%左右（Pew Research Center, 2014a）。2014 年，美國男性勞工的週薪中位數為 872 美元，女性勞工卻只有 722 美元（Bureau of Labor Statistics, 2014）。

性別之間的薪資差異幾乎存在於所有專業領域，例如男性電腦分析師的收入，大約比女性電腦分析師高出 26%；男性律師的收入大約比女性律師高出 44%；男性會計師的收入大約比女性會計師高出 39%（U.S. Bureau of Labor Statistics, 2009）。女性在管理階層、專業人士等相關職業的每週收入中位數為 975 美元，而男性則為 1,130 美元（Bureau of Labor Statistics, 2014）。對於多數有色人種女性及年長的女性而言，同工不同酬的情況更為嚴重（U.S. Census Bureau, 2013b）。

除此之外，以女性居多的專業整體薪資較低，為了說明此種情形，圖表 10.3 呈現了不同職業別中女性的比例，與該職業平均薪資之間的相關性。如同大家所見到的，在女性員工比例與平均薪資之間，呈現明顯的負相關。

即使當兩性分別進入另一個性別為主導的職業之中，薪資差異仍然存在。例如，護理師之中有 91%為女性，其平均年薪為 51,000 美元；男性僅占所有

圖表 10.3

女性在不同職業別中所占的比例與該職業平均年薪之間的相關性

職業	女性工作者的比例	平均年薪（美元）
工程師	10.8	$92,260
建築師	20.7	$79,300
執行長	24.2	$176,550
律師	24.2	$130,490
醫師	24.2	$184,650
出納人員	73.6	$20,230
小學教師	81.7	$55,270
圖書館員	86.2	$57,020
幼兒保育人員	94.5	$21,320

資料來源：From *Mismatch: The Growing Gulf Between Women and Men*, by Andrew Hacker. Copyright © 2003 by Andrew Hacker. Adapted with the permission of Scribner, an imprint of Simon & Schuster Adult Publishing Group.

護理師的 9%，平均年薪卻是 60,700 美元。此外，即使有愈來愈多的女性成為卡車司機，但是她們每週薪資的中位數只有 542 美元，相較於男性卡車司機則是 709 美元（U.S. Census Bureau, 2013c）。

對於成年前期的女性來說，薪資不平等的狀況特別讓她們感到困擾，因為這讓她們一開始進入職場便處於劣勢，同時此種劣勢會一直影響著她們的工作生涯直到退休。雖然隨著工作經驗及升遷，女性的薪資會逐年增加，但是在女性的職涯之中，處於劣勢的情況仍然持續存在。例如，女性會因為生小孩而暫時離開職場，同時女性因為要照顧小孩或年長父母而請假或離開職場的比例也較高（Pew Research Center, 2014a）；於是，當這些年輕女性到了老年，她們可以用來生活、醫療和其他花費的金錢就變得比較少。另一方面，相較於男性，女性能夠從社會安全保險（Social Security）和其他方面所獲得的退休金較少，這是因為她們在年輕時的薪資較低，因此所提撥的退休金也較少；同時女性因為工作時的薪資較低，能夠為老年生活預留的金錢也較少。今日，許多年輕女性對於職場上的不平等感到沮喪，並且認為男性比較容易進入高薪與高階的工作（Pew Research Center, 2014a）。

同工不同酬的原因　針對同工不同酬始終存在的原因已有廣泛的研究，一個最常見的解釋是女性有生育孩子的責任。進入家庭的女性通常能夠花在工作的時間較少，當有升遷的機會時，她們也較難配合工作地點的移動（Hacker, 2003）。

同時有實證顯示，當所有的條件相同時，有母親身分的女性（或是有可能成為母親的女性）在僱用時受到歧視——這種現象被稱之為「母職懲罰」（motherhood penalty）。某項研究比較兩組女性的工作經驗（Correll, Benard, & Paik, 2007），這些女性都具備一流的履歷與工作經歷，然而其中一組的履歷中包含了親師組織（parent-teacher organization）的經驗，由此可以看出她們具有母親的身分。研究結果顯示，被認為是「母親」的那組女性，在工作上被視為較缺乏競爭力與承諾，因此在起薪上比「不具母親身分」者少了 11,000 美元，受僱之後也受到較嚴厲的評價。

許多人認為同工不同酬的根本原因來自於制度性的性別歧視，意思是高薪與擁有權力的工作職位，仍然將女性排除在外。同時因為在高階職位的女性相對而言較少，相關的政策與改變便難以推行；許多對於制度性歧視的批評者便認為，法律與政策並未能有效保障女性並避免歧視的發生。例如，1964 年民權法案（Civil Rights Act of 1964）禁止聯邦組織在僱用時的歧視行為，並且成立了公平就業機會委員會（Equal Employment Opportunity Commission），然而之後的立法，例如 1972 年平等就業機會法（Equal Employment Opportunity Act of 1972），不僅未提及男性和女性之間的薪資差距，也未提及此種不平等對於女性生涯的影響。

為了緩解因性別差異而產生的薪資不平等，許多女性主義倡議者爭取比較價值（comparable worth）的立法，主張依照工作換算的價值而非工作者的性別給予報酬；此外，此立法也特別列出無薪資報酬的工作如準備三餐、照顧小孩及做家事等，認為應比照相關工作（例如接送服務、食物料理、托育服務等）給予報酬。然而，這個立法的行動並未成功，主要是來自於企業的反對，以及社會上普遍對於家務工作的不重視（Gibelman, 2003）。

性別歧視的理論　女性主義者認為性別歧視之所以長期存在於美國社會，與社會中以男性為主導的性別刻板印象有關，茲敘述如下：

- 一般而言，多數女性（尤其是年輕女性）缺乏在各個領域的權力與公眾領導地位，女性仍然被認為較缺乏競爭力，尤其是在擔任領導者方面。
- 當女性擔任具有權力的職位時，人們會傾向認為那項職位是不重要的；若是無法否認該項職位的重要性，人們便會將那位女性的成功視為幸運，或認為她是得到外力幫助（例如同事的協助或特殊對待）才能獲致成功。
- 承上，若是無法否定那位女性在職位上的成功，人們便會因為她的能力及違反了性別刻板印象而仇視她，於是這類女性被標籤為「壞女人」（bitches）、「自私的」（selfish）和「刻薄的」（bitter）。有趣的是，這似乎成為一種跨越文化界線的現象（Carli & Eagly, 2001）。

- 媒體助長了性別歧視及對於女性的負面刻板印象。例如，以專業女性為主要對象的流行雜誌廣告，所呈現的專業形象仍需要穿著女性化的服飾，並維持她們「柔和」（soft）的一面，這或許是為了降低女性的威脅性，並確保她們仍遵守期待的性別角色。某些人認為媒體中的女性負面形象，加強了對於女性角色、規範及能力的刻板印象，使得性別歧視更為惡化（Fouts & Burggraf, 2000）。
- 女性的成功容易被歸因於她們的外表、性吸引力（sexuality）、依靠男性同事，或是性別保障名額（affirmative action）。年輕女性特別容易受到性別刻板印象及偏見的影響，長官和同事可能會因為她們的年紀，認為她們過於年輕和天真，因此能力不足。相較於年輕男性而言，年輕女性的想法和能力較容易受到忽視，而她們的成功也容易被歸因於其他因素。

人們通常使用男性的詞彙去描述管理能力，因此許多管理者和工作者假設女性天生不具備此種能力。即使一名女性的工作內容等同於她的男性同事，她的工作仍被視為比較低階。例如，在同一個工作團隊，女性因為工作表現良好而獲得獎勵的機會少於她們的男性同事。某些學者認為，身為一名有能力的女性，在職場上反而成為一種阻礙，讓她們無法在職場中獲得升遷。

第 5 章所探討的種族主義、偏見與壓迫的理論，可以協助闡述性別歧視的原因和影響。例如，歷史及社會化的過程可以解釋為何性別歧視會長期存在，以及為何如此難以根除。女性主義理論提供了另一種了解性別歧視的觀點，即性別歧視是父權結構下的產物，讓女性無法獲致權力；同時藉由破壞女性工作的價值，維持性別角色規範及刻板印象。

性別歧視與社會工作　社會工作專業對於性別歧視的存在也負有責任。一項針對 *Journal of Social Work Education* 所進行的內容分析研究，發現在該出版品中有性別歧視的語言，並缺乏對於性別議題的關注（Grise-Owens, 2002）。該項研究的研究者認為，正是因為這種對於性別議題的漠視，助長了制度性性別歧視的繼續存在。

另一方面，《倫理守則》（美國全國社會工作者協會，1996年通過，2008年修訂）則抱持反對性別偏見的立場，將挑戰歧視與社會上不公義的現象，例如性別歧視，視為社會工作者的倫理責任。基於上述的責任，社會工作者必須挺身倡議相關立法與政策，以終結性別歧視。社會工作者可以教育法律與政策的制定者，協助他們了解性別歧視的原因和造成的影響，並且協助他們規劃能夠有效抑止性別歧視的法律和政策。此外，無論是在實務或學術領域上，社工都應該成為其他專業的模範；確保性別歧視不會發生在機構、學校及研究領域，也是協助消滅性別歧視的方式。

雖然我們在 Gudrun 的案例中，並未看到有關性別歧視的議題，然而她在職場上仍有可能面臨到相關的問題。例如，雇主可能因為她的性別而對她的工作能力存有刻板印象，使得她在職場上未能獲得公平的對待。更具體的說，雇主會認為 Gudrun 是女性，因此無法勝任她的工作，或是不具有升遷的資格。如果 Gudrun 因為精神健康問題或是在某方面缺乏工作技能，致使她的工作表現不如預期，卻被歸因於她的性別，可能會妨礙她尋求協助以改善自己的工作能力。此時你可以協助 Gudrun 捍衛自己的權益，同時確保她的雇主知道她的情況並願意提供支持。

性騷擾

如同前一節所述，性別歧視在美國社會中仍然是個普遍的現象，性騷擾便是其中一個表現出來的形式。剛進入職場的年輕人，可能第一次經歷或認知到性騷擾，同時覺察到媒體和其他社會因素，是造成此種態度和行為的幫凶。

性騷擾與大眾文化　許多女性主義者認為，社會持續默許性騷擾的行為並支持性別歧視的觀念，反映在大眾文化上。例如，媒體藉由廣告及情境喜劇中的矮化言語和情境，助長了性別歧視觀念，如物化女性的辦公室幽默，在情境喜劇中十分普遍——本質上便是在貶低女性。以女性主義者的論述，大眾文化實際上表現出的是一種仇視女性的含義（Montemurro, 2003），特別是對於那些在職場、政壇、體壇和其他領域表現傑出的女性。即使如此，仍有某些節目如「南方四賤客」（The Office and South Park）以幽默的方式探討社會及職場上的性騷擾議題。

性騷擾在大學校園中也很普及，某項針對 158 位大學生所進行的抽樣研究指出，約有 33%的人曾被教授性騷擾（DeSouza & Fansler, 2003）；而在抽樣的 209 位教授之中，則有超過一半的人回答曾被學生性騷擾。有趣的是，男性和女性回答曾被性騷擾的比例相似，然而相對於男性而言，遭受性騷擾對於女性所造成的負面心理影響較大。此研究呈現出在大學生之中發生性騷擾的比例甚高，似乎也顯示許多年輕人並不完全了解什麼是性騷擾，或是性騷擾行為對於他人可能產生的影響。

許多大學校園已有相關方案，以提升學生對於性騷擾及其影響的認知。隨著年輕人進入職場或其他可能遭遇性騷擾的情境，社會工作者可以在不同的場域協助他們處理此項議題。

性騷擾的理論　衝突理論及女性主義觀點均可以用來解釋性騷擾的行為和發生原因，例如，這些理論都將性騷擾視為維持男性權力的一種策略。性騷擾對於受害者來說是種威嚇的行為，以至於許多受害者不敢說出口，而加害者繼續行使權力於受害者，使其處於弱勢的地位。如果受害者為女性，並說出自己遭受性騷擾，她便很容易被視為麻煩製造者，並且影響到她往後升遷的機會，使得她沒有機會掌握權力去挑戰這些行為。

此外，社會學習理論也提供了另一種觀點，即兒童會學習媒體上或聽聞其他人所開的玩笑、語言及騷擾行為，並認為那就是社會所重視的價值。對於經歷過性騷擾，或是常見到此種行為受到正增強的兒童來說，學習到此種行為是可以被接受的，因此當他們進入成年前期，便可能做出此種行為傷害他人，例如性騷擾他們的同事或教授，如前述研究中所提及。

防止性騷擾的策略　性騷擾的受害者經常害怕讓人知道，因為他們常會被責難，或是說詞不被採信，尤其是當他們沒有在第一時間說出來的時候更是如此。這些受害者的動機會被質疑，特別是年輕女性；某些人會懷疑她們想要藉由性騷擾事件而被關注，從中獲取利益（例如金錢或知名度），或是指責她們太過敏感或視她們為麻煩製造者（Balogh, Kite, Pickel, Canel, & Schroeder, 2003）。對於年輕女性來說，更是特別容易被指責因為穿著或行為而招致性騷擾。

上述這種將性騷擾責任歸咎於受害者的反應，顯示了一般大眾對於如何定義歧視和騷擾仍缺乏共識。雖然大多數人同意某些行為如性侵害，是無法被允許的；然而對於像是開玩笑、碰觸身體、恭維及其他「友善」的言語和姿勢等是否合宜，或是已經構成騷擾，則有許多不同的意見。在聯邦的政策及法律中，明訂雇主因性別而歧視個人視為違法行為，性騷擾也包含其中。然而，此類立法的問題在於基本的概念難以認定。

雖然經由法律訴訟和法院判例可以定義何為性騷擾，但某些社工認為預防才是更好的策略。社工可以教導年輕人認識性騷擾，同時示範何為尊重、領導和良好的溝通，而這些被認為是有效的策略（American Academy of Pediatrics, 2000）。最後，社工可以協助訂出騷擾行為的定義和界線。

社工可以依據自己對於性騷擾的認知，協助預防此種行為的發生，當問題發生後，介入並提供適當的處遇，例如提供教育及安全的環境以利溝通。從衝突與女性主義的觀點，社工可以努力轉變不同體系中的權力結構，協助改變環境。女性需要獲取權力地位，制定相關的政策與法律，以對抗性騷擾。從社會學習理論，社工可以作為案主與其他人的角色模範，示範如何適當地與他人互動及對待他人的方式。

民權法案與平權法案

當年輕人進入職場、學校及其他領域，歧視便成為一個重要的議題。對於某些年輕人來說，歧視可能使得他們無法進入理想的大學，或是在工作上獲得升遷；另一方面，某些年輕人可能因為處於決策的地位，因此以歧視的態度對待他人。在本節中，我們特別檢視某些防止種族歧視的法律與政策，而這些討論同樣可以應用於性別歧視。

1960 年代民權法案的立法，確保每一位美國公民都享有美國憲法中所保障的基本權利。平權法案（affirmative action）則是源自於民權法案，要求雇主與機構必須積極僱用女性及少數族裔（Gibelman, 2000）。

平權法案的爭議 平權法案的制定引發了許多不同的意見。首先，大多數的美國人相信平等，但是只針對「值得」（worthy）的人；基於這樣的思考邏輯，他們認為平權法案只是幫助那些能力不足或是無意願工作的人，讓他們成為「沒有價值的人」（unworthy）。另一些人則認為，不平等是源自於長年的不公義和歧視，當法律得以確保某種程度的平等時，個人便有改變社會的責任。許多人認為像平權法案這樣的政策，反而讓事情變得更糟，因為它讓原本想要幫助的少數族裔更沒有權力，甚至導致反向的歧視（reverse discrimination）——為了支持能力較差或值得幫助的少數族裔，反而讓白人感受到歧視。上述的想法是，藉由像平權法案這樣的政策給予少數族裔優惠待遇，只會讓主流族群的成員仇視少數族裔，同時無法讓少數族裔的成員「靠自己生存」（make it on their own），或是展現他們天賦的價值與能力（Gibelman, 2000）。

關於平權法案的爭論，有以下兩種主要立場：

- 自由個人主義（liberal individualism）認為個人應對自己的行為負責，因此不需要政府的特別保護去確保個人的權利被保障，或是不會受到歧視。抱持這種立場的人，並不認為存在制度性的性別歧視或種族歧視，相對的，他們認為這些問題是由於個人的行為所造成。因此，此種觀點認為平權法案太過於保護少數族裔，積極保障少數族裔的工作機會，似乎忽略了他們的能力，同時損害到其他更適合這份工作者的權益（Pierce, 2003）。此種觀點認為平權法案只是另一種形式的反向歧視。
- 在光譜另一端所持的觀點，則認為由於制度性歧視的存在，因此需要更多少數族裔代表進入權力位置，才能夠「公平競爭」（level the playing field）。此種觀點認為少數族裔的能力不一定比白人差，但是因為缺乏白人所擁有的權力和資源，致使少數族裔經常無法獲得好的工作機會。因此，平權法案讓少數族裔不再受限於應徵過程中的權力和資源弱勢，保障了少數族裔競爭好工作的機會。此外，此種觀點也提出，少數族裔代表進入企業界、教育界及其他領域，將有益於整體社會，因為這不僅讓社會更具有多元性，也讓一般人更有機會接觸不同的文化及全球觀點。

上述兩種立場的爭論，經常在各種公私領域上演。例如，2003 年美國聯邦最高法院，在判決上支持密西根大學法學院將種族列為其入學條件之一（*Lancet*, 2003）；某種程度上，此項判決支持平權法案推行至其他大學。然而到了 2014 年，密西根大學的判例，在另一個較為保守的法庭上被否決了。當時最高法院所審理的是一件發生在德州大學，對於平權法案挑戰的案件，結果卻出現有歧異的判決，同時將該案件退回地方法院。

目前尚缺乏證據顯示平權法案影響到任何團體的權益，相對的，相關證據卻指出，歧視的問題仍然存在於許多企業與社會機構之中，因此仍然需要像平權法案這類弭平歧視的政策。例如，一項研究發現白人男性在職業訓練方面，相較於黑人男性和女性而言，仍然居於優勢；而在教育方面，白人男性也優於黑人女性（Caputo, 2002）。

平權法案的理論基礎　我們可以用第五章所探討的歧視相關理論，來解釋許多呼籲廢除平權法案政策的論點，包括歷史、挫折－攻擊（frustration-aggression），以及競爭和剝削等，均提供了為何某些人仇視平權法案的理由。例如，當一位少數族裔成員取代了一位白人成功獲得工作機會，那位白人很可能將結果歸咎於平權法案，於是那位少數族裔成員便成為白人挫折感的代罪羔羊。對於一般人來說，相較於承認自己不符合獲得工作的資格，或是抱怨經濟不景氣、未能提供更多的工作機會，他們寧可選擇將責任歸咎於平權法案。

從效益理論（utilitarian approach）觀點，平權法案對於整體社會是有益處的，因為它讓社會中的每一個人都有機會參與；即使可能因為優待某些人而犧牲另一些人的權益，但結果仍然是有價值的。

社會正義理論也提供了另一種理論架構。如同第五章所探討的分配正義，強調社會中的每一個人都享有平等的權利與資源——即每一個人都是有價值的。由此觀點看來，平權法案可視為對於制度性歧視的因應策略。

另一方面，分配正義與社會正義的概念，也可以用來爭論平權法案有失公平之處。畢竟，此項政策是為了社會中某些成員的特殊考量。自由主義觀點的正義理論，即認為政府對於個人生活應盡量減少干預，則可能支持廢除平權法案的想法。由此觀點看來，平權法案賦予政府過多權力去干預企業和其他機構的運作方式。

平權法案與社會工作 過往社會工作專業並未積極參與有關平權法案的爭論。然而當涉及其他社會議題和問題時，社會工作者便需要扮演引領此項政策爭論與實際執行的角色。對抗歧視是社工《倫理守則》的基本宗旨，而平權法案則可能對案主有相當程度的影響。此外，社會工作可以著力於研究與教育，探討有關歧視以及相關介入方法如平權法案的優缺點，以消除歧視的存在。運用社會規劃及政策發展的理論與知識以從事改革，或是回應制度性的種族歧視，都是社會工作者可以發揮功效的方式（Gibelman, 2000）。因此，社會工作者必須對於平權法案的爭論保持關注，同時在相關的政策改革上扮演積極介入的角色。

在 Gudrun 的案例中，若是有性別歧視的狀況，她便可能受益於平權法案這樣的政策。同時，由於 Gudrun 具有少數族裔身分，平權法案政策也有助於她的求職。任何因為性別而造成的限制，都可能與歧視有關，此時你便可以依據像平權法案這樣特別的政策，協助 Gudrun 倡議她自身的權益。

結論

成年前期是一個面臨諸多變化的階段，許多人在此時經歷角色的轉變、完成獨立的任務，並且展開新的人生經驗。雖然在西方文化裡，並未提及有任何決定性的事件，象徵著一個人從青少年過渡到成年前期，不過許多觀察者認為某些行為，例如建立親密關係、完成大學學業、開始工作、離開原生家庭生活等，可以作為個人進入成年前期的明確徵兆。

對許多人來說，進入成年前期及隨之而來的改變，令人感到興奮；然而這些改變也可能同時導致壓力、困惑與矛盾。同時由於許多人在此階段需要擔負更多的責任，因此相較於之前的階段，他們的問題更有可能影響到自身的功能和福祉。通常，這些發生在年輕人身上的問題，便是社會工作者所關注的。

社會工作者可以協助年輕人提升相關能力，例如自立能力、自信心、決策能力及責任感。無論是在教育、心理衛生、職場或其他領域，社會工作者不僅可以協助年輕人解決已經發生的問題，同時也可以協助他們預防往後階段可能發生的問題。

本章重點

- 在成年前期，生理與認知發展已漸趨穩定，但是情緒、智力與人際方面的發展仍持續發生。
- 成年初顯期是一個新近的概念，可以用來解釋從青少年到 25 歲之間發展過程的轉變。
- 精神疾病和身心障礙議題，有可能在人生中的任何階段出現，同時帶來影響個人福祉及功能的症狀。針對上述問題，社會工作者經常採用醫療模式進行評估和處遇，但同時也可以運用系統及生態理論，從微視、中介和鉅視等因素進行思考。
- 對於某些處於成年前期的年輕人來說，靈性與宗教參與是穩定性的來源。Fowler的信仰發展理論包括七個階段，描述人生各個階段在信仰與生命意義上的發展。
- 正念已被證實是一個有效的技巧，可以協助案主藉由專注在當下，以及用開放和接受的態度處理問題，學習如何聚焦目標。
- 年輕人選擇同居、晚婚及單身的比例愈來愈高，然而無論是哪一種情況，某些與伴侶同住的年輕人，面臨到家庭暴力的議題。社會工作者可以運用社會學習、家庭系統及女性主義等理論去了解家庭暴力，並且有效的提供案主服務。

- 對於某些年輕人來說，是否要繼續唸大學是個困難的選擇；此外，也有人因為經濟和其他限制，阻礙了繼續升學的機會。社會工作者可以運用社會學習理論去了解案主的處境，並協助他們克服障礙以實現目標——包括是否選擇進入大學，以及是否能夠完成學業。
- 當年輕人（特別是女性）進入職場、大學及承擔其他新的角色時，特別容易面臨到性別歧視和性騷擾。女性在職場上面臨同工不同酬、經常受到歧視等議題，都需要社會工作者的關注與倡議。
- 某些人認為平權法案無助於解決問題，反而導致反向的歧視；另一些人則認為像這樣的政策有助於弭平制度性的歧視。關於這樣的爭論，社會工作者必須保持關注，同時在政策制訂上扮演積極的角色。

本章練習活動

1. Hudson *市互動案例*，請參閱 www.routledgesw.com/cases 網站。回顧此案例，並回答下列問題：
   a. 案例中社區所面臨的議題，對於成年前期的發展有何影響，特別是在「成年初顯期」階段？
   b. 與精神健康問題有關的社區議題，尤其是創傷後壓力症候群，對於社區及個人來說，分別造成何種不良的影響？
   c. 社區中有身心障礙的居民，面臨到何種特殊的議題？
   d. 社區環境將如何影響社區居民的信仰發展？
2. Riverton *互動案例*，請參閱 www.routledgesw.com/cases 網站。回顧此案例，並特別注意其中 Mary Stark 和 John Washington 兩人，然後回答下列問題：
   a. 在本章所討論的議題之中，有哪些可以適用於 Mary 和 John 兩人的情況？

b. 承上，針對你所回答的議題，你將運用何種理論觀點進行 Mary 和 John 的處遇？

c. 本章所探討的議題，將如何應用於整體社區？

3. RAINN *互動案例*，請參閱 www.routledgesw.com/cases 網站。檢視此案例，並回答下列問題：

a. Sarah 遭到叔叔性侵之後的數週，上教會是她僅有社交活動，你認為性侵事件對於她的靈性發展有何影響？

b. 依據 Fowler 的理論，Sarah 目前正處於信仰發展的哪一個階段？

c. 何謂靈性？Sarah 的信仰如何能夠協助她從性侵事件中復原？

4. RAINN *互動案例*，請參閱 www.routledgesw.com/cases 網站。一名在 RAINN 工作的社工意識到，性別規範與刻板印象對於像 Alan 這樣的男性性侵害受害者來說，造成相當大的影響。

a. 性別規範與刻板印象，以何種方式對 Alan 造成傷害？

b. 社工可以如何運用社會學習理論，協助 Alan 發展較為正向的自我形象？

5. Sanchez *家庭互動案例*，請參閱 www.routledgesw.com/cases 網站。回顧 Sanchez 家庭的主要議題，特別是關於 Vicki 和 Gloria 兩人，然後回答下列問題：

a. 在本章所討論的議題之中，哪些可以運用在對 Vicki 和 Gloria 的處遇上？此外，針對上述兩位家庭成員，尚有哪些相關議題未在本章提及？

b. 假設你是 Vicki 的主責社工，需要處理她的自閉症症狀。當你依據 Sanchez 家庭的個案研究，運用生態觀點進行評估時，請問 Vicki 及其功能受到哪些不同層面的議題所影響？同時根據你的評估，應進行哪些必要的處遇？

c. 根據生態理論，針對 Gloria 和她所面臨的家庭暴力情況進行評估，並詳述你的處遇計畫。

d. 當你運用生態理論與上述家庭成員一起工作時，你所看見的優勢與限制為何？你是否需要處理任何倫理兩難的情況？

第十一章

成年中期的發展

Tina 是一位已婚的 48 歲白人女性，與丈夫及兩名 20 歲出頭的兒子同住。這是 Tina 的第二次婚姻，她與丈夫已結褵十年，兩人共同經營小生意，平日工作時間很長。Tina 的第一任丈夫，同時也是孩子的父親，從孩子還很小的時候就不再與他們有所聯絡。

Tina 的兒子們從小便出現諸多行為問題，最近她的大兒子更因為在酒吧內打架鬧事而被逮捕。Tina 承認工作時間過長及孩子的問題，讓她感受到極大的壓力；她的情緒不穩定、經常偏頭痛，工作休息時不是喝酒就是睡覺。此外，Tina 長期抽菸，無運動的習慣，對於人生抱持負面的想法，朋友很少，同時與家人的關係不佳。最近 Tina 向社工求助，希望能夠協助她處理壓力，她同時抱怨自己的情緒起伏及無法得到充分休息的睡眠狀況。

對許多人來說，成年中期是一個愉快而滿足的階段。差不多在 40 多歲的時候，許多人已經成功的度過了成年前期的挑戰，並且完成教育、職業與人際關係上的目標。在此階段，多數人維持著相對穩定的生活；然而仍有一些人因為疾病、離婚及工作上的困境，而面臨極大的生活壓力。

在接下來的章節，我們將探討某些在成年中期可能出現的議題，以及社會工作者可以如何進行協助。

成年中期的發展里程碑

一般而言，經過青春期與成年前期的努力發展，人們在成年中期可以享受生理及認知發展的成果。雖然到了中年，人們的體力、視力、聽力、新陳代謝、記憶力及反應都開始衰退，但通常不會與年輕時相差太多；相對的，此時人們反而具有較佳的問題解決能力與創造力。從快速指引 16 可以一覽成年中期的發展里程碑。

成年中期的生理發展

許多在中年時期出現的生理狀況，都是可以治療，甚至可以預防的問題，因此在這個階段，人們應該經常檢查並注意自己的生活型態。在美國文化中，最讓中年人感到困擾的反而是外表上的改變；雖然對於許多人來說，這樣的改變是漸進的，然而也有人因為生活型態或體質的關係，經歷了較為迅速的變化。例如，許多人開始在臉上出現細紋、白頭髮變多了，也可能開始掉髮；許多男性的頭髮變少但體重增加，成了「中廣」（spare tire）身材；女性則通常在臀部和大腿間出現贅肉、胸部開始下垂。於是，某些人開始接受整形手術，

快速指引 16　成年中期的發展里程碑

生理上	認知上
• 新陳代謝、體力、視力、聽力、肌肉張力等功能逐漸下降。 • 開始出現皺紋、白頭髮、髮量減少。體重增加。 • 慢性病如癌症、糖尿病及心血管疾病的普及率增加。 • 女性經歷停經，男性也可能出現更年期。 • 性功能方面可能出現問題。	• 部分的記憶力減退、反應時間變慢。連結新資訊與過往的經驗，反而可能使得認知能力變得更好。 • 更好的問題解決技巧。 • 更好的創造力。

希望能夠保持年輕的樣貌。

在美國，大部分女性（和許多男性）都同意，熟齡化（aging）在性別上具有雙重標準。具體來說，相較於男性而言，女性認為熟齡化對於她們的影響較為負面。例如白髮和皺紋讓男性看起來「與眾不同」，相對的，女性則被視為是「人老珠黃」。年長的男性較女性具有魅力與吸引力，此種認知在不同領域影響著女性，包括職場。好萊塢與媒體特別需要為此種價值觀的存在負責，例如，我們可以看到熟齡男主角如喬治・克隆尼（George Clooney）、丹佐・華盛頓（Denzel Washington）、傑夫・布里吉（Jeff Bridges）等人，經常在銀幕上（某些甚至在現實中）與年輕女性配對；相反的，電影中的熟齡女主角則較不常見，更不用說在螢幕上與年輕的男性共譜戀曲。即使是當梅莉・史翠普（Meryl Streep）、黛安・基頓（Diane Keaton）、海倫・米蘭（Helen Mirren）等人飾演愛情片中的女主角，通常也都以喜劇居多。現實生活中，的確也有部分熟齡女性與年輕男性在一起，但相較而言，熟齡男性與年輕女性的配對仍然較為常見。

顯然的，我們可以用醫療模式來解釋許多出現於成年中期的生理變化；生物領域有大量的文獻可以解釋老化的過程，擁有這些知識，可以協助社工與案主一起工作。

同樣的，女性主義理論及其他社會學理論也可以幫助社工了解熟齡化過程中的雙重標準，以及對於中年人生活可能產生的影響。例如，女性主義與衝突理論學者認為，父權社會是造成此種歧視持續存在的原因，因為男性在媒體及其他領域擁有較多的權力，可以決定生產何種訊息。社工依據上述觀點對案主進行服務時，需要找到充權案主及改變社會結構的方式。

成年中期的認知發展

相較於生理上的變化，多數健康的中年人在認知能力上則未有太多衰退。雖然研究顯示，中年人的訊息處理速度下降，但在日常生活中並不明顯（Salthouse, 2006）；事實上，中年人的認知能力與年輕時相當，甚至經常超過年輕人。

例如，從事思考性質的工作、持續進修或是閱讀，均會增進思考，例如字彙的能力。此外，中年是最具創造力的時期，也更能夠整合新資訊與舊有的知識，這是因為過往的經驗使得大腦創造更多的神經連結。於是，我們可以看到中年人比年輕人更具有解決問題的能力，更能夠反思並判斷訊息是否符合個人與現實生活的價值觀（Papalia, Olds, & Feldman, 2003）。

Erik Erikson的心理發展理論、各種社會學的理論，以及女性主義理論等，均能夠協助社會工作者理解身體老化所帶來的心理與社會影響。例如，根據 Erikson 的理論，成年中期是人們投入在工作、家庭與社區事務的時期，處於 Erikson 理論的第七階段，面臨的是生產與停滯的衝突：

- 生產（generativity）：願意關心自己孕育的下一代及創造的事物，同時承諾維護與改善社會環境。在此階段的人們，任務是延續下一代，在情感深度與社會角色方面持續成長與擴充（Wood, 2006）。
- 停滯（stagnation）：缺乏心理上的成長，包括以自我為中心、追求自我的快樂、不顧他人的利益及需要等。人們在成年中期若無法超越自我的情感需求，會造成停滯不前，進而影響其進入晚年後的發展，即 Erikson 理論的最後一個階段：統整（Integrity）與絕望（Despair）。

許多人在成年中期表現出具有創造力與智慧，在生活的各個領域都有所成就。然而，當人們停止學習，或是有身體方面的問題，阻礙了他們的工作或人際關係，他們便會感到停滯不前或不似從前那樣具有生產力。根據上述理論，社工可以協助中年案主看見自己不滿足之處，並且協助他們朝向具生產力、更有意義的生活前進。

你可以評估 Tina 的狀況是否源自於生理的因素，同時你可能也需要了解老化對於 Tina 心理上的影響。案例一開始所描述的某些特徵（例如情緒不穩定及對於人生抱持負面的想法），某些程度上或許和老化所帶來的改變有關。了解老化過程與女性社會地位之間強大的交互作用，可以幫助社工與女性案主一起工作，因此或許你需要花時間評估 Tina 對於老化過程中所帶來的生理變化有什麼樣的想法和感受，以及其對於 Tina 後續發展階段的影響。

Levinson 成年發展理論

雖然 Erikson 與其他學者對於人生各階段（包括成年中期）的挑戰，均已提出不同的見解，然而心理學家 Daniel Levinson 對於中年及老年期的發展，則提供了更為詳盡的解釋。Levinson 的理論是建立在生活架構（life structures）（或稱之為「行為模式」）的概念之上，其與環境結合之後，成為形塑人們生活的主要力量。生活架構包括事件、人物、文化、宗教，以及在不同階段被視為重要的面向，當一個人經歷不同的階段，生活架構也會隨之改變和調整，因為新的經驗會讓他重新評價何者較為重要（Levinson, 1978）。Levinson 理論的不同階段呈現在圖表 11.1。

在每一個階段之中，人們都必須完成不同的發展任務：

- **成年前期**：當人們從青少年轉變為成人，其任務是必須建立起成人的身分認同，他們開始面臨工作、教育、人際關係與獨立的抉擇，約在進入 30 歲的轉變期時完成這些選擇，並且成為成人身分認同的基礎。當人們進入成年前期的顛峰期，他們會決定成年期的目標，例如是否要成家、未來要從事何種行業等。
- **成年中期**：大約在中年轉變期時，人們已經建立起自己的家庭與事業（或是達成了某些 30 歲時設定的目標）。在此轉變的階段，人們開始思考即將到來的中年生活是什麼樣子。40 幾至 50 幾歲之間的生活架構與轉變，包括探究變老的意義、檢視之前的選擇是否令人滿意，以及做出讓自己更滿意的改變，這些改變可能包括離婚、再婚、建立新家庭或轉換職業。
- **成年晚期**：晚年轉變期可能包括退休、成為祖父母、愈來愈多的健康狀況等，這些都會讓人們重新思考自己的生活，同時依循個人與社會期待進入晚年生活。

圖表 11.1

Levinson 成年發展理論

年齡		
17-22	初為成人的轉變期	成年前期
22-28	進入成年前期的生活架構	
28-33	30 歲的轉變期	
33-40	成年前期的顛峰期	
40-45	中年轉變期	成年中期
45-50	進入成年中期的生活架構	
50-55	50 歲的轉變期	
55-60	成年中期的顛峰期	
60-65	晚年轉變期	成年晚期
60+	成年晚期	

資料來源：改編自 Levinson, 1978.

對於 Levinson 成年發展理論最主要的批評，來自於它是依據男性的生活經驗發展而成。Levinson 理論的發展是透過觀察 40 名具有一定職業地位的男性，因此某些批評者認為，此一理論無法適用於女性或不同文化、經濟背景的族群。不過，Levinson 在之後針對女性發展出相似的理論（Levinson & Levinson, 1996），也有其他的行為科學家針對 Levinson 理論的限制，進而提出不同的理論。女性的發展與男性最大的不同之處，在於女性身邊很少有良師益友，同時女性的「夢想」傾向關注他人的需要，尤其是家庭的福祉。相對的，Levinson 描述男性的「夢想」關注在個人目標與職業成就。

你可以運用 Levinson 理論在 Tina 的案例上，評估她現在正處於哪一階段，以及應該完成哪些任務。我們已知 Tina 目前的年齡 48 歲，應該正開始進入成年中期的生活架構，因此她可能正在反思自己的人生和做過的選擇，包括關於工作、教育及家庭等方面。如果她認為自己所做過的某些決定很糟，或是沒有達到她在年輕時所設定的目標，便有可能產生後悔或失望的感受，進而演變成緊張、憂鬱、疲勞及酗酒等情況。你可以協助Tina去檢視她生活中感到失望或後悔的部分，並幫助她去思考在未來可以嘗試進行哪些改變，讓她在老化的過程中能夠獲得更好的生活滿意度。

動機式晤談

對於正困擾於發展任務的成年中期案主，社工可以選擇動機式晤談（motivational interviewing, MI）作為工作方法。動機式晤談是一種以個人為中心的治療技巧，是依據認知行為理論及 Carl Rogers 的個人中心治療所發展出的臨床工作模式。研究顯示動機式晤談可以應用在不同領域的治療，從減重、戒菸、藥物濫用及成癮，到嚴重的慢性精神疾病，於是相關的理論也因此出現（Miller & Rose, 2009）。

動機式晤談藉由創造同理心的環境、顯現案主的認知失調、並且探索案主心理的矛盾，以促使案主的行為改變。在運用動機式晤談的過程中，治療者並不以「專家」自居，也不會將自己的觀點強加在案主身上；反之，治療者致力於與案主建立信任和夥伴關係，讓案主願意表達內心的想法，因此，治療者不會嘗試說服案主需要改變，反而是協助案主發展與表達是否改變的理由。總之，這個工作方法協助案主發展自我效能並探索自己對於改變的矛盾與抗拒（Miller & Rose, 2009; Motivational Interviewing, 2011）。

身為 Tina 的社工，你或許可以運用動機式晤談協助她探索維持現狀（感到緊張、睡不好、情緒不穩定）的優缺點，藉此協助她做出改變。你可以嘗試讓 Tina 了解自己對於改變的矛盾情緒，同時運用認知失調的方法，更能夠對比出 Tina 想要改變的心意，與其超時工作和酗酒的行為並不一致。

成年中期的個人

成年中期的生理變化，並不必然像美國社會所形容的那麼負面。雖然在某些方面的確會有衰退，但個人之間熟齡化的速度與程度具有很大的差異。此外，每個人對於改變的反應不同，並非每個人都認為這些改變是負面的。

本節將探討成年中期在個人層面的議題，包括女性更年期、男性更年期、中年危機及慢性疾病等，雖然這些議題並不會影響到所有的中年人，然而社工必須對於這些議題有基本的認識，並了解它們如何成為某些人的問題。

女性更年期

女性更年期（menopause）的到來表示月經終止，某些女性對於這樣的變化欣然接受，但也有人對此有負面的看法，認為更年期是老化的象徵。我們從上述兩種迥然不同的觀點，更可以想見每位女性對於更年期的反應與適應情形都不相同。

女性更年期開始的時間點及期程，也有明顯的個人差異。平均來說，更年期開始的時間約在 51 歲，但早至 30 出頭、晚至 60 幾歲都有可能。更年期的期程約為二至五年，在此期間女性的身體會經歷許多生理上的變化（North American Menopause Society, 2006）。

更年期開始的徵兆為經期的不規則，包括週期變長、經血減少及停經。此時卵巢不再產生卵子、雌激素及黃體激素下降、輸卵管萎縮、子宮的體積變小且變硬、陰道則萎縮且彈性減弱，同時由於陰道的潤滑度下降，造成性行為的不適或疼痛。其他更年期的症狀，包括頭痛、失眠、熱潮紅、掉髮、體重增加、膚質改變、情緒的波動，以及在某些部位如臉部長出毛髮（North American Menopause Society, 2006）。

荷爾蒙補充療法（hormone replacement therapy, HRT）　可以幫助女性減輕更年期的症狀，同時預防更年期可能帶來的問題。此項療法是補充女性因更年期而降低的生殖激素，從醫療模式的觀點，荷爾蒙補充療法可以減輕因生殖激素下降而造成的症狀與負向反應，包括骨質疏鬆、熱潮紅及失眠等問題（North American Menopause Society, 2006; Sommer, 2001）。

然而，已有證據顯示荷爾蒙補充療法的不良影響，例如提高中風、乳癌及心臟疾病的風險，尤其是在長期治療的情況之下。荷爾蒙療法的確可能讓癌細胞增長並增加致命的機率（Chlebowski et al., 2010）。在美國，近年來罹患乳癌的比例下降，也被認為與減少使用荷爾蒙補充療法有關，特別是在研究發現乳癌與其之間的關聯性之後（Ravdin et al., 2007）。然而也有其他的研究指出，若是單獨使用雌激素療法，則可以降低乳癌與心臟病的風險（Writing Group for the Women's Health Initiative Investigators, 2002）。美國國立衛生研究院（National Institutes of Health 及相關專家建議，考慮使用荷爾蒙補充療法的女性應與醫師充分討論，以決定使用的益處是否多過於風險（North American Menopause Society, 2006; Stephens, Budge, & Carryer, 2002）。

更年期的心理層面　個人對於更年期的心理反應，因不同的人格特質、適應能力、支持系統，以及對於生命和老化的價值觀，而有著極大的差異。某些女性欣然接受更年期所帶來的變化：可以擺脫經期所造成的煩惱和花費，同時不再需要擔心會非預期懷孕。相反的，也有部分女性因此而感到焦慮、憂鬱及自尊心降低，因為她們認為更年期代表的是喪失生育能力與吸引力。研究顯示，在更年期尚未開始之前，便能夠良好調適情緒的女性，較能適應更年期及其之後的改變；具體而言，這些女性因為更年期而經歷負面心理反應的機率較低（Strong, DeVault, Sayad, & Yarber, 2002）。

一項針對 1,572 名女性所進行的研究顯示，女性認為更年期的社會文化面向與健康意義同等重要（Ballard, Kuh, & Wadsworth, 2001）。許多受訪者討論到更年期與其對於家庭和工作關係的影響，由於平均餘命增加與經濟環境的變動，許多女性希望或必須延長工作年限，以照顧年老的父母及尚住在家中的成年子女。因此，許多女性將更年期視為發展的里程碑，對她們來說代表著家庭與工作上新的可能性。換句話說，女性在更年期時可以重新評估各種生活選擇，並將這些選擇視為新的機會而非負面的生活事件。此外，由於有愈來愈多的女性接受高等教育，當她們面臨人生階段的轉變時，在職業及其他方面也有更多的選擇機會（Ballard et al., 2001）。

更年期的文化層面 女性對於更年期的反應也與文化因素有關，例如，在重視年輕人的美國文化當中，更年期可能被視為是負面的、是老化的象徵、喪失活力與吸引力，以及生殖能力的結束；由此觀點來看，更年期的症狀被視為是需要「治療的」。然而，某些文化將更年期視為生命的自然進程，甚至是人生的重要事件。例如，在重視年長者的文化之中，更年期被定義為人生的標記或里程碑（Starck, 1993）。

一項關於鄉村地區非裔美國女性的更年期認知研究發現，宗教與內在力量是因應更年期症狀的重要元素；這些參與研究的女性，藉由禱告與其他宗教支持，強化自我的能力感，較少因更年期而就醫或進行荷爾蒙補充療法治療。的確，相較於白人女性，這些參與研究的女性較能將更年期視為人生中自然發生的事件，她們將更年期的症狀視為某件需要克服的事，就像是其他生活中的事件與情境，例如貧窮與壓迫（Nixon, Mansfield, Kittell, & Faulkner, 2001）。

從女性主義或類似的觀點，某些學者推論，西方文化之所以對於女性更年期抱持著負面的看法，是因為將其「醫療化」或「病理化」，也就是將更年期定義為可以被治療或至少可以被減輕的症狀。此外，由於西方文化將生殖當作女性主要的功能之一，更年期便代表著女性的身體停止了生理上的「義務」。因此，許多更年期女性所經歷的心理壓力，或許是來自於上述這些負面的訊息。相對的，也有學者認為，某部分更年期女性所經歷的心理壓力，是來自於生理上的變化多過於社會的壓力（Chornesky, 1998）。

綜上所述，無論是從哪一種觀點去了解更年期對於女性心理健康的意義，都必須認知到其結果是受到社會、文化、情緒、生物、認知與心理過程的綜合影響。

根據 Tina 的年紀及她所描述的頭痛、情緒不穩定等症狀，你可能需要評估 Tina 是否正經歷更年期，是否因為荷爾蒙的改變而影響到她的情緒及其他身心狀況。你可能需要花時間與 Tina 會談，以了解她對於更年期的認知，以及是否有其他症狀可以顯示她正經歷更年期的階段。如果 Tina 對於更年期感到擔心，或是希望獲得相關治療，你需要進一步探詢 Tina 的意見，並為她轉介適當的資源。

此外，由於 Tina 長期抽菸並缺乏運動習慣，她可能會有伴隨著更年期而來的骨質疏鬆或其他疾病的風險，因此你同時需要與 Tina 討論與其年齡及生活習慣相關的健康議題。

男性更年期

已有證據顯示男性也會經歷更年期，或是類似於更年期的生命變化，稱之為「男性停經期」（male menopause）或「男性更年期」（andropause），然而尚無證據顯示男性在更年期時也會如女性一樣出現生理變化（Sommer, 2001）。

男性更年期（male climacteric）的期間約出現於 35 至 60 歲，此時許多男性開始重新評價自己的職涯、家庭關係與人生中的重要決定，在此過程中，某些人會經歷生理上的症狀如焦慮和憂鬱。此外，許多男性在此時經歷老化的症狀，例如掉頭髮、體重增加、精力衰退、肌力減弱、荷爾蒙分泌降低、性衝動減緩及性功能衰退等，這些都可能使得焦慮和憂鬱的感受更為強烈（Matsumoto, 2002; Vermeulen, 1994; Vermeulen & Kaufman, 1995; Wespes & Schulman, 2002）。另一方面，也有部分男性沒有重新檢視生活狀況的需要，也未經驗到任何困擾。

實證顯示部分男性可經由睪固酮補充治療（testosterone replacement therapy）減輕更年期的症狀，然而如同荷爾蒙補充療法對於女性而言，需要評估治療對於人體的副作用。事實上，睪固酮補充治療的長期影響尚未得知（Asthana et al., 2004; Isidori, 2008; Matsumoto, 2002; Wespes & Schulman, 2002）。

Levinson 的成年發展理論，是另一種理解男性更年期的方式。根據 Levinson（1978），40 幾至 50 幾歲的男性處於中年轉變期，此時男性會經歷許多改變，包括重新檢視職涯與關係的選擇，同時藉由新的機會去尋求滿足感。Levinson認為這個過程雖然會讓某些人感到有壓力，然而重新評價人生是為了讓之後的生命發展能夠更為充實與滿足。

中年危機

各種與男性更年期相關的過程，特別是心理過程，被稱之為**中年危機**。對此最常聽到的說法是，許多人（尤其是男性）在中年時重新檢視人生並期待能重溫年輕的歲月，因而產生現實生活的危機。中年危機的典型行為，包括買輛昂貴的跑車、離婚，並從年輕人身上尋找浪漫的戀情、從事危險的行為如跳傘運動、進行整容手術等。

中年生活的心理適應　中年危機的現象是否真實存在，至今仍有疑問。或許某些人（尤其是男性）對於年華老去感到極度焦慮，因此出現各種試圖重回或停留在年輕時的行為。當人們重新檢視自己的生活（工作、關係及其他人生選擇時），可能會因為沒有達到設定的目標而感到焦慮和沮喪，並且對於當下的情況感到不滿足；於是，某些人便會產生沮喪的感受或是其他負面的情緒。另一方面，由於美國強調年輕文化，因此對某些人來說，僅僅是喪失活力與吸引力便可能造成心理困擾。根據美國疾病控制與預防中心（2013f）近來的資料顯示，在 1999 年至 2010 年之間，35 至 64 歲的美國人自殺率上升了近 30%，尤其是 50 幾歲的男性自殺率更上升了 50%。對於上述數據有各種不同的解釋，包括較容易獲得處方藥物，以及此年齡層在青少年時期便呈現出較高的自殺率等等。

除此之外，中年時期的生理變化，可能會使得某些人出現心理症狀；事實上焦慮症和憂鬱症等心理疾病本身也可能源自於生理因素。又例如更年期造成的荷爾蒙改變會引起熱潮紅，某些人則將此誤以為是焦慮症。換句話說，中年時期的心理困擾可能是對於生理變化的自然反應，或是生理變化而導致的自然結果。

另一方面，也有人順利的度過了中年時期，無論是否曾經歷生理或其他方面的改變，並未引起任何的心理困擾。因此，要賦予中年危機一個明確的定義，的確並不容易；它看起來比較像是對於老化的反應，本質上因人而異，而每個人所反應的程度與頻率則取決於眾多因素，包括適應力、人格特質，以及對於生命與老化的態度等等。

中年危機的相關理論與觀點　針對中年危機有各種不同的研究與理論觀點。例如，Levinson 的成年發展理論認為人們在不同階段中，必須完成階段性的任務，與過往道別，並且繼續前往下一個階段。根據此理論，與中年危機有關的行為或許只是反映出成年發展的「正常任務」，而非對於老化過程的反應。

另外也有研究指出，大多數人並不會經歷中年危機；相反的，多數研究參與者表示，相較於年輕時期，中年時期的他們有更多的穩定感、安全感、自主性、自信心和能力感。上述研究支持了以下的見解：成熟度、情緒穩定性及責任感等因素，從成年前期開始便穩定的持續到往後的人生階段（Brim, 1999; Keyes & Ryff, 1999; McCrae & Costa, 1990; Röcke & Lachman, 2008）。

Peck 所提出的「人生下半場」（the second half of life）心理發展理論，是探討中年生活適應的另一個觀點。根據 Robert C. Peck（1955, 1968），人們在中年期會經歷四種類型的生活適應：

- 強調智慧更勝於體力：此時人們了解到生理上的優勢不再是創造行動及改變的唯一或主要方式。雖然可能失去某些生理上的優勢，但中年人被認為在問題解決能力上要優於年輕人。
- 社會化 vs.性徵化（socializing versus sexualizing）：從成年前期到成年中期，人們轉而將尋找伴侶與建立家庭視為重要的任務，此時人們重新排列社會優先順序，並強調伴侶的重要性。
- 情緒的彈性 vs.情緒的貧乏（emotional flexibility versus emotional impoverishment）：人屆中年時會轉而將情緒投資在家庭以外的事物上，協助中年人理解並調適因老化而面臨的失落。
- 精神上的彈性 vs.精神上的固著（mental flexibility versus mental rigidity）：

保持開放的心態與強調如何解決問題，是中年期的挑戰；中年人需要同時適應家庭及社會的改變（Wood, 2006）。

Tina所抱怨的某些困擾，例如情緒起伏大、酗酒、頭痛，以及對於人生的負面想法等，可能源自於無法適應中年生活的改變。當然，其他議題（極可能是許多綜合的因素）也可能導致 Tina 的症狀。你需要對 Tina 及她的症狀進行完整的評估，以了解哪些是影響其身心健康的因素。由於個人、家庭及社會層面的諸多議題，都有可能是 Tina 的壓力來源，你可以協助她分別檢視不同的面向，以決定哪些議題需要進一步受到關注。

慢性疾病

人活得愈長，暴露在對人體有所損害的內在與外在媒介之中的時間也愈長，最終演變成疾病。某部分對於人體的傷害是基因所造成的，另一部分則可能源自於時間、生活方式及其他因素，例如貧窮、歧視與環境污染。例如，研究指出某些我們每天都會接觸到的物質，例如 BPA（某種廣泛用於製造食物及飲料塑膠容器的化學物質），會導致糖尿病與肥胖（Nadal, 2012）。

雖然某些對於健康有不良影響的因素難以控制與改變，但我們仍然可以透過生活習慣的養成及改變，避免或減輕某些疾病的症狀。例如，許多常見於中年時期的疾病，與缺乏運動或肥胖有關。隨著年紀漸長，許多人降低活動量，於是造成體重增加，進而導致如糖尿病、高血壓及乳癌等疾病（Endogenous Hormones and Breast Cancer Collaborative Group, 2011）。

此外，營養不良、抽菸及過度曝晒或接觸某些化學物質（某些與職業有關的傷害），也會導致各種形式的癌症。另一方面，多重健康問題及治療其他疾病的藥物，例如血壓藥，可能會導致如性功能障礙等問題（Westheimer & Lopater, 2004）。

中年時期常見的疾病　中年時期常見的疾病包括關節炎、糖尿病、心臟病及高血壓，無論是男性或女性，罹患這些疾病的機率均隨著年齡而上升。

- 糖尿病：40 至 64 歲的成年人約有 16%患有糖尿病，包括尚未經診斷者。2012 年，在 40 至 64 歲的成年人之中，有 892,000 位確診的糖尿病新病例，為所有年齡層之冠（National Diabetes Information Clearinghouse, 2014）。然而，糖尿病的比例在族群上有所差異，圖表 11.2 比較了美國不同族裔之間的糖尿病盛行率。如圖表中所示，美國原住民的糖尿病盛行率最高，拉丁裔的某些族群如波多黎哥裔（14.8%）和墨西哥裔（13.9%）次之；其原因可能同時包括生物及社會因素，例如基因特

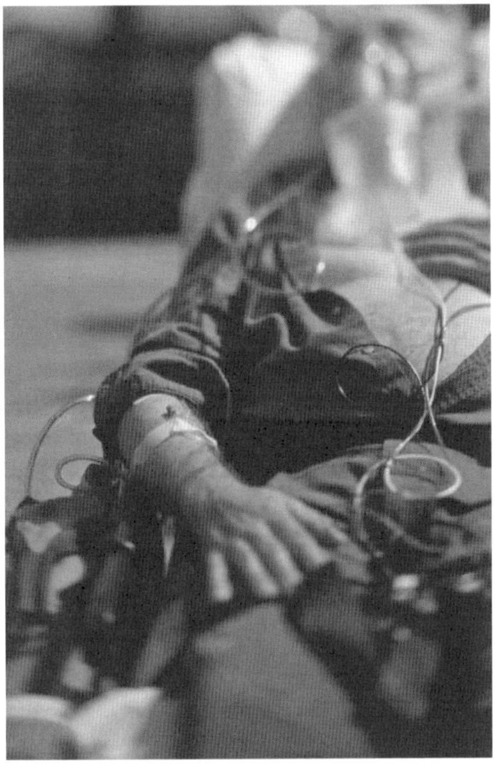

資料來源：Keith Brofsky/Getty Images.

照片 11-A

對許多中年人來說，慢性疾病是個重要的議題

圖表 11.2

各族裔美國成年人的糖尿病盛行率

族裔	患有糖尿病的比例
非拉丁裔的白人	7.6
亞裔	9.0
非拉丁裔的黑人	13.2
拉丁裔	12.8
美國原住民	15.9

資料來源：改編自 National Diabetes Information Clearinghouse, 2014.

質，以及因居住於封閉社區，不易取得新鮮食物等（American Heart Association, 2001; Mitchell, Kammerer, Reinhart, & Stern, 1994; Ramirez, 1996; National Diabetes Information Clearinghouse, 2014）。

- **心臟病**：40 歲之後罹患心臟病的風險，男性為接近 50%，女性則為 32%，占 75 歲以下所有有心臟問題者的半數以上。40 至 69 歲的人一旦心臟病發作，將來發病與死亡的風險便上升，其上升的比例為：白人男性 8%、白人女性 12%、黑人男性 14%、黑人女性 11%（American Heart Association, 2009）。
- **高血壓**：20 至 34 歲之間的男性約有 13.4%確診為高血壓，到了 75 歲之後，高血壓的盛行率增加到 64.1%；同一年齡層的女性則從 6.2%增加到 76.4%（American Heart Association, 2009）。

健康不平等　在第六章和第七章中，我們約略提到某些人無法享有醫療服務，以及沒有醫療保險或保險額度不足的問題，此種情況在少數族裔中特別明顯。在美國，少數族裔在醫療上的不平等情形，源自於長久以來系統性的歧視與剝削，此種不平等可見於相關文獻，並反映在前述許多慢性病的統計數據上。例如，在嬰兒死亡率方面，非裔美國人是白人的兩倍以上；非裔男性的平均餘命是 71.1 歲，而白人男性則是 76.4 歲，上述事實均反映了族群之間的健康不平等（health disparities）（Centers for Disease Control and Prevention, 2014l）。此外，在 20 年前，白人女性與黑人女性因乳癌而死亡的比例相當，然而從 1990 年代開始，白人女性的死亡率開始下降，而黑人女性的死亡率卻只有些微降低。時至今日，族群與乳癌死亡率之間有相當高的關聯性，平均而言，黑人女性因乳癌而死亡的比例較白人女性要高出 40%；在某些地區如洛杉磯，黑人女性的乳癌死亡率較白人女性更高出 70%（Hunt, Whitman, & Hurlbert, 2014）。

我們很難明確指出少數族裔健康情況較差的原因，然而可以確定的是，歷史上對於非裔美國人及其他族群的剝削，例如強迫節育、非自願性的醫療實驗，以及認為少數族裔較白人次等的制度性歧視，均導致今日我們所見到的健康差異（Golash-Boza, 2015）。此外，許多我們之前所討論過的議題，也可能造成健康不平等：貧窮、歧視、環境議題、受教機會、工作及其他機會，以及無法獲得醫療資源及其他有益於健康的資源等。例如，少數族裔較常居住於貧窮地區，缺乏休閒娛樂、高薪的工作、安全的鄰里、有品質的醫療診所，以及販賣新鮮、高品質食物的商店。同時由於暴力、貧窮、歧視及其他與社經地位相關的因素，少數族裔較容易感受到生活壓力，進而導致疾病。另一方面，生活壓力也可能導致不良的健康習慣，例如抽菸、物質濫用及暴飲暴食，同樣容易引發疾病（Kaiser Family Foundation, 2005; U.S. Department of Health and Human Services, 2004）。

對於跨性別者來說，同樣有健康不平等的議題。研究顯示，跨性別者可能經驗影響身心健康及社會功能的議題，包括自殺、物質濫用、遭受暴力虐待及騷擾，以及在職場、學校、醫療體系及其他領域受到歧視等（Bradford, Reisner, Honnold, & Xavier, 2013; Clements-Nolle, Marx, & Katz, 2006; Hotton, Garofalo, Kuhns, & Johnson, 2013; Nuttbrock et al., 2010）。此外，醫療及相關體系對於跨性別者的需求並未進行追蹤或完整的研究，因此對於跨性別與「順性別」（cisgender）族群之間的需求及差異程度，尚未能釐清；相關知識的缺乏，使得某些跨性別者更難獲得所需的服務（Reisner, White, Bradford, & Mimiaga, 2014）。社會工作者可以與跨性別組織合作，倡議相關研究、醫療及相關服務的可近性、政策上的改革及公眾教育等。

Tina所描述的生活習慣，例如抽菸、缺少運動等，均有可能造成她往後的健康問題。你可以要求 Tina 進行一次全面的身體健康檢查，以確定其症狀是否為生理上的問題。即使 Tina 目前並未有任何生理上的疾病，你仍然需要評估是否對於 Tina 進行健康教育，讓她了解未來可能的患病風險及預防策略。

成年中期的家庭與中介系統

成年中期的人們，雖然無可避免會經歷老化而造成的某些生理變化，然而在其他方面卻正值顛峰。由於過往經驗的累積，人們改變、成長與持續發展的機會也同時增加，雖然這些機會帶來的通常是正向經驗，但有時也可能造成問題。因此，成年中期的人們經常需要依靠適應能力去進行調整，同時重新檢視自己的目標和優先順序。在本節，我們將探討成年中期的家庭、人際關係、社會及其他角色轉變等議題。

中年期的愛情與婚姻

到了成年中期，多數人至少經歷過一段重要的親密關係，因而結婚、同居或離婚，其中也有許多人在關係中有了小孩。

然而，單身的中年人卻愈來愈多。根據 2010 年的統計，46 至 64 歲之間約有 33%的人離婚、分居或未婚，相較於 1970 年的比例只有 13%。其中許多人以不同的形式建立親密關係，而非結婚；對他們來說，單身代表了自由、獨立與解放。然而另一方面，未婚的中年人面臨貧窮與其他困擾的機率，卻是已婚者的五倍以上（Lin & Brown, 2012）。

了解情侶們為何願意做出承諾，以及為何能夠維持關係，是社會工作者需具備的知識。我們接著將檢視與愛情、婚姻、離婚與再婚相關的理論。

Sternberg 的愛情三角理論　許多學者對於愛情的組成感到興趣，因此發展出諸多研究與理論，探討愛情的類型，以及何種類型能夠導致成功的關係。圖表 11.3 所呈現的是 Sternberg（1988）發展出的愛情理論架構，其中包括三種類型的愛情，標示於三角形的頂點：

- **激情的愛或迷戀**（passionate love, or infatuation）：「神魂顛倒」（head over heels）式的愛情，思緒完全被另一個人占據；戀愛中的雙方對彼此有強烈的吸引力，同時美化對方的行為。
- **親密的愛或喜歡**（intimate love, or liking）：此種類型的愛情讓伴侶們感到更靠近，彼此之間有親密感，有「我們」的歸屬感，尊重並照顧彼此，同時享受和對方在一起的時光。
- **承諾或空虛的愛**（commitment, or empty love）：此種類型的愛情缺乏親密的元素，伴侶之間維持著穩定、既有的關係，雖然彼此信任與承

圖表 11.3

Sternberg 的愛情三角理論

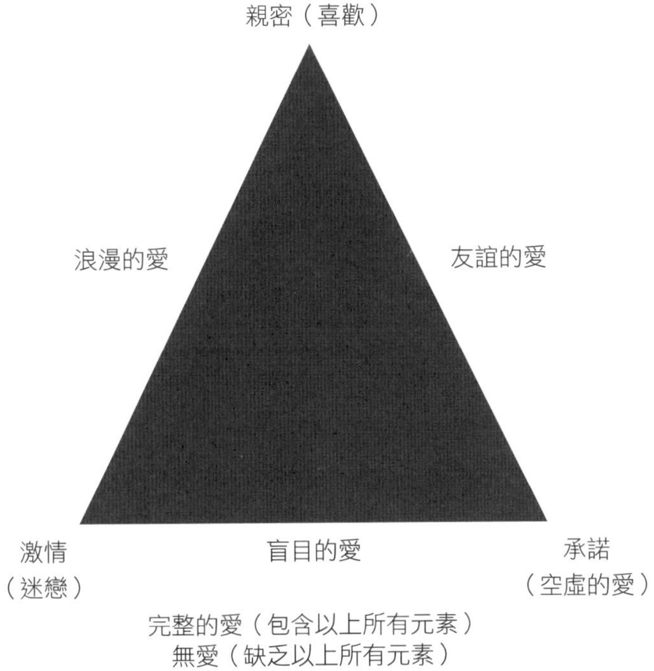

資料來源：From *The Psychology of Love*, by R. J. Sternberg and M. L. Barnes (eds.) Copyright © 1988 Yale University Press. Reprinted with permission.

諾，卻不見得能夠共享深刻、親密的感受。奠基於承諾的關係常被稱之為有名無實的婚姻（empty shell marriages），關係的維持是因為現實中的許多因素，而非親密的感覺，例如某些人是為了保持外在的形象或經濟因素而繼續維持關係。

Sternberg 的理論同時也說明了上述的愛情元素，可再組合成不同的愛情類型，標示於圖表 11.3 三角形的三邊：

- **浪漫的愛**：親密與熱情的結合，即人們因為親密感與強烈的吸引力而墜入愛河，且通常是由迷戀開始。
- **友誼的愛**：親密與承諾的結合，即人們對彼此感到親密並願意承諾，但缺少了熱情的元素。當熱情褪去，多數浪漫的關係最終會轉變為友誼的愛，於是不令人意外的，友誼的愛常見於長久的婚姻關係之中。
- **盲目的愛**：熱情與承諾的結合，即「愚昧」（silly）的愛，人們在很短的時間之內發展出強烈的愛，可能因而「閃婚」或立即同居。

此外，Sternberg 的理論也提出另外兩種愛情的類型，標示於三角形的底端：

- **完整的愛**：結合熱情、親密與承諾三種元素，是最理想的愛情，但難以達到和維持。
- **無愛**：缺乏上述三種元素，即一般的人際關係。

雖然 Sternberg 的理論無法預測哪些關係會持續，但它的確對於伴侶關係中存在或缺乏的要素，提出了具有價值的解釋，而這些解釋可以幫助社會工作者了解人們對於愛情和親密關係的期待，以及為何願意持續待在某些關係之中。

浪漫愛情的危險　另一種理解愛情與婚姻的方式，則是去探討伴侶們為何一開始便願意承諾彼此。某個理論認為，特別是在美國文化，人們崇尚浪漫的愛情，也就是認為只要找到那個對的人，就能夠永遠幸福生活在一起。許多評論者便指出，正是上述這種對於愛情的想法，造成美國的高離婚率（Kornblum & Julian, 2001）；事實上，人們若僅是追尋浪漫的愛情並期待白頭到老，當浪漫不再時，便容易對身邊的伴侶感到失望。

無論上述的爭論是否正確，浪漫的愛情是否能夠作為長久關係的基礎，仍然令人存疑。尤其當人們活得愈久，「至死不渝」（until death do you part）的誓言可能代表的是：即使經過多年的努力，卻不一定能夠一起走到最後。當人們的平均餘命增加，伴侶之間相處的時間也必定有所改變，許多人更因此而漸行漸遠，尤其對於那些早婚的人來說更是如此。此外，強調個人主義的文化，也讓某些人不願意為了維持關係而犧牲某些事情，例如工作。即使仍有不少伴侶因浪漫的愛情而結合並維持長久的關係，社會工作者覺察到多數人並非如此。

婚姻滿意度　雖然人們可以藉由許多方式與他人建立重要的關係，婚姻仍然是大多數人的選擇，尤其是對於中年人而言。的確，許多已婚的中年人對於伴侶關係表示滿意，特別是那些在婚姻中願意彼此溝通與分享的人（Orbuch, House, Mero, & Webster, 1996; Schmitt, Kliegal, & Shapiro, 2007; Ward, 1993）。

有沒有哪些因素可以使得婚姻關係成功而持久呢？研究指出，一個重要的因素在於伴侶關係開始的本質。例如，若一開始便缺乏對彼此的信任、愛與好感，在往後的婚姻中較容易出現問題甚至離婚。此外，若在婚姻關係之初，出現個人的心理問題或其他生活上的困擾，較容易發生爭吵及對婚姻生活的不滿意（Kurdek, 2002）。

相對的，某些伴侶雖然一開始爭吵不斷，或有生活上的困擾，但後來能夠克服問題，並且在中年時期建立相對穩定與相愛的關係，其原因可能是許多造成婚姻關係緊張的壓力源減少了，因此伴侶們能夠花更多的時間與精力去經營彼此的關係。特別是某些中年伴侶可能發現自己在經濟上更為穩定，同時在孩子們離家後，有更多的空閒時間去做自己想做的事，於是他們可以專注經營婚姻關係，並且有更多的時間與另一半相處（Brim, 1999）。

雖然一開始便遭遇諸多困難的婚姻，可能導致許多人以分居或離婚收場，然而仍有某些人能夠克服問題，並且維持長久而滿意的婚姻關係。社會工作者能夠協助正在困擾中的伴侶們，處理讓婚姻關係緊張甚至可能導致離婚的相關議題，例如信任和衝突等。

某些研究發現友伴關係與婚姻滿意度之間的關聯，另外也有研究發現婚姻滿意度與伴侶之間的休閒相處模式有關（Crawford, Houts, Huston, & George, 2002）。該研究指出，如果某項活動是夫妻雙方的共同喜好，若沒有妻子的參與，則丈夫便不熱衷參與。例如，如果夫妻雙方都喜歡旅行，丈夫便不會想要自己獨自去旅行。另一方面，該研究中的妻子們，則不喜歡另一半只做他們自己有興趣的事，也不喜歡參與只有丈夫感興趣的活動。因此我們可以推論，伴侶們將共同喜好的活動視為是重要的，同時女性對於要配合丈夫的活動而犧牲自己感到不滿。

對於與伴侶們一起工作的社會工作者來說，上述的研究發現具有重要的意義。社會工作者必須特別關注伴侶之間休閒活動的品質，同時不應該假設只要他們都有花時間在一起就表示關係品質良好（Crawford et al., 2002）。

離婚 伴侶分居或離婚的原因有很多，其中也包括相愛的感覺、尊重及承諾的議題。實證顯示在離婚之前，伴侶們之間已產生疏離、不再相愛或對彼此失去興趣的感覺（Gottman & Levenson, 2000）。

關於離婚對於當事者的影響，則有不同的看法。事實上，研究指出離婚的影響可能為正面或負面，端視離婚當時的情境而有所不同。例如，相較於年輕的伴侶而言，中年時期的離婚對於當事者的衝擊可能較小，因為中年人有較多的時間、金錢、成熟度及資源去因應離婚的情況；此外，中年時期的離婚，較不需要擔心離婚對於年幼子女的影響（Corley & Woods, 1991; Tucker, Kressin, Spiro, & Ruscio, 1998; Wrosch & Heckhausen, 1999）。

另一方面，中年時期離婚也可能對當事者帶來負面的影響。例如，某些伴侶因為在一起時間太久，在社交、情緒及經濟上都與彼此有很深的連結；另外也有某些伴侶在區分所有物、不動產及金錢上碰到麻煩。此外，離婚可能造成當事者在工作上，以及與朋友和家人關係上的困擾，尤其是當離婚的當事者有極大的情緒反應，並造成其生活上的負面影響（Papalia et al., 2003）。離婚也有可能帶來其他的傷害，一般而言，離婚者的平均餘命較已婚者來得短；離婚男性的自殺比例較已婚男性要高；女性在離婚後，通常會成為經濟弱勢的一方（Wauterickx, Gouwy, & Bracke, 2006）。

無論如何，今日離婚已不再被貼上負面標籤，女性也更有經濟能力與其他的選擇機會，讓她們得以離開不滿意或受虐的關係。特別是當婚姻中有激烈的衝突時，離婚或許是個對所有人都好的選擇，而對當事者來說，離婚或許可以讓他們的生活變得更滿意也更幸福。

再婚　許多人到了中年時期，可能已經歷了結婚、離婚及再婚。的確，在離婚之後，人們通常會在五年之內再婚（Kreider, 2006）。特別是當年齡漸長，愈來愈多人認為再婚是個實際的選擇。

通常再婚為人們帶來正向的經驗，但同時也可能出現許多挑戰。無論再婚時的年紀如何，伴侶之間都需要做許多調適，尤其是當再婚的一方或雙方帶著前次婚姻的子女來到新家庭，需要克服的問題則因子女年紀而有所不同。一般而言，多數重組家庭必須應付新的角色、規則、期待、適應與關係等議題，新的家庭成員已有過去所習慣的生活方式，現在則必須適應新的家庭動力，並建立對於彼此之間的情感。

同志婚姻　同志婚姻，或更精準的用「同性婚姻」（same-sex marriage）來形容，近年來已成為公眾辯論的重要議題。在美國，超過 30 個州及哥倫比亞特區都允許同性伴侶結婚，其他各州則以「民事結合」（civil unions）的方式，確立並保護同性伴侶有等同或類似婚姻的結合關係。在麻州、康乃狄克州與愛荷華州，州最高法院制訂州憲法，要求賦予同性伴侶與異性伴侶同等的婚姻權利；在佛蒙特州、新罕布夏州、哥倫比亞特區及紐約市，立法機關也通過了承認同性婚姻的法律（National Conference of State Legislatures, 2012）。2013 年 6 月，聯邦最高法院認定 1996 年通過的捍衛婚姻法案（Defense of Marriage Act），即允許各州拒絕承認在其他州合法的同性婚姻，違反美國憲法。

許多同志伴侶要求與異性戀伴侶一樣擁有合法結婚的權利，他們要求的不只是對於伴侶關係的象徵性承諾，也希望能夠享有合法婚姻中所具有的社會及經濟福利。目前已知與婚姻有關的聯邦政府福利便超過 1,000 項。

中年期的家庭模式

中年期通常會面臨到家庭生活型態的轉變。由於子女多已經進入青春期或年齡更長，因此大多數 40 幾至 50 幾歲的中年伴侶，已不需要再負擔撫養年幼孩子的責任；然而於此同時，他們的父母則已進入老年，可能仰賴他們提供更多的照顧。社會工作者在與中年案主一起工作時，可能會遇到以下這些家庭情況：

- **空巢期**：大多數中年期的父母會經歷子女離家生活的階段，空巢症候群（empty nest syndrome）便是指當最小的子女離家時，對於父母所造成的負面影響。某些專家學者認為空巢症候群是降低婚姻滿意度的因素之一，也有研究指出，若夫妻對於婚姻的滿意度是建立在養育子女之上，當子女離家時的負面衝擊較大。此時，伴侶們需要尋找其他的興趣和成就感的來源，以維持他們的婚姻滿意度。另一方面，也有其他的證據顯示，許多伴侶對於婚姻的滿意度反而在子女離家之後上升，他們現在可以享受兩個人的時光，同時將過往投注在養兒育女的資源，轉而投資在婚姻關係的經營之上；此外，他們現在更能夠關懷彼此的情緒需求，並且有更多時間去追求兩個人共同的興趣（Crowley, Hayslip, & Hobdy, 2003; Kausler, Kausler, & Krupsaw, 2007; Ward & Spitze, 2004）。基於上述兩種不同的研究發現，社工在與個別案主工作時，需要去探究其對於子女離家的想法。某些案主可能因為「失去」子女及自身的照顧角色而感到難過，也可能有某些案主因為卸下照顧子女的角色，重獲自由而感到興奮。
- **成年子女同住家中**：期待子女離家的父母，可能會因為子女未如預期般離家而感到不安。今日子女離家的年紀愈來愈大，而且有些人離家後又返回家中與父母同住。例如離婚、失業和繼續升學等因素，均可能使得成年子女與父母同住，而非獨立生活（Kausler et al., 2007）。顯然的，某些父母並未準備好要與成年子女同住，尤其是當子女離家又返家時。在這種情況之下，家庭成員必須重新適應居住的安排，彼此之間也可能產生角色、規範、溝通與關係等問題。

- **無子女（選擇性的或有其他因素）**：雖然每對伴侶的情況不同，目前尚缺乏證據顯示無子女會對伴侶們造成心理困擾。然而，後悔自己未生育子女的女性，相較於沒有此負面想法的女性而言，出現心理問題如感到孤獨和沮喪的風險較高。對於男性而言，則未出現類似上述的情形。的確，性別角色的社會化過程之中，賦予了女性較多養育子女的壓力。另一方面，養育子女並不必然保證個人的心理健康，實證顯示，與子女關係不佳的父母，有罹患心理疾病如憂鬱症的風險（Koropeckyj-Cox, 2002）。
- **照顧年老的父母**：某些中年人可能會發現自己像是三明治世代（sandwich generation），意指他們需要同時照顧父母及子女（Uhlenberg, 1996）。人到了中年階段，父母也可能進入患有慢性病或失能的年紀，因此需要更多的照顧。對於那些需要花費很多時間、金錢和精力去照顧家人的中年人來說，可能會感受到極大的壓力，若是又缺乏資源與社會支持，照顧者本身也有出現身心健康問題的風險。

婚姻與家庭社會工作

從事婚姻與家庭工作的社會工作者，特別需要了解家庭系統與關係。許多因素都可能造成家庭問題，例如居住與關係的安排、子女及其他家庭成員的情況等，因此社會工作者必須具有專業技能以評估上述議題，以及這些議題對於個別家庭成員的影響。

系統理論、家系圖（genograms）和生態圖（ecomaps），可以協助社會工作者有效組織關於一個家庭的眾多資訊，同時對於可能影響該家庭的議題進行全面評估。社會工作者可以藉由角色、規範、界線和動態平衡（homeostasis）的概念，協助家庭成員了解這些概念如何在其家庭中運作。例如，如果一對夫妻均為再婚，並同時將前次婚姻的子女帶到新家庭，上述概念便可以協助家庭成員更了解彼此互動的方式，以及問題發生的原因。社工可以告訴個別的家庭成員，新的家庭系統需要建立與維持它的動態平衡；由於每個成員都已經習慣於之前系統的運作方式，在新的家庭系統中，成員們都需要找到自己的位置，並重新定義彼此之間的關係，才能夠讓新的家庭順利發揮功能。為了達成設定目標，社工可以協助新的家庭成員們定義其在系統中的角色和界線、建立彼此之間的關係、以及確立新家庭的規範。

對於沒有生養子女，或是有成年子女返家同住的案主來說，則適用於其他的發展理論模式。由於上述提到的議題，可能會導致某些案主出現心理問題，因此運用如 Erikson 或 Levinson 的發展理論，可以協助社工理解案主的重要發展任務，以及哪些議題可能成為其發展過程中的問題。例如，根據 Erikson 的理論，沒有子女的中年人（無論什麼原因），可能會有停滯不前（stagnant）的感覺；如果他們缺乏「傳統的」家庭讓他們可以投資，在工作或其他方面又缺乏成就感，便需要有人協助他們克服此種感覺以成功度過此一階段。

你需要對於 Tina 的家庭狀況進行評估，以了解她的困擾是否來自於特別的原因。兒子們的問題，可能造成 Tina 與兒子們及丈夫的緊張關係，特別是最近大兒子被逮捕的事情。如果 Tina 和兒子們的關係持續惡化，很可能讓她的壓力變得更大，甚至演變為心理問題。

你同時需要協助 Tina 探究其與丈夫之間的關係，協助他們改善或維持良好的婚姻品質；此外，這對夫妻可能需要找到兩人共同的休閒興趣，讓彼此有更多的時間相處。進一步探究 Tina 與丈夫剛結婚時對於彼此的感覺，可以幫助你獲得有價值的資訊。若 Tina 與丈夫之間缺乏信任或正向的感受，便可能導致婚姻中的衝突；相反的，如果 Tina 表示自己的婚姻關係良好，你可以協助她維持關係，同時在處理其他議題上運用此一優勢。

退休

在美國，對於大多數人來說，「退休」是個新興的現象。直到半世紀之前，多數人從未想過為了休閒生活或興趣，而在某個特定的年紀離開職場。

傳統上，美國人的退休年紀為 65 歲，因此平均而言，美國勞工的一生中約有 10%至 15%處於退休狀態。隨著平均餘命增加，如果人們在 65 歲退休，則平均約有 18 至 20 年的時間處於退休狀態（Atchley & Barusch, 2004）。

在美國，退休年齡因為社會保險的償付議題而愈來愈高，未來甚至有繼續提高的可能。即使如此，許多人仍然選擇提早退休。許多企業和組織提供人們提早退休的誘因，以釋放出職缺給薪資較低的年輕勞工（雖然此種做法並不合法）。當經濟不景氣造成高失業率時，年資較高的勞工也會被鼓勵提早退休（Quadagno, 2008）。

退休的模式　關於退休，最普遍的一種觀點，是人們在大半輩子的教育和工作之後，所發生的單一事件；然而，此種觀點並不完全正確。社會學者及其他領域的研究者，發現退休尚有多種定義與模式。例如，在過去的幾十年之間，年長的男性兼職勞工愈來愈多（Piasna, 2010）；1960 年代以後，女性的勞動參與率也有所提升，尤其是 50 幾歲的中年婦女。雖然某些人（特別是男性）基於健康或其他因素，在 50 幾歲就從職場退休，然而大部分的人仍持續工作到更晚的年紀（Quadagno, 2008）。

中年人可能經歷不同的就業與退休模式，而這些模式則受到社會經濟因素的影響，像是 2007 年至 2008 年的「金融海嘯」（great recession），使得許多勞工的退休儲蓄大幅縮減，同時迫使許多企業裁員，其中也包括許多屆齡退休的勞工（Johnson, 2012）。另一個與退休相關的因素為歧視，例如，非裔美國人在年輕時便面臨較高的失業率，於是對於往後的就業與經濟安全均產生負面的影響，包括退休的能力。尤其到了中年時期，非裔美國男性因為健康的不平等，導致身心障礙的比例較高，進而影響其工作能力。貧窮、歧視及有壓力的就業環境、缺乏健保與其他福利的藍領工作等，造成上述這些男性長期的身心壓力，並可能導致身心障礙，進而影響其往後累積財富及勞動參與的能力。上述這樣的模式也同時發生於其他少數族裔身上，無論是男性或女性（Brown & Warner, 2008; U.S. Department of Labor, 2007）。

事實上，每個人的退休模式差異極大：

- 許多中年人決定在退休後展開職業第二春，他們可能重回學校、從事志願服務，或是從事不同領域的工作。
- 某些人可能決定半退休，減少工作時數或是重新找工時較低的工作（Moen & Wethington, 1999）。關於此種模式，許多人從事橋接工作（bridge jobs），即介於全職工作與完全退休之間的工作；在過去幾十年之間，此種趨勢在穩定上升之中（Cahill, Giandrea, & Quinn, 2006; Quinn & Kozy, 1996）。
- 許多人因為無法負擔退休後的生活，因此持續工作。

另一方面，上述這些模式的正向影響，包括持續工作和從事相關活動，可以幫助人們在進入老年期時，認知功能不致退化。例如，研究顯示從事志願服務，無論是在退休之前或之後，都可以為人們帶來社會與健康方面的益處，包括死亡率、罹患憂鬱症及心臟病的比率均較低，而生活滿意度及具行動能力的比例則較高（Grimm, Spring, & Dietz, 2007）。

退休的準備　有些人在年輕時便已開始規劃退休後的經濟及其他生活，相對的，也有人尚未思考到經濟、職涯或生活目標，便突然面臨到退休的處境。特別是對那些從事低薪工作的人們來說，必須每天工作才能勉強度日，因此很難有多餘的積蓄或想像退休的生活。

女性在成年期的就業選擇，無論在經濟或其他層面，都會影響其退休規劃及往後的生活。例如，某些女性因為懷孕生子而暫時離開職場，當孩子長大後再二度就業；某些女性則是一邊全職或兼職工作，同時照顧家庭；另有一些女性則是選擇不進入家庭，全心投入工作。相較於男性而言，女性的就業模式差異較大，我們會在第十二章進一步討論。

已有研究針對美國的不同族群，進行退休規劃模式的比較。例如，某項研究發現，在決定何時退休、開始進行規劃，以及為醫療及居住預作準備等事項上，同性伴侶與異性伴侶之間並無太大的差異（Mock, 2001）。然而，已婚伴侶在上述這些事項的執行率上，則相對較同志伴侶及同居或未婚的異性戀伴侶要來得高。相較其他族群而言，女同志伴侶對於退休的經濟準備程度最低；此外，只有已婚伴侶計畫在退休後從事志願服務這項可以提升老年生活福祉的活動。綜上所述，相較於同志伴侶及未婚的異性戀伴侶而言，已婚伴侶在退休後可能會有較佳的經濟情況及心理健康。

關於退休的理論及觀點　退休生活適應是個相對複雜的議題，適應良好與否取決於諸多因素，包括個人的特質、處境及態度等。除此之外，研究也指出，經濟穩定、健康情況佳、正向的社交及居住環境，以及是否為自願退休等，均為退休生活適應良好的因素（Lowis, Edwards, & Burton, 2009; Quick & Moen, 1998; Reitzes, Mutran, & Pope, 1991）。

在第十二章，我們將更進一步討論以下這些與退休適應相關的理論：

- 持續理論（continuity theory）：該理論可支持某些關於退休適應的研究，認為人們在老化的過程中，應保持角色、個性、關係與活動的持續性（Atchley, 1989），此種一致性能夠協助人們適應老化的過程。因此，當人們退休時，愈能保有在工作時的滿意度及幸福感，就愈能夠適應新的生活狀態。
- 撤退理論（disengagement theory）：退休被視為是年長者從職場「撤離」，而將工作機會讓給年輕人的自然過程。對於那些不願意離開職場的人來說，較有可能會經歷到退休適應的問題。
- 活動理論（activity theory）：退休被視為是將精力轉而投注在工作以外的事物上。若人們缺乏有意義的活動參與，便可能會經歷到退休適應的問題。

無論社工是用哪一種觀點看待退休這件事，都必須思考其可能對於案主的影響。社工可以將焦點放在案主退休後的經濟安全與心理健康，並事先進行預防的工作。

雖然退休並非 Tina 現在最需要處理的議題，你仍然可以嘗試了解她對於這個議題的想法。Tina 或許已經有想過退休這件事，或許也是造成她困擾的原因之一。經由與 Tina 討論退休議題，可以讓你釐清這是否和 Tina

目前的問題有關；如果 Tina 對此議題有興趣，你們可以持續討論，如果這不是她現在想要談論的議題，你可以在往後的工作關係中持續追蹤。

成年中期的鉅視系統

諸如生理、心理、情緒、社會及職業等議題，均可能成為中年生活的困擾。本節將討論的兩個議題（年齡歧視及移民），不僅為中年人的生活帶來挑戰，同時可能影響他們各方面的福祉。

年齡歧視

年齡歧視（ageism）意指對於老化過程及年長者的負面價值觀，此種想法來自於認為年長者的能力比不上年輕人，並堅信中年人與老年人缺乏性慾、智力或能力（Atchley & Barusch, 2004）。年齡歧視及對於年長者的偏見，導致人們因為年齡的關係而歧視或以負面的態度對待他人，此種情形可能影響各個年齡層的人，但是對於中年人來說似乎更為明顯。

雖然人們對於老化的想法已逐漸改變，但社會上仍存有許多迷思和刻板印象。隨著嬰兒潮世代逐漸進入老年，某些價值觀將持續改變，然而在一個強調年輕人的文化之中，年齡歧視仍然難以避免。

此外，某些與老化有關的理論與觀點，也增強了年齡歧視的價值觀。例如，撤退理論便強化了人們認為老化就等於無用的想法，由此觀點來看，年長者退位是自然的過程，也因此忽略了年長者對於社會的貢獻。

如同與其他存在於社會上的歧視，社會工作者也可以成為改變年齡歧視的推動者。從社會層面來看，社工可以透過教育及行為示範，展現老化過程的獨特性及價值，進一步消除迷思與刻板印象。從個人層面來看，社工可以協助正因為經歷老化過程而感到困擾的案主，覺察他們自己對於年齡歧視的態度，避免其成為老後生活的阻礙。

雖然在案例中並未提及，但 Tina 有可能在生活中經歷到年齡歧視，包括社會壓力、朋友及家人的態度，甚至是她自己對於老化的認知，都可能導致 Tina 對於自我價值的負面看法。經由生理心理社會的評估，你可以探究年齡歧視對於 Tina 產生何種影響，而服務的介入則可以整合社會與個人層面對於老化的想法，並重新建構正向的觀點，以支持 Tina 能夠健康的進入老年期。

職場上的年齡歧視　職場是年齡歧視最普遍的場域之一。雇主及一般大眾都存有許多誤解，例如年紀大的員工無法學習新的工作技能、工作成效不佳及不願意接受改變等。事實上，相關的研究顯示，相較於年輕的員工而言，年長者的工作品質及效率反而較佳。研究發現，年紀大的員工較少請病假、較為準時及可靠、較不容易在工作中受傷、對雇主較為忠誠、離職率較低、工作滿意度較高，同時表現出較佳的工作態度（Atchley & Barusch, 2004; U.S. Department of Labor, 2008）。

為了保障人們不會因為年齡而在職場上受到歧視，美國國會在 1967 年通過就業年齡歧視法（Age Discrimination in Employment Act），禁止雇主因為年齡而開除員工，或是降低員工的薪資或職位，特別是對於 40 至 65 歲的員工而言。當時仍有許多雇主要求員工在 65 歲退休，直到 1978 年，聯邦政府將企業及公部門強制退休的年齡由 65 歲提高至 70 歲，更擴大了保障的範圍。之後到了 1986 年，美國國會立法禁止任何行業有強制退休年齡，除了某些例外，如執法機關和航空業，以避免危害到他人的人身安全（Quadagno, 2008）。

在美國，目前除了某些行業之外，幾乎已無退休年齡的限制，因此對於年長的工作者來說，年齡歧視成為更重要的議題。特別是當人們想要工作到 70 幾歲、80 幾歲甚至是 90 幾歲時，被歧視的風險可能更高。

大眾文化中的年齡歧視　當人們進入中年期，尤其是成年晚期時，會逐漸發現自己低人一等或被當作小孩子對待。例如，年輕人經常認為中年人缺乏性吸引力、無法完成某些工作，或是因為體力不如年輕人而需要特別的對待。

不幸的是，西方文化增強了年齡歧視的迷思和刻板印象，其中最常見的一種形式，便是經由媒體傳播。直到最近，電視節目中才較常出現中、老年人的角色；而在電視節目中出現有自信、有能力的中、老年人主角，則是更近期的事（Bell, 1992）。即便如此，由中、老年人（尤其是 40 歲以上的女性）擔任重要角色的節目仍然少的可憐（Media Report to Women, 1999, 2001, 2009）。年齡歧視也出現在其他的媒體形式：一項針對美國及印度兩國的雜誌比較研究發現，兩者都較少出現年長的女性，反之，年輕的女性則大量出現（Raman, Harwood, Weis, Anderson, & Miller, 2008）。

中、老年人在媒體上經常是以負面的形象出現，於是更增強了負面的刻板印象。例如某項研究發現，許多兒童在剛上小學的階段，就已經經由媒體的傳播（特別是迪士尼電影及某些兒童節目），形成對於老年人的負面刻板印象（Robinson & Anderson, 2006; Robinson, Callister, Magoffin, & Moore, 2007）。此外，廣告也有負面形塑中、老年人的傾向；在主要頻道的廣告中，出現 50 歲以上者的比例很低，而且他們通常是銷售食物、健康或保健類的產品，或者是被標籤為與年齡相關的產品（Atkins, Jenkins, & Perkins, 1990-1991; Raman et al., 2008）。

移民

許多移民是從年輕時就來到美國，然後一直待到年紀漸長，因此社工服務的多是已經中老年並且面臨如貧窮、社會支持、司法體系及其他困難的移民。此外，許多移民遭遇歧視及政治上逐漸升高的敵意，包括許多州已經通過限制就業及相關機會等較為嚴格的移民政策。

在美國，境外出生（foreign born）或移民（immigrant）兩個名詞經常被交替使用，意指不是一出生便成為公民的美國人。境外出生的個人可能包括：

- 難民。
- 受到政治庇護者。
- 非法移民（unauthorized immigrants）。

- 已歸化的公民。
- 合法的永久居民。
- 短期居留的個人（persons on temporary visas）。

根據 2012 年的統計，在美國有 4,100 萬人為境外出生，其中約半數（51%）為女性；另外有 1,870 萬人為歸化的公民，其他 54%的移民則為合法的永久居民、非法移民及短期居留的個人。

美國的移民中以墨西哥裔占最多數，約占 28%（第二位則是來自中國的移民，約占 5%）。此外，約有半數（47%）的移民具有西班牙裔或拉丁裔血統，並有超過半數（52%）的移民無法說流利的英語。多數墨西哥裔移民居住在西部和西南部，其中半數以上（58%）住在德州和加州。在年齡方面，以 18 至 64 歲之間的移民占最大宗（80%），65 歲以上者則占 12%（Migration Policy Institute, 2014）。

雖然所有的移民都有可能遭受歧視，然而非法移民的處境卻更為弱勢。根據 2012 年的統計，在美國約有 1,150 萬名非法移民，其中大部分（890 萬人）是來自於北美和中美洲，包括墨西哥、中美洲和加拿大。加州的非法移民人數居冠，約占全體人數之 25%；其次為德州和佛羅里達州，分別占 16%和 6%；而移民法規嚴厲的亞利桑納州和喬治亞州，也有為數不少的非法移民（Migration Policy Institute, 2014）。

墨西哥裔移民之所以較為特別，或許是因為他們人數眾多，因此較其他地區的移民更為明顯。約有 70%墨西哥裔移民在美國工作，其中許多人必須在經濟上支援還留在家鄉的家人。事實上根據統計，在墨西哥約每十個家庭中，便有一個需依靠在美國工作的家人寄錢回家。某些墨西哥移民需要同時支援家鄉及在美國的家人，因此使得他們的經濟負擔更為沉重，有時甚至造成他們在人際上的壓力（Migration Policy Institute, 2014）。此外，許多墨西哥裔移民教育程度較低、未投保保險並身處貧窮（Camarota, 2001）。

幾乎所有的移民都會面臨如下的限制：接受有品質的學校教育、學習與使用英語的機會，以及獲得足以維持生活的穩定工作。除此之外，許多移民會遭遇到的問題，包括社會隔離，居住在貧窮和過於擁擠的環境，無法融入新文化，喪失原本的社會地位、認同及社群；因壓力而導致的精神健康問題，當地社區及社會政策對移民的歧視與壓迫，進而更加限制其獲得服務及改善生活的機會（Garrett, 2006）。

對於面臨上述議題的移民，社工可以在以下三個層面提供支持的資源：

- 微視層次：協助個人獲得其需要的服務；在缺乏家庭或社會支持的情況下，協助個人適應新文化的生活；改善個人的生活品質及福祉。
- 中介層次：藉由充權家庭及社區，建構可以協助支持移民社區的網絡和基礎。
- 鉅視層次：教育公眾與政策制訂者，讓他們了解移民所面臨的困難；規劃適合移民並可近的服務；對於阻礙移民的壓迫性政策提出挑戰。

對於希望留在美國的中老年移民，社工尤其可以提供協助與支持。這些移民經常面臨特殊的挑戰，包括健康、家庭、就業、社會支持及融入新文化等議題。

結論

在許多方面，成年中期是一個持續成長與發展的階段，包括情緒、靈性、社會及職業等。雖然生理上的功能的確有所下降，有人也會發覺自己在某些方面變得較為緩慢，然而對於多數人來說，這些改變並不會造成嚴重的問題。

對於許多人來說，到了成年中期，可以享受過往努力所帶來的成果。經過成年前期的不安定、奮鬥與努力工作，許多中年人發覺此時更可以自在的做自己，並且享受成功的果實。然而另一方面，也有人感受到這些改變所帶來的困擾，例如適應老化的過程、經歷疾病、職涯上的轉變、親密關係的結束及展開新的關係，都可能會造成壓力或其他心理與情緒上的問題。

此時社工所扮演的角色，便是協助那些產生適應問題的中年人。與成年中期案主一同工作的重要目標，在於評估可能讓他們現在感到困擾，或是可能對於他們老年生活造成障礙的各個面向。

本章重點

- 到了成年中期，許多人的體能、視力、聽力和新陳代謝等生理功能開始下降，不過大多數人並不會感受到與年輕時有明顯的差異，尤其是在認知能力方面。在強調年輕文化的美國社會，人們最感困擾的則是身體外觀上的改變，例如皺紋、白髮及身材。
- Levinson 提出男性觀點的成年發展理論，聚焦在轉變期與生活架構，或形塑經驗的行為模式。生活架構和轉變期約發生在 40 幾、50 幾歲，此時人們開始探究變老的意義、檢視之前的選擇是否令人滿意，以及做出讓自己更滿意的改變。
- 女性經歷更年期的經驗因個人及所處文化的不同，而有極大的差異。某些人樂見此一改變，但也有人對此感到焦慮；某些文化認為停經的過程是自然的現象，某些文化（特別是西方文化）則將其視作生命力及吸引力的喪失。
- 許多中年男性也會經歷到更年期，開始重新評價自己的職涯、家庭關係與人生中的重要決定。同時許多人會經歷生理上的改變，例如掉頭髮、體重增加及性功能衰退等。
- 遺傳基因或不健康的生活習慣，例如抽菸和營養不良，可能導致中年時期的慢性疾病，包括癌症、糖尿病及心臟病等。
- 在成年中期，許多人面臨到婚姻、離婚和再婚等議題，此時社工可以協助案主探索自己對於親密關係的期待，以及持續在某些關係中的原因。
- 中年期的家庭型態通常會有所轉變，包括混合家庭（blended families）、空巢期，以及需要同時擔負照顧子女及年邁父母的責任。
- 無論是男性或女性，退休模式均因人而有相當大的差異；許多人在中年期展開職涯的第二春，並持續工作到老年。社工可以著力的部分，在於協助案主進行退休生活的規劃與適應。
- 中年人可能會開始感受到明顯的年齡歧視，此時社工必須站在為案主倡議的最前線，消除大眾對於年齡的迷思和刻板印象。

- 移民是許多社工在服務中年案主時，經常會碰到的議題。境外出生的案主可能會面臨的問題，包括經濟、社會隔離、心理健康、家庭動力、服務的可近性，以及因為其他問題而喪失身分等。

本章練習活動

1. Sanchez 家庭互動案例，請參閱 www.routledgesw.com/cases 網站。回顧 Sanchez 家庭的主要議題，特別是關於 Hector 和 Celia 兩人，然後回答下列問題：
   a. 從發展觀點來看，Hector 在此人生階段所面臨的議題為何？這些議題如何影響到他的工作和家庭狀況，以及未來的老年生活？
   b. Celia 面臨到哪些議題？這些議題如何影響她目前的生活及身心狀況？
   c. 年齡歧視、種族歧視及其他社會價值觀，對於 Hector 和 Celia 的情緒、心理、人際、靈性、社會及經濟等方面的生活狀況有何影響？
   d. 哪些議題可能會影響 Hector 和 Celia 的婚姻滿意度？
   e. Hector 和 Celia 面臨到哪些與移民相關的議題？
   f. 假設 Hector 和 Celia 是你的案主，哪些理論是你在處遇時可以運用的？為什麼？其限制為何？
2. Carla Washburn 互動案例，請參閱 www.routledgesw.com/cases 網站。回顧本章 Levinson 的成年發展理論及圖表 11.1，然後回答下列問題：
   a. 根據目前你所看到有關 Carla 的資訊，並引用 Levinson 的成年發展理論，推測 Carla 在成年前期與成年中期的發展情形？
   b. 承上，有哪些與早年發展相關的議題，造成 Carla 現今及之後晚年生活的問題？
   c. 本章所探討的哪些議題可能是或曾經是影響 Carla 的議題，並且成為她目前生活中的問題？
3. RAINN 互動案例，請參閱 www.routledgesw.com/cases 網站。由於機構的服務愈來愈穩定，RAINN 的工作人員希望能夠外展服務至遭受性侵害卻未曾接受過服務的案主。請問年齡歧視對於這些潛在的案主有何影響？

4. Hudson 市互動案例，請參閱 www.routledgesw.com/cases 網站。回顧此案例中的議題，並回答下列問題：
   a. 依據 Levinson 的成年發展理論，以及社區所面臨到的問題，請問有哪些是社區內的中年案主需要被關注的議題？
   b. 基於社區內所存在的問題，慢性疾病對於社區內的中年案主會造成哪些影響？
   c. 社區內的問題將如何影響中年居民（尤其是移民身分者）的家庭及工作型態？

第十二章

成年晚期（老年期）的發展

Judy是一位80歲的老婦人，住在Sunset Homes居住式照顧中心已經三年了。她無法自己穿衣、洗澡以及按時吃藥，此外她需要有人協助其購買日常用品及預約醫生的門診。她僅有來自於社會保障生活補助金的微薄收入，並且是靠醫療補助來支付她住在 Sunset Homes 的費用。

最近社會福利經費預算縮減，造成補助給住在居住式照顧中心類型的老人們醫療補助經費也同時減少。Judy 居住地所在的州政府政要求，未能符合某種特定生理照顧需求的老人必須搬離照顧中心。Judy 的生理狀況不符合新的補助標準，因此收到州政府通知，要求她兩週內必須搬離照顧中心。Judy有個女兒，但是她女兒住在別州，也沒辦法提供 Judy 所需要的照顧。以她微薄的生活補助金收入，她也付不起每個月照顧中心的費用。她所住的城市也沒有提供給需要協助的低收入老人住宅。Judy 可以向州政府提出申訴，但是她需要一位了解醫療補助政策、州政府官僚體系，以及能為像 Judy 這樣需要特殊照顧需求的老人倡議的社工。

不幸的，Judy的案例並非特例。世界上的人口都在老化，所有社會都面臨照顧長者的挑戰。當健康照顧愈發精進以及新科技不斷推陳出新時，個人、家庭及社區都得面對老人的需要及服務的眾多議題。因為這些挑戰，所以需要專精於老人學的社工需求日增，也需要社工協商複雜的老年人口個人、關係及社會需求。

這一章我們將探討圍繞著衰老或老化過程中的相關議題。大部分的情況下我們將以醫療模式檢視這些問題，因為這些是生理本質的議題。然而，與生理及認知衰老相關的許多因素涉及如何適應衰老及老人如何維繫功能的程度，因此其他發展理論有助於了解生理的變化如何影響個人對於衰老的反應。此外，需要知道雖然老化通常伴隨著這些生理改變，但是每個人老化的速度並非相同，因此可預期的改變並不必然發生在每個人身上，或是每個人的改變程度會一樣。

老年期的發展里程碑

衰老可以用許多不同方式來衡量。在美國文化中通常是依照實際年齡（chronological age），就是一個人幾歲來決定是否符合老人的定義。這個衡量的方法通常用來決定一個人是否符合某些服務方案的資格，例如醫療補助或是餐廳的老人優惠折扣。然而，這個衡量方式多少是一種主觀獨斷的決定，某些實際年齡確實能用來引導服務項目的提供，但是這個衡量標準無法讓人知道老人主觀感受他們自己有多老，或是這位老人生理及心理功能運作的程度如何。

另一個相關討論老化的方法，是根據實際年齡將老人分類成不同群體：

- 青老人：滿 65 歲以上至 74 歲老人。
- 中老人：滿 75 歲以上至 84 歲老人。
- 老年人：滿 85 歲以上的老人。

相對於實際年齡衡量的另一種衡量是使用功能年齡（functional age），這種衡量是著重在老人日常生活中行使各項功能的程度。例如，一位 50 歲但是有嚴重關節炎，若沒有人協助行動就有困難的人，可能比一位 75 歲，一年跑兩次馬拉松賽跑，不需要任何協助就可以完成每日生活功能的人，具有較老的功能年齡。

為了要測量功能程度，社會工作者通常會衡量老人可以自己完成的活動類型，這些活動可以分成兩大類（Centers for Medicare and Medicaid Services, 2011）：

- 日常生活活動（activities of daily living, ADLs）：是指一個人生活照顧，例如吃飯、走路、穿衣、洗澡、上廁所以及起床和躺下等活動。
- 工具性日常生活活動（instrumental activities in daily living, IADLs）：與獨立生活相關，例如做家事、購物、準備三餐、管理錢以及用電話等活動。

社工通常使用可靠的測量工具來評估一個人管理自己每日生活活動的功能程度，許多社會服務機構也使用這些評估來決定是否符合某些服務的資格，例如醫療補助。

功能程度是與許多老年期常見的生理、認知、心理改變相關，快速指引 17 摘要整理了老年期的這些生理心理的變化，變化情形在之後的章節會深入討論。

老年期的生理變化

當想到老化時，我們經常想到的是皺紋、白髮及體能的漸趨緩慢。雖然確實會發生這些改變，但是每個人發生的變化量會很不一樣，這其實是與每個人的基因、生活型態及社會期待有差異所致。可能最明顯的改變是生理的變化，即使個人差異很大，但是某些生理的改變卻是大家的發展都一樣。

快速指引 17　老年期的發展里程碑

生理	認知
• 骨質及肌肉質量下降。 • 關節炎、骨質疏鬆的發生率增加。 • 外表明顯增加皺紋、白髮、鬆弛的肌肉、老人斑。 • 掉牙齒以及齒科問題。 • 會有視覺、聽覺衰退問題。 • 中樞神經系統功能衰退，以致反應時間增加，協調功能變慢。	• 認知症的發生率增加。 • 如果不鍛鍊認知能力，可能會有記憶力及功能衰退現象。

骨質疏鬆症 人類在 20 歲階段完成骨骼系統的發展，到 30 歲階段則達到完整質量發展的巔峰。當我們過了 30 歲階段時，骨骼退化速度快過於身體製造的速度，因此會造成骨質的流失。當青少年階段沒有達到最佳的骨質發展時，或是老年階段骨質流失非常嚴重時，就會造成骨質疏鬆症，會讓骨頭變得非常脆弱且很容易骨折。老年期時，臀部及脊椎斷裂特別令人擔憂，因為必須動手術、住院以及復健。脊椎骨折會導致慢性背痛以及變矮。

雖然男女性都會罹患骨質疏鬆症，但是女性發生的風險更高。女性高風險的原因有二個：(1)女性骨頭比男性小且輕；(2)雌激素可保護骨質流失，但是女性更年期以後，卵巢停止分泌雌激素，因此發生此疾病風險增加（National Institutes of Health, 2011; Nguyen et al., 1994）。

年長的白人及亞裔女性比非裔美國人或西班牙裔／拉丁裔美國女性，罹患骨質疏鬆症的風險更高。50 歲以上的白人及亞裔女性中，大約有 20%罹患骨質疏鬆症，另外約有 52%的婦女可能因為低骨質量而有罹患此疾的風險。相對的，大約僅有 5%非裔美國婦女以及 10%的年長西班牙裔婦女罹患此疾，雖然比起其他族裔，西班牙裔婦女發生此疾病的風險正在急速增加。即使男性罹患骨質疏鬆症的風險較低，但是預估大約有 7%亞洲男性、4%非裔美國男性以及 3%西班牙裔男性受到這疾病的影響。

為何不同族裔背景罹患骨質疏鬆症的風險不同，原因還不清楚，但一般來說，研究指出某些族裔婦女有較佳的骨頭質量以及她們的飲食中吸取豐富的鈣質，可能會調和這個疾病的發展。其他發生這疾病的風險因子包括抽菸、家族有骨質疏鬆疾病史、骨頭碎裂病史。酒精濫用或飲用過量咖啡因都可能增加罹患骨質疏鬆症的風險（National Institutes of Health, 2001, 2009a; National Osteoporosis Foundation, 2008）。

骨質疏鬆症可能帶給個人、財務及社會性的深遠後果。臀部碎裂經常會導致永久性失能，這種狀況會使有風險的人感到恐懼、焦慮及憂鬱。美國 2005 年，因為治療骨頭碎裂而必須花在住院、社區照顧及復健服務、因無法工作而損失的薪資及生產力等的財務成本，估計大約耗費了 190 億美元。有預測到了

2025 年，這些成本將會增加高達 253 億美元（National Osteoporosis Foundation, 2008）。

預防及治療骨質疏鬆症的方法很多，包括多運動、均衡飲食、荷爾蒙補充療法。然而，雖然有證據顯示對於高風險婦女，特別是針對 60 歲以下婦女，荷爾蒙補充療法能有效預防及處理骨質疏鬆症，可是對於較年長的婦女卻可能產生乳癌、心肌梗塞或其他疾病的風險（Rymer, Wilson, & Ballard, 2003; Studd, 2009）。

肌肉質量的流失　當人老化時，另一個需要擔憂的是肌肉質量的流失。一般來說，當人在 30 歲階段時，肌肉強度會逐漸流失，但是大約都要到 50 歲階段時，才會感受到。然而，多數肌肉強度的流失都是因為不活動所造成，並非完全都是因為功能的退化或是肌肉組織的流失。事實上，年長者若能規律進行肌肉強度訓練，則能減緩因為老化而來的肌肉質量流失，以及重新獲得或增加肌肉強度（Campbell & Leidy, 2007; Fielding, 1995）。

關節炎　另一個與老化相關的疾病是關節炎。廣泛而言，關節炎是關節發炎或退化造成，當人走動時，這些發炎或退化的關節會非常疼痛。雖然年輕人也可能罹患關節炎，但是老年人發生的比例更頻繁。

關節炎超過百種類型，最常見的為下列兩種類型：

- 骨關節炎（osteoarthritis）：因為保護並蓋住關節的軟骨經過長時間的使用磨損產生退化。這種退化現象是因為在正常使用關節時，酵素分解了軟骨所造成。年紀輕時，軟骨通常會更新，但是當人老化時，我們的身體在更新軟骨時就沒有那麼有效率，導致關節逐漸暴露在外。在美國，大約有 3,000 萬人受骨關節炎所苦（Centers for Disease Control and Prevention, 2014f; Lawrence et al., 2008; Spence, 1999）。
- 類風濕關節炎（rheumatoid arthritis）：是一種自身免疫性疾病，是包圍關節周邊的薄膜發炎造成周邊組織的疤痕，這疤痕引發很嚴重的疼痛及失功能。類風濕關節炎最常發生在老年人身上，雖然年輕人也可能發生這疾病。大約在 50 歲以前症狀開始出現，當人愈來愈老化時，症狀也隨著惡化。此疾病會侵襲小一點的骨頭，像手、腳、手腕，而且通常女性罹患比例高於男性。數個理論嘗試說明這個疾病的原因，像基因誘發、自身免疫反應導致侵襲了圍繞關節的組織，以及細菌或病毒感染（Hewagama & Richardson, 2009; Spence, 1999）。

聽力相關問題　聽力敏銳度通常在 20 歲階段發展達到尖峰，然後隨著年齡漸長而逐漸下降。正常來說，伴隨老化而來的聽力下降最終會喪失聽力，稱為老年性耳聾（presbycusis），會造成數種問題。例如，有些人因為喪失對於聲音的敏感度，而需要提高說話聲量；有些人是喪失聽見高音的聽力（這種聽力是幫助我們分辨像 p 和 t 或 f 和 s 等子音）；有些人會聽到扭曲的聲音，特別是當別人講太快或是講話口齒不清時；有些則會有慢性耳鳴或是耳中一直有響聲（Spence, 1999）。男性比女性更常見聽力喪失，可能部分原因是因為，平均來說，男性比女性更常在嘈雜的環境中工作，像建築工地或工廠作業區。

環境因素會加速聽力的喪失。參加音量非常高的搖滾音樂會、聽音樂時將音量轉到最大，以及走在高音嘈雜的街頭，例如汽車喇叭聲、手持式鑿壁機聲音不斷等，都會造成累積性的聽力傷害，對於老年人會自然老化的聽力，造成更多困擾（Digiovanna, 1994）。

喪失聽力會讓聽力受損的人感覺孤立，因為他們無法跟人正常溝通以及參加社交活動。此外，一般人對有聽力困難的人的行為解釋，會認為他們都沒有注意別人在說什麼或是表現出對人際互動缺乏興趣，也因此很容易反過來造成一般人斷絕與聽力受損者的互動，或是對他們有不耐煩的反應（Takahashi, Okhravi, Lim, & Kasten, 2004）。

視力相關問題　像聽力問題一樣，視力也會隨著老化而下降，且通常是自青壯年期就發生了。當多數人到 60 歲時，都需要眼鏡或隱形眼鏡。眼睛的不同部位，像水晶體、視網膜、視神經，會隨著時間逐漸耗損，造成視力問題。例如，隨著眼球玻璃體老化，也就是在水晶體後面的透明膠狀物質會開始變得不透明，然後水晶體失去彈性後，就需要更多的光或是更多時間來調整距離的改變，以便能看清楚物體。此外，眼睛對深度知覺也會耗損，變得絆倒或摔跤的風險增加。老花眼（presbyopia）就是對近物無法聚焦，因此會造成老人無法閱讀藥瓶小字說明或是爐具上的刻度盤。也因為這些視力狀況，許多老人無法在晚上開車、看清路牌或交通號誌。這樣的情形會引起吃錯藥、吃錯劑量，或讓爐具持續啟用未關的危險中（Digiovanna, 1994）。

青光眼或白內障的疾病雖然並不必然是正常老化的一部分，但是隨著時間，許多人所發生的問題會導致這些疾病：

- 青光眼（glaucoma）：導因於眼中一直累積的液體及壓力，不但會傷害眼睛而且最終可能導致眼盲。很可惜，因為沒有前兆症狀，因此很多人都無法事前察覺或警覺，如果能定期接受眼睛檢查則可以事前預防。
- 白內障（cataracts）：是因為水晶體產生混濁現象，降低減少了光線能通過眼睛的量。所以發生白內障的人會看到強光，而且東西的色彩會比他們以前看到的顏色比較不鮮豔。若沒有治療白內障可能會嚴重限制人的視力，但是白內障是可以透過雷射手術摘除。
- 黃斑部病變（macular degeneration）：與老化相關且會造成視覺細部辨識能力的喪失。因為腦部可以補充我們所看到視覺影像的部分訊息，因此除非症狀發展出現，許多人初期都不會被診斷出來。估計約有四分之一 64 歲到 74 歲之間的老人，以及三分之一 75 歲以上的人受到此眼疾的影響。生活型態因素，例如高脂肪飲食、抽菸以及基因因素，都可能與此眼疾相關（Macular Degeneration Foundation, 2002）。由於目前仍沒有治癒黃斑部病變的方法，但是已經有可以減緩此眼疾惡化進展的治療（Macular Degeneration Foundation, 2002）。

改變環境的做法，能讓有視力問題的老人重新調整他們的住家及其他地方。例如，改變標誌上字體顏色及大小，以及改變房間的光線，都能有效的讓老人看清物體。通常，老人們必須要調整他們的生活，以配合日漸衰弱退化的視力，例如購買大數字鍵的電話、只在白天開車或是只開熟悉的路線（Stevens-Ratchford & Krause, 2004）。

反應時間變慢及協調力降低　當人老化時，他們的中樞神經系統會變得緩慢，這種情形也就會使人的反應時間變慢下來。這樣的狀況會讓人花更長的時間來注意環境中的所有線索，以及回應這些線索。老年期的感覺動作協調效率也會變差，使用某些藥物可以強化衰退的協調能力。

這些議題對於仍想要持續能開車的老人非常的重要，對很多老人來說，能持續開車是維持獨立性的必要條件，這也就是為什麼開車這議題，對老人而言是一個非常敏感的主題。有一個研究整理摘要了 148 位老人表達了不能開車的最大挫折，就是失去自發性、失去獨立性、失去社會連結及社交活動，以及因為無法開車所引起的情緒困境，如挫折，還有「不像一個人」般的感覺，因為在美國，駕駛執照是一種最重要的身分證明（Rosenblum & Corn, 2002）。

雖然老年駕駛人存在某些風險，但有研究者卻主張老年駕駛人更能安全駕駛以維持他們的獨立性。事實上，數個研究指出老年駕駛人比年輕駕駛人更能安全開車，因為他們會避免風險及危險的駕駛情境（Langford, Bohensky, Koppel, & Newstead, 2008; Loughran, Seabury, & Zakaras, 2007; McKnight, 2000）。為了顧及年齡與駕駛安全兩者之間的平衡，有些州頒布法令要求年齡超過某個歲數時，必須提供通過視力檢查的證明、考一次路考，或是提供其他可證明仍可以駕駛的標準證明。

外表改變 生理外觀的改變在中年期開始，然後一直持續到老年期。在美國文化中，很少有其他事情，像因著老化而來的外表改變所造成的焦慮那麼高。通常只要注意電視廣告，就可以很快知道有哪些最新產品，可以除皺紋、美白牙齒、除白髮，以及嫩化粗糙的皮膚斑點。當然整形美容手術以及其他相關的做法也是對抗老化徵狀的其他選項。特別像是肉毒桿菌治療、化學（果酸）換膚、臉部拉皮等微手術，對於想要讓時光倒流的人，愈來愈成為一種普遍可行的選擇。

雖然因老化而來的許多外表改變無法完全預防，但是改變生活型態可以讓這些變化盡量變小：

- *皺紋及皮膚鬆弛*：皮膚會隨著時間及使用而失去彈性，形成皺紋及鬆弛狀況。但是晒過多的陽光、抽菸、水分不足、不當飲食、缺乏運動等因素也會造成皺紋。因此修正這些行為可以減少皺紋的擴展及嚴重程度。

- **老人斑**：有些人會長出老人斑，或是在手或臉部皮膚出現變色的斑點。這些斑點是因為皮膚長期色素沉澱造成，就像皺紋一樣，如果過度曝晒在陽光下，就會更加惡化。雖然老人斑對健康無害，但是可能某些人會覺得很尷尬。
- **白髮**：當頭皮上的頭髮毛囊失去產生髮色素功能時，頭髮就會失去原有顏色。這個白化的過程在不同的年齡階段都可能發生。有些人在 25 歲時發現他們的第一根白髮，也有些人在他們 70 歲以前都不曾注意到他們有白髮。有一個研究認為壓力會傷害我們的 DNA，造成在頭髮毛囊中消耗了生產髮色素的細胞，以致造成白髮（Inomata et al., 2009）。
- **掉髮及長髮**：許多男人和女人會經驗到頭髮漸漸稀薄或掉髮的情況。然而，可能會在一些不需要的地方，例如耳朵、鼻毛，或者是沿著女性的上唇頻繁長出毛髮。
- **牙齒掉落**：當我們老化的時候，我們的齒齦很自然的萎縮，加上發生齒齦疾病，造成牙齒掉落，就變成一個老人經常會遇到的問題（Digiovanna, 1994）。有些人一輩子都保留了自己的真牙，但有些人卻得依靠假牙。由於假牙非常昂貴，因此許多老人無力支付裝假牙費用，也有些老人的假牙沒有被正確適切或舒服地裝配好，造成他們非常痛苦。一些老人會因為假牙疼痛，吃東西變成痛苦費事，而造成營養不良（Semba et al., 2006; Takahashi, Okhravi, Lim, & Kasten, 2004）。
- **體重增加**：就如同在第十一章討論過的，衰老中常聽到的抱怨就是體重增加（Digiovanna, 1994）。

社會工作者及老年期的生理變化　社工可以做很多事來支持在衰老中經驗到很多負面影響的人，或是促進老年人的最佳福祉。例如，社工可以教育案主如何預防及管理像關節炎、骨質疏鬆、黃斑部病變等疾病。社工也可以協助案主多活動來緩解肌肉質量流失的影響，這樣也可以預防後續更多嚴重的問題。社工可以鼓勵案主改善環境，以增加安全性及功能性，以及協助案主得到資源，讓他們可以維持獨立性愈久愈好。

Judy 就像一般邁入老化階段的人一樣，出現許多典型的變化。以她的案例，實際年齡 80 歲，所以屬於中老年群體。然而因為她有一些功能方面的問題，因此相較於一般 80 歲老人應有的正常功能，她的功能年齡看起來比實際上稍微老一些。談到功能，Judy 在日常生活活動與工具性日常生活活動都需要一些協助，你還需要熟悉影響老年人的生理性議題以及不同機構評估老人能力的差別，以便能協助Judy保有她所需要的服務。

老年期的認知及心理變化

很不幸的，社會一想到老人幾乎就等於與衰弱、健忘、孤單相連結的刻板印象，且還會受到惹人嫌的小老太婆、糟老頭等形象的影響，強化了這樣的印象。但是也幸好，就像多數的刻板印象，這些看法都是過度簡化且通常是不正確的。然而，老年期發生的一些心理功能的改變（包括失去認知功能所引起的認知改變），對老年人個人及他們的支持系統，的確是產生了特別的挑戰。

認知症 或許多數人面對老化時，在許多議題中，會超過對外表改變的關注，成為重要關注點之一的就是認知的改變，特別是阿茲海默症中最常見的認知功能喪失。隨著生理的變化，認知改變則是因人而異。無論是疾病中產生的失去認知功能症狀或是認知症本身，都不能被當成是正常老化的過程。認知功能喪失是特定疾病發生過程的一部分，但是也不一定當人老化時，都會發生這些特定疾病。

認知症（dementia）是因為腦的惡化所引起的症狀或是心智失調現象。失憶的許多形式可能發生在年輕人或老人身上。阿茲海默症所引發的認知喪失症狀最常見，也讓許多人感到害怕（American Psychiatric Association, 2000）。這個疾病因為神經細胞內捲曲在一起的蛋白質斷片，稱為神經纖維纏結（tangles），以及死亡的神經細胞及蛋白質不正常沉積，稱為蛋白質斑塊（plaques），兩者在腦中持續累積，造成認知能力緩慢逐漸的降低。

阿茲海默症最常見的早期症狀之一就是永久喪失短期記憶，或更精確的說，情節記憶（episodic memory）的喪失。罹患此疾病的人在聽到一個姓名或住址後會馬上很快忘掉，或是喪失從事如做三明治這種簡單工作的能力。雖然很多人，包括年輕人或老年人，時間一過也會忘掉這些事，但是沒有受此病所苦的人通常最後會想起來這些訊息。很可惜的是，罹患阿茲海默症的人就無法想起來。這個疾病的其他症狀包括混亂、迷失方向、失去語言技巧以及學習能力。

隨著疾病持續發展，記憶力喪失的狀況會愈來愈糟，而且人格會改變。有些人會變得更有攻擊性或是退縮，或者有些人有妄想或幻覺，最終，會喪失長期記憶。阿茲海默症病人最後過世通常是因為併發症像肺炎、感染或是喪失大腦的功能（Alzheimer's Association, 2012a）。

大部分阿茲海默症的病人約是 65 歲以上，隨著年齡愈高，發生的病例就愈多。估計 65 歲以上的病人占 13%，85 歲以上病人則占 50%（Alzheimer's Association, 2012a, 2014）。若阿茲海默症初發在 65 歲以下，稱為早發性阿茲海默症，這類患者比較少見，曾有少數個案在 50 歲以前就發病（American Psychiatric Association, 2000）。然而，有證據顯示因阿茲海默症而死亡的個案數被低報。有一個研究指出每年會有 50 萬人因為各類疾病過世，這個數字為美國疾病控制與預防中心統計數字的五倍。目前疾病控制與預防中心的疾病死因分析中，阿茲海默症排序第六名，但若是依照該份研究，則阿茲海默症死因會爬升到排序第三名（James et al., 2014）。

直到最近，在失智症狀出現後，阿茲海默症就可以順利診斷出來，但若要確認診斷的正確性，則需病人過世後進行解剖。但是現今進步的診斷技術可以讓醫生在症狀出現的數十年以前，可以檢測生理、血液及腦的變化。這些先進的醫療技術將阿茲海默症的進程重新分類為三階段：臨床前期疾病（preclinical disease）、阿茲海默症引起的輕度智能障礙（mild cognitive impairment due to Alzheimer's disease）、阿茲海默症失憶（Alzheimer's dementia）（Alzheimer's Association, 2012b; Mapstone et al., 2014）。

目前許多治療阿茲海默症的製藥或藥物測試，主要就是在疾病對大腦產生永久性傷害之前，以治療早期發病為標的。因此目前發展許多早期測試及程序來及早偵測阿茲海默症的發生，也期望預測哪些人會是罹患此病的高危險群。例如，磁振造影（MRI）和正子電腦斷層掃描（PET）可以用來拍攝大腦影像，尋找蛋白質斑塊與其他可能是此疾病特性的大腦變化。對於可能容易有此疾病的人進行腰椎穿刺，用來偵測其體內某些蛋白質沉積的狀況。研究也聚焦在可以遏阻疾病惡化發展的治療方法，例如將胰島素注入鼻腔內，讓其流至大腦以提供葡萄糖給腦細胞；或是給予協助身體清除澱粉樣斑塊的藥物；促發抗體以中斷疾病在細胞與細胞之間的輸送；測試是否缺少一種被認為可以保護老化的大腦，免受壓力、發炎和疾病發展的蛋白質（De Meyer et al., 2010; Lu et al., 2014; Perneczky et al., 2012）。

耐人尋味的是，許多醫生拒絕提供這些新的診斷工具給病人，引發許多倫理的關注。例如，因為這疾病至今仍沒有治癒的方法，許多終止這疾病的治療方式仍然在發展及測試中，它們真正的療效仍未知，那麼要做早期診斷的目的何在？還有，許多新的早期診斷測試還無法充分正確預測誰最終會發生此疾病。但是，也有人主張即使是有限的診斷訊息，仍是可以用來規劃未來的照顧及其他議題；另外也有人主張這樣只是讓那些接受早期診斷的人徒增不必要的焦慮，特別是當診斷測試也不是百分之百正確時。事實上，只要阿茲海默症的研究一直持續，這些爭議也會持續不斷。社工可以參與這些辯論，協助將思考聚焦於早期診斷對於個人、家庭、組織及體系，能帶來的正面及負面影響。

另一個與阿茲海默症相關且社工會關切的議題是照顧議題。照顧阿茲海默症病人是一個非常嚴肅的議題。研究指出照顧罹患阿茲海默症伴侶的照顧者，因為照顧工作而來的生理及心理壓力，自己也會發展出這個疾病的風險高達六倍（Norton et al., 2010）。過去幾十年來，為了這個議題，已經發展了許多社會服務政策及方案。例如像喘息服務、成人日間照顧、居家照顧，以及專業安養機構等，對於阿茲海默症疾病，都分擔了研究及發展有效照顧方法的責任。我們將會在這章後面探討更深入的照顧議題。

認知改變　不管失憶狀況發生的廣泛程度，許多人老化時並沒有明顯喪失認知功能，而且對終生從事的活動及學習，擁有很高的滿意程度。有些人可能在60歲階段決定改變生涯，或是在70歲階段再追求第二或第三個學位。記憶力與學習力並不必然會因為老化而衰退，事實上，許多研究者斷定「用它或失去它」這句格言是正確的。當我們愈多使用我們的記憶力，刺激我們的思考，讓我們有更多學習機會，則我們愈能維持年輕時擁有的心智能力。相反的，有些研究指出當老化時，我們會喪失一些前額皮質，會影響我們的睡眠品質，因此會反過來影響我們的長期記憶。為了要減緩記憶力衰退，我們需要特別在睡眠期的短波階段，促進我們的睡眠品質（Mander et al., 2013）。

雖然人老的時候會經歷認知能力慢下來的過程，但是研究指出許多老人面對學習產生的障礙多半是來自環境因素或是不好的指導，而不完全是記憶或學習能力的不足。例如，當人老化時，視力與聽力的改變可能會造成學習上的障礙，但是如果能做一些調整，許多老人的學習力跟年輕人一樣不相上下。而且如果新的學習素材能夠與老年學習者的經驗連結，他們就能與年輕人一樣的有學習效率（Dunlosky et al., 2007; Moore & Piland, 1994）。

我們過去相信當人老化時，大腦活動也會緩慢下來，因此老年人大腦整體看來活動力比年輕人大腦少很多。但是新的腦影像學研究顯示並不是這樣的狀況。研究者現在有證據證明老年人使用雙邊的腦做決定以及完成工作，而年輕人卻僅用單邊的大腦，也因此可能是這原因讓老人看起來比較有效率，也比較不會出錯（Phillips, 2011）。

持續性的認知活動例如填字遊戲、簡單的記憶小測驗，都能協助讓大腦健康及保持功能，對於失憶老人更是很有幫助。在失憶的案例中，這些記憶的技巧能協助老人調適及感覺更能掌握他們自己的生活。其中一個特別有效的技巧是使用記憶記事本，來協助、補償記憶的改變。使用記事本方法可讓有記憶問題困擾的人，增加自信心及減少焦慮（Greenaway, Hanna, Lepore, & Smith, 2008）。

人格與老化　許多研究探討不同的人格特質隨著時間如何呈現。這類的研究目的是思考一些議題，例如，人格特質是否是一種持續穩定特性；為何有些人對於老化有「正向態度」，但也有人持負面看法：以及為何有些人能比其他人更能調適人過世的失落及改變等議題。

有兩個主要的論點辯證人格特質如何影響老化：

- **無論過了多少時間，一個人的人格特質維持穩定**：例如，一個容易與人相處的人以及年輕時能順利適應改變的人，當他們變老時，個性還是保持不變的。根據這派的論述，你能根據一個人年輕時，對人與事情的反應，容易清楚說明他或她年老時會如何調適（Bleidorn, Kandler, Riemann, Angleitner, & Spinath, 2009; Ruth & Coleman, 1996; Tickle, Heatherton, & Wittenberg, 2001）。
- **普及的人格特質會在生命不同階段積極活動起來**：人格特質在一個人不同的生命階段會表現出符合該階段生命目的。我們在某些特定時刻所表現的特質，是確保在不同發展階段時的需求可以被滿足。因此，在不同的人生時機，我們會根據某些特質是否需要被滿足較多來決定，因此可能會比別人表現出較多某類的人格特質。

第二個論點是由一個跨文化研究所摘要提出，該研究分析五個國家（德國、義大利、匈牙利、克羅埃西亞以及南韓）不同年齡的人格特質差異（McCrae et al., 1999）。這個研究的參與者在不同政治、文化或歷史脈絡下，跨文化間的年齡群都表現出一組始終如一的人格特質。無論哪個國家，30 歲以下的參與者比起 30 歲以上的人，都表現出更外向、更具冒險精神，以及更低的自覺性。當參與者年紀漸長時，他們傾向表現出漸增的可被信任、自我控制、自覺性以及盡職盡責。年紀較高的參與者也比年輕人表現出較低的敵意、活動力、焦慮度、沮喪及自我肯定。研究者主張在年輕參與者身上所觀察到的特質，是符合他們發展階段所需要完成的任務，例如建立親密關係及找到工作。相反的，在老年參與者身上所觀察到的特質，較有利於滿足該階段所需要滿足家庭及社區責任。

憂鬱與自殺　另一個與老化有關的關注點是憂鬱症。老年人口憂鬱症的發生率很難評估，主要是因為有很多種方式定義憂鬱情緒。估計老人憂鬱發生率從2.5%到45%都有，大概平均是20%，這個比率非常顯著高於年輕人的估計值，有憂鬱症的年輕人口大概占 0.7%到 2.7%（McCullough, 1991）。但是，更保守的估計認為有憂鬱症的老年人人口比例約從 1%到 5%，這個比例範圍，還不包括已經呈現了輕微憂鬱症狀的老人，以及一些已經罹患憂鬱症卻還沒有得到充分診斷的老人（Alexopoulos, 2000; Hybels & Blazer, 2003）。

老年人口有較高的憂鬱情緒比例是否代表憂鬱是衰老的副作用？答案其實並不盡然。並沒有證據顯示憂鬱是正常衰老的一部分。憂鬱症部分與人格特質有關，例如調適變化的能力。情境因素也會影響老年人發展憂鬱症的機會。疾病、身障、歧視、角色轉變，以及財務、社會和其他支持的喪失往往是長壽的必然部分。社會經濟因素與一個人調適和適應不斷變化的環境能力的綜合，更有可能在憂鬱症的發展中發揮作用（George, 1993）。對於年齡較大的女性來說尤其如此，她們的壽命比男性長，而且比男性更有可能生活在貧困中。

一些研究顯示，身體疾病可能對老年人患憂鬱症的風險中發揮重要作用（Barusch, Rogers, & Abu-Bader, 1999; Hybels & Blazer, 2003; Rogers, 1999）。據估計，多達 45%的老年人同時患有憂鬱症和身體疾病（Gerety & Farnett, 1995）。雖然這些統計數據並不能證明健康狀況不佳直接導致憂鬱，但他們認為，嚴重的疾病，無論是身體上的還是精神上的，都可能嚴重影響老年人調適衰老過程的能力，進而讓他們更容易發展出別的疾病。例如，患有造成其失能疾病的老年人，如果他或她必須依靠家庭成員來照顧，或者由於照護費用而有經濟困難的問題，則可能更容易罹患憂鬱症。

相反的，與沒有憂鬱症狀的老人相比，患有憂鬱症的老年人由於飲食習慣不良、缺乏活動、對日常活動失去興趣，以及忽視一般的自我照顧，因此罹患其他身體疾病的風險更高。不良的飲食習慣和忽視自我照顧可能導致營養不良以及其他可能導致憂鬱和絕望感的問題。

因此，社會工作者不僅應評估老年人的情緒健康，還應詢問他們正在吃什麼以及吃東西的頻率。有些藥物會讓人感覺不那麼餓，或者人們可能會忘記吃東西。有些老年人可能因為經濟窘迫問題，造成他們必須在吃和服用藥物之間

照片 12-A

老年期的憂鬱症是許多老人及他們的家庭主要關切的問題

資料來源：Mel Curtis/Getty Images.

做出選擇。

老年人憂鬱症造成的最大擔憂之一就是自殺傾向。當我們想到自殺時，通常都會想到年輕人。然而，自殺是老年人死亡的主要原因。自殺風險隨著年齡的增長而增加，特別是幾乎在所有工業化國家中，自殺率最高的是 85 歲以上美國白人男性（Boyd, 2007; National Institute of Mental Health, 2009; Pearson & Conwell, 1995）。老年人也比年輕人更有可能自殺成功，這是因為老年人傾向於會規劃他們的死亡，並且比年輕人更少表現出他們的自殺想法或事前的嘗試（Conwell et al., 1998）。此外，老年人的自殺率可能被低估，因為一些老年人可能故意停止服用藥物、服用過量藥物、變得自我忽視，或者發生導致死亡的事故但會被視為「自然原因」死亡（Osgood, 1991）。

社會工作者及老年人的心理變化　社會工作者是為失智症和其他健康和心理健康問題病人服務網絡中的重要一部分。社會工作者在為失智症患者發展有效的處遇和服務方案，以及為照顧者提供支持服務方面，扮演著至關重要的角色。

社會工作者也會服務一些可能無法調適與衰老相關變化的老人。社工可以幫助老年案主發揮他們最佳功能，獲得最大的福祉。許多社會工作者還參與研究影響老年人健康和福祉的生理心理社會問題，以協助社工改善為案主提供的服務。

由於研究顯示憂鬱症和身體健康狀況不佳兩者間有相關，作為 Judy 的社會工作者，你可能在評估和處遇時，要聚焦在關注她的生理及心理的健康。由於 Judy 正在因應她的生理功能問題，特別是如果她無法得到照護的支持和其他服務，她可能會有罹患憂鬱症或其他心理健康問題的風險。社工可以透過「居家送餐車」（Meals On Wheels）、「老人餐飲背包方案」（Senior Backpack programs），或其他老人營養服務等方案，幫助 Judy 獲得支持，這些服務方案都可以協助確保她得到所需的營養。

老年期的個人層面

接下來的段落，我們將檢視可能影響老年人發展的個人層面相關議題。其中許多議題是與人際關係和社會發展密不可分，這些都是在與老年人工作時必須考慮到的議題。

老化的心理社會理論

醫療模式有助於我們整理老年期可能發生的疾病過程相關訊息，但其他理論也能幫助社會工作者解釋可能影響老年人福祉的心理社會問題。由於理論非常多，因此無法在此詳列討論所有的理論，但我們將會回顧文獻中以及與老年人工作時常用的數個理論。

撤退理論　首先提出描述老化的社會過程的第一個理論是撤退理論（disengagement theory）（Cumming & Henry, 1961; Henry, 1963）。撤退理論認為，期望老年人能充分活躍表現他們的社會角色是不實際的。相反的，隨著年齡的增長，人們自然會脫離正式的角色和責任。例如，人們從工作場所退休是正常的。但是在此同時，大的社會系統卻是將老年人扯離開這個社會，因為社會將老人視為對系統具有破壞性。因此，這種撤退被視為是老年人與社會之間的共同「協議」。這個過程被認為是正向的，因為老年人和社會都認為這種脫離是雙方福祉的必要條件。

撤退理論可以被視為是非常負面和悲觀的論點，特別是在當科技可以使人活得更久的時代，這一理論似乎已經過時了。有些批評者認為，撤退理論只是反映了社會對老年人的看法：我們的文化是一種青年導向的文化，因此會貶抑了老年人經驗的價值。

儘管存在這種批評，但支持撤退理論的人認為，這是第一個關注老年人與社會之間互動的理論。一些支持者還認為，撤退理論比以活動為焦點的老化理論更實際。具體而言，某些理論認為隨著年齡的增長，我們都應該保持活躍，但這可能是一種過於樂觀的期望。

活動理論　第二個盛行的理論是活動理論（activity theory），它指出人們隨著年齡的增長而「退出」生活，並不一定正常或自然（Havighurst, Neugarten, & Tobin, 1968）。相反的，人們隨著年齡增長的需求和願望，與生命中任何時期的需求和願望是類似的。如果人們脫離了他們的角色，通常是因為他們無法控制的外在因素，例如經濟、歧視和健康狀況不佳等造成的。

與撤退理論相比，活動理論對老化的看法更為正向。它認為社會對老化的期望，導致人們隨著年齡的增長，被迫要脫離各種角色。

然而，有些人認為這種活動理論觀點（認為即使老化仍要保持活躍），會給老人們帶來不必要的壓力，就是：如果老年人不高興，沒有表現生產力，那麼應該就是他們有些不對勁了。然而，活動理論學者也承認有些老年人在晚年時是比較傾向脫離與別人的接觸。

持續理論　持續理論（continuity theory）是基於活動理論的基礎上，運用生命週期觀點（life span perspective）來描述老化過程（Atchley, 1989）。持續理論

資料來源：Ryan McVay/Getty Images.

照片 12-B

許多人在老年時仍保持活躍的生活

強調人格在決定老年階段結果的角色。隨著人們年齡的增長，他們建立了生活結構或是生活型態，這些結構或型態是經過他們和別人及世界互動而來，這些結構及型態也連結了他們過去的經驗。這些結構不僅為人們提供了繼續發展的基礎，而且決定了人們將來如何適應和運作。人們的角色、人格、關係和活動是連續性的；在這些事情上的連續性可以協助他們調整（或不調整）老化過程。

與其他關於老化的理論一樣，持續理論並沒有解釋隨著人們年齡增長而會發生的各類深刻的變化。例如，慢性病和障礙失能會嚴重改變老年人的日常活動和生活態度。期望人們在發生這種變化時，仍能維持生活的持續性可能是不合理的期待。

然而，持續理論可能描述了許多人隨著年齡增長而發生的事情，特別是如果他們能夠幸運的免於受到嚴重疾病或其他損害他們福祉的事件。即使確實發生了這樣的事件，有些人也會保持其日常生活或活動的持續性，以這樣的方式來應對和調整，讓持續性不因這些事件而受到很大的干擾。

Peck 的自我統整理論（Peck's Theory of Ego Integrity） Robert Peck（1955, 1968）的成年後期情緒和社會發展理論，著重於在成年後期達到自我的統整性，以及隨之而來的老年期的福祉。他提出成年後期有三個不同的自我統整任務：

- **自我差異化 vs.專注在工作和角色**：透過家庭、友誼和社區生活來肯定自我價值，而不是以過去生涯的成功和身體能力作為衡量價值的標準。這些任務包括調適家庭變化，例如「空巢期」及獲得新的興趣。
- **體能超越 vs.專注在體能**：以強調認知，情感和社會力量的補償性酬賞來超越身體體能的極限。這些任務包括培養享受生活的能力，而不是專注於身體機能和生理遭受的「疼痛和痛苦」。
- **自我超越 vs.專注於自我**：透過努力讓年輕一代有更加安全、有意義和令人滿意的生活，來建設性的面對死亡。

在 Peck 的理論中，自我統整要求老年人超越他們此生的工作、他們的身體，和他們不同的身分認同。其他任務包括反思一個人的生命、專注於靈性事物、培養在更大的脈絡下看待生命的能力（Berk, 2011; Wood, 2006）。

良好的老化 另外有些觀點有助於解釋老化動力的觀點，特別是對於老年階段的個別差異，這些觀點驗證良好或成功老化的藝術性。不同理論解釋了有些人如何能免於疾病，並隨著年齡的增長保持最佳的認知、身體和社會功能。也有些研究顯示，老年人自認為比年輕人有更大的幸福感，因此強化了成功老化或良好度過老年過程，不僅是可能的事，而且成為常見的狀況（Sorrell, 2009）。

「成功」老化的人會認真生活，能在情感和實際協助方面支持他人，並且對他們的健康、財務、環境和人際關係方面積極主動。相反，「無法成功」老化的人不具備這些特質，因而會呈現多數人老化時都會有的身體和心理社會層面的衰退（Kahana & Kahana, 1996, 2003; Kahana, Kahana, & Kercher, 2003; Rowe & Kahn, 1987, 1997）。

如何從這些理論和觀點來看待 Judy 的情況？這可能要取決於你作為社會工作者所採取的觀點。例如，如果你採用撤退理論的觀點，你可能會認為 Judy 的情況是正常的。也就是說，你可能會將 Judy 所面臨的問題解釋為是身體和居住的問題，這是老化和撤退脫離社會過程會自然存在的一部分。

如果你是採用持續理論的視角來看待 Judy 的情況，你會想知道 Judy 過去的生活是如何運作的，以幫助她在年齡增加時仍能夠儘量維持原有功能。你可以探索她的角色、個性特質、人際關係等特徵，以幫助她與過去經驗連結，並為未來老化階段做好準備。你還可以為 Judy 倡導，讓她可以得到適當的住宿和照顧，以便她能夠保持目前的功能狀況，並盡可能保持獨立。

相對的，如果你採用活動理論、Peck 的自我統整理論，或者「良好老化」的觀點，你可能將 Judy 目前的身體功能狀態和她的居住問題描述為「異常」。雖然 Judy 確實有一些身體問題，但活動理論會認為她在年齡增長時，只要她的健康狀況允許，她可以保持正常的角色和活動。其他觀點會促使你評估她目前對於生活的感受，並鼓勵她從家庭得到更多社會支持。

Judy 目前失去居住權利的問題將被視為是老人照顧的失功能不良社會反應。因此，社工應該進行干預以改善這種不友善的老人照顧做法。

靈性與老化

社會工作中有一股很有力的行動，想要將靈性融入對人類發展過程的整體理解中。這樣的興趣延伸到研究老化的研究人員：有人呼籲需要更多關注在靈性如何影響老化過程（Kimble, 2001; MacKinlay, 2001; Nelson-Becker & Canda, 2008; Watkins, 2009; Yoon & Lee, 2007）。有些研究者認為，在一個強調個人化和獨立性的社會中，許多老年人可能會感受到逐漸增加的精神孤立和孤獨感。這種情況可能特別重要，因為許多老年人是獨自生活的。

有關宗教、靈性和老化的大部分研究都集中在宗教信仰和特定信仰的一般含義上（Atchley & Barusch, 2004）。然而，很少有研究探討信仰和靈性在一般情況下對老年人整體生活滿意度的角色與作用，特別是與老化相關的失落和失能的問題（Koenig, 1995）。儘管如此，探索這一領域的研究認為，靈性可以在面對失落時強化情緒和心理健康（Wink, Dillon, & Prettyman, 2007）。

許多老年人參與有組織的宗教活動，參與特定機構的人比不認同宗教機構的人有更多主觀性的宗教信仰和靈性感受。成為正式宗教組織的成員可以有許多好處。許多教會提供的方案和服務可以支持居住在社區中的老年人。這種好處對於非裔美國人人口群更是顯著。宗教組織似乎是許多非裔美國人社區的精神支柱（Billingsley & Morrison-Rodriguez, 2007; Chatters & Taylor, 1994）。定期參加宗教儀式可以讓老年人在社區中保持活躍、提供娛樂和社交資源，並為老年人及其家人提供額外的照顧支持。但是，仍需要更多研究來檢視定期出席教會活動對老人的影響。

信仰和靈性發展模式可以用來引導人們理解靈性對老年人的影響。回想一下 James Fowler 在第十章中討論的信仰發展階段（Fowler, 1981）。根據 Fowler 的觀點，老年人處於信仰發展的最後階段：普世信仰。在此階段，老年人解決他們的信仰衝突，努力確保人類的福祉。運用這個理論，社會工作者可以幫助老年案主探索信仰對他們的意義，並與他們人生尚未解決的衝突達成協議，這些衝突可能是老人們達到平靜感和生活滿意度的障礙。透過這樣的做法，許多老年人可能找到幫助他人並為社區福祉做出貢獻的目的感，而且反過來，也可以幫助他們實現個人健康、福祉和靈性，從而支持他們整體老年階段的整體發展。

在與 Judy 一起工作時，你也可以探索她的信仰和靈性。如果去培養的話，這件事也可能成為 Judy 在解決她自己一些身體和其他問題時的力量源泉。此外，如果 Judy 隸屬於特定的宗教組織，你也可以協助她得到組織可能提供的資源。

成年晚期（老年期）的性行為

大眾對老年人的一個刻板印象是老年人失去性慾，因而不再享有性親密關係，這真是嚴重錯誤的刻板印象，但是存在美國社會中可能已經根深柢固，因為在媒體和其他地方，人們傾向於將衰老定義為是生命中一個充滿殘障失能和疾病的孤獨階段，所以老年人的性行為往往是隱形而無法被看到的。此外，人們也傾向於認為老年人沒有吸引力，因此忽略他們對浪漫及親密陪伴的需求。

雖然性功能確實隨著年齡的增長而有所下降，但許多人找到了有效的方法來彌補這種性能力的降低。例如，各種乳膏和凝膠可用於補充老年婦女的陰道潤滑，而患有勃起功能障礙的男性，則可能能夠從數種有助於勃起及持久的可用藥物中獲益。一些老年人確實表示性生活頻率有所下降，但大多數老年人仍保持活躍的性生活，並且隨著年齡的增長，他們對性生活的興趣、品質和滿意度都有所提高（Lindau et al., 2007; Westheimer & Lopater, 2004）。

隨著年齡的增長而發生的性變化與老化時發生的其他社會心理變化密切相關（Segraves & Segraves, 1995）。老年人的性功能與其健康狀況，是否有伴侶以及與伴侶的關係有很高的相關性。此外，老年人的性行為也與生理心理社會和文化因素密不可分。

社會工作者需要成為修正對老年性行為的迷思與刻板印象的領導者，並教育案主和其他人理解，當人年老時持續保持性親密關係的重要性。由於性親密關係可以成為人際關係中非常愉快和滿足的來源，因此社會工作者在評估和處遇老年人時需要注意這一領域的議題。

同性戀、雙性戀及跨性別的老年人

關於老化和性行為議題方面，男同性戀、女同性戀、雙性戀和跨性別（GLBT）的老年人面臨雙重刻板印象：他們是同性戀者，也是老年人。然而很幸運的是，許多年長的 GLBT 成年人在性生活和其他方面都過著快樂和滿意的生活。如果擁有長期忠誠關係的 GLBT 夫妻伴侶，在年老時彼此所能提供的支持與陪伴，與異性戀伴侶夫妻一樣。這些關係提供親密、照顧、社會和經濟支持。

當然，年齡較大的 GLBT 成年人所面臨的障礙與年輕 GLBT 者所面臨的障礙都類似，例如歧視、社會反對、家庭爭論和禁止婚姻的法律等。這些法律可能都會造成 GLBT 在福利、住房、財產、教養子女和監護權方面的問題。一些年長的 GLBT 夫妻伴侶也會面臨他們的家人不贊成他們的關係，並拒絕承認。這些都會給老年人帶來情感上和其他問題，特別是如果他們發現自己不管以任何形式，需要依賴家庭成員來照顧時，問題更大。此外，年長的GLBT也可能會在護理機構中，碰到恐同症的人和歧視，迫使他們不願出櫃。在美國及其他國家，有些護理機構為了配合 GLBT 老年人的需要，至少提供了一些支持這些人口群的服務（Gulli, 2009）。

有關 GLBT 者如何看待自己的老齡化以及 GLBT 的社群社區如何看待老化，也有一些需要注意的因素。例如，一項研究結果顯示，183 名男同性戀和女同性戀受訪者認為，年輕和老年男同性戀者認為，同性戀社群對老齡化的看法非常負面；女同性戀女性中有一小部分人認為女同性戀社群對老齡化的看法是負面的。男同性戀者也比女同性戀者認為老化在很年輕時就發生了。這些研究發現男同性戀者對於「可約會」者的態度，以及他們能得到穩定持久伴侶的能力，尤其是那些可以在老年時擔任照顧者的伴侶，有極大的意義及啟示。男同性戀者並不一定會以非常負面的方式定義他們自己的衰老，但他們仍然認為同性戀社群是年齡歧視者。相反的，女同性戀者對於老化以及當她們年老時的親密關係的前景，持更為正面的態度。這些親密關係，加上老年女同性戀者可得到來自於她們所組織的正式社會支持，使得女同性戀者在老年時更有可能獲得比男同性戀者更多的支持（Schope, 2005）。

社會工作者需要了解老年 GLBT 案主可能遇到的各種潛在問題。在個人層面上，社會工作者可以協助老年 GLBT 案主，釐清可能會限制他們個人成長的對於老化的信念和態度。在人際關係層面，社會工作者可以協助案主建立有意義的關係，以便能在未來年老的歲月中提供支持和滿足快樂。他們還可以幫助案主處理 GLBT 社群中年齡歧視的影響。最後，在社會層面，社會工作者可以努力克服制度性年齡歧視、異性戀主義和歧視所造成的障礙，這些社會層面的障礙都可能造成老年 GLBT 案主社會心理健康和福祉的風險。

悲傷和失落

本章可能會將造成悲傷的許多議題紛紛浮現出來。失去健康、能力、支持、財產、獨立、關係，友誼和各種角色，使人們容易受到悲傷的影響。隨著時間的推移，每個人都將不可避免的會以某種形式面對失落。最終他們將面臨自己的死亡，這是他們最後的失落。

正如你所見到的，人們對失落的反應非常不同，這取決於例如個性、應對技巧和個人資源等諸多因素。研究認為，還有許多因素會影響一個人經歷或表達悲傷的方式（Worden, 2009）。圖表 12.1 列出了社會工作者在與經歷到這些及相關議題的案主們工作時，應該要考慮的一些重要因素。這些特性中有許多可以影響悲傷過程的結果，以及人們調適失落或死亡的方式。實際上，社會工作者需要注意可能在悲傷過程所發生的問題，或是可能會影響案主以促進福祉的方式解決悲傷時可能遇到的阻礙。

正常的悲傷及複雜的悲傷　完滿處理悲傷的結果通常被稱為「正常的悲傷」，而未能完滿處理的結果則是「複雜的悲傷」（Rando, 1993）：

- 正常的悲傷是指對失落有很廣泛的情緒、認知和行為反應，這些都是「正常的」。人們通常可以自己，或透過非正式支持網絡像朋友、家人，或正式管道如治療師或輔導人員協助下，成功的度過失落和悲傷。

圖表 12.1

影響悲傷過程的因素

- 人格（認同感、成熟感、自尊感）
- 社會及性別角色
- 自己認知的與死者的關係（關係的重要性和本質、在關係中的角色）
- 價值觀和信念（對於生與死的觀點、關鍵重要人對事件的重視）
- 應對模式（生存者如何應對事件、表達情感、適應）
- 死亡方式（預期 vs.猝死、暴力 vs.非暴力死亡、自然 vs.非自然死亡）
- 是否能得到支持
- 失落的數量（一次或短期內經歷多次失落或是一段時間才經歷一次）

研究顯示，人們通常只是需要確定他們感覺到的各種各樣情緒是正常和被允許的，儘管他們有時可能會被這些情緒嚇到和被各種龐大的情緒籠罩淹沒。

- 複雜的悲傷是指那些調適失落情緒有困難，並且可能在造成失落之事發生很久之後，仍經歷長時間的痛苦以及適應困難的人。其特點是持續的懷疑感和對失落的憤怒等症狀；反覆出現的痛苦情緒；並且在失落事件發生後，一直陷入思念死者長達數年的狀態。研究顯示，有幾個因素會使人們面臨經歷複雜悲傷的風險，包括缺乏社會支持、孩子的死亡、與失落相關的情況（例如，是預期的或是意外的狀況）、被剝奪了悲傷的機會、引人注目或備受關注的失落（例如，經媒體報導）；以及伴隨著多重壓力源的失落（例如，在火災中失去一個親人伴侶，也同時失去房屋、寵物和財物，並帶來經濟損失及困難的事件）（Rando, 1993）。

可能使悲傷複雜化的一個狀況是人們被剝奪了悲傷的機會。被剝奪權利的悲傷（disenfranchised grief）（Doka, 2002）指的是人們對失落的反應未被周遭的人或周圍的社會所認可的情況。每種文化都有自己的規則和傳統，可以決定哪些失落可以悲傷，誰能為這些失落悲傷，以及以何種方式來表達悲傷。只有社會認可的失落才能讓人感到悲傷，那些以社會認可的方式悲傷的人就可以透過非正式支持網絡或是正式的法令及政策，得到同情及支持。當人們以社會不認可的方式經歷失落或處理悲傷時，就會發生被剝奪權利的悲痛。這情況經常導致缺乏同情或同理，也就是系統一部分的人無法理解另一部分人的經驗，以及該經驗對那些人的意義。

例如在美國，強調家庭成員有權利為其他家庭成員的死亡而悲傷，通常家人被定義為原生家庭的親人關係或是透過婚姻而衍生的姻親家庭成員關係。當這些被定義的家庭成員失去另一個家庭成員時，他們能得到休假，社會支持，經濟利益和社會責任感減少。然而，當人們在沒有受到社會認可的關係中或在沒有法律承認的家庭系統中遭遇失落事件時，他們的悲痛可能得不到承認或支持。例如，選擇不結婚的同居伴侶，男同性戀、女同性戀、雙性戀或變性伴侶，或因為關係淡薄，離婚或不再在一起的伴侶們。同樣的，人們可能會失去寵物、親密的朋友、同事、寄養孩子、重要他人的孩子，甚至是家中的財產時，他們可能得不到任何同情、經濟利益、參加葬禮的有薪假，或是在失去後可以參與死者相關事情及財物的決策過程。

在社會不接受的情況下發生失落事件時，例如自殺、暴力事件或自我忽視或自我虐待而死亡時，也會發生悲傷權被剝奪的狀況。慢性吸菸者死於癌症可能與非吸菸者死於肺癌時，所得到的同情或哀傷會截然不同。

甚至我們的悲傷過程也會受到社會約束，如果我們的悲傷超過了社會可接受的時間範圍，或者如果我們表現出社會不接受的行為以因應失落，我們可能會被診斷為罹患精神疾病或失去社會支持。例如，傳統文化或許不接受的行為，可能包括有些人不哭，悲傷得不夠久，悲傷太久，或甚至是哭得太嚴重。

雖然研究人員和專業助人工作者仍在爭論什麼是正常的悲傷和複雜的悲傷，但由於悲傷是非常個人化的行為，因此這些悲傷的定義只是協助與案主工作時的概念。不同的人會有不同的方式以及經歷不同的時間，來調適應對失落。因此，很難準確定義複雜的悲傷，或何時或是否干預會有幫助。然而，除了辯論之外，重要的是要記住，個別案主可能會自己認為他們的悲傷是正常的或複雜的，這可能比實際診斷更重要，如此協助悲傷的案主才能更好的理解和支持他們。

其他的悲傷理論　還有許多其他模式試圖更全面的描述和解釋我們如何處理悲傷：

- 直接處理悲傷模式（working through grief model）：強調將焦點放在處理悲傷，會讓我們能漸漸抽離對失去的人或事物想念的能量（DeSpelder & Strickland, 2011）。悲傷是一種對失落積極和適應性的反應。隨著時間的推移，它使我們能夠面對並接受失落，以便我們能夠繼續過我們的生活。
- 持續連結模式（continuing bonds model）：將悲傷描述為是一個人們與他們失去的人或事物建立持久關聯性的過程（Klass & Goss, 1999）。我們可能會建立一種象徵或記憶，或使用某些物件，將我們與失去的人或事物聯繫起來，這樣可使我們能夠與那個人或事物建立新的關係。

- 雙重調適過程模式（dual-process of coping model）：認為人們面對失落，可同時有「放下哀傷」和「時時存念」兩種狀態（Stroebe & Schut, 1999）。
- 失落為導向的調適模式（loss-oriented coping model）：建議人們可以用哭泣、回顧照片或想念死者等行為，來處理至親死亡或事物的失落。
- 復原導向的調適模式（restoration-oriented coping model）：建議人們以搬家、換工作或承擔新角色等行為，重新適應在已經沒有失去的人或事物的環境下展開新的生活。
- 哀悼任務模式（tasks of mourning model）：重點關注人們處理調適失落的任務。根據這個模式，調整失落很重要的任務，包括接受失去的事實、處理痛苦、適應已經沒有該人或事物的生活，以及建立與該失去的人或事物持久連結的方法（Worden, 2009）。

Kübler-Ross 的死亡與臨終理論　眾所周知的對一個人悲傷概念化的理論是 Elisabeth Kübler-Ross 的死亡和臨終理論（Elisabeth Kübler Ross's Theory of Death and Dying）（1969）。精神科醫生 Kübler-Ross 對數百名臨終病人進行了深度訪談，了解他們的感受、想法和經驗，根據這些受訪者的典型共通經驗，她發展出了一個臨終階段的模式。雖然該模式是圍繞那些正在經歷死亡過程的人建立的，但它可以應用於經歷過任何重大失落過程的人，例如離婚或失業。

圖表 12.2 描述了 Kübler-Ross 模式的各個階段。她發現許多人以可預測的方式經歷了各個階段，儘管確切的過程因人而異。例如，有些人可能在某個階段被「卡住」，無法再前進到下一個階段；也有些人可能會跳過一、兩個階段；還有一些人似乎已經完成了某個階段所需做的事，卻又發現自己又退回到前一階段。此外，還要注意並非所有人都能成功進入最後階段，也就是說，有些人可能永遠無法接受即將到來的死亡或他們的失落（Kübler-Ross, 1969, 1971）。因此，儘管某些人處理死亡和臨終的方式可能存在共通的模式，但在某些情況下，有些人卻不會依照這種可預測的模式處理死亡或其他失落。

圖表 12.2

Kübler-Ross 的死亡與臨終理論

第一階段：否認

這是人們一開始知道他們自己或他們認識的人即將面臨死亡消息的初始階段。否認可能有用，因為它有助於保護人對抗剛聽到這種訊息的衝擊。否認階段的人可能會說：「不，不是我」，或「必定有什麼地方搞錯了」，或「為什麼是我的孩子？」

第二階段：憤怒、生氣

當一個人度過否認的階段後，第二個浮現的典型反應是憤怒。人們通常會以憤怒作為回應他們強烈情緒的方法。他們可能會抨擊照顧的人、家人，甚至上帝。一些基於憤怒的回應可能包括：「為什麼是我？」或「為什麼上帝會這樣做？」或「我到底做了什麼，讓我承受這些事？」

第三階段：討價還價

一旦憤怒消散後，人們開始嘗試與醫療專業人士或上帝討價還價，以重新獲得健康。典型的反應包括：「如果我能再次恢復健康，我一定會去教堂」；或者，「如果你能給我更多時間，我會……」；或者「如果你讓我活下去，我答應你，我會做得更好」。Kübler-Ross 發現即使是那些不相信上帝的人，也經常會向更高權力的老天討價還價。

第四階段：沮喪

一旦人們意識到討價還價沒有用時，他們開始感到沮喪。有時沮喪狀態是明顯的：他們會為他們即將面對的失落或潛在的失落表現出悲傷。有時沮喪憂鬱則是消極的：人們變得沉默並轉為內心自己承受。

第五階段：接受

這個階段發生在人們完成前幾個階段的歷程，並且意識到他們（或心愛的人）將會死亡後，會達到的平和狀態。如果人們可以達到這個階段，他們往往能夠解決人生未完成的事務，並預備好結束他們的關係和人生。

資料來源：Kübler-Ross, 1971.

Kübler-Ross 模式提供了直接了當的方法來面對死亡和臨終的反應，每個階段的重點也容易應用在處理失落議題案主所經歷的歷程。此外，在像美國這樣「否認死亡」的文化中，這種模式背後的理念想法，有助於理解、容忍和處理，當可能發生死亡事件時人們的各種各樣的反應。然而，Kübler-Ross 模式可能無法解釋，不同的人將文化或靈性融入他們對於死亡事件的經驗中。這裡可能存在某些危險：無論出於何種原因，如果案主沒有遵循這些特定階段來處理他們的失落時，他們可能被視為不正常或是與常人相異。此外，許多助人專業人員認為這種模式過於規範或像是慣例——也就是說，許多人會認為，處理悲傷、失落和生命臨終議題的過程，遠比這個模式能夠掌握說明得更加複雜和微妙。

恐懼管理理論　最近有一個模式使用Freud的心理動力學理論來研究人們如何應對自身死亡的意識。恐懼管理理論（terror management theory）（Greenberg, Solomon, & Pyszczynski, 1997）認為，由於人類具有自我意識以及思考過去和未來的能力，我們也知道有一天我們會死，這種對死亡的意識有可能讓人籠罩在恐懼和焦慮中。為了控制這些情緒並牽制面臨死亡的想法，我們會使用防衛機制：

- 近端防衛機制（proximal defenses）：人們將死亡想法放到意識之外的機制，包括壓抑死亡想法，否認個人容易罹患疾病和過早死亡。例如，使用近端防衛的人可能會更加運動鍛鍊身體，改用更健康的飲食，或開始使用防晒霜。所有這些行為都能讓人產生對健康的控制感，進而減少過早死亡的脆弱感和焦慮感。
- 遠端防衛機制（distal defenses）：在一個人壓抑死亡想法之後使用的防衛機制。這些防衛機制需要與一個人所發展及維持的文化世界觀（一種信仰和實踐系統）和自尊有關，這些文化觀及自尊是讓其理解生命的意義及死亡。例如，一個人可能認為她的生命具有特殊意義，因為她為世界貢獻一些有價值的東西，並留下遺產（可能是她的工作，她的孩子，或她支持的基金會）。這些信念減少了對死亡的焦慮感，因為其生命具有與之相關的意義。一個人也可能相信死亡具有意義（例如，透過在世上過了美好的生活，一個人將在死後「去一個更好的地方」），這也有助於減少對死亡的焦慮。

根據恐懼管理理論，如果沒有這些防衛機制來減少對死亡和臨終的焦慮，我們的恐懼將會癱瘓我們，讓我們將無法發揮日常生活的功能。

生命回顧和敘事治療法　這兩種處遇措施可以有效的與老年人和其他面臨臨終或悲傷問題的人一起工作：

- 生命回顧療法（life review therapy），有時被稱為回憶治療：有助於促進反思和回顧一個人的一生。它涉及在心理上盤點一個人的一生，解決生命中尚未解決的衝突或議題，並闡明自己過去正向的事件和成就（Butler, 1963; Westerhof, Bohlmeijer, & Webster, 2010）。
- 根據優勢觀點的敘事治療法（narrative therapy）：幫助案主講述塑造和形成自己認同的重要生命故事，以及他們所掙扎的問題。敘事治療可以幫助案主重建意義，促進更積極正向的自我認同，以及對問題的不同觀點（Cooper & Lesser, 2011; Crocket, 2013）。請記住，文化會影響這些意義的形成方式，並有助於人們如何看待自己的認同。

生命回顧和敘事治療法可以結合使用，以幫助臨終階段的案主或協助正處理悲傷的案主，以重新發展另類生命故事。它們允許案主對於他們想要的生活方式負責，並且在被失落或死亡喚醒之際，重新定義自己，為自己做好準備（Bohlmeijer, Kramer, Smit, Onrust, & van Marwijk, 2009）。

社會工作與悲傷和臨終　這裡介紹的所有模式都可以單獨應用，也可以組合運用，來幫助那些正在經歷悲傷和失落的人們。人們可能會以不同的方式因應失落，因此能運用各種模式和治療方法可能會有所幫助。了解案主的悲傷過程如何影響他們及其周圍的人也很重要。此外，由於老年人在各種生理心理社會領域（例如身體上、經濟上、社會上）經常遭受失落事件，社會工作者就需要意識到生理因素與其他可能影響福祉的心理社會和環境因素之間關係的複雜性。

此外，社會工作者需要注意到處理死亡、悲傷和臨終是否有新的發展趨勢，以協助案主連結資源，以及有其他替代方法可以回應案主考慮的選項及情境。例如，許多人發現有用的資源之一是「死亡咖啡館」（Death Cafés），人們可以聚集在那裡吃喝及討論死亡。這些聚會的目的是幫助提高死亡意識，同時在幫助人們充分享受生活的當下，協助提高他們更認識理解死亡。當人們處在不討論死亡的社會文化下，這些聚會提供人們另一種選擇，可以有一個歡迎大家討論生命、死亡和臨終過程有關問題的地方（Death Café, 2014）。另外一個盛行推動的做法是殯儀服務和類似「有趣的葬禮」及服務的紀念儀式，在該儀式期間，死者的遺體以他們過去生命中所擁有的或希望的角色來打扮及展示。雖然有些人可能會認為這些概念做法很奇怪，但也有人認為我們處理死亡的傳統方式需要改變。

在 Judy 的案例中，她經歷身體功能的喪失，變成生理障礙並搬入護理機構。隨著她需要搬出「Sunset Homes」的通知，她面臨著更多可預見的失落。如果不解決圍繞著 Judy 的這些問題，這些潛在的失落事件或感覺可能會影響她的身體健康。例如，多樣失落之事可能導致她憂鬱，而這些都更可能會傷害她的身體健康。然而，她看起來似乎能在護理機構中安頓定居的狀況，說明了她能適應變化的能力。

你可以評估 Judy 的優勢，以確保可以有資源來協助她處理遷居的需要。但是，Judy 如何處理這些失落將取決於許多因素，包括她的個性、因應技巧、文化背景和個人生活哲學。你可能需要檢視 Judy 是如何處理她的悲傷，以及她可能會以何種方式堅持或放棄她正在經歷的這些失落。

你可能需要考慮到 Judy 正經歷被剝奪權利的悲傷。她周圍的許多人可能無法辨識或證實這些失落對她的影響。鑑於圍繞著她處境的情況，Judy 可能面臨複雜悲傷的風險。

雖然 Judy 並沒有面臨迫在眉睫的死亡，但你還是可以應用 Kübler-Ross 的理論以及其他有助於解釋失落和悲傷的模式。你可能可以探索她對自己身體變化的想法和感受。這些是你可以探索的領域，以評估 Judy 目前處在理論所說的哪個階段，以及如何幫助她進入悲傷的最後階段，也就是「接受」。根據 Kübler-Ross 的說法，目前與 Judy 工作的目的是協助她接受身體功能喪失和行動的受限制，並接受她將來不可避免會遇到的變化。

在 Judy 的案例中，生命回顧和敘事治療都可能是很好的治療方式。這些方法可以幫助她重建自己的生活及其目前的情況，並回顧她過去的成就和成功。這些過程有助於促進她適應現在和將來的情況。

老年期的家庭及直接的環境

到目前為止，我們已經探討了與個人有關的問題。本節將探討老年人受其直接環境影響的方式。在考慮可能出現在這個層面的問題時，請記住生理因素如何影響家庭動力和其他功能。

隨著人們年齡的增長，家庭可以成為生理、情感、經濟和心理支持的重要來源。家庭動力會不斷變化：新的家庭成員加入，老的家庭成員過世，角色和關係發生變化，家庭發生的事件也會改變人們在家庭脈絡中看待自己的方式。隨著孩子長大並搬出去建立自己的家庭，「空巢期」的過渡階段通常發生在成年中後期。此外，科技的進步以及價值觀，文化和態度的轉變，使家庭面臨新的挑戰，進而影響家庭動力和家庭成員的角色。對於老年人而言，這些變化可能是兼具正面和負面影響。

成為祖父母

傳統上，祖父母被視為美國社會的重要角色。社會普遍對祖父母的看法是：老年人、支持性、次要照顧者。祖父母通常將主要的撫養和教養責任留給父母。這些模式反映了第七章所討論的祖父母角色，例如陪玩者、住在遙遠地方的人，和家中正式代表者。

然而，隨著經濟和社會時代的變化，愈來愈多的家庭發現必須要有兩人工作來養家糊口，這使他們有兒童照顧的需求。許多家庭卻又難以支付良好的兒童日托照顧服務或課後照顧服務的費用。隨著許多家庭有愈來愈多的情況，例如單親家庭，因此家庭需要找到具創造性和足智多謀的撫養子女方法。此外，例如愛滋病／愛滋病毒、犯罪活動、藥物濫用和其他問題等也會使得有些家庭沒有主要照顧者。最後，很多人都會同意現在養育孩子是比以往任何時候都更具挑戰性和複雜性。

為了應對這些發展，更多的主要照顧者正轉由親屬照顧，是指當父母無法照顧時，由親屬來照顧。通常，祖父母是這種提供協助的人（Davitt, 2006）。實際上，愈來愈多的祖父母正在承擔兒童主要照顧者或代理父母的角色。考慮以下事實：

- 根據美國 2010 年的人口普查數據，540 萬兒童與祖父母一起生活。此外，在 2010 年，270 萬祖父母負責跟他們一起生活的一個或多個孫子女的大部分基本生活需求（即負責三餐飲食、住所、衣服）（U.S. Census Bureau, 2012）。
- 養育孫子女的大多數祖父母年齡介於 55 至 64 歲之間，然而，大約 25% 擔任主要照顧者的祖父母年齡多在 65 歲以上。
- 各個不同民族的祖父母都會負責照顧孫子女，在所有祖父母照顧者中，白人約占一半（47%）。
- 作為主要照顧者的祖父母比非照顧者的祖父母更有可能生活在貧困中，大約 19%的人被認為是貧窮者（American Association of Retired Persons, 2003; U.S. Census Bureau, 2001）。作為主要照顧者的祖父母很多是女性並且靠固定收入生活，因此撫養孩子的額外費用可能會給他們的生活帶來更多的困頓。

祖父母在擔任孫子女的主要照顧者時，需要面臨許多法定責任。其中一些責任議題包括法定監護權、財務和其他支持（Kruk, 1994）。例如，許多祖父母可能有資格領取貧困家庭臨時性補助金（Temporary Assistance for Needy Families, TANF），這是一種通常被認為是「福利」的方案。但是，如果祖父母是接受補助金的人，則他或她必須符合該方案規定的工作要求。或者祖父母可以為他們的孫子女申請補助金，但那些補助金的金額通常很少，而且通常祖父母可以獲得補助的時間很短。

當一些祖父母沒有孫子女的合法監護權時，也可能面臨挑戰。當他們成年子女出現又再要回監護權時，除了因為當祖父母承擔了孫子、孫女的撫養責任，所衍生出的情感難過問題會浮現外，他們的權威和撫養孫子女的努力可能會被破壞。在某些案例中，當自己的孩子正在努力克服毒品、犯罪或健康問題的影響時，祖父母也為他們的生活情境而悲傷（Burnette, 1998）。許多祖父母發現，他們在試圖平衡成年子女與孫子女之間的關係時，所面臨的複雜挑戰讓他們在情感上和身體上都不知所措。

社會工作者可以幫助照顧孫子的祖父母案主得到社會服務或其他資源。社會工作者可能還需要幫助老年案主因應伴隨照顧而來的挑戰。例如，儘管撫養照顧孫子女可以帶來快樂和滿足感，但它也會造成財務和關係的緊張。它也可能帶來各種各樣的感受，例如恐懼、憤怒、悲傷和怨恨。而且，即使祖父母和孫子女之間的照顧關係可能是正向的，但是對於涉入這些關係中的所有人，仍可能需要時間來調適。社會工作者可以協助促進這種調適，並協助案主建立正向的關係。

老年人及其照顧者

愈來愈多成年子女和其他家庭成員成為其父母和年長親屬的照顧者。據估計，在 2009 年，超過 4,200 萬美國人照顧老人或身心障礙親人，而且這個數字還在繼續增長（Feinberg, Reinhard, Houser, & Choula, 2011）。護理照顧的安排會因家庭而異，但無論什麼情況，照顧都會對成年子女和其他家庭成員造成巨大的身體、經濟、情感和心理等方面的成本。

大多數老年人照顧都是由配偶或成年子女提供，兩者通常都是女性。在照顧年邁父母的成年子女中，大約 75%至 90%都是女兒承擔，平均來說他們多是已婚並且是全職工作的女兒（Family Caregiver Alliance, 2003; Mellor, 2000）。照顧年邁的父母以及他們自己的孩子的成年子女，被稱為是三明治世代的一部分，在第十一章已有討論。這些照顧者中的許多人發現自己承擔雙重責任，因為他們不但要養育子女、照顧其他家庭成員以及承擔工作責任，還要努力照顧自己年邁的父母。此外，由於許多年齡較大的 GLBT 成年人沒有孩子或因為家庭問題，因此 GLBT 社群的照顧責任，通常是透過非傳統方式進行的，例如朋友或其他雖然不具法定關係但成員之間具有親密關係的家庭〔稱為選擇的家庭（chosen family）〕的成員來承擔（Croghan, Moone, & Olson, 2014）。

對於不同種族群體的人來說，出現了獨特的照顧問題，這些問題正在改變子女對照顧長輩方式的看法。例如，在亞裔美國人和西班牙裔社區中子女需要照顧父母，被視為是一種傳統。然而，在這些族群中愈來愈多的老年人以及很多家庭因為地理空間的分散狀況，造成正在侵蝕這一傳統。很多家庭正在努力為老年人找到適當的長期護理，特別是滿足不同文化和語言需求的護理。這些問題不僅發生在美國，而且發生在像中國等其他國家，並導致多元化種族的老年人貧困和自殺率的上升。例如，2012 年，75 歲以上的亞裔美國婦女的自殺率幾乎是同齡其他婦女的兩倍（Department of Health and Human Services, 2014）。

照顧者的照護影響　大量研究聚焦在照顧者因為長期照顧工作可能產生的影響上。這項研究很大部分指出了照顧者會產生的恐懼、悲傷、憤怒、內疚、憂慮、難過、疲勞和孤立感。對沒有在工作或是沒有良好支持系統可以依賴的照顧者中，這些感覺甚至更加明顯（Scharlach, 1994）。無法解決照顧壓力的照顧者，可能會發生更嚴重的身心健康問題。

照顧者因為大都是女性，因此也會面臨財務問題。他們比非照顧者更有可能是低工資、就業機會很少，並且經歷許多事件中斷工作，而無法長期穩定就業者——所有這些狀況都會產生長期影響並導致婦女貧困（Family Caregiver Alliance, 2003）。實際上，照顧者平均將大約 10%的收入用於照顧親人所需的費用上。許多人最終要去貸款、花費儲蓄、放棄自己的醫療需求來幫助支付照顧費用（National Alliance for Caregiving, 2007）。

即使有上述的難處，但是照顧一位年長的家庭成員可以為照顧者和家人帶來許多好處（Plowfield, Raymond, & Blevins, 2000）。它可以：

- 使家庭成員能夠表達對其他成員的愛和承諾。
- 為老年人和家庭成員提供經濟和情感穩定。
- 加強家庭成員之間的連結關係。
- 給照顧者帶來滿足感和成就感。

現在已經發展了各種服務來幫助照顧者並為他們提供喘息機會，特別是提供給那些照顧阿茲海默症患者的照顧人員，以便他們能夠照顧好自己並兼顧他們的其他責任。由專業人員提供或由政府補助的服務稱為正式照顧。在一個人生活的環境中提供的照顧，例如由家人、朋友和教會成員所給予的照顧，被稱為是非正式照顧（Pickens, 1998）。許多正式的照顧服務將在本章後面介紹。

我們可以透過交換理論來了解「照顧」，該理論檢視特定關係中的參與者，對於彼此關係的滿足程度。具體而言，關係中的其中一方，若感受到更多的受益感（他們從對方獲得的好處超過他們的付出），或者感受到更少的受益感（他們從對方獲得的好處少於他們的付出），他們就會愈不滿意（Berkowitz & Walster, 1976; Dowd, 1975, 1980）。在照顧關係中，需要照護的老年人，因為他或她在身體上、認知上或情感上無法做出貢獻，可能會覺得自己受惠很多。但是照顧者可能會感到受惠甚少，因為他們持續給予照顧但收到的回報卻很少。這種動力可能會使雙方感到憤怒、怨恨以及對這種關係感到不滿。

照顧和社會工作　在與照顧者一起工作時，社會工作者可以協助案主探索他們對照顧所做的努力和承諾的感受，並協助他們解決可能因雙方不平等的付出與收穫狀況而產生的負面情緒。

在更廣泛的範圍內，社會工作者在許多老年人及其照顧者的照顧和服務領域擔任領導角色。由於照顧的工作及責任對老年人及其家庭可能產生負面影響，社會工作者需要關注他們的身體健康、心理健康和獲取資源等問題。隨著老年人口的增長，這種領導能力將變得愈來愈重要，因為愈來愈多的人在年齡漸增時，選擇仍在社區中生活，依靠家庭成員進行某種形式的照顧。

Judy 的照顧需求提供了一個很好的例子，說明照顧之事如何為老年人帶來問題。Judy 的女兒似乎成為 Judy 尋找照護方式時的一個很自然的選擇，但這樣的想法會有實際上安排事宜的障礙，因為她的女兒生活在另一個州。就算沒有其他考慮，還有一些個人的因素會讓她女兒無法投入更多在 Judy 的生活上。另外，Judy 所需要的照護要求較高，以致於無法由女兒自己完全承擔。然而，在改善 Judy 的情況或至少改善家庭互動方面，Judy 的女兒確實可以扮演一些角色。作為社會工作者，你可能需要了解更多 Judy 的家庭動力，以便更好的知道這些關係如何影響 Judy 的身體和社會心理健康，以及是否可以進行任何處遇。

老人虐待和疏忽

老年人照顧者有壓力下的不幸副作用之一可能是發生老人虐待和疏忽。在許多老人虐待事件中，大部分家庭成員是施虐者。疏忽、遺棄、身體虐待、性虐待、經濟剝削，以及情感或心理虐待都是老年人虐待的形式。由於許多虐待和疏忽案件沒有向政府通報，因此每年有多少老人被虐待或被疏忽，只有估計數字。

一項針對州立成人保護服務機構所做的調查顯示，在 2004 年有大約 566,000 例 60 歲以上的人被虐待或被疏忽而被通報（National Committee for the Prevention of Elder Abuse and National Adult Protective Services Association, 2006）。這數字比 2000 年的調查增加了 19.6%。圖表 12.3 顯示了所通報的受虐類型的分類細項。自我疏忽（換句話說，由家人、鄰居和其他人通報老人自己疏忽對自己的照顧）是最大的類別，但也有 20%的案例是由其他人疏忽或虐待所致的案件。最近一個對超過 3,000 名老年人進行的研究發現，大約 13%的人遭受過某種虐待，但是家人卻很少通報（Laumann, Leitsch, & Waite, 2008）。

大多數虐待和疏忽的受害者都是 80 歲以上。然而，受到遺棄的受害者往往不到 80 歲。超過一半的受害者是女性，大多數是白人。大多數受虐及受疏忽的受害者，大約 75%，都是體弱和依賴照顧者的（Administration on Aging, 1998）。

男性往往犯下大多數虐待行為，而女性則大多數是做出疏忽行為。總體而言，約有三分之二的虐待和疏忽者年齡在 40 至 59 歲之間，其中約四分之三是白人。最後，將近一半的虐待和疏忽者是受害者的成年子女。第二類會虐待和疏忽老人的加害人是配偶。當成年子女在經濟上還依賴受害者時，老人受虐及受疏忽的風險就會增加。

上一節討論的交換理論可以幫助解釋為何老年人會受到虐待和疏忽的情況。如果照顧者認為他們投入照顧的時間和精力過度超過，他們就容易感受到憤怒和怨恨的感覺，因此會導致虐待或疏忽發生。

圖表 12.3

老人虐待及疏忽通報成案的類型

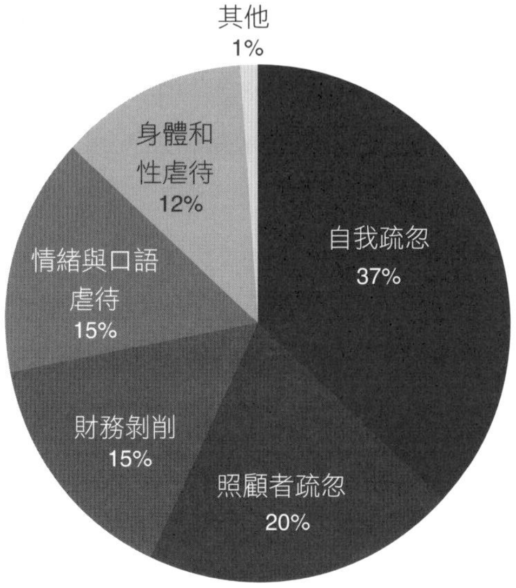

資料來源：改編自 National Committee for the Prevention of Elder Abuse and National Adult Protective Services Association, 2006, Figure 3, p. 18.

同樣的，家庭系統理論可用於理解在照顧情境中的家庭動力如何導致問題。缺乏動態平衡、角色和界限的改變以及需要適應，都會給那些努力調適關係的人（包括照顧者與被照顧者）帶來問題，因為他們的關係會變成永久性的照顧及依賴者關係。

鑑於照料可能帶來的壓力，以及現代家庭的結構和責任的變化，社會工作者需要認識老年人可能受到虐待及疏忽問題。在與年長的成年人一起工作時，社會工作者必須在評估中包括照顧者和其他家庭支持系統。對家庭狀況的評估可以提供對成年後期案主潛在風險的見解。然而，由於照顧者是提供老年人照護的重要關鍵者，社會工作者因此需要確保照顧者獲得他們為了要提供好的照護，以及成為健康快樂的照顧者，所需要的支持及服務。更甚者，照顧者的整體健康狀況是與接受照顧的老人狀況一樣重要。

老年期（成年晚期）的社會環境

本節討論影響人們老化時更廣泛的議題。其中許多議題是與影響個人，以及影響了人們的選擇和他們的生活方式的政策和服務有關。

長期和替代性照顧

由於人們的壽命更長，因此老年照顧出現的一個議題是長期照顧的選擇。「長期照顧」這一短語經常引起對養老院和其他機構式安養護理機構的圖像。然而，那些都是成本昂貴的選擇，而且老年人通常更願意盡可能長時間留在自己的社區。因此，長期照顧（long-term care, LTC）實際上更加超過機構式住宿照護的意義內涵。它是指為持續需要 ADLs 和 IADLs 協助的人提供的任何服務（National Association of Social Workers, 1987）。該領域的一些人呼籲將長期照顧重新命名為「長期生活」，以幫助減輕大眾對長期照顧字意的負面和年齡歧視假設（以及包括其他語詞的改變，例如將「老年公民」改成「尊貴公民」）。

長期照顧的這一廣義定義意味著可以依照連續性對照顧進行分類（見圖表 12.4）。這個連續性有助於描述人們在生命不同階段可能需要的照顧需求程度，以及每個級別內可能需要提供的服務類型。依照這個持續性照顧分級所提供的服務可以在家中或在機構環境中提供。它們通常是由來自各種社會服務機構的熟練工作者提供，並由各種來源所補助。有一些服務是提供給所有老年人，也有其他服務則專門針對低收入老年人。

通常，機構會雇用社會工作者或其他專業人員來提供照護及照顧管理服務。照護管理者會確保老人得到適合其所需要的照護服務，並且不會有重複服務的情況。特別是當所得到的照顧服務必須符合資格標準時，照顧管理者需要評估個人功能的運作程度以及經濟狀況，並確保遵守所有法規要求。

管理式醫療照護和長期照顧保險　由於醫療健康照護的費用飆升、老年人壽命延長，因此有更多人罹患慢性疾病，所以長期照顧的選擇，尤其需要具有成本效益，目標就是要預防更嚴重的問題，例如失能和機構式照顧。

圖表 12.4

連續性照顧

功能程度

服務範例

獨立性

老人中心：
- 膳食
- 娛樂、社會化

支持團體：
- 照顧者責任
- 喘息服務

志工活動

部分獨立性

家務服務：
- 草坪和庭院工作
- 鏟雪
- 小的房屋維修

預防性健康服務：
- 篩檢服務
- 衛教

法律服務

資訊和轉介

漸增的體弱

友善訪客

保護收款人

健康的住居環境

關懷電話

交通

送餐服務

家務服務

增加依賴性

替代性方案：
- 特定居家服務
- 申訴調解服務
- 成人日間照顧
- 成人寄養服務
- 成人保護服務
- 陪同交通服務
- 個人照護

高度依賴

申訴調解服務

純熟的照護

管理式醫療照護公司已開始試圖限制醫療保健服務的開支。許多老人福利倡導者擔心老人會成為這個體系的受害者。例如，管理式醫療照護系統可以根據住院原因決定一個人住院的天數（Atchley & Barusch, 2004）。因此不幸的是，許多患有多重健康問題並且恢復時間要比年輕人更長的老年人，經常在完全康復之前就必須出院。這種過早出院可能使他們面臨感染其他疾病的風險，或在他們康復期間，必須依賴其他照顧者的協助。

長期照顧保險是為了解決醫療照顧的經濟財務問題而設計出來。有一些私人保險公司現在提供長期照顧保單，人們可以在年輕時購買這些保險，以預備用來支付老年時所需要的護理照顧費用。然而，那些目前正努力於購買支付得起的醫療保險以及其他可保障他們目前所需的保險的人，並不願意購買只能在年老時才能得到服務的保險。雖然這些保險計畫內容差異很大，但它們幾乎都是用在支付人們需要持續性高水準的照護服務（例如專業醫療機構所提供的健康照護）時，所需要的醫療和其他費用。

由於聯邦醫療保險和許多私人保險政策，對於長期照顧服務可以給付的費用項目範圍很有限，造成許多人發現他們在年老時，常常要花費所有資產來支付醫療費用。一旦發生這種情況，他們就有資格獲得醫療補助，因為這補助會涵蓋許多長期照顧費用。然而，許多人不想將他們的所有儲蓄和其他資源用於醫療照顧方面，如果他們能夠負擔得起，就會去購買長期照顧保險，也因此長期照顧保險成為許多老年人的可行選擇。

居住選擇　一個與長期照顧有關的議題就是老年人居住的問題。在過去的幾十年裡，老年人可以選擇各種創新的居住型態。居住選擇的範圍從完全獨立的生活到有專業人員的護理設施（也稱為養老院或過渡性護理單位），人們可以在出院後在這些機構中恢復健康。這些設施提供給需要多種醫療服務和設備的老人相關的重症醫療照顧服務，而且它們往往是最昂貴的醫療護理選擇。

在連續性的居住照顧型態之間，有以下幾種選擇：

- 住宿家庭和團體住宿：適合完全獨立的老年人。居民通常共同分擔家務和庭院工作、用餐、購物和家庭日常雜事等。

- 集體式住房：適合需要最低限度支持的人。他們住在一個由單獨的公寓或共享住房組成的社區。
- 退休或住宿生活選擇：為想要在較大的老人居住的社區內擁有自己公寓的老年人而設計。一般來說，這些社區提供服務，例如隨叫隨到的健康專業人員、有組織的活動和娛樂、提供交通和集體用餐（團伙）。
- 輔助式生活住宿設施：適合那些希望擁有更先進服務的私人生活空間，例如有現場駐站的醫療及個人化照顧護理。這些設施提供了介於住在家中或退休老人住宅，以及住在專業護理設施之間的一個選擇。
- 生活照護社區，或具持續性照護的退休社區（continuing care retirement communities, CCRCs）：對於不管其照護需求是否增加，卻想要留在同一居住設施中的老人，這可以最大限度的減少遷移住所的干擾。老人最初可以搬入獨立公寓，然後當他們需要更高的照護時，則搬到能提供更高水準照顧的居住環境。住民們可以保持他們的友誼以及他們與社區的聯繫，即使他們的照護需求發生變化。這種安排對於老化的夫妻或伴侶之間，雙方身體功能開始不同，而各自需要不同類型的設施時特別有用。夫妻伴侶可以住在同一個地方，但都能得到各自所需的照顧或照護服務，這樣可以大大提升雙方的生活品質。

要了解到在許多傳統照護住宿設施中，男女同性戀伴侶可能不被允許共住一房。但是，全國各地正開發許多專為男、女同性戀成年人規劃的居住社區，以解決這一問題。

Judy 所居住的 Sunset Homes 是一種持續性照護的退休社區。因為 Judy 需要要求相對高的照護，所以她需要居住在一個可提供專業照護服務的機構中。然而，這種安排相當昂貴，因此她不得不仰賴醫療補助來提供住宿及照護的經費。然而，在 Judy 所住地區的州政府，對醫療補助資格要求愈來愈嚴格，因此作為她的社會工作者，你必須找到能持續補助她所需要的照護經費的方法。

一種方法是重新評估 Judy 的 ADLs 和 IADLs。由於 Judy 已經在 Sunset

Homes 生活了三年，她的活動能力可能好一陣子沒有評估過了，所以她的照護需求可能會增加。新的評估可以更準確的反映她目前的能力，這或許可以符合新的醫療補助標準。

你可以採取的另一種方法是提出對削減 Judy 的醫療補助決定的申訴。即使 Judy 的狀況不符合新的資格標準，但你也可以代表 Judy，倡議嘗試恢復她的補助。

最後，你也可以（可能也加上他的女兒一起）協助 Judy 在其他地方找到住房，並與其他機構簽訂居家照顧的合約。然而，考慮到 Judy 的情況，她很可能還需要其他各種服務，而她的女兒也需要額外的支持，來防止照顧過程可能造成的問題。

貧窮和老年人

與一般認為老人是富有的吝嗇鬼的刻板印象相反，許多老年人，特別是少數族裔的婦女和老年人，靠固定收入生活，幾乎很難供應得起基本生活所需。美國人口普查局估計，在 2012 年，將近 9%的 65 歲以上人口生活在貧困之中。若將 65 歲以上人口的總收入中扣除醫療現金支出時，貧窮率馬上躍升至 16%（DeNavas-Walt, Proctor, & Smith, 2013）。喪偶、失能、退休、失業、慢性疾病、醫療費用、年齡歧視和生活費用增加，都可能導致老年人的貧困。

一些少數族裔的貧困率高於平均水準。例如，在 2012 年人口普查局的研究中，65 歲以上非裔美國人的貧窮率為 27%；西班牙裔人占 25%；亞洲／太平洋島民的比例為 11.7%；白人的貧窮率則為 12.7%。貧窮率也呈現性別差異：2012 年的平均貧窮率，男性為 13.6%，女性為 16.3%（DeNavas-Walt, Proctor, & Smith, 2013）。

婦女和少數族裔在高齡階段會比白人男子更容易陷入貧困，因為他們在工作期間比較容易受到歧視。例如，許多婦女和少數族裔在其一生中的收入低於白人男性，這意味著他們在社會保障生活補助金、老人年金和 401k 帳戶中的積蓄較少。因此，他們從這些來源能獲得的收入也會少於白人男性能得到的收入。三重危險（Triple jeopardy）一詞被用來形容「少數族裔女性老年人」。這一特定群體的成員在三方面面臨歧視（身為女性、老年人和少數族裔群體成員），使他們比其他老年人面臨貧窮的風險更大。

對許多年輕人來說，貧困可能是一個短暫的問題，但對於老年人來說，這可能是一種永久性的生活（Hillier & Barrow, 2006; Quadagno, 2008）。他們幾乎沒有機會增加收入，而且他們的醫療和照護費用會隨著時間的推移而增加。

生活在貧困中可能會給老年人帶來其他問題，例如壓力、長期疾病和身心障礙、獲得醫療保健的機會減少，以及惡劣的生活條件。因此，貧困問題與我們討論過的其他問題密不可分，可能會降低許多老年人的生活滿意度和福祉。

Judy 的案例就是說明貧窮如何在老年人生活中造成額外壓力的一個很好的例子，特別是當貧窮與健康及其他問題有關時。

與老人服務相關的政策

幾個世紀以來，已經制定並頒布了許多社會服務和其他政策，以滿足老年人口的需求。在美國所頒布的一些最大及最成功的立法都是針對老人的法案。

社會保障　許多人使用「社會保障」（Social Security）一詞來描述美國老年人和身心障礙人士所得到的生活補助金。實際上，社會保障有一點點複雜。1935 年通過的社會保障法（Social Security Act）提供了老年人、遺屬及身心障礙者保險（Old-Age, Survivors, and Disability Insurance, OASDI）。此保險對退休勞工和被保險勞工的遺屬提供現金支付。因此，如果勞工死亡，其配偶及 18 歲以下子女也有權享有勞工的福利。1956 年，該法案經過修訂，對身心障礙勞工及其家人提供補助，稱為身心障礙者保險（National Association of Social Workers, 1987），有長期（12 個月或以上）健康或心理健康障礙的勞工也有權享有社會保障。

社會保障法代表了第一個為老年人提供跨世代經濟支持的契約。為了讓它通過，年輕一代必須同意納稅以支持目前的老人世代，並承諾當年輕勞工一旦年滿 65 歲，也能獲得同樣的經濟保障。社會保障為勞工們提供的福利是一項權利，不需要任何資產審查或收入審查。換句話說，如果人們能夠工作，他們就有權享有社會保障。

社會保障補助金是透過複雜的公式計算，包括勞工的總收入和工作年資。如前所述，婦女和少數族裔能得到的福利金往往低於白人男子，是因為他們收入較低。此外，他們的工作經常會因分娩、兒童照顧和成人照護而中斷，造成年資較短。再者，婦女和少數族裔往往也較多數從事兼職、臨時和季節性工作，這意味著他們往往是在經濟衰退時期首先被解雇的人。

美國老人法案　國會於 1965 年通過了美國老人法案（Older Americans Act, OAA），當時對窮人和被剝奪權利的人的關注，加劇社會的責任感，認為需要為那些無法養活自己的人提供服務。這是一項旨在改善老年人福祉的綜合性立法。美國老人法案包括數項條款來闡明立法的總體經費（Administration on Aging, 2006）。圖表 12.5 列出了這些條款並描述了每個條款的基本功能。

美國老人法案建立了廣泛的行政機構網絡，協助從聯邦到地方各級政府經費的分配和服務。社區生活管理局（Administration for Community Living, ACL）成立於 2012 年，旨在幫助老年人留在社區。為此，社區生活管理局將若干組織努力匯集在一起，包括身心障礙事務辦公室、高齡化管理局，以及智力和發展障礙管理局這些機構，將注意力和資源集中在老年人和身心障礙者的整個生命週期需求上。接下來，我們關注高齡化管理局的結構和計畫：

- 高齡化管理局（Administration on Aging, AoA）：負責監督美國老人法案行政管理的聯邦機構。
- 高齡化問題的州政府單位（State Units on Aging, SUA）：根據老年人口的分布，負責在州內規劃數個小的服務區域。
- 高齡化區域機構（Area Agencies on Aging, AAA）：是負責每個州、每個服務區域的實體機構，負責管理每個服務區內各社區當地服務機構的補助。

圖表 12.5

美國老人法案

條款一：目標和定義的宣言

目標包括例如達成在退休時獲得足夠的收入，達成實現良好的健康和心理健康，獲得負擔得起的住房和服務，就業機會，從持續的研究中獲益，以及免受虐待和疏忽並能得到保護等方面。

條款二：高齡化管理局

高齡化管理局位於衛生和人群服務部，負責管理美國老人法案相關事宜。它負責管理服務老年的社會服務機構的經費和補助，為各州提供諮詢和指導，以及管理由法案所編列分配的資源。條款二明確規定了為老年人制定政策和服務的責任，以確保他們的福祉。

條款三：為國家及社區從事老齡化計畫的經費

這是美國老人法案下最大的條款。該條款闡明了各州及其各自負責高齡化問題的州政府單位和高齡化區域機構的責任。高齡化問題的州政府單位負責將州劃分為由高齡化區域機構管理的數個服務區域，這些區域機構是行政和管理當地社會服務機構的實體。該條款有幾個部分描述了必須管理的特定服務和方案。這些服務包括交通和個案管理、居家服務、法律服務、支持服務、老人中心、團體式和居家式送餐服務、疾病預防和健康促進服務，以及全國家庭照顧者支持計畫等服務。

條款四：促進健康、獨立和長壽的活動

本條款管理社會服務機構、其他組織與機構的競爭性補助，以執行研究和發展服務方案。

條款五：社區服務老人機會法案

該條款負責為失業的、低收入的老年人提供兼職就業機會。

條款六：為美國原住民提供的補助

這一條款是為老年印第安人、阿拉斯加原住民和夏威夷原住民提供倡議。包括具有文化能力的支持性和營養服務。2002 年，該條款增加了美國原住民照顧者支持計畫。

條款七：弱勢老人的權益保障

本條款建立了保護性方案，例如申訴監察方案，預防老年人虐待、疏忽和剝削，以及法律援助。

資料來源：Administration on Aging, 2006.

- 地方服務機構：為各自社區內的老年人提供服務。在前面「長期和替代性照顧」中所描述的許多服務都是透過美國老人法案所補助的，並由高齡化區域機構與地方服務機構簽訂合約提供服務，以滿足老年人的需求。

圖表 12.6 提供了對這種行政結構的圖像概述。由州政府和地方政府補助的許多計畫和服務都是由美國老人法案授權的。成人保護服務、心理健康和保健服務等計畫，通常是由州政府、市政府或縣政府提供，或由政府簽約委託當地機構來提供服務。例如，申訴監察方案通常是由政府組織提供，因為這些方案是為居住在專業護理機構中的老年人提供倡導而設計的。監察員會確保護理機構內住民的權利得到尊重，如果懷疑專業護理機構侵犯了這些權利，他們會代表居民進行干預。

聯邦醫療保險 於 1965 年根據社會保障法頒布的聯邦醫療保險（Medicare），包括兩部分：

- 聯邦醫療保險 A 部分：醫院保險可用以支付住院費用。
- 聯邦醫療保險 B 部分：老年人自己要購買的補充性保險，用於支付 A 部分未涵蓋的部分費用。

65 歲以上有資格獲得社會保障的老年人有資格得到聯邦醫療保險 A 部分。另外具有資格得到的對象包括身障勞工、身障的遺屬和 50 歲以上的遺屬、育有身障成年子女（18 歲以上）且子女在 22 歲之前成為身障者的勞工、勞工及其需要洗腎或移植的家庭成員（Centers for Medicare and Medicaid Services, 2000）。

A 部分保險對住院治療、專業護理機構照護，以及居家安養和臨終關懷服務所發生的醫療費用，提供有限的保險給付。A 部分的承保範圍往往僅限於基本醫療服務，並且對任何一家醫院或專業護理機構的住院時間有限制，以及人們一生可以獲得的全部照護總額也有限制。此外，投保的老年人必須支付自付額，具體金額取決於其住院時間。2014 年 5 月，過去不給付的改變性別手術條款被廢止，因為該程序不再被視為是實驗性的。聯邦醫療保險現在可以支付尋求這種手術的人的醫療費用，而且他們可以透過聯邦醫療保險 D 部分，接受必要的荷爾蒙治療。聯邦醫療保險 D 部分是給付處方藥物費用（National

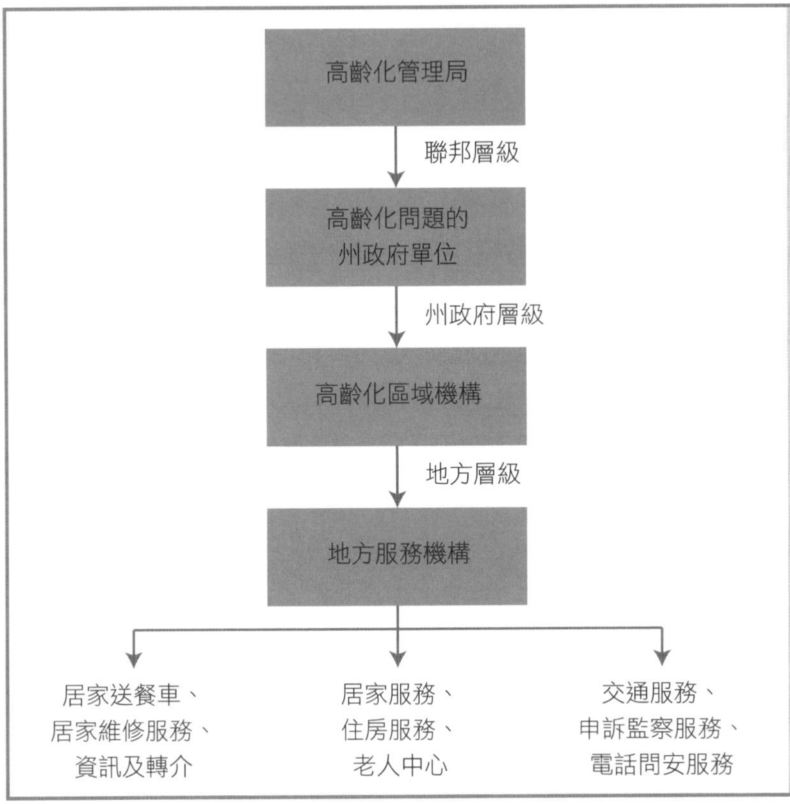

圖表 12.6

美國老人法案設置的行政結構

Center for Transgender Equality, 2014）。

由於聯邦醫療保險 A 部分的保險範圍有限，因此鼓勵老年人購買 B 部分或補充性保險。B 部分保險旨在支付 A 部分未提供的醫療服務費用，例如門診就診、生化檢驗和醫療設備。雖然 B 部分的設計可以適度控制政府醫療保健費用的支出，但它在涵蓋哪些醫療服務項目方面也大有限制。此外，保費和自付額可能過高，以致於造成低收入老人無法支付而限制了他們的就醫需求。例如，2012 年 B 部分的最低保費每月雖不到 100 美元，但其中卻不包括老年人必須支付其他服務的自付額費用（Centers for Medicare and Medicaid Services, 2012）。

老年人可用於支付醫療保健費用的另一種選擇是私人補充性醫療保險（Medigap）政策。這些政策旨在涵蓋聯邦醫療保險未涵蓋的醫療服務。私人補充性醫療保險提供一系列不同的計畫選擇，是由私人保險公司為每個計畫制定給付規則和成本後，銷售給需要的人。因此，每個計畫的保費會因公司而異。根據該政策，Medigap 可以涵蓋聯邦醫療保險的自付額、門診自付額、精神心理治療、處方藥，以及例如預防性照護的其他服務。

由於聯邦醫療保險和私人補充性醫療保險計畫的複雜性，老年人通常需要有人協助他們了解不同計畫以及每個計畫的政策、規則和法規。社會工作者在幫助老年案主及其家人了解聯邦醫療保險和私人補充性醫療保險計畫，以及幫助他們選擇滿足其需求的計畫方面能提供非常有用的協助。

雖然 Judy 有聯邦醫療保險 A 部分，但她不太可能有 B 部分或任何私人補充性醫療保險。就算她有這些補充性保險，這些保險計畫對她目前的情況也無濟於事。如果她需要住院或其他類型的康復治療，A 部分已經可以幫她支付費用了，但 A 部分無法提供她長期照護所需要的費用。對於這些長期照護的需求，她就必須要仰賴醫療補助（Medicaid）了。

醫療補助　醫療補助是由聯邦政府和州政府一起聯合管理，為貧窮者提供的醫療保健計畫，也在 1965 年頒布。貧困的老年人即使已經獲得聯邦醫療保險福利，也可以獲得醫療補助。

許多老年人因為買不起聯邦醫療保險 B 部分或私人補充性醫療保險等保險的額外保障，因此，當他們經歷長期或費用昂貴的疾病時，會發現他們很快耗盡他們的資產或積蓄。對於許多老年人來說，光是只購買處方藥，已經讓他們花掉遠遠超出他們能力的費用。因此，許多老年人就必須依靠醫療補助來支付他們的醫療保健費用。

許多老年人發現，當他們身體因疾病而日趨孱弱，必須要住在專業護理機構中很長一段時間時，他們就需要醫療補助。聯邦醫療保險僅會支付數天在專業護理機構的照護服務，而許多老年人根本無力支付自己的照護費用。因此，許多老年人就必須先「花掉」他們的資產，或者讓自己陷入貧困，直到他們變得貧窮到有資格獲得醫療補助。醫療補助提供了比醫療保險更寬鬆的醫療項目給付，因此許多老年人必須依靠它來支付慢性疾病和失能可能帶來的昂貴照護。被聯邦醫療保險排除但是醫療補助會支付的一些服務，包括家務服務、眼科和聽力治療，以及處方藥。

社會工作者可以幫助案主了解醫療補助計畫內容及申請流程。因為有關醫療補助、醫療保險和社會保障改革的辯論仍然一直存在，這些政策計畫的改變也會直接影響老年人。由於法律和立法的改變非常快速，因此社會工作者需要隨時關注有關這些政策的最新消息，以便能支持依賴這些醫療計畫的案主。

由於 Judy 的照護是由醫療補助計畫所支付，因此她不會有任何實質性的收入或資產來讓她購買替代性照顧。如前所述，你需要幫助 Judy 找到方法能申請更多醫療補助項目，以滿足她的護理需求。

臨終的考慮因素

許多人希望能夠控制臨終的決定，例如疼痛管理和使用先進醫技來延長壽命。當身體蒙受痛苦，或遭受的痛苦已經超過生活品質時，他們希望能有尊嚴活著和結束生命的權利。

許多身患絕症的老年人仍能夠對自己臨終過程發揮相當大的控制。然而，愈來愈多的醫療做法可以讓人們活著。有許多維持生命技術可使用，引發了倫理問題：即現代醫學在延長人類死亡過程中到底要走多遠？我們是否應該不惜一切代價讓人們活著，只因為我們有能力這樣做？當人們老化時，它也引發了許多問題，例如到底老人對於自己的疾病和健康，擁有多大的控制程度？對於這些議題，家庭成員和醫療健康專業人員是否需要尊重老人對這些問題的願望？社會工作者，特別是那些在醫療健康照護機構工作的人，需要了解會影響到老年人臨終階段與選擇的各級政府的法律和政策。

輔助自殺　臨終關懷議題中一個辯論最激烈的話題是安樂死或協助自殺。安樂死可以分為兩類：

- 主動安樂死，也稱為安樂死或輔助性自殺，涉及醫生、朋友或家人協助某人終止其生命。主動安樂死的一種例子就是讓垂死者服用致死劑量的藥物。
- 被動安樂死就是省略延長生命的醫療作為，例如不給藥物或營養，或遵守病人所簽署「不施行心肺復甦術」（Do Not Resuscitate, DNR）指令（Gorman, 1999）。不做上述這些干預措施最終會導致死亡。

目前關於協助自殺的辯論大都是討論主動安樂死。由醫生、學者、倫理學家和其他專業人士所組成的任務小組一直在討論安樂死和醫生協助自殺的定義，以及與這些行為相關的倫理議題（Materstvedt et al., 2003）。在美國大多數情況下，人民只要有能力做決定，是有權拒絕接受治療。法院同意這項權利受到憲法保障（Pence, 1995）。事實上，醫療照顧專業人員多年來一直允許病人不接受治療而死亡。然而，主動安樂死在多數州仍是不合法的行為。

在美國關於協助自殺的爭論是被像 Jack Kevorkian 醫生的案例，被端上檯面討論，他在 1990 年代幫助幾個人結束了生命。他行為的關鍵在於醫生是否有責任結束患者的痛苦或保護生命。

在過去的幾十年裡，一些具有劃時代意義的法律和法院判決進一步推動了這樣的辯論。1994 年，俄勒岡州成為第一個將醫生協助自殺合法化的州。反對這個法令的人自此一直試圖在法庭上對該法令提出質疑，但仍未成功。華盛頓成為第二個支持此類立法的州，於 2008 年通過了尊嚴死亡法（Death With Dignity Act）。其他州也一直催促這個議題的討論。法院對於「一個患有絕症的人是否有能力做出這種決定」的爭論給了回應，認為這個論點充其量只是有疑問的。當「一個沒有能力做出生死決定的人被授予權利」可能存在一種風險時，沒有能力為自己做出決定的人，也可能因為誤用法律或其他錯誤而死亡。

其他國家允許協助自殺，並制定詳細的程序來確定垂死者是否為候選人。例如，荷蘭要求必須是自願提出死亡的請求，病人應被告知，病人自始至終始終表達死亡的願望，並且至少兩名醫生同意該人有能力做出決定。此外，數個國家和國際組織支持協助自殺，並為希望死亡的人提供支持和轉介。例如，在一些州還蠻活躍的鐵杉協會（Hemlock Society），以及一個全國性組織「同情與選擇」（Compassion and Choices），倡導人們應該有權利自己做出臨終選擇的決定，以及推動制定協助自殺法案的倡導活動。

預立醫囑及生前遺囑　人們可以透過預立醫囑（advance directives）的方式，事前主動規劃可能在生病或住院期間會出現的各種問題。所有州都制定了立法，允許患者事前表達他們在入院後所期待的醫療類型的意願。病患自決法（Patient Self-Determination Act）要求所有獲得政府補助的醫療服務機構及人員，都需要為患者提供預立醫囑的機會（Cartwright & Steinberg, 1995）。

這些醫療指示可以寫成生前遺囑（living will），內容就是說明關於使用呼吸器或其他以人工方式延續生命等的詳細說明。生前遺囑也可以指定某人代表患者來倡議或執行其意願。

緩和療護和安寧療護　當人罹患了只剩有限生命的疾病或傷害時，愈來愈多人會使用緩和療護（palliative care）和安寧療護（hospice care）的服務，這些療護方式目的在控制生命結束時的疼痛和不適。兩者的目標是控制疼痛和症狀，而不是治癒疾病。這兩種護理都是由包括護士、牧師、醫生、社會工作者、訓練有素的志願者、居家健康助理，以及語言、物理和職能治療師組成的跨專業小組提供。一般來說，安寧療護服務適用於預期生命剩下六個月或更短的病患，而緩和療護通常適用於處於疾病末期或傷害的剛開始階段的病人。

這兩種療護可以在患者家中或是醫護機構內提供，目的都是專注於為病患提供醫療、心理和精神支持，使他們盡可能充分和舒適的度過生命最後階段。服務包括疼痛管理、醫療用品、精神輔導、語言和物理治療、為患者的家人提供照護教育、對病人和家人的情感支持、在病人去世後為家人提供喪親之痛諮商。

很多人都誤以為選擇安寧療護或緩和療護意味著人們「放棄」了生命。然而，倡導者指出，療護服務是以最大限度的提高垂死者在多方面的舒適及撫慰（例如身體、情感、關係、精神等層面）。這些療護服務是一種充權生命並使其生命達到最豐滿程度（National Hospice and Palliative Care Organization,

2012）。

結論

正如你所看到的，老年期是人類發展的一個時期，可以產生許多變化，儘管每個人變化的數量和類型差異很大。而且，與人類發展的任何階段一樣，老化過程可以充滿回報和挑戰。

在成年後期，生理、心理、家庭和社會因素的相互作用可以個人性或政治性的影響個人。此外，文化對老化的期望可能影響個人解釋他們正在經歷的變化，以及他們如何對這些變化做出反應的方式。人們在整個生命週期中發展的方式也會影響他們對變老的看法和反應。

隨著科技進步人們可以活得更久，我們都將面臨與生理、精神、經濟、心理和人際關係福祉相關的倫理議題和其他挑戰。社會工作者需要站在這些挑戰的最前線，協助老年人解決可能阻礙發展的問題，並幫助他們達到可接受的生活品質。

本章重點

- 在老化過程中會發生許多生理、心理和社會變化，但是，社會工作者需要意識到每個人的這些變化不盡相同。隨著年齡的增加而發生的典型生理的變化，會影響骨骼和肌肉的質量、聽力、視力和反應時間。
- 有些變化像失智症和憂鬱症等可能很嚴重，但可以透過良好的健康、靈性和社會支持來減緩這些變化。
- 有些關於老化的心理社會理論強調正向回應成年後期發生的許多變化，例如，透過除了工作和體能之外的其他方式尋找自我價值，並盡可能保持活動力和參與。
- 各種理論和模式試圖解釋悲傷和失落的反應。最著名的是 Kübler-Ross 的五個死亡和臨終階段：否認、憤怒、討價還價、沮喪和接受。人們也可以透過這些過程來應對失落。

- 愈來愈多的家庭依賴祖父母作為教養子女的資源。許多養育孫子女的祖父母年齡超過 65 歲，而且生活貧困。
- 照顧年邁父母的成年子女是許多家庭的主要問題。照護壓力會導致嚴重問題，例如照顧者的憂鬱和健康狀況衰退。
- 老年人面臨的最嚴重問題，是有關其長期醫療健康照顧和個人照護的法律、倫理和財務問題。與這些問題密不可分的其實就是貧窮狀況，這可能是許多老年人長期的生活問題。
- 影響老年人及其福祉的主要政策是美國老人法案、社會保障法、聯邦醫療保險和醫療補助。社會工作者可以協助老年案主了解和指引這些計畫的內容。

本章練習活動

1. Carla Washburn *互動案例*，請參閱 www.routledgesw.com/cases 網站。看完案例，並回答下列問題：
   a. 你想評估 Carla 哪些身體和認知狀況？為什麼？
   b. 就你對 Carla 及其情況的了解，你認為哪一個老化理論最能代表她進入老年期的過程？為什麼？
   c. 本章介紹的哪些訊息可能對你與 Carla 一起工作時有幫助，為什麼？
   d. 你可以透過哪些方式與 Carla 一起工作來協助她順利老化？
2. RAINN *互動案例*，請參閱 www.routledgesw.com/cases 網站。RAINN 工作人員正在申請補助，以便能運用技術接觸到服務不足的人口群。RAINN 正在與「老齡問題地區機構」合作，該機構最近透過調查研究發現，愈來愈多的老年人成為性侵犯的受害者。有哪些可能的原因導致老年人遭受性侵犯的風險（或至少是那些機構聽到的）比過去更多？
3. Sanchez *家庭互動案例*，請參閱 www.routledgesw.com/cases 網站。回顧 Sanchez 父母涉入的主要微視、中介和鉅視問題。在了解這些訊息後，回答下列問題：

a. 哪些生理和心理因素可能會影響 Sanchez 父母的衰老過程以及如何影響？

b. 有哪些家族和社區因素可能會影響他們的衰老過程以及如何影響？

c. 什麼理論或者理論概念可能有助於概念化 Sanchez 父母的老化過程？

d. 當 Sanchez 父母進入老年階段時，需要依賴哪些政策？他們在得到這些政策所提供的資源方面，可能面臨哪些障礙？

4. Hudson *市互動案例*，請參閱 www.routledgesw.com/cases 網站。閱讀案例，並回答下列問題：

a. Hudson 市的情況在哪些方面會給老年人帶來問題？

b. 你在與 Hudson 市的老年居民一起工作時，可以使用哪些理論或其他觀點？這些方法對老年人會特別有用嗎？

c. 老年人有哪些優勢，可能可以用在解決個人和社區方面的問題？

第十三章

前瞻：社工專業的挑戰與未來

這本書探討了在人一生中會影響個人及其福祉的許多議題，檢視人的發展與行為關係，以及與環境互動下所造成的問題和帶來的成長機會，當然人的行為與環境的關係是複雜且持續變動的，因此這就是為何社工在助人過程中與個人、團體、社區工作時，需要理解更廣博的社會環境。同樣的，因為人類發展及行為與環境互動是複雜且動態，同時可觀察到這些脈絡下的變動是具流動性，所以社工必須在健康、科學、政治、教育、環境，以及許多其他領域中，保持與研究及新發展同步精進。

最後這章將討論目前在生活中影響人類發展、行為、環境及社工專業的變遷。變遷帶來倫理、實務及其他挑戰，同時提供機會可以重新建構理論，以及對於問題及解決取向的新方法。變遷也提供機會來改善境況及做事情的方法，以使社工服務的個人、組織、社區能得到最大的成長與發展。

首先本章將探討有關人類行為與環境專業上所面對的一些主要議題、社工對應這些議題的方式，以及這些議題目前及未來提供給專業的機會。最後會討論社會工作專業潛在的未來方向作為結束。

環境議題與永續性

社會工作領域談到「環境」時，經常都是指涉與人互動最直接的環境，或是更大的社會環境。事實上，本書所談的許多理論，例如系統理論及生態理論，確實是從這樣的觀點來看人的周遭環境。然而在全球氣候變遷及許多環境議題的影響下，社會工作領域被呼籲需要將環境的概念擴增至包括環境的物理及自然層面，並且了解物理與社會環境的互動如何影響人及他們的行為。

社會工作關心社會及經濟正義，這些都與環境正義有關。思考社會及物理環境如何影響環境正義十分重要，例如，能公平得到自然資源、安全健康的居住環境、環境健康與永續性（sustainability），以及其他影響人類生存空間的議題。因為人與社會環境的互動是社會工作最關心的事，所以物理環境對於人的福祉及生存也相對重要。生態系統不僅仰賴人類彼此以及與社會系統的互相依賴，同時也仰賴影響人類生存所需的物理生態體系，例如營養食物、乾淨的水和空氣，以及動物與其他物種的健康系統，來促使整個生態體系的平衡（Dominelli, 2011; McKinnon, 2008）。

社會與環境永續性

氣候變遷以及社會、經濟、地理、環境等所帶來的議題深切的影響人類行為與發展，以及人與環境互動的方式。這些議題對於人類要如何生存、如何互動、如何使用及保存資源，以及如何解決問題等都帶來新挑戰和機會。當提到氣候變遷時，大家常會想到全球暖化、極端氣候及大自然的災難，但氣候變遷遠遠超過只是天氣的變遷。若從系統觀點分析，人類和所有其他物種與環境及生態系統相關，一起努力維繫動態平衡以保生存。當系統某部分改變時，上述例子就是指氣候環境改變時，系統其他部分會受影響，必須適應調整找到新的方法以維持功能正常〔負熵（negative entropy）〕，不然系統就會死亡〔熵（entropy）〕。在演化過程中，生態系統內的某些植物或動物物種已經滅絕時，人類始終一直不斷適應環境而得以生存。

氣候變遷與大系統

當談到大系統時，可以想像得到人類及動物在很多方面受到氣候變遷的影響。例如，氣候變遷影響了健康、食物供給、生活狀況，以及資源如水、土地、化石燃料的使用。它影響了社區結構、地方及全球經濟、全球人口的遷移，以及人類賴以為生的生態系統。氣候變遷幾乎影響人類生活的所有層面以及所居住的世界（Natural Resources Defense Council, 2014）。

以下舉出幾個例子說明氣候變遷已經如何影響了人類健康、行為、環境與福祉。例如，在鄉間農場的耕作土壤退化不僅影響食物的供給，同時造成許多社會因素如農村人口流失，鄉村社區無以為繼，健康、零售、交通及其他服務的衰退，以及降低政府對社區的投資建設（Cheers & Taylor, 2005）。缺少乾淨水及被破壞的熱帶雨林被發現與暴力和戰爭的爆發有很強的相關性（Levy, Thorkelson, Vörösmarty, Douglas, & Humphreys, 2006）。兒童、老人以及一些有健康及免疫系統不佳困擾的人，無法得到適當的醫療服務來應付逐漸升高的氣溫及其他環境的改變，以致氣喘、營養不良、感染性疾病、心理健康問題和其他慢性疾病的人數一直在增加（Lam, 2007; McMichael, Woodruff, & Hales, 2006）。土地退化、海岸線消蝕的生態及漁場擴張導致的漁獲量枯竭等各種現象可預期仍在增加，更嚴重的自然災難以及生計困難、流離失所所造成的貧窮、健康耗損及人口遷移形成的「氣候移民」現象都一直在增加（Levy et al., 2006; United Nations Environment Program, 2007; United Nations Development Programme, 2008）。同樣的證據也顯示，人類的物理及社會系統是會且正朝向突然的關鍵引爆點及不可逆的改變，將會影響人類的健康與生計（United Nations Environment Program, 2007）。

社會工作者在氣候變遷的角色

雖然氣候變遷及其對人類生活的潛在影響看起來很嚇人，但社會工作專業是站在一個獨特的位置上，可以處遇由變遷生態系統所造成的挑戰。社會工作者已經涉入有關社會及環境變遷的社會對話，以便能從氣候變遷觀點重新建構對問題的看法及處理問題的方式。

社工對人與環境互動的全面性觀點，能提供紮實的基礎，以建構自然與物理環境，以及對人類行為所扮演的角色等概念。依這種方式，當檢視問題時人類物理環境會是評量過程的一部分，同時當要概念化所有對人各層面影響時，環境的評估也會是一種關鍵性的考慮。這也是人類不僅要尊重關懷環境，也需要考慮氣候及環境變遷如何影響人類福祉及所生存的生態環境。

社會工作專業也處在一個很好的位置，可以以人在環境中的觀點教育及處遇氣候變遷。例如，可協助推動倡議減碳排放以及增加使用乾淨再生能源的政策及行動。社工也可以協助擬定政策來協助社區規劃因應氣候變遷而導致的洪水、乾旱、暴風雨的相關做法。社工早已具備充權社區能力的專業，使社區具有長期保有環境及社會永續性。這些努力也可以針對貧窮、被剝奪社區及人口群，找出氣候變遷如何影響他們的健康及在微視、中介、鉅視各層面如何造成社會及環境不公平正義的影響，因為這些族群受影響的程度更鉅。

另外一個社工可以致力於關切氣候變遷對於人與環境影響的地方，就是在社工專業倫理守則中納入說明及關心氣候變遷對於人與環境健康的潛在影響。例如，澳洲社會工作專業人員協會已經在他們的社會工作倫理守則中加入了「推動保護自然環境，因為這是社會福祉的根本」的條款（Australian Association of Social Workers, 2010, p. 13）。社會工作環繞著社會公平正義及反歧視壓迫的價值觀，未來也可以運用在引導與氣候變遷相關的實務與政策。例如，社工可以倡導所有人都能得到綠能及科技，抗議所有造成環境惡化的作為，倡導公平的移民政策，不要邊緣化遭受環境變遷而不得不移居的人民，以及為從個人、社區、組織、國家至全球，在微視、中介、鉅視層面受到環境變遷影響者，提供所需要的服務及支持（Moth & Morton, 2009）。

在氣候變遷及其所帶來的獨特議題情況下，社會工作專業有獨一無二的機會來更新及強化對社會及環境永續性的承諾，同時協助確保社會及自然環境長期健康的可行性。這樣的承諾能帶來願景及規劃，而不是只有短期的行動。例如，這樣的工作可能需要涉入讓所有族群、世代、文化之間能公平得到服務及資源、尊重不同價值與觀點、增加大眾面對氣候變遷所帶來的議題與機會的覺醒，了解廣泛性政治及社區參與的重要性及充權社區自行界定自己的需求、優勢、資源及能力，以創造健康永續的社區來支持社區內的成員（McKenzie, 2004; McKinnon, 2008）。

經濟差距

社會工作永遠關心收入及財富的不公平及貧窮問題，這樣的關注也成為社工專業的特點之一，並且致力於社會經濟的正義和公平也是社工專業基本的價值之一。沒有什麼事比強調改善經濟不平等更重要了，事實上，2013 年時歐巴馬總統就評論說過，收入不平等是「我們這時代確定的挑戰」（The White House, Office of the Press Secretary, 2013）。

貧富差距擴大

全世界最有錢的人及窮人之間的收入差距持續擴大中，造成這種差距的因素很多，包括美國根深抵固的經濟理念及做法。例如，許多經濟學者認為是自由市場的資本主義造成這種差距，因為這個理念相信政府必須要減少干預及管制經濟體系，因為它會自行穩定收入不均的現象（Harvey, 2005）。在雷根總統主政時期的經濟政策，支持下滲經濟學（trickle down economics），該理論主張為企業減稅可鼓勵有錢人省下錢花在服務及財務的消費上，因而所有人都受益（Parenti, 1999）。還有許多美國人相信致富與成功都是因為他們努力工作的直接結果。然而，不管這些信念或實務操作，這世界已經無可避免的經驗到生活在貧窮的人數持續增加中（Golash-Boza, 2015）。

過去幾十年來，有少數的美國人從經營利潤及薪資中積攢了龐大的財富，這些又可以再投資，累積更可觀的財富。當員工的薪資停滯時，企業的利潤卻不斷增加，此外靠繼承而來的財產累積財富成長的速度快過經濟帶來的成長，以致於創造少數富可敵國的有錢人（McCall & Percheski, 2010）。

這個現象伴隨著 2008 年經濟景氣低迷，形成對中產階級的生存威脅，造成健康、社會、政治及其他方面的影響。事實上，第四章曾提及的理論學者 Karl Marx 以及寫了《另一個美國：美國的貧窮》（*The Other America: Poverty in the United States*）一書的作者 Michael Harrington（1981），都強調過美國財富的不平均分配現象以及對於個人、社區、社會政治系統的影響。美國人口普查局（United States Census Bureau, 2013a）的資料也指出，2013 年家戶平均收入為 51,017 美元，與 25 年前的平均收入相當。美國收入中有很高的比例流向企業利潤，狀況比 1920 年代以來的比例高出甚多，相比較下，當調整控制通貨膨脹率後，美國勞工薪資則是從 1960 年代中期以來達到最低水準。最有錢的10%美國人所擁有的財富超過國家收入的一半以上（Feller & Stone, 2009; Reich, 2010），巴黎經濟學院（Paris School of Economics）的經濟學者 Thomas Piketty（2014）預測在不久的將來，最有錢的 1%人口可能掌握了一半的國家財富。如果從種族與族裔的角度來看，經濟差距更是形成鮮明對比，非裔及拉丁裔的家庭收入僅及白人家庭收入的 5%（Kochhar, Taylor, & Fry, 2011）。

近幾十年來驚人的科技及先進發展使許多美國人也受惠於這些先進科技，但是同時期美國中產階級卻並未能獲得更大的經濟安全，且他們的生活水準反而是下降的。高學費、房價、健康照顧成本、學生學貸負債、房市泡沫化、掠奪性貸款，以及前面提及的財富不平均分配等種種現象，都侵蝕崩解了中產階級。美國商務部（U.S. Department of Commerce, 2010）在 2010 年的一份研究指出，2008 年雙薪家庭的收入為 81,000 美元，遠超過人口普查局所公布的全國家庭收入中位數，卻仍比 1990 年的中產階層家庭更難維持中產家庭的生活方式（例如擁有房子、度假、付得起大學學費及有足夠的退休準備）。

財富不均有對政治及其他體系也造成深刻的有害影響。例如，最高法院在「聯合公民訴聯邦選舉委員會案」（*Citizens United v. Federal Election Commission*）中的裁決，提供了最有錢的個人及他們聘雇的說客史無前例的可以接觸政客和涉入政治過程，讓他們能夠挹注大量金錢給特定的候選人及特定利益的競選活動（Edgar, 2010）。這種現象會潛在的持續侵蝕民主體系，依照少數有錢者的期待將會損害個人及社區（Gilens, 2005; Reich, 2010）。

外包、就業不足、維生薪資

大約在雷根總統主政的時期，同時可看到大量的製造業工作移往海外，工作委託外包的現象大增，因此斲傷了社會福利安全網。工作外包持續摧毀個人生活及整體社區，使人們跌入貧窮、近貧及就業不足的情況（Golash-Boza, 2015）。更甚者近幾年來，全球化引發產業轉為以資訊為基礎的經濟形式，造成全球經濟壓力、失業轉職的勞工、通縮工資，以及少數人快速增加財富的種種問題（American Academy of Social Work and Social Welfare, 2013）。

當失業是一個議題時，就業不足則是另一種特定的隱晦問題，尤其是持續不成比例的影響了很多非裔及拉丁裔的族群。在 2013 年，22%的非裔勞工及 19%的拉丁裔勞工被認為是就業不足，對照之下，僅有 12%的白人勞工有此狀況（Shierholz & Mishel, 2013）。此外，當非白人比白人有更高風險會遭受經濟不安全時，白人貧窮率卻是增加最多。2013 年美聯社（Associated Press）一份調查報告中指出，76%的白人在他們就業生涯的某段時期，曾經經驗過沒有工作、生活在或接近貧窮中。幾十年來第一次，女性為戶長的貧困家庭數超越其他貧困家庭的類別，例如非裔家庭、西班牙裔單親女性家庭，更甚者是生活於貧困社區中的兒童數量也持續增加（Agiesta, Junius, & McCown, 2013）。事實上，在已開發國家，成長於貧困生活中的兒童比例最高的國家中，美國是最高比例者之一。2012 年，兒童整體貧窮率是 22.6%，生活於都會區與鄉村區的貧困兒童比例則為 30%及 26%（Mattingly, Carson, & Schaefer, 2013）。

總而言之，將近五分之四成人掙扎於失業及近貧狀況，或是生活中某時期仰賴社會福利的救助，部分原因是在美國失去工作、美國經濟的全球化，以及維生工資的惡化（Agiesta, Junius, & McCown, 2013）。根據預測至 2030 年，美國所有就業成人人口的 85%，將會經歷到情境性經濟不安全，特別是經歷如疾病、意外、心理健康、失去工作、伴侶過世等情境因素時，人會更容易變成貧困（Coleman, 2012）。

社會工作與對財富差距的回應

很可能到後來經濟差距及財富不均會引發大眾的怒氣及憤怒，造成廣泛的社會經濟變遷及改革。社工專業可以站在第一線協助社區超越憤怒，組織動員起來展現行動。運用第五章討論的社會變遷及行動，以及社區組織理論，來動員民眾展開行動進行經濟重建及改革。

基於社工價值基礎，社工專業有責任再次關注經濟不平等以及影響個人、家庭、社區的議題。有些社工曾議論，當社工專業專注於多元議題時（例如種族、族群、性取向），卻忘了社會經濟階級議題，特別是中產階級，以及造成經濟差距擴大和不公平增加的社會經濟問題（Coleman, 2012）。

社會工作者不只是應該致力於抑制造成目前經濟差距的政策及實務，還必須能夠對傷害個人、家庭、社區經濟福祉的政策做法，扭轉潮流來引導創新政策的發展、倡議及處遇。例如，社工能倡議聯邦政府的最低工資法案必須要能提供足夠生活所需的薪資。至 2015 年 7 月 1 日止，美國 29 個州及華盛頓特區的基本薪資都高於聯邦制定的每小時 7.25 美元的水準。然而仍有 5 個州未曾制定最低薪資標準。西雅圖預定於 2018 年（編按：本書原文書為 2016 年出版），全市最低薪資達到每小時 15 美元，數個州如康乃狄克、馬里蘭、夏威夷以及其他州都已經預設或訂下期程逐步將最低薪資調整到每小時 10.10 美元（U.S. Department of Labor, 2014b）。社工無論在地方或州層次對於最低薪資立法是有重要的影響力，能協助設定費用比例，並能逐步提高足以支持個人、家庭、社區的費用比率。

社工也可以在稅制改革以及財務組織機關的管制規範方面的立法及政策採取積極主動做法。此外，社工也可以參與財務服務及資產建立的諮詢工作中，以提供貧窮者與中產階級個人和家庭可得到的資源，協助他們建立信用、得到貸款，甚至進行儲蓄、投資，以協助他們脫離貧窮，累積財富，並達到世代永續（American Academy of Social Work and Social Welfare, 2013）。

健康差距

之前的章節已經探討過健康差距及其對於個人、家庭及社區的影響。當平價醫療法案（Affordable Care Act）為許多美國人強化了醫療照顧安全網時，社會仍需要更多的努力來改革醫療照顧體系，包括促進容易取得醫療照顧及降低由健康差距所造成的醫療照顧區別化。有鑑於許多少數族群的健康差距持續存在，而且變得更惡化，社工專業在健康照顧及心理衛生領域，需要更投入去促成系統變革，就成為不可避免的事情。

環境中的健康議題

文中還沒有討論到造成健康差距的一個議題，就是持續增加的醫療成本及慢性疾病。這個議題是與人們生活環境中的毒素及化學物質有關，以及食物與產品製作影響了食物供給。例如，研究指出魚類養殖業以及畜牧業使用抗生素、生長激素，不僅犧牲了土地以及用來澆灌人類食物的水，同時也擾亂了人類身體荷爾蒙分泌及其他系統運作（Centers for Disease Control and Prevention, 2013a; Food and Water Watch, 2014; U.S. Food and Drug Administration, 2014），激增的癌症病例、內分泌失調、神經系統問題都與這些有關。工廠與其他工業將毒素廢棄物排入渠道、河水、溪流，這些都被認為與嚴重的健康問題如流產、畸形兒、許多慢性疾病、癌症及早發性死亡有關聯。化學製作的食品通常含高鹽、高糖、反式脂肪、高果糖玉米糖漿以及其他化學物質，在美國造成史無前例的高比例肥胖症、糖尿病及其他健康問題（Kenny, 2011; Schulze et al., 2004）。這些食物製作的方法又不成比例的影響少數族群與低收入的個人或社區，因為垃圾食物較便宜，而且在這樣的社區中是容易買到的。歷史上，族群隔離做法導致許多社區沒有販售健康食物的超級市場，這些社區也得不到他們付得起的醫療資源，這些都是造成疾病與貧窮的原因。這些社區也缺乏政治與經濟權力去對抗污染環境的工業（Williams & Collins, 2001）。

全世界不斷開發掠取自然資源，還有持續增加的污染狀況都直接影響人類健康，特別對於缺乏資源、政治及經濟權力的貧窮國家，受影響程度更大（Donohoe, 2003; Rabinowitz & Conti, 2013）。還有，當疫情發生，例如2014年在西非爆發的伊波拉病毒疫情，那些缺少基礎建設的貧窮社區，受到侵襲卻又缺乏醫療資源來醫治的居民遭受喪命及最大的損失。在這些社區的許多居民過世、忍受疾病折磨、失去生計、許多兒童變成孤兒。當整個社區可能因為疫情或是天然災難遭受摧殘以致滿目瘡痍時，社區同時也喪失保護成員健康的能力與資源。

得到健康照顧

在美國以及其他許多國家，民眾付得起的醫療照顧愈來愈有限，以及持續增加的醫療成本已經是一個刻不容緩的議題。在美國，更值得關注的是因為貧富持續擴大的差距，造成許多少數族群無法得到慢性疾病治療。本書前面已討論過少數族群缺乏健康照顧所造成的有害影響，雖然實際上社會已提出一些進步做法來減少部分少數族群的醫療照顧差距，但是健康議題仍然是許多少數族群社區持續的難題。例如，仍有過多的非裔美國人經驗了貧窮、隔離、歧視，缺少資源也會造成不良的健康後果，這些結果也與情境化或制度化的種族主義造成終生壓力相關（Golash-Boza, 2015）。生活在GLBT社區的人，特別是性別轉換者，也不斷的受到歧視、文化不敏感的醫療照顧，以及比其他人口群有更糟的健康後果（Mayer et al., 2008）。

社會工作者在減緩健康差距的角色

社會工作者在健康及心理衛生領域可以扮演重要的角色，協助減緩健康差距，增加公平得到醫療服務及享有健康環境的機會。社工可以在健康研究、立法及公共政策制定方面做出不一樣且重要的改變。社工可以告知及塑造健康照顧政策，教育立法及行政官員有關健康、環境，及其他政策對個人生活及社區的影響。社工也可以在立法層面協助改善及支持醫療照顧，並促使雇主、保險公司及健康照顧、心理衛生服務提供者，創造公平資源，挑戰被質疑的不公平做法。例如，平價醫療法案確保沒有人會被保險公司因為之前已有的疾病而被拒絕，提高附隨父母納保的受扶養兒童被保障的年齡，不允許保險公司同意很多雇主拒絕給某些員工的給付（例如婦女的避孕服務）。同時，醫療補助和聯邦醫療保險目前可給付性別重置手術費用，但是實務上病人仍然常常需要為他們自己的權益爭取這些給付。退伍軍人福利行政處（Veterans Benefits Administration）目前也提供性別轉換者某些像荷爾蒙治療的給付、術前評估、術後及長期照顧的福利（National Center for Transgender Equality, 2014; U.S. Department of Veterans Affairs, 2014）。社工可以致力於維繫及改善上述這些政策，也可以倡導增加對少數族群的研究經費，確認現在的健康照顧做法有顧及到這些多元族群的需求，而且須一併考慮因地理區域的偏遠隔離所形成長期的醫療資源不公平狀況。

社工也處在一個位置上，可呼籲健康照顧領域提供符合文化需求，以及具備足夠能力提供健康照顧及實際做法方面盡力去推動，因為許多少數族群，從歷史上已經驗過許多不符合倫理及歧視的對待，這些都造成致命的結果。也因為如此，少數多元團體與主流健康照顧機構和健康照顧提供者之間，信任基礎已經腐蝕，這也是造成益發有差距的原因。社工能協助這些社區與健康照顧者之間重新建立信任感，以及促進健康照顧納入這些族群觀點的醫療做法，促使社區能為其成員提供符合文化適切性的照顧。這些包括了為弱勢的人口群提供平等的納保給付，以及努力朝向能得到平價的健康及心理健康服務的保障。

還需要更多的努力去塑造健康政策，以便能更支持個人、家庭、社區以及人們生活的環境。例如，社會工作者可以推動改善，促成有給付的請假事宜，如生產、疾病、照顧以及所愛的人死亡等。社工也可以在社區中帶領環境正義運動，保障社區成員能生活在健康、無毒、永續的環境中。

人口結構的移轉

許多全球及國家發生的人口移轉對於社會、政治、經濟及其他人類福祉產生長遠的影響。比以往更甚者，社工面對社區人口結構的改變，特別是年齡及種族分布上的變化，有更多的挑戰及更大的機會。

全球性老化

人口老化是世界趨勢，從 20 世紀中期，不僅是醫療技術進步延長人類壽命，同時計畫生育的增加，文化規範漸漸能接受小家庭的價值等，都助長了這個趨勢。降低的生育率造成人口結構中的老年人口比率突然高出許多。美國在 2012 年，65 歲以上人口超過 4,310 萬（13.7%）；到了 2020 年，預測將會增加至 5,400 萬人；而至 2050 年，20%的人口都是超過 65 歲以上的老人了。而且，最老的老人，指那些 85 歲以上的人，將成為快速成長的世代，預測到 2050 年，將會增加 350%（Administration for Community Living, 2014）。其他國家也面臨同樣的人口老化趨勢。

人口老化對於經濟、健康照顧以及其他系統會產生長期顯著的影響。科技及健康照顧的進步代表人們可以活得更久，但是通常伴隨著慢性健康照顧的議題，以及需要交通、照顧、居住的安排。當增加的許多年長者比過去世代顯然教育程度更好、享受更多社會經濟資源時，仍有許多其他老人生活在貧困中，仰賴聯邦服務方案如醫療補助、聯邦醫療保險、社會安全等過日子。這些方案的補助並不足以維繫老人們的日常生活所需，但是因為老人人口的增加，這些方案經費是否足以支撐未來所需，已經成為一個問題（DeNavas-Walt, Proctor, & Smith, 2013; National Center for Health Workforce Analysis, 2006; Weiner & Tilly, 2002）。

另一個圍繞著老年人口的挑戰就是服務類型與配置。老年人經常伴隨著慢性疾病及失能狀況，需要比年輕人更多的醫療照顧，不斷成長的老年人口代表需要更多的健康服務，但是目前的服務體系還沒有準備好回應這些需求。許多服務提供者及服務系統對多元的老年人口群以及他們獨特的需求，尤其針對少數種族文化背景的老人需求，都還沒能得到適當的訓練以培養服務能力（National Center for Health Workforce Analysis, 2006）。

如同第十二章討論過，老化的人口對於正式或非正式的照顧都形成很大的挑戰。許多家庭持續奮戰於照顧責任，許多社區也需要尋求可處遇的方法來適應社區中持續變化的老年居民需求。社區中有關提供家庭支持服務、老人服務、交通服務及居住選擇等都需要新的思考。科技改變延長了人的壽命，雖然引發許多生命臨終的決定及其他健康議題的倫理兩難困境，然而無可諱言也提供機會協助老人能在自己家中，保有更長的獨立生活。有關科技的影響，將在下節有更多討論。

改變中的多元族群人口

世界各地隨著老化、移民及其他因素持續形成多元種族族群的人口變化。根據皮尤研究中心（Pew Research Center）（Passel & Cohn, 2008）的調查，到了 2050 年，非西班牙裔白人已經不再是美國的多數族群，屆時他們只占美國人口的 47%，西班牙裔人口占 29%，非裔美國人占 13%，亞裔美國人則占 9%。事實上，多元少數族群在過去幾十年中已經占美國成長人口的 92%（Pew Research Center, 2011）。在這種人口多元化的趨勢發展中就包括老化的人口群，其中呈現比過去更多元的種族背景（National Center for Health Workforce

Analysis, 2006）、更多住在鄉村地區（Lichter, 2012），以及更多混合種族的人口群（Kotkin, 2010）。

這種人口背景的變化也帶來許多領域的變化趨勢，包括政治、經濟、教育、照顧、健康照護、勞動力市場、投票類型、家庭結構、居住安排、社區基礎設施、服務輸送，以及族群關係及溝通等。有證據顯示多元種族族群的增加提供經濟及其他的好處，能促進人們及社區的生活。例如，過去十年，即使景氣依然低迷，少數族群自營的商業仍持續增加。此外，許多研究也說明，商業、學校及其他工作團體多元化發展增加財務及組織績效，因為多元化的勞動力提供不同的觀點看法、創意及技能，增加學習、規劃及解決問題的能力。這些人口多元化的改變都能促成更健康及更強的社會、教育、經濟及其他的制度（Page, 2007; Slater, Weigand, & Zwirlein, 2008）。

種族主義及偏見

本書從頭至尾處處都討論到種族主義及偏見的議題，也探討了它們對微視、中介、鉅視層次的影響。當社會工作為一種專業，目的是促進平等及為少數族群爭取社會經濟公平正義時，仍需要很多的努力。美國社會中，個人、制度、文化、結構及系統性的種族主義和偏見仍然根深抵固且到處可見。而且隨著美國人口不斷增加的多元性，種族主義及偏見仍然會是社會工作專業重要的關注焦點。

根據皮尤研究中心的調查（Pew Research Center, 2013），不到半數的美國人（45%）認為過去 50 年來，種族平等獲得很大成果。同樣該份調查顯示，超過三分之一的非裔美國人（35%）、20%的西班牙裔美國人，以及 10%的白人都表示，過去曾因為他們的膚色而受到不平等的對待。非裔美國人與白人之間的收入、財富、貧窮、入監服刑、婚姻比率、單親家長及擁有房產等條件，一直持續且擴大差距中。此外，社區及制度仍延續著隔離狀況，導致少數群體社會經濟的不平等現象（Golash-Boza, 2015）。相反的，非裔美國人與白人之間的教育程度、預期壽命以及投票率差距卻是不斷縮小（Pew Research Center, 2013），這個趨勢可以看出種族不平等現象有正向改變的可能。

當偏執、仇恨、歧視與壓迫愈來愈公開且被社會接受時，雖然種族主義及偏見早已存在歷史中，卻是相反的更隱晦、微妙及曖昧，以致於某種程度的愈來愈困難辨識及指出（Sue, 2010）。種族主義者的態度及偏見似乎是根植於美國的文化價值及信仰中，以致於形成制度化結構的一部分，而表現在一般的政策及實際執行中（Sue, Capodilupo, Nadal, & Torino, 2008）。有時候這些種族主義者的作為達到一個沸點，甚至以暴力形式展現，他們所展現出來的行為是可以被檢視的，例如，這些種族主義者的言行導致 2014 年密蘇里州佛格森（Ferguson）的警察，擊斃身上並未攜械的非裔青少年 Michael Brown，而引發抗議暴動。但是種族主義及偏見常常是撲朔迷離無意識的，在被忽略或沒注意的情況下就展現出來。因此實際上很不容易查明該行為的根源或是找出防止其發生的處置策略。近來有一些專有名詞來指明這種現象，包括當代種族主義（modern racism）（McConahay, 1986）、象徵性種族主義（symbolic racism）（Sears, 1988），以及嫌惡式種族主義（aversive racism）（Dovidio & Gaertner, 1996）。在第五章曾提過的「微侵略」是另一種用更微妙的形式來進行種族輕視排擠，而且現在比以前更嚴重。這些不同形式的種族主義揭示了即使沒有心懷不敬意圖的人，也很難免於這種深植於美國文化中天生存在的種族偏見，這些也經常引發歧視的行動。

社會工作與人口轉變

如同早已討論過的，社會工作專業堅持促進文化能力及社會經濟正義的價值及倫理。這些價值能協助引導社會工作者面對轉變中的人口及各種形式的種族主義和偏見，所產生的挑戰。運用社會工作理論觀點，社工可以很多種方式回應這些挑戰，例如，教育宣導、倡議行動、社區發展及充權，以及進行政策與立法，以便在工作、教育、得到服務、移民的人道處置等各領域創造公平及平等。

當面臨人口轉變時，社會工作者能與機構及社區一起工作以適應其所帶來的機會與改變。無論是都市或鄉村地區需要去確認其獨特的需求，社會工作者可以帶給組織實務觀點及技巧，以協助社區因應這些挑戰及需求，同時利用機會協助社區蓬勃發展。

投入這樣的工作需要持續承諾具有文化能力及敏捷能力，因為必須與多元性的個人及社區一起工作。社工需要發展全面性文化能力觀點，這種觀點不是只侷限於察覺文化、宗教、標籤化之類的不同面向，而是要包括批判性思維，以及省思在權力動力及個人與專業關係中，種族及族群所扮演的角色，還有歷史、政治、社會經濟及其他各種因素如何影響種族及族群（Garran & Rozas, 2013; Seipel & Way, 2006）。

這樣的工作有時候可能要改變我們使用的語言，同時要了解種族是一種社會建構概念，目的是基於膚色或其他生理特徵而產生歧視與壓迫，以便可以維繫某種社會經濟及政治權力。語言使用是一種方法來凸顯對某些群體歧視性對待以及維繫不平衡的權力狀態。社會工作者更需要具有自我省思自己觀點及偏見的能力，以便更能了解自身歷史經驗以及是否影響自己對於不同族群所具有的信念。社工若能反思自己具有的特權，以及特權如何透過態度、信念及每天活動延續成壓迫、歧視、微侵略或是其他具種族主義形式的作為，則可以更具文化能力。社工願意承諾及使用文化謙遜與敏銳的取向，例如第四章介紹的批判實踐理論或第五章介紹的反壓迫實踐，都能幫助社工透過檢視會強化種族主義者及偏見的態度和信念的大系統或鉅視力量，從事自我省思。換言之，社工能改變他們自己的實務做法，幫助拆除大制度與文化中的偏見及歧視。

科技及科技的進步

科技、健康照顧、醫療及其他科學的進步所帶來摧枯拉朽的變化，改變了人類看待議題的觀點。這些議題與我們每日生活息息相關，例如老化、照顧、關係、健康照護、生活安排、服務類型以及臨終關懷等都受到科技的改造。這些轉變同時對於如何在生活中運用科技，以及某些科技是否應該發展，都帶來倫理考量以及有爭議性的辯論。

老化、照顧及居家安老

這章前面討論過全球老化的議題，面對這些人口結構轉變，同時有進步的科技來回應老年人獨特的需求。例如，關於老化社會其中一個主要的挑戰是居住及生活的安排，以及照顧問題。許多老年人偏好居住在自己家中，盡可能維持獨立生活愈久愈好。因此居家安老不僅僅是許多老年人渴求的選項，同時也是在支持性安養或有專業醫護的養護照顧之外的另一種具有成本效率的選擇（National Care Planning Council, 2014）。為了促進及支持獨立生活的安排，許多追蹤老年人在家中活動及行為的科技技術持續發展中。這些科技的目的是預測可能影響獨立生活的健康相關及其他問題，在這些問題造成老人無法行動或需要全天照顧之前，就能提出預防處置的方法（Oregon Health Sciences University, 2014）。

重新構思生活及社區的設計不僅僅只是增加老年人健康及社會福祉，同時也透過促進健康的代間關係及支持，豐富化整體社區的健康及福利。例如，存在已久的代間社區生活的模式又再度活化及再造，以鼓勵代間關係彼此可獲得的好處。有一個名為世代希望（Generations of Hope）的模式就是老人為領養了兒童的雙薪工作父母親提供兒童照顧（Eheart, Hopping, Power, Mitchell, & Racine, 2009），他們全都住在同一個社區。以Erikson理論來看，這樣的居住安排讓每一世代的個人在一個支持的環境中，能完成自己該階段的發展任務，這種支持環境或許是以前所沒有的。兒童可以從數位成人得到照顧及引導，這些成人可以協助他們發展獨立、認同及親密關係；父母則能在自己全天工作時得到托育的照顧，這樣可讓他們同時兼顧工作、家庭及社區生活；老人則可以對家庭及社區提供寶貴無價的服務，有機會去完成此階段自我統整的發展任務。老年人不僅協助兒童照顧，同時也可對較年長的兒少及他們的父母提供指導功能。老年人不但可以維持社會角色，並反過來得到自我價值及有目的的人生感受。

進步的科技也運用在照顧方面，許多應用軟體例如可追蹤用藥狀況、預約看診日期時間，以及其他與健康相關的事情，都可以讓老人自行獨立管理自己的健康需求，也可以幫忙非正式照顧者，例如家人，因為這些瑣事處理常造成他們不堪負荷。在許多國家，包括日本，設計了社會陪伴機器人，可以提醒用藥時間、看診日期、鼓勵做運動、吃健康食物以及參加社會活動。其他可以進行遠端遙控的照顧方法也愈來愈普遍，包括電腦及視訊技術，例如遠端照顧可促進即時溝通及監控。透過這些方法，專業照顧者及一般照顧者可以監控老人的生命跡象、活動力、用藥情形，以及對於檢查結果、營養資訊、疼痛管理等都可以進行溝通。這些方法讓照顧者可以蒐集老人完整的健康資訊，以利追蹤其健康狀況或其他可能影響他們獨立生活能力的相關議題。這些方法即使在老人與他們的照顧者不住在一起的狀況下，仍能夠提供必要的照顧（National Care Planning Council, 2014）。

健康、心理健康及社會福祉

科技在健康及心理健康領域中是大躍進的成長，醫學科學的進步轉變了人們看待健康及心理健康議題的想法以及如何治療的方式。例如，透過科技，現在可以執行子宮、視網膜及臉部的移植，從幹細胞可以培養器官，從3D印表機可以印出身體器官及其他項目，用手機應用軟體及科技可以協助自閉症兒童與其他人互動，冷凍卵可以在將來植入使用，甚至可以在身體器官內植入某些科技技術來促進網路搜尋、購買產品，或在色盲的案例中讓他們可以看見色彩。現在也有能力進行基因改造食物及使用農藥或其他化學物讓食物供給更充裕，雖然前面已經討論過，這些科技的做法對人類健康及環境的長期影響，可能會有很深的傷害。這些用科技來解決糧食不足的問題、生殖健康的議題、認知及生理障礙的問題，以及社會互動等議題時，所引發的各種啟示或影響其實是無窮盡的。

各類社交軟體及媒體讓人們可以經常維持與別人的連結，尋找性以及建立親密關係的伴侶，提供健康照護與照顧，以及提供遠端心理健康治療和其他支持。例如，以地點位置為基礎的社會網絡應用軟體如 Tinder 和 Grindr 可以讓人尋找住在附近區域範圍內的人們並且相聚；avatars 可以讓治療師可以從遠端幫助有廣場恐懼症患者，讓他們可以不用離開家，就可以從電腦中選取一個假設自己可以暴露在社會情境的身分來進行治療；社工及其他助人工作者可以透過 Skype 或其他社交通訊軟體提供治療或外展服務。此外，現在逐漸增加的是人們透過科技運用在出生及死亡歷程，可以不斷擴展生命的境界以及死亡。

可能超過其他領域，科技進步所引發的許多倫理議題是社會工作者需要去掌握的。社工面對愈來愈多運用線上及遠端科技提供服務，包括心理治療時，隱私權、保密及效能議題都是很重要必須關切的議題。特別是，當使用輕薄不顯眼的數位設備來進行錄音或遠端溝通時、穿戴式科技像 Google 眼鏡、智慧型領帶及腕式手錶，以及其他「時尚電子裝置」、科技植入物如記錄式溝通晶片，甚至是「智慧」刺青等，都有需要嚴肅看待的隱私權及保密議題需要關切。這些議題不僅只是對於助人專業者很重要，同時對於使用這些科技或是與使用這些科技有關的一般大眾也是相當重要（Tehrani & Michael, 2014）。事實上，有一本小說 *Super Sad True Love Story*（Shteyngart, 2010），情境設定在不是非常遙遠的未來，其場景地點設定為有一個社會世界，所有生活在那裡的人都穿戴了電子裝置，這些裝置會追蹤每一個人所有個人資料，包括別人對你是否具有吸引力的評價，然後會公開散播。想像你生活在一個世界，你所有的背景資料、經濟狀況、健康及心理狀況，每天都公開在眾人面前。或許這樣的場景會在不久將來成真。

臉書及蘋果公司於 2014 年宣布他們願意提供凍卵服務以延緩執行母職，作為女性員工的福利（CNN Money, 2014），看起來其他雇主應該很快也不會落於人後。凍卵最早是為了正接受癌症治療的女性所發展出來的技術，很快的變成一種職場商品以吸引女性工作者，讓她們可以選擇延緩懷孕，目前先專注於生涯發展。然而，也有人批判這是一種剝削女性的做法，傳達了一種混淆的訊息，一方面強調女性及母職的價值，但另方面則鬆綁了企業需要提供合理的平衡工作與家庭生活的責任。

對於如何以及何時科技可以運用在生命開始及臨終照顧，一直是激烈的爭辯。我們若知道一個嚴重早產嬰兒可能終生要承受顯著的認知及生理障礙，仍然要使用科技讓他繼續生存嗎？對於一個只能靠維生器生存的植物人，我們應該使用科技持續維持他的生命嗎？我們想要發展一種科技讓人類能活到超過

130 歲，卻以犧牲生活品質為代價嗎？科技能帶給人類更長遠的生命品質嗎？科技的進步刺激了像尊嚴死亡法案（Death with Dignity Act）的通過，讓病人於生前對於自己的臨終關懷照顧有選擇的權利。例如，2014 年廣為人知的個案就是 29 歲的 Brittany Maynard 在診斷出罹患末期腦瘤後，從加州搬到已經通過尊嚴死亡法案的奧瑞岡州，以便能對自己臨終生命有選擇權。她的選擇公開化以後，許多辯論爭議就浮上檯面。

社會網絡形成一種轉換性與其他關係及溝通的平台也引發爭議。許多人主張社會媒體讓人們很容易與其他人及社區產生連結，但也有人爭論社會媒體促發了許多膚淺的性與人際關係，摧毀了人們進行有意義溝通以及建立與別人深度連結的能力。我們能觀察到社會媒體能成功推動訴求及募款，但若被用來誹謗或攻擊個人或群體時，破壞力也很強大。社工仍會在第一線持續協助這些議題的聚焦辯證，也會應對解決科技進步所帶來諸多的倫理議題。

社會工作與科技進步

社會工作者有很多方式可回應科技的進步。例如，從生理心理社會到生態系統取向，社工可以思考科技在微視、中介、鉅視層面如何影響人、會帶來什麼好處、挑戰及可能產生的倫理兩難。從這些觀點，社工可以確定每個人都能平等的得到科技是有幫助且能促進人類福祉。但是社工也需要批判性思考科技如何影響了我們的關係以及日常生活，同時在不同科技所引發的倫理及這些科技該如何運用或未來應該如何使用等議題上，社工也應該成為一個可以提供對話論述的引導者，例如，生殖科技、臨終照顧、線上諮商、使用綠能科技等科技影響，以及如何分配科技給不同群體的論述。社工已經協助許多個人思考臨終規劃，例如，預立醫囑、使用臨終關懷及緩和安寧照顧。社工其實可以更進一步幫助人們思考類似安樂死的選擇，也就是這些醫療技術該如何使用以及何時使用等議題上，他們可以協助形塑爭議的論述內容，以當科技可以延長壽命時，科技對個人、家庭、社區及制度的影響是什麼。

當世界人口持續老化時，社工是成為支持老人及他們家庭、社區的服務發展領導角色。發展能讓老人獨立生活在社區中服務，以及發展其他社會、家庭、健康服務來支持照顧者，並讓老人獨立生活的時間愈長，在這些服務領域中，社工的機會是無窮盡的。根據Erikson理論在老年階段，無論是退休、參與活動到健康照顧及臨終支持的創新做法，其實有很多機會能協助老年人統整人生。

全球緊張及暴力

社工專業關切國際議題及全球人類是息息相關且如何受到全球事件影響已有很長的時間。拜科技進步所賜，全球景貌一直在縮小，且變得每個人都容易接觸到，並讓生活在全球社區中的人類彼此更靠近。

特定的全球議題正不斷增加且變得很重要，並影響人類福祉，包括美國的社會工作者，即使他們不曾離開家鄉，也會與世界上其他人互動，彰顯了全球互相依賴的特性。一個最具破壞性的例子就是2001年9月11日發生在紐約的恐怖攻擊事件。這個事件至今仍對許多社工會與之互動的個人、社區及體系有深遠及複雜的影響。這個事件也同時帶來要關切全球議題的覺醒以及這種慘劇所造成的緊張。所以社會工作者需要更理解文化、歷史、宗教、經濟、政治、區域及哲學議題，還有我們所生活社區的差異，無論是地區性或全球性社區，因為這些因素會持續影響我們世界。

當全球化增加時，人們彼此的接觸也在增加，也因此帶來機會及挑戰，因為大家要學會尊重差異、擴大共同相似性的好處，和諧相處。全球化為個人、社區及組織提供絕佳機會，發展有創意的文化合作以解決社區發展及健康的問題。當然，它也帶來宗教與文化緊張而導致戰爭、恐怖主義、暴力衝突，以及漸增的生化及核能戰爭的攻擊威脅。這些議題不僅嚴重的直接影響涉入這些衝突的民眾，同時也對世界各地的我們產生衝擊。例如，社工經常服務從戰場返國的軍人、從衝突不斷地區逃出的難民，或是經歷過嚴重事件後所遺留的創傷症候群的病人。或者，社工需要去幫助數百位逃離南美洲，留置在美國難民中失去父母的兒童，或者需要與遭受國際綁架事件或恐怖攻擊的家庭工作，全球化議題改變了我們看世界以及生活在其中的方式。

社會工作與全球衝突

社會工作專業有責任以全球世界觀點行事，驗證全球性議題如何影響個人、家庭及社區，以及地方性和全球性制度。在了解及努力於恐怖主義和暴力的全球化議題時，文化能力扮演一個關鍵角色。我們在這章所討論的多數議題，例如氣候變遷、人口結構改變、經濟及健康差距，還有其他議題時，都在全球衝突扮演一個角色。倡議政策與立法要能敏感於全球化衝突及緊張，同時分析這些因素如何影響人類福祉，都是國際社會工作重要的部分。努力朝向經濟、環境、社會正義也是國際社會工作重要的一環。社會工作者可以教育政策制定者和其他人這些相關議題，協助形塑我們看待世界的觀點以及努力解決問題的態度。

轉換社會議題的文化觀點

除了全球化之外，我們可以觀察到在社會及相關議題方面有許多文化觀點的轉換。其中一個很明顯的領域是對同性議題的觀點。例如，過去十年中可以看到社會對於同性婚姻態度，伴隨著 2015 年最高法院裁決全國必須認可同性婚姻後，產生摧枯拉朽的大轉變。此外我們也可以看到有關對婚姻態度的其他轉變，將近 4,200 萬（大約 20%）25 歲以上的美國人都沒有結婚。這些轉變不僅對家庭結構造成影響，而且也對納稅、權益、兒童監護權等家庭相關政策造成不同後果（Pew Research Center, 2014b）。

其他發生轉變的文化觀點，包括對於合法藥物如藥用及娛樂用的大麻的態度、對於維持社區永續生活的創新點子、對高等教育意義及其成本的看法轉變、對臨終照顧態度、如何選擇死亡方式，甚至埋葬的方式都在轉變。例如，許多人挑戰上大學得到學位的意義，也質疑是否值得為高等教育付出高成本。大量網路開放課程的興起以及遠距教育，改變了我們過去標榜高等教育，也因此邊緣化少數人（例如貧窮或住在偏遠地區者）接受高等教育機會的態度。

我們前面也討論過科技可延續生命，因此引發是否可以使用科技來延長生命，特別是在危急狀況或是病人是否有自主權決定自己的臨終方式的倫理爭議。臨終關懷與緩和照護運動有助於大眾討論，當一個人深受慢性疾病之苦或當生命危在旦夕之時，維繫生命及顧及生命品質的爭議。另外，死亡及喪葬事宜也重新被檢視，因為有人開始質疑目前沿襲已久的病逝於醫院、家屬花大筆費用辦理喪事，以及傳統土葬對環境永續保護的傷害。因此我們可以看到日益增加的綠葬，也就是不對遺體注入化學物，不用棺材及墓碑，直接葬在指定的綠地。還有很多人選擇有趣的葬禮，就是將他們的遺體穿戴整齊，展示在他們生前喜愛的情境中。最近紐約時報有一篇報導，在波多黎各及紐奧良州有數家葬儀社，依照過世者或其家屬的願望，展示呈現。例如一個拳擊手被放在拳擊場的角落期望能甦醒，一個祖母支撐著坐在她最喜歡的搖椅中，一位急救醫護人員跟在他服務的救護車後面（*New York Times*, 2014）。

社會工作在文化變遷中的角色

社會工作者可以成為領導者角色，去說明許多議題上已有文化及哲學觀點的轉移。我們可以倡導新的處遇方式思考及解決問題，以改善人類福祉及促進公平，在此方面扮演領導者角色，我們有機會引導有關改變的對話，確保人不會因為害怕、刻板印象或缺乏資訊而抗拒改變。此外，社工可以提出實證證據、實務經驗、理論觀點以及基於專業價值所提供的資訊，來支持文化改變，讓大家知道這些改變都是促進個人、社區、制度的平等、公平及永續性。社工也可以去闡述改變可帶來的可能及機會，這些改變能更避免邊緣化弱勢團體。

社會工作專業的未來

統整上述所討論的，無論是作為一位社工或是整個社工專業，這其實是一個值得興奮及挑戰的時代。現在的世界有太多事情快速變化，引發許多問題及阻礙，但也帶來許多機會。變遷不但要求社會工作專業要重新思考其目標、觀點及方法，同時也為社工人員能變得更具創意，並能擴展我們思考問題的取向及處遇做好準備。這是社工能在人們的生活及環境各層面發揮極大潛在影響的時代。

當我們能看到這個世界的改變情況下，許多社會工作組織面對這些變化會影響個人及環境，以及預期可能帶來的問題與機會時，已經為專業發展了策略計畫。例如，2010 年，數百名社會工作領域的領導者召開會議，討論社工專業面對地方及全球改變時的目的及角色。在該次會議討論的主題包括社會工作人員的領導統御發展、管理技巧、教育支持等需求。特別的，與會者看到各方面的需求，包括運用科技服務案主時的倫理及實務議題的訓練、支持社工服務的業務及管理實務、建立專業所需的招募及留才實務、凸顯社工教育的價值、增加社工對政府及企業界影響力的實務做法，以及界定社工專業界新興領導者的策略等（National Association of Social Workers, 2010）。

另有一群社會工作教育者及專業工作者致力於以書面文件列出目前及未來社工專業會面臨的大挑戰。在這些書面文件中，明白說明社工專業的核心價值以及哲學基礎和目的，藉以彰顯社工專業已經預備好在接下來幾年提供領導角色，其中包括了社工專業強調的人在情境中，以及價值、尊嚴、協助、能力及個別差異。同時專業強調世界中的社會性，意即在社會中會愈來愈重視個人的獨特性。社會工作者從事實務工作不斷改變的脈絡下，需要一個專業計畫以積極主動符合我們所面對的挑戰，同時也以創意革新方式來建立專業工作。這種創新及積極主動立場需要社工專業持續引導跨專業組織合作，界定機會及發展處遇，以便能為變遷的世界及其需求創造更大的利益（American Academy of Social Work and Social Welfare, 2013）。為了要能做到這樣，社會工作者需要思考服務項目的更新創新，確保社會工作者成為提供服務的領導者，以確保優質的照護。這包括當鉅視層面主導了服務項目、理念及取向的改變時，社會工作者需要參與政策層次的改變。例如，就像這本書前面已討論過的可負擔健保法案，此法案促使以個人為中心、參與者為導向的取向。社會工作者必須預備好回應這些改變，如果我們想要在形塑未來社會時成為領導者，則我們必須能夠且有意願，預期到並發動起這些改變。

為此，許多社會工作者以我們概念化及處遇問題的方式來呼籲進行變革。有些改變是與過去專業的運作非常不同且有深刻的改變。例如，在氣候變遷及其他威脅下，社工在過去未必是社會工作教育及訓練的多個鉅視理論方面，需要更專精。許多社會工作者也感覺我們需要更全面綜合性的綠生態環境保護理論及價值。例如，社會工作者可以納入深層生態學的理論，來擴展他們對系統理論的理解以及了解對於個人及物理環境的影響（Naess, 1973）。深層生態學是聚焦於地球以及其高度複雜，互相相關的系統及功能。當人類干擾了這些複雜系統時，例如當人類污染了環境，我們就是破壞了環境的自然平衡以及人類與動物生存之間的互動。

生態、綠理論理念能強化及重申與社工專業基礎相類似的價值，促使社工專業能進一步深入思考。這些理論觀點呼籲更創新的努力來謀求平等、尊重差異、社會、經濟及環境正義，以及充權個人與社區。它們比我們過去更進一步呼籲對永續社區承擔個人和全球責任，因為永續社區也是尊重自然環境及謀求人類福祉的角色（Shaw, 2008）。這些思考方式能協助社工更將物理環境納入理解人類行為如何影響社會環境，同時也被影響的概念中。類似這樣的取向能協助我們擴展我們面對新興議題時，對問題及解決方法的思考，同時也可以促進有創新的方法來改變我們目前工作的取向。

當許多社會工作者爭論著社工專業似乎飄移遠離其主張的社會變遷根源愈來愈遠時，這些改變也許可以視為是讓我們回到社工專業被建立的初始點。例如，許多社會工作教育者呼籲社工課程應該要加入更多鉅視的內容，以培養學生成為改變政策及立法的領導者。為了符合未來挑戰，我們需要有預備好專業能力，能解決造成個人、家庭、社區及物理和社會環境問題的制度及系統化的議題。看起來這樣的取向似乎與目前社會工作取向偏愛微視層面及著重個人的治療性處遇相反，因此許多人呼籲社工專業需要重視每一種層面，也需要有能力改變每一種層面的社會工作者。

結論

社會工作是一種動態、廣闊的領域，充滿了影響社會及環境動力的各種機會。我們目前正經歷了世界上令人興奮的各種變化，這些變化挑戰了社工專業要能為這個變化中的世界，帶來新的觀點及思考新的取向。如果我們願意接受這些挑戰，社會工作專業是處在最佳位置上，可成為未來社會及環境變遷的領導者。

本章重點

- 社會工作是一種關心社會及經濟正義的專業，因此氣候變遷及永續性必須是社會工作關注的議題。氣候變遷以及其所帶來的社會、經濟、地理區域、環境及其他議題，對於人類行為和發展，以及人類如何與環境互動，都產生深遠的影響。
- 社會工作運用人在環境中的觀點，讓社工非常適合介入氣候變遷以及其所帶來的挑戰。
- 在全球各地，因為經濟理念及政策，僅讓極小部分的人獲致最大利益，造成貧富之間的經濟差距不斷擴大。
- 像委託外包服務、未充分就業、失業以及缺乏足夠生存的薪資，都是造成經濟差距的因素。
- 社會工作者可以涉入許多像政策、倡議及立法場域，來協助關注經濟差距議題，特別是當這個議題影響最窮及最弱勢的人口群時。
- 持續增加的健康照顧成本、慢性疾病、環境危害，以及得到健康照顧機會不均時，都是造成健康差距的原因。社會工作者都可以運用教育、倡議及改變結構等方法，來關注與健康差距相關的議題。
- 人口基本背景資料的變遷，例如，人口老化、增加種族的多元性、環繞著種族主義及偏見而來的複雜議題，都增加了社會工作者服務案主時需要面對的議題。因為這些變遷，社工專業需要與社區及制度連結的介面，變得更加重要。
- 科技的進步、健康照顧、醫藥及其他科學帶來極廣泛的改變，也因此造成社工對於影響人們每日生活每一層面的議題，產生不同看待問題的方式。包括了老化、提供照顧、關係、健康照護、生活居住安排、服務項目、出生照顧及臨終照護。社會工作者需要成為形塑及運用科技的領導者，以便於能讓所有人受惠，同時也可以解決運用這些科技所產生的諸多倫理議題。

- 即使人們未曾離開他們生活地區去外地旅行，全球化帶來的衝突及機會仍影響了所有人。因此社工面對案主的問題是與全球暴力相關，或是與全球化有關的掙扎搏鬥問題，都持續增加中。
- 許多社會議題中的文化觀點正在改變中，包括娛樂性用藥、同性婚姻、臨終議題以及其他議題。社會工作者在思考改變觀點以及如何倡議新的處遇方法，來回應這些議題可能引發的衝突及問題方面，可以成為領導者角色。
- 社會工作者能回應改變的時代，包括提供教育以及微視、鉅視實務做法來解決這些改變所帶來的議題。社會工作以及其他助人專業，都需要思考方法，取向也必須隨之改變，以適應變遷的社會問題的觀點及態度。

本章練習活動

1. RAINN 互動案例，請參閱 www.routledgesw.com/cases 網站。回顧 RAINN 案例的資料後，回答下列問題：
   a. 請描述這個組織如何以十年前都不可能運用的方式來使用科技？
   b. 請說明以什麼方法運用科技，能對其服務的案主有幫助？
   c. 運用科技時，可能產生哪些潛在的問題或是引發哪些倫理議題？
2. Hudson 市互動案例，請參閱 www.routledgesw.com/cases 網站。花一些時間來探討 Hudson 市案例以及案例所處的環境脈絡，然後回答下列問題：
   a. 這個社區的情境以何種方式會與全球受到氣候變遷影響的其他地區相類似？
   b. 這個社區的居民會面對什麼需求及阻礙？
   c. 社工專業可以有哪些方式來回應氣候變遷以及受其影響者的需求？

3. Carla Washburn 互動案例，請參閱 www.routledgesw.com/cases 網站。探索 Carla 的案例和她的社區，然後回答下列問題：
   a. Carla 的情境如何代表全球人口老化所面臨的議題？
   b. 社區需要如何改變及適應這些議題？
   c. 社工專業能以哪些方法協助解決這些議題？

國家圖書館出版品預行編目（CIP）資料

人類行為與社會環境：發展與生命歷程的觀點／Anissa Taun Rogers 著；張紉，劉嘉雯，李靜玲譯. --初版.--
新北市：心理，2019.09
面； 公分. --（社會工作系列；31042）
譯自：Human behavior in the social environment : perspectives on development and the life course
ISBN 978-986-191-881-5（平裝）

1.社會工作 2.人類行為 3.發展心理學 4.社會環境

547 108014242

社會工作系列 31042

人類行為與社會環境：發展與生命歷程的觀點

作　　者：Anissa Taun Rogers
譯　　者：張紉、劉嘉雯、李靜玲
執行編輯：高碧嶸
總 編 輯：林敬堯
發 行 人：洪有義
出 版 者：心理出版社股份有限公司
地　　址：新北市新店區光明街 288 號 7 樓
電　　話：(02) 29150566
傳　　真：(02) 29152928
郵撥帳號：19293172 心理出版社股份有限公司
網　　址：http://www.psy.com.tw
電子信箱：psychoco@ms15.hinet.net
駐美代表：Lisa Wu（lisawu99@optonline.net）
排 版 者：辰皓國際出版製作有限公司
印 刷 者：辰皓國際出版製作有限公司
初版一刷：2019 年 9 月
I S B N：978-986-191-881-5
定　　價：新台幣 600 元